"博学而笃志,切问而近思。"
(《论语》)

博晓古今,可立一家之说;
学贯中西,或成经国之才。

作者简介

张光杰,1963年生,浙江余姚人。1984年毕业于杭州大学(现浙江大学)法学院,1984—1987年于中国人民大学法学院攻读法理学专业研究生,获法学硕士学位。毕业后任教于复旦大学法律系。2001年,美国纽约大学法学院访问学者。现为中国法学会法理学研究会理事、复旦大学人权研究中心研究员。曾主编《法学导论》、《法理学》、《中国法律概论》等多部著作。

博学 法学系列

法理学导论

（第二版）张光杰 主编

復旦大學 出版社

内容提要

本书对目前国内"法理学"教学中普遍关注的理论问题以及西方法理学的经典课题进行了深入浅出的阐述。内容涉及法律的概念、法律要素、法律渊源和效力、法律体系、法律作用和价值、立法、司法、法律解释和法律推理、法律关系、权利和义务、法律责任、法律程序、法律的起源和发展、法系、法治、法律与社会等。该体系也涵盖了近年来国家司法考试大纲中的法理学部分。

为增加全书的可读性,本书根据教学实践中学生提问较多的内容设计了"本章导读"、"阅读材料"、"进一步的思考"、"作业题"等栏目,使用了一些图片、图表、法学家生平介绍,以及主要法律网站索引等内容,以拓展学生的视野,培养其独立思考和运用的能力。

本书是高等学校开设"法理学"课程的理想教材。对于参加国家司法考试、法律硕士考试以及其他法律基础知识考试的读者,本书也是一本适用的参考读物。

主　编　张光杰
副主编　侯　健
撰稿人　（以撰写章节先后为序）
　　　　　张光杰　侯　健
　　　　　史大晓　王庆廷

第二版修订说明

　　本教材的第一版于 2006 年出版,此后多次印刷,广受师生欢迎。此次修订保留原有结构和体例,在具体内容上主要做了以下修订工作:1. 根据法治建设的新发展,补充了新的理论成果,如第七章"第三节"增加了"保证公正司法,提高司法公信力"的内容。2. 补充了新的材料,如 2014 年《中共中央关于全面推进依法治国若干重大问题的决定》等。3. 基于法律法规的颁布、废除、修改等,本教材做了相应的修订。4. 修改了语义欠畅的语句,改正了错别字和使用欠准确的标点等。

张光杰
2015 年 3 月 10 日

第一版前言

近 20 年来,中国的法理学教学经历了从《国家与法的一般理论》《法学基础理论》到《法理学》的历程。一个学科的名称如此变换不停,这在世界各国法学教育史上是极为罕见的。尽管有学者认为,这种变化反映了中国法理学的发展和进步,然而,从学科的基本框架和实质内容来看,这样的评价似乎乐观了些。长久以来,在国内法理学的讲坛上,统一化的课程教学(不仅包括课程内容和课本的统一,也包括课程时间安排和学分的统一),不仅为难施教者,更难为刚刚跨入法学殿堂的莘莘学子。自 1989 年开始,在修义庭教授的主持下,复旦大学的法理学教学在国内最早迈出了改革的一步,将当时的《法学基础理论》课程分为两个部分,即《法学导论》和《法理学》,分别安排在大学第一学年和第四学年讲授。为配合这一改革,在当时上海市马克思主义学术著作出版基金的资助下,分别于 1990 年和 1993 年由复旦大学出版社和上海远东出版社出版了《马克思主义法学导论》和《马克思主义法理学》两本教材(接受马克思主义学术著作出版基金资助需要冠以相应的名称)。在复旦大学,法理学课程的这一教学安排一直沿袭至今。

多年来,统一化的法理学教学也让我们感到编一本相关的教材是多余的。在法理学教学中,我们一直倾向于给学生提供各种有价值的法理学阅读资料,让他们思考法理学课题下的有关问题。本教材编写的动因,一是自 2004 年开始,复旦大学教务处进行了新的、全面的教学改革,《法理学导论》课成为其中的试点(取代原来的《法学导论》课);另一个重要的原因是,国家统一司法考试的展开,促使包括法理学学科在内的法学教学重新回到标准化的道路上去,为此,必须从学生的实际需要出发,要求我们在维持原有自主的法理学教学方式与统一化的教学模式之间寻找平衡点。本教材正是这一状况的体现。当然,作为编者,我们努力在内容和体例上使教材更适合法学院的学生及其他法学初学者。用通俗的话来说,就是尽可能挤掉"水分",并提供给读者更多的思考空间。

本书大纲和体例由张光杰负责拟订,写作分工如下:
张光杰:前言、绪论、第一、二、六、七、十二、十三章;
侯健:第三、四、五、八、九、十、十五章;
史大晓:第十一、十四章;
王庆廷:第十六章。

书中的"阅读资料"以及各章"导读"主要由张光杰撰写和整理,王庆廷参加了书稿的校订工作,全书最后由张光杰统一修改定稿。

利用本书出版的机会,首先向多年来为复旦大学法理学教学作出贡献的修义庭教授致以敬意。同时,我要提及曾经担任复旦大学法理学教职的几位同事:夏华、倪振峰、虞平、王蔚,虽然他们现已各有高就,但当年的《法理学》教学改革,凝聚着团体共同的心血。我还要感谢复旦大学教务处领导和法理学科点负责人杨心宇教授的大力支持;当然,还要特别向多年来关心并帮助复旦大学法理学课程建设的孙国华教授、公丕祥教授、孙笑侠教授和葛洪义教授表示谢意!

最后想说的是,如果没有复旦大学出版社张永彬先生的热情指导和鼎力相助,本书的出版或许还会延迟。在此,向他表示衷心感谢!本书的部分"阅读资料",系根据国内外已经出版和发表的文章和著述编写而成,在此,谨向这些作者表示谢意。

张光杰

2006年7月25日

目　　录

绪论　法学和法理学 ··· 1

第一章　法律的概念 ··· 6
　第一节　法和法律的含义 ································· 6
　　一、汉语中"法"和"法律"的词义 ······················· 6
　　二、西语中"法"和"法律"的词义 ······················· 7
　　三、探讨法律概念的主要学说 ························· 9
　　四、马克思主义的法律观 ····························· 10
　第二节　法律的特征 ····································· 13
　　一、法律的规范性 ··································· 13
　　二、法律的国家意志性 ······························· 13
　　三、法律的国家强制性 ······························· 14
　　四、法律的普遍性 ··································· 14
　第三节　法律的分类 ····································· 16
　　一、国际法与国内法 ································· 17
　　二、根本法与普通法 ································· 17
　　三、实体法与程序法 ································· 17
　　四、成文法与不成文法 ······························· 18
　　五、一般法与特别法 ································· 18
　　六、上位法与下位法 ································· 18
　　七、公法与私法 ····································· 19

第二章　法律要素 ··· 22
　第一节　法律概念 ······································· 22
　　一、法律概念释义 ··································· 22
　　二、法律概念的作用 ································· 23
　　三、法律概念的种类 ································· 24
　第二节　法律规则 ······································· 25

一、法律规则与法律规范释义 ··· 25
　　二、法律规则的逻辑结构 ··· 26
　　三、法律规则的种类 ··· 27
　第三节　法律原则 ··· 30
　　一、法律原则释义 ··· 30
　　二、法律原则的种类 ··· 31
　　三、法律原则的作用 ··· 32
　　四、法律原则适用的条件 ··· 33

第三章　法律渊源

　第一节　法律渊源概述 ··· 39
　　一、法律渊源释义 ··· 39
　　二、法律渊源的分类 ··· 41
　第二节　当代中国的法律渊源 ··· 45
　　一、正式的法律渊源 ··· 45
　　二、非正式的法律渊源 ··· 48
　第三节　法律效力 ··· 50
　　一、法律效力释义 ··· 50
　　二、法律效力范围 ··· 51
　　三、法律的效力等级 ··· 53

第四章　法律体系

　第一节　法律体系 ··· 59
　　一、法律体系释义 ··· 59
　　二、法律体系及其相关概念辨析 ······································· 61
　第二节　法律部门 ··· 62
　　一、法律部门释义 ··· 62
　　二、法律部门及其相关概念辨析 ······································· 63
　　三、法律部门的划分标准 ··· 64
　第三节　当代中国社会主义法律体系 ······································· 66
　　一、法律体系概况 ··· 66
　　二、法律体系基本框架 ··· 66

第五章　法律的作用与价值

　第一节　法律的作用 ··· 73

一、法律作用的含义 …………………………………………… 73
　　二、法律的规范作用与社会作用 ……………………………… 75
　　三、法律作用的局限性 ………………………………………… 78
　第二节　法律的价值 ……………………………………………… 81
　　一、法律价值的含义 …………………………………………… 81
　　二、法律的基本价值 …………………………………………… 81
　　三、基本价值之间的关系 ……………………………………… 87
　第三节　法律在中国社会的地位和价值 ………………………… 90
　　一、法律的历史地位变迁 ……………………………………… 90
　　二、法律在当代中国社会的价值问题 ………………………… 92

第六章　立法原理和制度 …………………………………………… 96
　第一节　立法和立法权 …………………………………………… 96
　　一、立法的概念 ………………………………………………… 96
　　二、立法权概述 ………………………………………………… 98
　第二节　立法制度和立法体制 …………………………………… 101
　　一、立法制度的概念 …………………………………………… 101
　　二、立法体制释义 ……………………………………………… 102
　　三、中国的立法体制 …………………………………………… 103
　第三节　立法程序和立法技术 …………………………………… 106
　　一、立法程序释义 ……………………………………………… 106
　　二、立法的基本程序 …………………………………………… 107
　　三、立法技术 …………………………………………………… 110
　第四节　当代中国立法的发展 …………………………………… 113
　　一、立法体制朝着更合理的方向改进 ………………………… 113
　　二、中国特色的法律体系正在形成 …………………………… 114
　　三、立法制度和立法技术亟待改进之处 ……………………… 115

第七章　司法原理和制度 ………………………………………… 117
　第一节　司法和司法权 …………………………………………… 117
　　一、司法的概念 ………………………………………………… 117
　　二、司法权概述 ………………………………………………… 119
　第二节　司法独立 ………………………………………………… 122
　　一、分权的理论和实践 ………………………………………… 122
　　二、司法独立的含义 …………………………………………… 123

三、司法独立的体制保障 125
　第三节　司法的基本原则 127
　　一、公平正义原则 127
　　二、司法独立原则 128
　　三、程序公正原则 128
　　四、平等保护原则 128
　第四节　当代中国司法制度的改革 130
　　一、司法改革的背景 130
　　二、司法改革的基本内容 131
　　三、司法改革的路径 133
　　四、保证公正司法，提高司法公信力 134

第八章　法律解释与法律推理 139
　第一节　法律解释的概念 139
　　一、法律解释的含义和必要性 139
　　二、法律解释的种类 141
　第二节　法律解释的目标和方法 143
　　一、法律解释的目标 144
　　二、法律解释的方法 146
　第三节　当代中国的法律解释体制 148
　　一、立法解释 148
　　二、司法解释 149
　　三、行政解释 151
　　四、地方解释 151
　第四节　法律推理 152
　　一、法律推理的含义及其特点 152
　　二、形式推理 153
　　三、实质推理 154

第九章　法律关系 160
　第一节　法律关系概述 160
　　一、法律关系释义 160
　　二、法律关系的特征 161
　　三、法律关系的种类 162
　第二节　法律关系构成要素 164

一、法律关系主体 …………………………………… 164
　　二、法律关系客体 …………………………………… 167
　　三、法律关系内容 …………………………………… 168
　第三节　法律关系演变 ………………………………… 169
　　一、法律关系演变的概念 …………………………… 169
　　二、法律关系演变的条件 …………………………… 169
　　三、法律事实的种类 ………………………………… 170
　第四节　当代中国法律关系的特点 …………………… 171

第十章　权利、义务和权力 ……………………………… 176
　第一节　权利、义务和权力的概念 …………………… 176
　　一、权利 ……………………………………………… 176
　　二、义务 ……………………………………………… 178
　　三、权力 ……………………………………………… 178
　　四、权利、义务和权力的结构 ……………………… 179
　第二节　权利、义务和权力的分类 …………………… 181
　　一、权利、义务的分类 ……………………………… 181
　　二、权力的分类 ……………………………………… 182
　第三节　权利、义务与权力的关系 …………………… 182
　　一、权力与权利的区别 ……………………………… 182
　　二、权利、权力与义务的关系 ……………………… 183
　第四节　人权 …………………………………………… 184
　　一、人权的概念 ……………………………………… 184
　　二、人权的分类和发展阶段 ………………………… 185
　　三、人权的国内法保障 ……………………………… 187
　第五节　当代中国的权利保障事业 …………………… 192

第十一章　法律责任 ……………………………………… 196
　第一节　守法与违法 …………………………………… 196
　　一、守法的概念 ……………………………………… 196
　　二、守法的条件 ……………………………………… 197
　　三、违法 ……………………………………………… 198
　第二节　法律责任的概念 ……………………………… 202
　　一、法律责任释义 …………………………………… 202
　　二、法律责任的特点 ………………………………… 203

三、法律责任的功能 ································· 204
　　四、法律责任的种类 ································· 205
　第三节　归责与免责 ··································· 206
　　一、归责释义 ······································· 206
　　二、归责的基本原则 ································· 206
　　三、归责原则 ······································· 207
　　四、免责释义 ······································· 209
　第四节　法律责任的实现方式 ··························· 210
　　一、制裁 ··· 211
　　二、补偿 ··· 212
　　三、强制 ··· 212

第十二章　法律程序 ····································· 215
　第一节　法律程序概述 ································· 215
　　一、法律程序的概念 ································· 215
　　二、法律程序的特征 ································· 216
　第二节　法律程序的类别 ······························· 219
　　一、立法程序 ······································· 219
　　二、审判程序 ······································· 220
　　三、行政程序 ······································· 222
　第三节　正当法律程序 ································· 225
　　一、正当法律程序的历史演变 ························· 225
　　二、正当法律程序的特征 ····························· 226
　　三、正当法律程序的要素 ····························· 228
　　四、正当法律程序的意义 ····························· 229

第十三章　法律的起源和发展 ····························· 233
　第一节　法律的起源 ··································· 233
　　一、早期的社会规范 ································· 234
　　二、法律起源的原因 ································· 235
　　三、法律起源的一般规律 ····························· 237
　第二节　法律发展的历史类型 ··························· 239
　　一、法律的历史类型的一般理论 ······················· 239
　　二、奴隶制法 ······································· 240
　　三、封建制法 ······································· 241

四、资本主义法 ·· 243
　　五、社会主义法 ·· 246
  第三节　法律发展的方式：继承和移植 ·········· 248
　　一、法律继承 ·· 248
　　二、法律移植 ·· 250

第十四章　世界主要法系 ······························ 257
  第一节　法系概述 ·· 257
　　一、法系的概念 ··· 257
　　二、法系的划分 ··· 258
  第二节　民法法系 ·· 260
　　一、民法法系释义 ····································· 260
　　二、民法法系的历史演变 ························· 260
　　三、民法法系的特点 ································ 261
  第三节　普通法法系 ·· 263
　　一、普通法法系释义 ································ 263
　　二、普通法法系的历史演变 ····················· 263
　　三、普通法法系的特点 ···························· 263
  第四节　中华法系 ·· 266
　　一、中华法系释义 ····································· 266
　　二、中华法系的特征 ································ 266
　　三、中华法系的发展轨迹 ························· 267
　　四、后中华法系时代——中华法系与当代中国 ·········· 268

第十五章　法治及其在中国的生成 ··············· 273
  第一节　法治的概念 ·· 273
　　一、法治的含义 ··· 273
　　二、法治与相关概念的辨析 ····················· 275
  第二节　法治的基本要求 ································ 278
　　一、实质性要求 ··· 278
　　二、形式性要求 ··· 279
　　三、制度性要求 ··· 280
　　四、精神性要求 ··· 280
  第三节　法治的社会基础 ································ 281
　　一、政治背景 ·· 281

二、经济背景 ······ 282
　　三、社会背景 ······ 283
　　四、文化背景 ······ 284
　第四节　中国法治化的道路 ······ 288
　　一、传统中国的治国方略 ······ 288
　　二、1949年至1978年的治国方略 ······ 289
　　三、1978年以来的治国方略 ······ 291

第十六章　法律与社会 ······ 297
　第一节　法律与经济 ······ 297
　　一、经济释义 ······ 297
　　二、马克思主义的法律经济观 ······ 297
　　三、经济分析法学的观点 ······ 300
　　四、法律在市场经济中的作用 ······ 301
　　五、法律与经济全球化 ······ 302
　第二节　法律与政治 ······ 305
　　一、政治释义 ······ 305
　　二、法律与国家 ······ 306
　　三、法律与政治权力 ······ 307
　　四、法律与政党政策 ······ 307
　　五、法律与政治文明 ······ 309
　第三节　法律与道德 ······ 312
　　一、道德释义 ······ 312
　　二、法律与道德的联系 ······ 313
　　三、法律与道德的区别 ······ 315
　　四、法律与道德的互动 ······ 316
　第四节　法律与宗教 ······ 320
　　一、宗教释义 ······ 320
　　二、法律与宗教的联系 ······ 322
　　三、法律与宗教的区别 ······ 323
　　四、法律与宗教的互动 ······ 323

附录　主要法律网站索引 ······ 330

绪论　法学和法理学

当人们选择从事某一职业或者开始讲授某一学科时,常常会用溢美之词来形容该学科,并努力发掘其重要价值。著名经济学家萨缪尔森在其《经济学》教材中借用原哈佛大学校长劳伦斯·葛厄尔对商业的评价,即"最古老的艺术,最新颖的行业",来赞誉其笔下的政治经济学。事实上,这样的美名冠之于法学,也并无不当。两千多年以前,柏拉图就曾在其《法律篇》中说道:"在一切学科中,最能够使人类完善且使他们感兴趣的就是法律科学。"不仅如此,人们还认为,肇始于11世纪意大利的为研究罗马法而创办的波伦亚大学,是现代大学教育的雏形。

再一方面,人们对法学的兴趣可能还来自他们对法律在现代社会中的意义的理解,来自对法律职业的社会地位和责任的认识,甚至可能来自某一艺术作品或者新闻报道中有关法律题材所引起的情感和印象。此外,你还可以沿用俗套举出一些事例,以此作为支持自己的职业或学科选择的理由,比如有多少个伟大的思想家、政治家,乃至文学家有过法学教育的背景,等等。

然而,激情甚或理性的选择之后,面临的可能是充满荆棘的"漫漫其修远"的法律之路,崇高的使命感也可能被湮没在繁杂而琐碎的法律事务之中。同时,就法学学科本身来讲,洋洋洒洒的开场白以后,诸多的困惑或许也将随之而来。在中国,法学还只是刚刚起步。

一、什么是法学

(一) 作为一种学科的法学

通常,人们谈及的"法学",是作为与其他的学科,如经济学、政治学、文学、物理学、化学等相对应的一个概念来使用的。从学科的分类来讲,在中国,一般分为自然科学和社会科学(人文科学)两大类。两者的研究对象和研究方法存在较大的差异。自然科学以自然现象为研究对象,使用证真或者证伪的方法,旨在发现自然世界的客观规律,其理论具有可检验性(testable)的特征;而社会科学则以人类自身为研究对象,借助于各种理性的方法,以探求人类生活的意义,其理论不一定具备可检验性。法学与经济学、政治学、历史学等一样,同属于社会科学。

虽然我们说法学是一门社会科学,但对于其中"科学性"的理解,历来是存在争议的。法学史上,有学者尝试将法学研究的对象限定在"法律是什么(区别于法律应当是什么)",并且运用实证的方法来研究它,从而给法学一个"法律科学"的名分,如19世纪英国法学家奥斯丁。这样的努力确实推动了法律理论的发展,但并未普遍地为人们所接受。正如美国法学家波斯纳所说:"即使法律被描述为科学,法律也不是一门科学。"①简言之,人们还是把法学理解为一种有关法律的知识体系。

(二)作为一种技艺或职业的法学

除了作为一种探求知识的学问或学术,法学还具有其他许多学科不具备的特性,即它的实务性。从某种意义上讲,这样的实务性更能够体现出法学的本来面目。早在古罗马时期,著名法学家乌尔比安将法学(jurisprudentia)界定为"神与人之事,正义与非正义之智术",也就是把法学看作是具有实务性质的一种技艺,而非"纯粹的学识"。这种技艺表现在这门学科所传授的诸如法律渊源识别、法律解释和推理、法律程序的驾驭、说服和辩论等一系列法律技术和方法上。在古代中国,法学被称为"刑名法术之学",尽管内涵有所不同,但从法律治理的技术(手段)和工具层面来理解法学这一点上,与西方有相通性。

需要注意的是,强调法学的技艺特点有助于我们理解法律的实践理性,加深对法律的自主性和职业性的认识;但同时,不能由此忽略法律的基本价值和法学应当具备的开放性和兼容性。

(三)作为一种教育体系的法学

现代社会中,知识和技能的传授主要是通过教育来完成的。法学涉及的问题非常复杂,内容丰富多样,情况千变万化,因此需要进行系统的分类,形成相对完善的知识体系。法学体系的设定,不仅要考虑到学科自身的特点以及相互的逻辑关系,还需要考虑到知识和技能的传承。

关于法学体系的划分主要有三种方法:第一是区分为国内法学和国际法学。无疑,一个国家的法律教育,始终是以本国法为重心的,因此,国内法学自然处于优先考虑的地位。第二是划分为理论法学和应用法学。理论法学主要是指法理学或法哲学,它包括法律的基本原理和法律的一般方法,旨在提供一条认识法律的正确路径;应用法学如民法学、刑法学、行政法学、诉讼法学等,它们是从事法律职业所必备的知识。第三,以学科的不同层次为标准,进行等级分类,这是中国教育主管部门推行的分类办法。即将法律学科分为一、二、三级,强调学科之间的隶属关系,众多的以法律为研究对象的学科最终归于所谓的一级学科——法学。

1996年中国主管教育工作的国家教育委员会制订了"面向21世纪高等法学教育教学内容和课程体系改革计划",确定全国所有法学专业必须以14门核心课程来实施专业教育。这些课程包括:法理学、中国法制史、宪法、行政法与行政诉讼法、民法、商法、知识产权法、经济法、刑法、民事诉讼法、刑事诉讼法、国际法、国

---

① [美]波斯纳著:《法理学问题》,苏力译,中国政法大学出版社1994年版,第547页。

际私法、国际经济法。这种把课程与学科混同起来的做法,某种程度上反映了当前中国官方和一些学者对法学概念的理解。

二、什么是法理学

(一) 法理学的定义

法理学,英文为 jurisprudence。有关法理学的概念可谓五花八门,如果按照一般教材中采用的知识考古学的做法去描述,进而界定法理学,不仅不能提供给初学者一个比较清晰的认识,甚至让他们对该学科望而生畏。下面仅给读者列出一些法理学的典型定义:

《不列颠百科全书》:法理学是关于法律的性质、目的、为实现该目的所必要的(结构上和概念上的)手段、法律实效的限度、法律对正义和道德的关系,以及法律在历史上的演变和成长的方式①。

《牛津法律大辞典》:作为最一般地研究法律的法律科学的一个分支,有别于某一特定法律制度的制定、阐述、解释、评价和应用,是对法律的一般性研究,着重于考察法律中最普遍、最抽象、最基本的理论和问题②。

E·帕特森(Patterson):法理学是由法律的(of law)的一般理论或关于法律的(about law)的一般理论组成的。用这样两个命题,人们就大体上指出两类法律理论和法律分析:法律的内在方面(internal)和法律的外在方面(external)③。

沈宗灵:法理学,即法学基础理论,是当代中国法学中的主要理论学科,法律教育的基础课程。它所研究的是法的一般理论,特别是我国社会主义法的基本理论。具体地说,它要研究有关一般的法,特别是有关我国社会主义法的产生、本质、特征、作用、形式、发展以及法的制定和实施等基本概念、知识和原理④。

以上对法理学的释义,大致可以看出中西方学者对法理学的共同的和不同的理解。由于学者的社会背景和知识背景的不同,他们对法理学的研究对象、范围的理解存在着差异。有的学者认为法理学应该探究法律的理念、关注法律与正义、道德之间的联系;而有的学者主张法理学应该研究法律规范本身,分析这些规范内在的逻辑结构。在有的国家和地区,比如欧洲大陆,法理学侧重于在社会政治制度背景下考察法律、旨在建构关于法律的抽象和体系化的学说;而在另一些地方,比如美国,法理学侧重于司法制度和过程的研究,其目的主要在于为法官、律师等法律职业者提供实用而具体的理论引导。由于受政治制度和苏联法学理论的影响,中

---

① 转引自沈宗灵:《现代西方法理学》,北京大学出版社1992年版,第2页。
② [英] 戴维·M·沃克:《牛津法律大辞典》,光明日报出版社1988年版,第489页。
③ [美] 帕特森著:《法理学》,美国 Foundation Press 公司1953年版,第2页。
④ 沈宗灵主编:《法理学》,高等教育出版社1994年版,第20页。

国的法理学比较强调法律与政治的关系,倾向于为社会的法律治理提供一种政策分析和理论宣传。应该说,上述这些差异性的存在都是正常的,我们不应将自我设定的某一个学科或知识体系视为是唯一正确的,甚至作为统一化的标准,这是对人类理智的蔑视,而且事实上这样做也总归会失败。

总体上说,法理学是关于法律这种社会现象的最基本、最一般和最理论化的分析。

(二)法理学和法哲学

法哲学是一个与法理学十分近似的概念,以法律的一般原理即法律的意义、目的、起源、效力等为研究对象。因此,在许多学者的眼里,两者是通用的,他们常常把自己的法理学著述用法哲学加以冠名。究其原因在于西方世界的学术传统。就法哲学研究的内容来看,早在希腊罗马时期就存在了,但其名称直到18世纪和19世纪初才开始盛行。这方面,德国的古典哲学特别是黑格尔的体系哲学起了举足轻重的作用,因为它们把哲学视为"科学的科学",关于法律的思考自然也被纳入其宏大哲学体系之内进行,成为形而上学的组成部分,或者说"以法律为内容的哲学部门",即法哲学。然而今天,将法哲学归为哲学的学者是越来越少了。人们通常还是把法哲学归为法学,主要的原因在于从事所谓的法律哲学研究的学者大抵是法学家,同时,相关内容的知识传授也主要是在大学法学院进行的。

不过,以上法哲学的历史给我们的一个启示是,法学与其他传统或是现代的学科有着十分密切的联系,除哲学以外,法学还受到包括政治学、伦理学、经济学、心理学、修辞学等学科的深刻影响。因此,我们在确信和维护法学学科的自主性传统的同时,对其可能产生的封闭性需要保持一分警惕。

(三)法理学的研究方法

法理学得益于其他学科之处从其研究方法中就能体现出来。法理学的研究方法大致可以分为两类:

第一,实证分析方法。实证分析方法的特点是,通过对经验事实的观察、分析、比较并以此为依据来建立和检验各种理论;在事实领域之外,则运用逻辑和数学加以推论和判断。这一方法从早期法理学的注释功能中就已经体现出来。但自觉、系统的使用还是基于近代英国的经验主义哲学。19世纪英国法学家奥斯丁是将实证分析方法引入法学领域的杰出代表。因此,从某种意义上讲,倾向于科学(只作狭义的、中性的理解)的法理学就是由他开始的。到目前为止,这一方法还发展出规范实证分析方法、社会实证方法、历史实证方法、经济分析方法以及语言分析、逻辑分析和心理分析等方法。

第二,价值分析方法。价值分析的方法是指根据一定的价值标准对特定的研究对象(事物或活动)进行价值分析的方法。在法学领域,该方法旨在探究"法律有何意义"、"法律应该是什么"、"法律与正义的关系"等重大课题。由此看来,该方法的使用是与法学和法理学的产生同时出现的。甚至在19世纪以前,使用价值分析方法的自然法学成为法理学的同义语。在欧美法理学的教材或阅读资料中,常借用围绕着法律价值争议的古希腊著名戏剧——《安提戈涅》①的故事来追溯法理学的历史。到了近现代,在崇尚科学的话语背景下,尽管对法理学中价值分析方法的诘难接连不断,但法律的价值分析仍然是法理学的最为基本、不可或缺的研究方法。

(四)法理学的地位和意义

法理学在整个法学体系中居于较为特殊的地位。一方面,由于法理学所研究的是作为社会现象的法律的一般原理和基本制度,这种研究对象与人类的生活式样、理念和传统息息相关。因此,法理学总是要站在法学学科发展的最前沿来追踪、吸纳社会科学和自然科学的成就,反思法律的基本问题,同时也从法学的角度对各种人文和社会思潮作出回应。在一定意义上,法理学属于研究人类精神的学问,与那些专注于法律的应用与操作的学科(应用法学)存在较大区别。另一方面,从法学体系的内部关系看,法理学在整个法学体系中具有"基础理论"的地位。它是建立在应用法学或部门法学之上的具有普遍意义、属性和职能的法学学科,其内容具有基础性、根本性、普遍性和抽象性,从而能够对各种应用法学给予理论上的指导。所以说,法理学是构建应用法学或部门法学的基石,是沟通法学诸学科的桥梁,它也在很大程度上影响了整个法学发展的水平。

从以上对法理学的描述中我们可以得知,法理学不是没有意义的,它能够为法律的初学者提供法律的基本知识,还能够训练人们的法律思维方式和能力,让律师或者法官的法律论证更有说服力。然而,对包括本书作者在内的许多法理学者而言,还有更多的一点期望,那就是,期望读者通过法理学的学习去思考这样的问题:影响甚至决定着我们生存状态的法律及其相关的制度安排是否保障人的自由和维护社会的公正?我们如何能够使这些制度变得更好些?我们认为,这种将"社会之生活方式"与"政治法律制度形式"联系在一起的思想是法理学中的古典自然法学留给我们的最为宝贵的遗产。这个思想的表述是:"一个社会的特征或者风格,取决于这个社会把什么样的东西看作是最令人敬重或最值得崇敬的"②,这也正是本教材写作的动机和阐述的主要目的。

① 《安提戈涅》是古希腊戏剧家索福克利斯的著名悲剧作品。安提戈涅是剧中的女主人公。故事发生在底比斯。克瑞翁在 Oedipus 垮台之后取得王位,Oedipus 的一个儿子 Eteocles 为保护城邦而献身,而另一个儿子 Polyneices 却背叛城邦,勾结外邦进攻底比斯而战死。战后,克瑞翁给 Eteocles 举行了盛大的葬礼,而将 Polyneices 暴尸田野。克瑞翁下令,谁埋葬 Polyneices 就处以死刑。Polyneices 的妹妹安提戈涅毅然以遵循"天条"为由埋葬了她哥哥,于是,她被克瑞翁下令处死。与此同时,克瑞翁遇到一个占卜者,说他冒犯了诸神。克瑞翁后悔了,去救安提戈涅时,她已死去了。克瑞翁的儿子,也是安提戈涅的情人,站出来攻击克瑞翁而后自杀,克瑞翁的妻子听说儿子已死,也责备克瑞翁而后自杀。克瑞翁这才认识到是自己一手酿成了悲剧。《安提戈涅》是古希腊悲剧的经典,对该剧的隐喻意义一直有不同的解释。在该剧中安提戈涅在对抗克瑞翁时有一段常常被法学家所引用的台词:我并不认为你的命令是如此强大有力/以至于你,一个凡人,竟敢僭越/诸神不成文的且永恒不衰的法/不是今天,也非昨天,它们永远存在/没有人知道它们在时间上的起源。

② [美]列奥·施特劳斯:《自然权利与历史》,彭刚译,生活·读书·新知三联书店 2003 年版。

第一章 法律的概念

本章导读

现代社会中,"法"或"法律"已成为人们最常使用的概念之一。人们可以从多种角度去理解"法"和"法律",但通常的方法有两种:一是从语言、文字的角度着手分析它们的用法和含义;二是对我们称之为"法"和"法律"的社会现象进行考察,剖析其本质和特征,确定其基本含义。应该说,这两种方法是相互影响的。还需要指出的是,与其他社会领域中的概念一样,"法"和"法律"的概念是相对的,我们在理解时还应注意其中的文化、历史等因素。

第一节 法和法律的含义

一、汉语中"法"和"法律"的词义

汉字"法"的古体字写作"灋"。中国古代一部著名字典——东汉许慎所著的《说文解字》解释道:"灋,刑也。平之如水,从水;廌,所以触不直者去之,从去"。以上"灋,刑也"表明,在古代,法和刑基本上是通用的,"刑"即是刑法和刑罚。"平之如水,从水",表示法代表公平,不偏私。"廌"(音 zhi)是古代传说中善于审判的独角神兽。《说文解字》注:"廌,解廌兽也,似山牛,一角。古者决讼,令触不直,象形从豸。"据传,在审判时被廌触者即被认为是有罪的人,所以要"去之",即对其

图1.1 中国古代象征法律的獬廌

进行惩罚。可见,古代"法"字反映了远古时期神明裁判的形式,即借助"神意"来判断某人是否有罪;同时,它还象征着公平、正直和威严。

《说文解字》对"律"字也作了疏义:"律,均布也。"清人段玉裁在其所著《说文解字注》中进一步解释道:"律者,所以范天下之不一而归一,故曰均布也。"意指"律"是普遍的、使人们的行为整齐划一的准则或格式。

"法"与"律"两字的含义有密切的联系。古代著名法典《唐律疏议·名例》称:"法亦律也,故谓之为律。"中国封建社会各朝代法典一般都称作"律"。但是它们也有一定的差别。一般而言,法的范围较大,往往指整个制度,律则指具体规则、条文,尤指刑事;有时候法被看作律的内容,律是法的表现形式。虽然古代也有将"法"和"律"放在一起使用的情况,但是它们仍是两个字,而不是一个词,而且这种情况很少见。"法律"作为一个词汇,主要在现代汉语中使用。

在现代汉语中,特别是在中国的现行法律制度中,"法律"一词有广义与狭义之分。也就是说,人们有时候在广义上使用"法律"一词,有时候在狭义上使用"法律"一词。我们必须弄清在某种具体语境下法律一词是广义的,还是狭义的。

广义的法律指中国法律的整体,即国家机关以强制力保证实施的、具有普遍约束力的行为规范的总和。根据中国的立法体制,广义的法律包括了有关国家机关根据《中华人民共和国宪法》和《中华人民共和国立法法》[①]所赋予的立法权力和一定的立法程序制定的规范性法律文件。它主要包括作为根本法的宪法、全国人民代表大会及其常务委员会制定的法律、国务院制定的行政法规、地方国家权力机关制定的地方性法规以及民族自治地区人民代表大会制定的自治条例和单行条例等。中国法律文件中的"法律"一词有时是广义的。比如《宪法》第33条规定:"凡具有中华人民共和国国籍的人都是中华人民共和国公民。中华人民共和国公民在法律面前一律平等。"这里的"法律"即指广义的法律。广义的法律有时候简称为"法"。

狭义的法律仅指全国人民代表大会及其常务委员会制定的规范性法律文件,不包括宪法在内。当"法律"在狭义上使用时,它不包括行政法规、地方性法规、自治条例和单行条例等。《宪法》第5条规定:"国家维护社会主义法制的统一和尊严。一切法律、行政法规和地方性法规都不得同宪法相抵触。"这里的"法律"是狭义用法。相对而言,人们使用广义法律概念的场合要比使用狭义法律概念广泛得多。

二、西语中"法"和"法律"的词义

在西方国家的语言(简称"西语")中,也有表示与"法"或"法律"含义相仿的名

---

① 后文涉及中国规范性法律文件的名称时,一般省略"中华人民共和国"字样。

词。在欧洲大陆国家,这一词汇大多源于拉丁文。在拉丁文中,jus 是一个具有哲理意义的模糊概念,其语义不仅是指"法",也兼指"权利"、"正义"、"公平"等①。后世发展起来的欧洲大陆国家的文字,如德语 recht、法语 droit、俄语 право,大抵上与 jus 具有相同的用法。这一用法在近代遇到了应用和理解上的麻烦。学者们为了区别的方便,分别在"法"一词之前加上"客观的"和"主观的"定语,这便有了"客观法"(法律规则)与"主观法"(法律权利)的称谓。有人解释说:"法律是客观的权利,权利是主观的法律。"②这一解释固然充满思辨色彩,但也表明西语中"法律"概念的模糊性。在西语中,真正在国家层面意义上使用的"法律"(法)概念通常是另一类词,如拉丁文 lex、法文 loi、德文 gesetz、俄文 закон 等。

图1.2 西方作为法律象征的正义女神

在英语国家,法律的名称统一以"law"表示,另外"law"还具有规律和法则之义,如自然的规律(the laws of nature)和逻辑和数学的法则(laws of logic and mathematics)。这与汉语中"法律(法)"的含义基本上是一致的。在以"law"表示法律的具体场合,需要通过单复数或冠词的变化来表达"法律(法)"的一般意义和特殊意义。例如,"law"或"the law"指整个法律体系(制度)或一般意义的"法",与拉丁文 lex、法文 loi、德文 gesetz、俄文 закон 等义,而"a law"则指具体的法律。

"法律"的语义不确定,必然会产生各式各样的"法律"的概念。自古希腊以来,学者们所提出的法律概念的用语不计其数。这些不同用语的"法律"实际指称不同的客体。

---

① 17世纪意大利人文主义学者维柯(Giambattista Vico, 1668—1744)考证,拉丁文 jus 是古语 Ious 的缩写,而 Ious 是古希腊或罗马神话中传说的"天帝"("宙斯"或"朱庇特")的名称。见[意]维柯:《新科学》上册,朱光潜译,商务印书馆 1989 年版,第 195 页。据新西兰法理学家萨尔蒙德(Sir John William Salmond, 1862—1924)解释,jus 源于古雅利安语词根 YU,其原义指"适当的"、"适合的"、"适宜的"。它最初用于物理意义、伦理意义,后衍生隐喻意义,最后才具有法学用法。在法学上,其含义有三:(1)正当或正义;(2)法;(3)权利(道德权利或法律权利)。See Sir John Salmond, *Jurisprudence*, 9th Ed., London 1937, pp. 673-674.

② 有关主观法与客观法的区分,最源于德语和俄语的相关词语,但自 20 世纪 20 年代以后,苏联学者在探讨"法"的概念时,把法与权利联系起来,由此产生了引述中的相关解释。具体参见雅维茨:《法的一般理论——哲学和社会问题》,孙国华、朱景文译,辽宁人民出版社 1986 年版,第 10 页。

三、探讨法律概念的主要学说

随着法律这一特定社会现象的产生,人们揭示其真正的内涵的努力就未曾停止过。法学史上,围绕着法律概念的学说层出不穷,概括起来,人们大致是从三个不同的角度,即从法律的形式特征、法律的本源以及法律的功能等方面来界定法律:

（一）从法律的形式特征界定法律

持此类观点的学者通常直接以简化的或抽象化的方式描述法律是什么。比较有代表性的定义有:

1. 规则说

认为法律即规则。如古代中国的管仲所言,"法律政令者,吏民规矩绳墨也"①。

2. 命令说

认为法律是国家或主权者的命令,如英国的分析实证主义法学家奥斯丁指出："人们所说的准确意义上的法或规则,都是一类命令。"②

3. 判决预测说

认为法律是一种对司法判决的预测。如美国实用主义法学家霍姆斯法官从司法的角度得出结论:"对法院实际做什么(判决——编者注)的预测,而不是任何的夸夸其谈,就是我所说的法律。"③

（二）从法律的本源界定法律

持此类观点的人着重说明法律的基础是什么或法律源自哪里。这些学说主要有:

1. 神意说

认为法律是神的意志的体现。这里所说的神,可能是人们观念形态中存在的神,也可能是神化了的统治者。这一观点和学说多流传于古代、中世纪社会以及现代政教合一的国家。

2. 理性说

认为法律是人类理性的体现。古罗马法学家西塞罗明确指出："法不是别的,就是正确的理性,它规定什么是善与恶,禁止邪恶。"④把法律与理性联系在一起,是西方法学的一个主要传统,当然在不同的历史时期,人们主张的理性存在较大的差异。

3. 意志说

认为法律是人类对外部世界进行安排的愿望和实现这种愿望的具体行动。在

---

① 《管子·七臣七主》。
② [英] 约翰·奥斯丁著:《法理学的范围》,刘星译,中国法制出版社2002年版,第17页。
③ Holmes, *The Path of Law*, Harv. L. Rev (1897)10, p. 457.
④ [古罗马] 西塞罗著:《论共和国　论法律》,王焕生译,中国政法大学出版社1997年版,第220页。

不同的学者那里,法律所体现的意志是不同的,如法国伟大的思想家卢梭认为,意志来自共同体,即"公意";德国的黑格尔认为法律是自由意志的定在;在马克思看来,法律是统治阶级意志的体现。

4. 民族精神说

德国法学家萨维尼认为,法律如同语言、行为方式,是民族精神的呈现。它不依赖于国家权力的确定,而是铭刻在民族的共同信念之中。

(三) 从法律的作用或功能界定法律

比较有代表性的观点包括:

1. 正义说

认为法律不仅体现正义,而且是实现正义的重要工具。尽管正义的内涵在人们的眼里可谓五彩缤纷,但正义作为一种"善",始终是人类追求的目标。法学史上,大多数的法学流派,特别是价值论法学主张法律的正义理论。

2. 社会控制说

认为法律是依照一批权威性法令(资料)实施专门形式的社会控制。其代表人物是美国社会法学家庞德。

3. 事业说

代表人物是美国法学家富勒,他认为:"法律是使人们的行为服从规则治理的事业。"

四、马克思主义的法律观

在中国,马克思主义法律观通常是人们从事法律理论研究和法律实践活动的指导思想。如果把马克思主义理解为一种开放性的思想体系,那么,马克思主义的法律观应当还包括除马克思主义的奠基人以外的其他继承者的法律思想。考虑到叙述的篇幅有限,在此仅阐释马克思和恩格斯有关法律概念的主要观点。这些观点,就是多年来被人们认为是揭示了法律本质的科学理论。

马克思和恩格斯的著述十分丰富,他们关于什么是法律的阐述,往往是与政治、经济及其他社会问题联系在一起进行论述的。而且,在不同的时期(如有些学者区分青年马克思或早期马克思与马克思的法学理论),其法律思想各有特点。一般认为,马克思和恩格斯在《德意志意识形态》、《共产党宣言》等书中,有关法律的表述比较有代表性,他们的法律观可概括为:

(一) 法律是统治阶级意志的体现

如前所述,法学史上,有些学者把法律视为"神的意志"、"公共意志"、"民族意志"等,而马克思和恩格斯认为,这些观点未能揭示法律的真正本质。在阶级社会里,一定的统治阶级通常是由一定数量的个人所组成,这些个人依赖的生活条件是作为许多个人共同的条件而发展起来的,共同的物质生活条件决定他们的个人统治同时是一个一般的统治。为了维护共同的经济利益,统治阶级需要通过法律形式来实现自己的意志。"由他们的共同利益所决定的这种意志的表现,就是法律"①。马克思与恩格斯还指出,法律体现的是统治阶级的整体意志,而不是单个人的任意或任性。

(二)法律是一种国家意志

法所体现的并不是一般的统治阶级意志,而是"被奉为法律"的统治阶级意志,即上升为国家意志的统治阶级意志。马克思、恩格斯在《德意志意识形态》中指出:统治者为了维护其统治地位,"除了必须以国家的形式组织自己力量外,他们还必须给予他们自己的由这些特定关系所决定的意志以国家意志即法律的一般表现形式"②。就是说,任何统治阶级为了维持自己的统治地位,除了需要依靠军队、警察等武装力量来实现其阶级统治以外,还必须使自己的意志通过法律的形式表现为国家意志,从而取得全社会一体遵行的效力。法律的国家意志意味着,法律不仅要由国家制定或认可,而且还要由国家强制力保证其执行。

(三)法律的内容是由社会的物质生活条件所决定的

法律是统治阶级意志的体现,但这种意志并非统治者可以随心所欲,也不是出自"神意"、"自然法则"。"由此便产生错觉,好像法律是以意志为基础的,而且是以脱离了现实基础的自由意志为基础的"③,马克思和恩格斯认为,这种意志的内容归根结底是由统治阶级的物质生活条件所决定的,即主要是由这个阶级所赖以生存的物质生产方式决定的。任何一个统治者,都不能离开当时的社会经济关系的要求而任意立法。这样的法律即使制定出来,也只能是一纸空文,无法在实际生活中推行。"无论是政治的立法或市民的立法,都只是表明和记载经济关系的要求而已。"④不仅如此,法律的内容及其产生、发展变化无不根源于社会经济生活之中,一定意义上讲,法律的历史只是社会经济生活历史发展的表现。

马克思主义的法律观是人类法学史上一项重要的遗产。它把法律与阶级、国家、经济联系在一起加以考察,不仅为后人展示了分析法律现象的独特的方法,而且也准确地解释了当时的社会历史背景下法律的实质。我们应当珍惜这份遗产,结合现代社会的法律,特别是本国法律的特点,去阐释法律的基本含义。

【阅读材料】1.1 法律文本中的法律概念辨析

提示:我们在理解法学著作和法律文件时,应当仔细分辨"法律"一词的含义。尤其在法律文本中,尽管使用同一"法律"词语,但含义不同,而且还意味着不同的

---

① 《马克思恩格斯全集》第 3 卷,人民出版社 1960 年版,第 378 页。
② 同上,第 398 页。
③ 同上,第 70 页。
④ 《马克思恩格斯全集》第 4 卷,人民出版社 1960 年版,第 121—122 页。

法律效力。

《中华人民共和国宪法》(节选)

第五条：国家维护社会主义法制的统一和尊严。一切**法律**、行政法规和地方性法规都不得同宪法相抵触。一切国家机关和武装力量、各政党和各社会团体、各企业事业组织都必须遵守宪法和**法律**。一切违反宪法和**法律**的行为，必须予以追究。任何组织或者个人都不得有超越宪法和**法律**的特权。

第三十一条：国家在必要时得设立特别行政区。在特别行政区内实行的制度按照具体情况由全国人民代表大会以**法律**规定。

第三十二条：中华人民共和国保护在中国境内的外国人的合法权利和利益，在中国境内的外国人必须遵守中华人民共和国的**法律**。中华人民共和国对于因为政治原因要求避难的外国人，可以给予受庇护的权利。

第三十三条：凡具有中华人民共和国国籍的人都是中华人民共和国公民。中华人民共和国公民在**法律**面前一律平等。任何公民享有宪法和**法律**规定的权利，同时必须履行宪法和**法律**规定的义务。

【阅读材料】1.2 法学著作中的"应然法"和"实然法"

提示：法律作为一种社会现象，对其既可以作事实判断，也可作价值判断，故在法学研究上有了应然法（law as it ought to be）和实然法（law as it is）的区分。这种法律的二元分类，还表现在理想法和现实法、形式（现象）的法律和内容（本质）的法律之分上。

亚里士多德："法治应该包括两重意义：已成立的法律获得普遍的遵从，而大家所服从的法律又应该本身是制定得良好的法律。人民可以服从良法也可以服从恶法。就服从良法而言，还得分为两类：或乐于服从最好而又可能订立的法律，或宁愿服从绝对良好的法律。"①

西塞罗："真正的法律乃是正确的规则，它与自然相吻合，适用于所有的人，是稳定的，恒久的，以命令的方式召唤履行责任，以禁止的方式阻止犯罪。……要求修改或取消这项的法律是亵渎，限制它的某个方面发生作用是不允许的，完全取消它是不可能的。"②

马克思、恩格斯："你们的观念本身是资产阶级的生产关系的产物，正像你们的法不过是被奉为法律的你们这个阶级的意志一样，而这种意志的内容是由你们这个阶级的物质生活条件来决定的。"③

---

① ［古希腊］亚里士多德著：《政治学》，吴寿彭译，商务印书馆1981年版，第199页。
② ［古罗马］西塞罗著：《论共和国 论法律》，王焕生译，中国政法大学出版社1997年版，第120页。
③ 《马克思恩格斯选集》第1卷，人民出版社1972年版，第265页。

第二节　法律的特征

法律现象非常之丰富，我们可以从不同方面认识其特征。对法律特征的探讨，有利于进一步深化对法律含义的理解。可以把法律特征概括为如下几点。

一、法律的规范性

所谓规范，意思是具有约束力的标准和模式。如道德规范、宗教规范一样，法律也是一种规范。法律的规范性是指法律所具有的规定人们的行为模式并以此指引人们行为的性质。它表现在：法律规范规定了人们的一般行为模式和法律后果，从而为人们的交互行为提供一个模型、标准或方向。法律所规定的行为模式包括三种：(1)人们可以怎样行为；(2)人们不得怎样行为；(3)人们应当或必须怎样行为。

相对于其他社会规范的规范性而言，法律的规范性是特殊的。这表现在其对人们行为方式的规定和指引人们行为的方式两方面。就对人们行为方式的规定而言，法律采取了独特的语言、语句、概念和结构，这使之区别于其他社会规范：(1)法律在规范内容上具有更大的确定性；(2)法律规范语句具有更强的命令性；(3)法律规范作为(法官)裁判标准具有权威性和独断性。就指引人们行为的方式而言，法律是以权利与义务为内容来调整人们行为的，法律作为人们的行为规范不仅具有(依据法律权利的)可选择的指引，而且也具有(依据法律义务的)确定性的指引，其他社会规范在上述方面不像法律规范表现得明显。有关法律规范的内容，即权力、权利和义务，本书将在第十章中专门论述。

二、法律的国家意志性

所有的规范都是人创制的，因而体现人的意志。法律作为特殊的社会规范，其所体现的不是所有的人的意志，而是国家的意志。因为，国家的存在是法律存在的前提条件。法律表现为什么形式，其规范的内容如何，均由国家意志加以决定。

一切法律的产生，大体上通过制定和认可这两种途径。所谓法律的制定，就是国家立法机关按照法定程序创制规范性文件的活动。通过这种方式产生的法，称为制定法或成文法。所谓法律的认可，是指国家通过一定的方式承认其他社会规范(道德、宗教、风俗、习惯等)具有法律效力的活动。法律的认可主要有两种方式：明示认可和默示认可。法律是实现国家意志的重要手段。没有法律，国家也就不成其为国家。法为组织国家机构所必需，为实现国家职能所必需，为建立、巩固和发展一定的社会秩序所必需。但国家意志并不总是通过法来表达的。国家意志的表现形式是多方面的，它可以表现为法，也可以在政治(政策)、伦理等领域得到体现。而反映国家意志的一些口号、声明、决定、照会等,其本身不能视为国家的法律。

三、法律的国家强制性

一切社会规范都具有强制性。所谓强制性,就是指各种社会规范所具有的、借助一定的社会力量强迫人们遵守的性质。例如,道德规范主要依靠社会舆论、传统习惯以及人们的内心确信等来加以维持。违反道德规范不仅要受到社会舆论直接或间接的蔑视和批评,承受相应的道德责任和道德制裁,而且也将受到自我良心的谴责,由此而在一定程度上和一定范围内制约着人们的行为。宗教规范的实施主要是通过精神强制的方式,但也必须依靠清规戒律、惩罚制度来保证教徒的遵守。

法律不同于其他社会规范,它具有特殊的强制性,即国家强制性。法律是以国家强制力为后盾,由国家强制力保证实施的。在此意义上,所谓法律的国家强制性就是指法律依靠国家强制力保证实施、强迫人们遵守的性质。也就是说,不管人们的主观愿望如何,人们都必须遵守法律,否则将招致国家强制力的干涉,受到相应的法律制裁。国家的强制力是法律实施的最后的保障手段。

国家运用强制力保证法律的实施,也必须依法进行,应受法律规范的约束。国家强制力在什么情况下、由哪些机关按照什么样的程序以及如何制裁各种违法行为,也是必须由法律予以规定的。

四、法律的普遍性

法律的普遍性,也称"法律的普遍适用性"、"法律的概括性",就是指法律作为一般的行为规范在国家权力管辖范围内具有普遍适用的效力和特性。具体而言,它包含两方面的内容:其一,法律的效力对象的广泛性。在一国范围之内,任何人的合法行为都无一例外地受法律的保护;任何人的违法行为,也都无一例外地受法律的制裁。法律不是为特别保护个别人的利益而制定,也不是为特别约束个别人的行为而设立。其二,法律效力的重复性。这是指法律对人们的行为有反复适用的效力。在同样的情况下,法律可以反复适用,而不仅仅适用一次。法律不能为某一特殊事项或行为而制定,也不能因为一次性适用而终止生效。

法律的普遍性与法律的规范性密切相关。正因为法律具有规范性,它也就同时具有普遍性;法律的规范性是其普遍性的前提和基础,而法律的普遍性则是其规范性的发展与延伸。

通过上述分析,我们可以得出如下定义:法律是体现国家意志、具有普遍约束力,为国家强制力保障实施的社会规范,它通过规定权利(权力)与义务的方式来调整一定的社会关系,维护一定的社会秩序。从根本上讲,法律受制于社会的物质生活条件。

【阅读材料】1.3　奥斯丁及其法律的"命令"说

提示：从我们日常生活中感受法律现象来说，无疑，法律与国家、与强制性有着直接的、密切的关系。然而法学史上，千百年来，法学家们感兴趣的大多是法律的抽象的本质，是法律与道德、政治等其他社会现象的联系。直到19世纪，英国法学家奥斯丁着手分析国家实在法律制度本身的特点，提出了"法律是一种主权者的命令"的主张，人们才开始对法律的规则和强制属性予以应有的关注。尽管由此引发了持续不断的批评，但奥斯丁的理论对于揭示法律规范的基本内涵，甚至推动法学自身的发展，作出了里程碑式的贡献。

约翰·奥斯丁1790年3月3日出生于英国Suffolk的一个磨坊主兼谷物商家庭，在7个兄弟姐妹中，奥斯丁排行老大。17岁生日前，奥斯丁应征入伍，服役期间曾被任命为海军少尉，1812年退役。1814年，奥斯丁开始学习法律，但当时并没有现代形式的法律教育，学习法律只有通过自己阅读、参与讨论以及旁听律师、法官处理案件的方式来获取法律知识。1818年奥斯丁获得律师资格。两年以后，奥斯丁结婚并迁往伦敦，从事律师事务工作，但他的执业生涯并不成功。1826年，在边沁、密尔等著名学者的举荐下，奥斯丁被任命为新成立的伦敦大学法理讲席教授。由于他不善于讲演，其课程对学生缺乏吸引力，以至于因选修其课程的学生太少而得不到基本报酬，最后不得不辞去教职。同时由于其过于追求文字的唯美，生前没有出版过一部著作。在他去世后，他的学生为他整理出版了《法理学，或实证法哲学讲演集》和《法理学的范围》两部演讲集。而正是《法理学的范围》一书的出版，使得奥斯丁日后被人们称为"英国法理学之父"，成为分析实证主义法学的真正创始人。以下摘录其在该书中关于法律概念的两段文字。

奥斯丁："像法理学和伦理学中的大多数基本术语一样，'法律'这一术语，是极为模糊不清的。就我们可以准确地给予这一术语最为广泛的含义而言，它是一种'命令'。但是，人们时常不恰当地将这一术语适用于各种其他社会现象。这些社会现象，丝毫没有命令的特点，根本不是命令，从而我们可以准确地说，它们根本不是法律。"

奥斯丁："人们理解的'命令'这一个术语的概念，或者含义，是这样的：第一，一个理性存在提出的要求或意愿，是另外一个理性存在必须付诸行动和遵守的；第二，在后者没有服从前者的要求的情况下，前者设定的不利后果，会施加于后者；第三，前者提出的要求的表述和宣布，是以文字或者其他形式表现出来的……从前面分析的结果来看，'命令'、'义务'和'制裁'，是不可分割的相互联系的术语。"①

---

① 摘自［英］约翰·奥斯丁著：《法理学的范围》，刘星译，中国法制出版社2002年版，第32页和第23页。

【阅读材料】1.4 应当把"可诉性"视为法律特征

提示：传统法学理论认为，法律不同于上层建筑中的其他社会规范，它具有规范性、国家意志性、国家强制性、以权利和义务为内容等特征。然而近年来，有学者撰文指出，这样的概括存在着缺陷，它仅从一个角度反映了法律的某些属性，而且对这些属性的描述是建立在法律单向运行的模式基础之上，没有为一般民众积极参与法律运行提供充分的理论根据和说明。因而，借鉴德国法学家坎特诺维茨的法律定义，即法律是规范外部行为并可被法院适用于具体程序的社会规则的总和，提出"法律的可诉性是现代法治国家中法律的特征之一"，这一观点现逐渐为更多的学者所认同。

所谓法律的可诉性特征是指：判断国家中的法律是"书本上的法律"还是"行动中的法律"，关键在于考察这些法律是否具有"被任何人（特别是公民和法人）在法律规定的机构中（特别是法院和仲裁机构）通过争议解决程序（特别是诉讼程序）加以运用的可能性"①。如果我们可以对"可诉性"这个概念再做适当的延伸，那么它事实上包括两个方面：(1) 可争讼性。即任何人均可以将法律作为起诉和辩护的根据。法律必须是明确的、确定的规范，才能担当人们争讼标准的角色。(2) 可裁判性（可适用性）。法律能否用于裁判即作为法院适用的标准是判断法律有无生命力、有无存续价值的标志。依此，缺乏可裁判性（可适用性）的法律仅仅是一些具有象征意义、宣示意义或叙述意义的法律，其即使不是完全无用的法律或"死的法律"(dead law)，至少也是不符合法律的形式完整性和功能健全性的要求的法律。我们径直可以把这样的法律称为"有缺损的、有瑕疵的法律"。它们的减损甚至歪曲了法律的本性②。

法律之所以为法律，就在于具有可诉性。与之不同，道德、宗教规范、政策等不具有直接的法律效力，也不具有直接的可诉性。至少在现代国家，当事人不应直接将道德、宗教规范、政策等等社会规范作为起诉和辩护的有效根据。法院也不得直接将它们视为正式的法源，作为法律判决的直接依据。

第三节 法律的分类

法律的分类的意义在于确定法律的不同性质与功能。人们经常根据一定的标准或者从一定的角度对法律进行分类，不同的国家惯常采用的法律分类可能是不同的，这里主要说明在中国法学理论和法律实践中经常采用的法律分类。

---

① 参见王晨光："法律的可诉性：现代法治国家中法律的特征之一"，载《法学》1998年第8期。
② 参见舒国滢："法律原则适用的困境：方法论视角的四个追问"，载《苏州大学学报》2005年第1期。

一、国际法与国内法

根据法律的制定和实施的主体不同,法律可以划分为国际法与国内法。国际法是指若干国家参与制定或者国际公认的、调整国家之间关系的法律。国内法是一个主权国家制定的、实施于本国的法律。一个国家制定的调整本国公民、组织与外国公民、组织之间关系的法律,属于国内法,而不属于国际法。

在当今全球化时代,国内法和国际法的关系越来越紧密。传统国际法的主体主要是国家,现在则呈现出国际法主体多元化的趋势。特别是近年来西方国家流行个人也是国际法主体的观点,并且发展出了相应的制度。如联合国《国际刑事法院规约》(1998年通过,2000年生效)规定,国际刑事法院对四类罪享有管辖权:种族灭绝罪、反人类罪、战争罪和侵略罪。我国对《国际刑事法院规约》投了反对票。

关于国内法和国际法的关系问题,即法律适用的效力问题,一般认为有三种不同的学说:国内法优先说、国际法优先说和国内法与国际法平行说。我国宪法虽然未作明确规定,但一般理解是只要我国批准的条约,具有和国内法相同的法律效力。也有一些法律,主要是民事和商事领域的法律,规定国内法与国际条约冲突时国际公约效力优先。如《民事诉讼法》第238条规定:"中华人民共和国缔结或者参加的国际条约同本法有不同规定的,适用该国际条约的规定。但是,我国声明保留的条款除外。"

二、根本法与普通法

根据法律的内容、效力和制定程序的不同,可以把法律划分为根本法与普通法。根本法,即宪法,是指在一个国家中,规定最基本、最重要的问题,具有最高法律效力,制定和修改需要特别严格的程序的法律。普通法是指宪法以外的其他法律,它调整社会关系某一个领域的问题,其产生的依据和效力源于宪法,内容不得与宪法相抵触,是根本法的子法。这种划分方法适用于成文宪法制的国家,不适用于不成文宪法制的国家。在不成文宪法制的国家,规定宪法性问题的法律与其他法律在效力上是相同的。

三、实体法与程序法

根据法律规定的内容和实施方式的不同,可以把法律划分为实体法与程序法。实体法是规定实质权利和义务或者权力和责任的法律。程序法是规定权利和义务或者权力和责任实施程序的法律。例如,民法、刑法是实体法,民事诉讼法、刑事诉讼法是程序法。实体法和程序法是内容和形式的关系。实体法规定的权利和义务或者权力和责任只有通过适当的程序才能实现。

从立法形式上来说，实体法和程序法不一定是截然分开的。有些法律既规定实体权利和义务或者权力和责任，也规定其实施的程序，如《行政许可法》就是集实体权利与义务和实施程序于一身的法律。一些经济法也有如此的情形。

近些年来，程序法的制定和实施得到了越来越多的关注，人们已经注意到良好的程序设计对于法律的公正实施具有重要意义。

四、成文法与不成文法

根据法律的渊源及其表现形式的不同，可以把法律分为成文法与不成文法。成文法是国家立法机关依照程序制定的法律，通常由体系化的条文所组成。我国是成文法传统的国家，早在春秋战国时期郑国铸刑鼎，把刑法刻在大鼎上公布于众，就是成文法的一种例证。与成文法相对应的是不成文法，所谓不成文法是指法律由国家机关认可的习惯和判例等组成，不具有条文化的表现形式。不成文法国家以英国和美国为代表。

当今世界各国，随着经济和科技的发展，社会现象、社会关系和社会矛盾空前复杂，为了对社会实施有效管理，成文法和不成文法的交融和互补已成为各国法律发展的一个共同趋势。

五、一般法与特别法

根据调整范围的不同，法律可以分为一般法与特别法。一般法是指对一般人、一般事，或者在不特别限定的地区和期间内适用的法律。特别法是对于特定的人群和事项，或者在特定的地区、时间内适用的法律。一般法与特别法是相对而言的。例如相对于《民法通则》，《合同法》是特别法。而相对于《担保法》，《合同法》又成了一般法。特别法又可以称为特别规定，一般法可以称为一般规定。

一般法与特别法的划分，对于国家的立法和司法活动具有实际的指导意义。从立法方面来讲，基于法律的统一性和原则性，或者在法律的初创阶段，立法活动侧重于较原则和抽象的一般法是十分必要的。但随着法治水平的提高，同时也为了更好地贯彻立法者的意图，就需要因时、因事、因人制定更为具体、更具有实用性的特别法。从法律的适用角度看，一般法和特别法的分类，为我们提供了"特别法优于一般法"的法律适用原则。有关这一原则的含义，在本书的第三章"法律渊源"中另行阐述。

六、上位法与下位法

根据法律的效力高低，可以把法律划分为上位法与下位法。上位法是效力较高的法律，下位法是效力较低的法律。上位法与下位法也是相对而言的，例如国务院制定的行政法规，相对于全国人民代表大会常务委员会制定的法律来说，是下位法;相对于地方国家机关制定的地方性法规来说,是上位法。下位法不能与上位法相抵触。

七、公法与私法

公法与私法是民法法系国家通常的法律分类方法。近年来在中国法学界,公法与私法也成为划分中国法律的方法。关于分类的标准,众说纷纭。古罗马法学家乌尔比安说:"公法是关于罗马国家的法律,私法是关于个人利益的法律。"① 一般认为,公法主要是指调整国家与公民、组织之间关系以及国家机关及其组成人员之间关系的法律,私法主要是调整公民、组织之间关系的法律。宪法、行政法、刑法以及与之相关的诉讼法属于公法,民法、商法以及民事诉讼法属于私法。19世纪末20世纪初,伴随所谓法的社会化运动,出现了介于公法和私法之间,以经济法、劳动法和社会保障法为代表的社会法这一新的类别。社会法是以"公法的私法化"和"私法的公法化"为标志的。它的出现,使由公法和私法构成的法律体系的基本结构受到挑战,公法与私法的界限日益模糊,呈现出相互渗透融合的趋势。

区分公法和私法的意义主要在于:(1)两类不同的法律具有不同的法律理念。公法理念要求权力和权利的平衡,权力和责任的平衡。私法理念强调尊重公民意思自治,公民权利和义务的平衡。(2)两类不同的法律要求不同的法律制裁机制。公法纠纷涉及公共利益,不能"私了",必须由法定机关裁决。私法重意思自治,其纠纷解决应尽可能采取平等、协商、调解、仲裁等手段,即使是诉讼至国家司法机关,也要根据民法基本原则处理。

【阅读材料】1.5 国际法的由来

国际法(international law),是一个与国内法相对应的法律体系,主要调整国家之间的关系。通过对国际法与国内法的比较,有助于进一步理解法律的内涵。

在西方,国际法最早是以拉丁文"jus gentium"(万民法)称谓的。万民法原本是罗马法的一部分,与市民法相对应。在古罗马,市民法只适用罗马公民,而万民法则适用于在罗马的外国人。

17世纪,被称为"国际法之父"的荷兰法学家格劳秀斯(Hugo Grotius,1583—1645)在他的《战争与和平法》(1625年)中,借用了"jus gentium"(万民法)一词来称呼国家之间的法律。后来,这一术语成为当时被用来表示国家间法律的通用语。以后又被译成其他不同的语言,如英文的 law of nations,法文的 droit des gens,意大利文的 diritto delle genti 等。18世纪末,英国哲学家和法学家边沁在他的《道德及立法原则绪论》(1789年)一书中首次使用 international law 代替 law of nations,此后得到各国的公认,使 international law 成为通用的国际法的称谓。为了与国际

---

① [古罗马] 优士丁尼:《法学阶梯》,徐国栋译,中国政法大学出版社1999年版,第11页。

私法(private international law)相区别,也有人把国际法称为国际公法(public international law)。

中国早期无国际法之类的概念。1864年美国传教士丁韪良(Martin)把惠顿(Wheator)所著的《Elements of International Law》翻译为《万国公法》。自清光绪中期开始,"国际法"的名称由日本传入中国,并逐渐成为中文的通用名称。

【阅读材料】1.6　普通法与衡平法

这是英美法系国家对法律的特殊分类。这里所谓的普通法,是指英国11世纪后由法官通过判决形式逐步形成的区别于地方习惯法而通行于全英格兰的一种判例法。衡平法是指英国14世纪后根据公平正义原则和规则对普通法程序加以修正和补充而形成的一种判例法。英国把法律区分为普通法与衡平法,主要源于14世纪后普通法日益暴露出严重的局限性:王室法院程序太粗陋、僵化和程式化,导致某些案件或者无法经由其程序处理,或者在刻板僵化的普通法程序内人们得不到应有的权利救济,人们于是要求在普通法规则和程序外,按照道德和良知断案,从而逐渐形成衡平法。这种分类起到了协调立法与司法关系的作用。英国长期存在适用普通法的普通法法院和适用衡平法的衡平法法院双重法院体制。1873年的司法改革将两类法院合并,但是两种法律仍然存在。在我国的香港特别行政区,现在依然存在这两种法源,"香港原有法律,包括普通法、衡平法、条例、附属立法和习惯法,除同《基本法》抵触者外,采用为香港特别行政区法律"(《全国人民代表大会常务委员会关于根据〈中华人民共和国香港特别行政区基本法〉第160条处理香港原有法律的决定》,1997年2月23日第八届全国人民代表大会常务委员会第24次会议通过)。

【作业题】

1. 中国古汉语中的"法"和西语中的"法"在含义上有何异同?
2. 如何理解法律是一种特殊的社会规范?
3. 简述马克思主义的法律观。
4. 举例论述强调法律的可诉性在当今社会中的意义。
5. 单项选择题(2004年司法考试试题):

根据马克思主义法学的基本观点,下列表述哪一项是正确的?(　　)

A. 法在本质上是社会成员公共意志的体现
B. 法既执行政治职能,也执行社会公共职能
C. 法最终决定于历史传统、风俗习惯、国家结构、国际环境等条件
D. 法不受客观规律的影响

【进一步的思考】法律所包含的命令和强盗的命令有何区别?

提示:强制性是法律的一个重要属性。奥斯丁把法律的本质视为"命令",试图说明法律与其他社会现象的内在区别。但问题不仅没有终结,却引发了更多的批评和探讨。以下是纯粹法学派代表凯尔森对奥斯丁"法律作为命令"说的一段评价,请你分析该观点是否有说服力。

凯尔森:"这样一来,奥斯丁把'命令'和'约束性命令'这两个概念等同起来。但这是错误的,因为并不是某一具有优越权力的人所发出的每一个命令,都有约束力的。一个盗匪要我交出钱来的命令是没有约束力的,纵使这个盗匪实际上能强行实现他的意志。重复一下:一个命令之所以有约束力,并不是因为命令人在权力上有实际的优势,而是因为他'被授权'或'被赋权'发出有约束力的命令……命令的约束力并不'来'自命令本身,而是来自发出命令的条件。假定法律是有约束力的命令,那么显然,那些命令中之所以有约束力,就因为这些命令是由有权限的机关发出的。"①

【本章阅读篇目】

1. 梁治平:"法辨",载《中国社会科学》1986 年第 4 期。
2. 张永和:"'濂'义探源",载《法学研究》2005 年第 3 期。
3. 侯健:"评三种法律观对法律本体的探索",载《复旦学报》2002 年第 3 期。
4. 王晨光:"法律的可诉性:现代法治国家中法律的特征之一",载《法学》1998 年第 8 期。
5. [英]哈特著:《法律的概念》,张文显等译,中国大百科全书出版社 1996 年版。

---

① 摘自[奥]凯尔森著:《法与国家的一般理论》,沈宗灵译,中国政法大学出版社 1996 年版。

第二章　法律要素

本章导读

　　法律要素问题,是人们借助系统论的基础性原理对法律现象所作的一种分析。在系统论中,系统是诸多相互联系、相互作用的要素所构成的整体,要素则是组成一个整体而相互作用的部分。如果我们也把法律视为一个系统或整体,那么构成法律的整体的各主要组成部分,就可称为法律要素。法学史上,一些法学家曾经建构过有影响的法律要素理论,如英国分析法学家哈特提出的"法律规则"理论把法律归结为规则;美国法律社会学家庞德把法律归结为"律令"、"技术"和"理性"三种要素;当代著名法学家德沃金提出了"规则"、"原则"和"政策"的法律要素理论。尽管以上的分析理论未能在法学界取得一致的认同,但对于人们深化对法律的认识和理解是十分有益的。

　　参照中国法理学界近年来的研究成果,我们可以把法律要素区分为三类,即法律概念、法律规则和法律原则三种基本成分。本章即按此种区分对法律进行要素分析。

第一节　法律概念

一、法律概念释义

　　这里所谓的法律概念,不同于前章讨论的法和法律的概念,它是指人们在不断的认识和实践过程中,对具有法律意义的现象和事实进行理性概括和抽象表达而形成的一些权威性范畴或术语。法律概念通常有以下三个特征:

　　1. 法律概念的语言特征

　　语言是法律概念的载体,法律概念具有明确、清晰传达意义的特征。立法机关在立法过程中不应随意采用模棱两可或含糊不清的语言来表达其立法意图,而应当用适当的方式和准确的语言来界定法律内容。

2. 法律概念的法律特征

虽然法律概念源自人类的生活实践,受制于历史文化传统,使用的语言大多是日常惯用的词语,但由于其被纳入规范性法律文件之中,因而具有法律意义,即具有权威性和强制性的特点。

3. 法律概念的实践性特征

法律概念的作用不仅停留在字面含义的表达上,更是体现在人们对各种行为和事件进行法律预测、法律评价和法律裁决的实践中,它具有现实的可操作性。

二、法律概念的作用

在法律的诸多要素中,法律概念是其他要素的前提。法律概念是构成法律规则的基本要素,正是由于一系列概念的组合与运用,才形成了约定的"法言法语",并由此成为立法的基本词汇单元。法律原则的思想表达也离不开法律概念,"概念是法律思想的基本要素,并是我们将杂乱无章的具体事项进行重新整理归类的基础"①。具体而言,法律概念具有下列重要作用。

1. 法律概念的建构功能

法律是规定人们权利和义务的规范体系,法律概念是构成法律规范体系的最基本要素,因此,人们对法律和法律现象的描述和评价始终离不开法律概念,诚如博登海默所言:"没有概念,我们便无法将我们对法律的思考转变为语言,也无法以一种简易的方式把这些思考传达给他人。如果我们试图完全摒弃概念,那么整个法律大厦就会化为灰烬。"②

2. 法律概念有利于提高法律的明确性和确定性

立法者在立法的过程中,使用法律概念可以使法律所规定的权利和义务更加确定。甚至,为了提高这种确定性程度,立法者往往使用定义性的规范甚至编订权威性的官方法律辞书使法律概念进一步精确化。法律概念一旦被立法者确定下来,就具有相对的稳定性。人们在实施某种行为时,可知道自己行为的明确的法律意义。

3. 法律概念是法律推理的有力工具

法律推理总是以现有法律规定和具体案件事实作为前提的,但是,人们对案件事实的法律性质的认识总是以法律概念作为思维起点的。虽然法律概念并不规定

---

① 《牛津法律大辞典》(中译本),光明日报出版社1988年版,第533页。
② [美] E·博登海默著:《法理学——法律哲学与法律方法》,邓正来译,中国政法大学出版社1999年版,第486页。

具体的事实状态和具体的法律后果,但在多数情况下,每个法律概念都有其确切的法律含义和应用范围。当人们把某一个人、某一种情况、某一个行为或某一物品归入某一法律概念时,有关的法律规范和基本原则才可适用。没有法律概念,法律推理无法进行,司法活动就不能得到准确的实施。

三、法律概念的种类

区分法律概念是精确理解和把握法律概念所不可缺少的环节。按不同的标准,可将法律概念分为以下几种类别。

（一）专业概念、日常概念和技术性概念

从法律概念的渊源来看,法律概念有专业概念、日常概念和技术性概念的区分。

1. 专业概念。这是从法律的理念抽象和实际运作中逐渐产生的仅适用于说明、反映法律现象的专门概念。它们一般只有法律上的意义,由于其专业性较强,与日常生活少有关系。一般而言,专业概念的含义较为精确、规范和统一。如法人、诉讼时效、留置权等。

2. 日常概念。这是将日常生活中的某些概念移植到法律领域以后反映有关法律现象的概念,如父母、子女、故意、过失等。日常概念来源于日常生活,因而易于为专业内外的人们所理解和把握。但这类概念由日常生活用语转化为法律概念以后,其原有含义往往会发生一些变化。

3. 技术性概念。近现代以来,随着经济和科技日新月异的发展,人类的活动范围大大拓展,由此产生新的社会关系和调整这些社会关系的新法律。在这些法律领域,立法者吸纳了不少有关科学和技术方面的概念或术语,如"病原体"(见《传染病防治法》)、"电磁波辐射"(见《环境保护法》)等。

（二）主体概念、客体概念、内容概念和事实概念

根据法律关系的构成要素,法律概念可分为:

1. 主体概念。这是表现法律关系主体的概念,如公民、法人、代理人、原告人、诉讼第三人等概念。

2. 客体概念。这是表现法律关系客体的概念,如物、动产、标的、作品等概念。

3. 内容概念。这是表现法律关系主体的内容,即权利和义务关系的概念。这类概念一部分是表现权利的,如所有权、专利权、立法权、请求权等概念;另一部分是表现义务的,如债、赔偿责任等概念。

4. 事实概念。这是表现能够引起法律关系发生、变更和消灭的原因,亦即法律事实的概念,如出生、死亡、违约、侵权等概念。

【阅读材料】2.1　法律文本中法律概念的使用方式

我国法律概念定义的方式有如下几种:1. 省略定义法,指法律概念中使用的

词语为普通语言学里的通用词汇,而概念本身无其他法律上特定的含义,则无须进行定义;2. 直接定义法,指某些法律概念十分重要,有必要在法律文本中直接对其定义;3. 补充定义法,指在法律适用中由于概念的内涵、外延不确定可能造成理解的偏差,需要对这些概念做比较明确的定义①。

【阅读材料】2.2　法律概念的约束力

提示:仔细阅读以下法律条文,分析法律概念"伤害"所包含的定性和定量的不同含义,理解其无论哪一含义,均对法律适用者具有明确的法律约束力。

《中华人民共和国刑法》(节选)

第二百三十四条:故意**伤害**他人身体的,处三年以下有期徒刑、拘役或者管制。

犯前款罪,致人重伤的,处三年以上十年以下有期徒刑;致人死亡或者以特别残忍手段致人重伤造成严重残疾的,处十年以上有期徒刑、无期徒刑或者死刑。本法另有规定的,依照规定。

第九十五条:本法所称重伤,是指有下列情形之一的**伤害**:

(一)使人肢体残废或者毁人容貌的;

(二)使人丧失听觉、视觉或者其他器官机能的;

(三)其他对于人身健康有重大**伤害**的。

第二节　法律规则

一、法律规则与法律规范释义

法律规则是指采取一定的结构形式,具体规定人们的法律权利、法律义务以及相应的法律后果的行为规范。由于现代汉语里面,"规则"与"规范"的含义一般不作区分,表现在我们的理解中,也将法律规则和法律规范视为是可以相互通用的两个法律范畴。其实,两者之间还是存在差别的,对这一差别的辨析,不仅有助于我们进一步理解法律的内在结构,而且还有助于解释和指导司法实践。

"规范"和"规则"在英文上分别用 norm 和 rule 来表示,根据《牛津法律大辞典》的解释,rule(规则)是"关于某些事项的法律规定的陈述,通常比学说或原则更加详细和具体",规则可以由成文法规定,也可以由判例法,即普通法规定。norm(规范)是指"团体成员所接受的行为规则或标准",它"不及法律规则具体"。在现代西方法学著作中,法律规则和法律规范概念的使用通常是存在区别的。在中国,

---

① 摘自孙笑侠主编:《法理学》,中国政法大学出版社 1999 年版,第 29 页。

之所以将法律规范与法律规则等同起来,还与法律制度的历史传统有关。古代的法典大多表现为法律规则的集合,缺少规定法律原则的条文,即使在近现代,法律文本中法律规则仍然占较大的比重,由此可能影响人们的理解和认识,把两者等同了起来。随着立法技术的发展,现代成文法中出现了越来越多的法律原则,这些法律原则在一定条件下对人们的行为也起着规范的作用。因此,有必要将法律规范与法律规则加以区分,把法律规范作为上位概念,即法律规范包括法律规则和法律原则,确切地说,法律规范是国家通过制定或认可的方式以法律规则和法律原则来调整人们行为的社会规范。

二、法律规则的逻辑结构

法律规则的逻辑结构,是指从逻辑意义上分析,法律规则由哪些要素或成分所构成,以及这些要素或成分之间是如何联结在一起的。

法律规则的逻辑结构,是深入理解法律所必须研究的问题,但也是一个非常复杂的问题,中外法学家至今尚未能取得一致意见。根据目前我国法学界通常的说法,可把法律规则的要素区分为假定条件、行为模式和法律后果三种。

(一)假定条件

假定条件是法律规则中关于适用该规则的条件和情况的部分。即法律规则在什么范围(时间、空间、对象)适用以及在什么情况下法律规则对人的行为有约束力。

任何规则,无论是法律规则或者是其他行为规则,都只能在一定范围内和一定情况下适用。这里所谓的"一定范围"和"一定情况",就是由法律规则中的假定条件来明确的。例如,《刑法》第303条规定:"以营利为目的,聚众赌博、开设赌场或以赌博为业的,处三年以下有期徒刑、拘役或者管制",这是否意味着任何人在任何条件下从事上述行为,都应无一例外依照此规则追究其刑事责任呢?显然不能如此理解。因为,如果行为人尚未能达到刑事责任年龄,或因患有精神病而处于不能辨认自己行为的意义的状态,或该行为发生于境外某个法律不禁止赌博的国家或地区,则该规则就不能对其加以适用。以上适用时需要考虑的诸多条件因素,均属于规则的假定条件。

(二)行为模式

行为模式是指法律规则中规定人们具体行为之方式或范型的部分。它是从大量的实际行为中概括出来的法律行为要求。根据行为要求的内容和性质,法律规则中的行为模式可分为三种:(1)可为模式。指在什么条件下,人们"可以如何行为"的模式;(2)应为模式。指什么条件下人们"应当或必须如何行为"的模式;(3)勿为模式。指什么条件下,人们"禁止或不得如何行为"的模式。从另一个角度看,可为模式也可以称为权利(权力)行为模式,而应为模式和勿为模式可称为义务行为模式。这些行为模式,分别成为各类法律规则的核心内容。

（三）法律后果

法律后果是指法律规则中规定人们在做出符合或者不符合行为模式要求的行为时应承担的结果的部分。它是法律规则对人们从事法律意义的行为所持的态度和立场。

法律后果可分为肯定性后果（也称合法后果）和否定性后果（也称违法后果）两种形式。肯定性后果是确认行为以及由此产生的利益和状态具有合法性和有效性,予以保护甚至奖励。否定性后果是否认行为及由此产生的利益和状态具有合法性和有效性,不予保护甚至对行为人施以制裁。

在理解法律规则的逻辑结构时,需要注意以下三个问题:

第一,任何一条完整意义的法律规则都是由前述三种要素按一定逻辑关系结合而成的。三要素缺一不可,缺少任何一种,意味着该法律规则是不存在的。例如,一个规则只是规定在任何条件下（假定条件）不得说谎或杀人（行为模式）,但是,对作伪证或杀人的行为却没有规定相应的法律后果,那么,这就意味着并不存在一条禁止作伪证或杀人的法律规则,而可能存在一条禁止如此行为的道德规则或风俗习惯。

第二,立法实践中,有时出于立法技术的考虑,为了防止法律条文过于繁琐,在表述法律规范的内容时,常常对某种要素加以省略。但是,省略并不意味着不存在这些要素,被省略的要素可能存在于法律内在的逻辑联系之中,只是没有被明文表述出来而已。因为通过法律推理,这些未加明文表述的规则要素可以较容易地被人们发现。例如,"妻子有继承丈夫遗产的权利"这一规定,其假定条件和法律后果部分没有被明文表述,但是,该规定只能在丈夫过世且留有遗产的条件下（假定条件）才能适用,妻子合法继承的遗产应得到法律确认和保护（法律后果）,这些内容是可以较容易地按照法律内在的逻辑联系推导出来的。不过,必须强调的是,对规则要素的省略不能是随意的,通常只有该要素可以被人们至少被那些法律专业人员毫无歧见地推导出来时,省略才是可取的。

第三,应当把法律规则与法律条文区别开来。法律条文只是法律规则的表述形式,而不是法律规则的同义语。通常情况下,一个法律规则的全部要素是通过数个法律条文加以表述的;有时其中的一个要素（如假定条件）也可能分别见诸不同的法律条文;甚至法律规则的诸要素分散于不同的法律文件之中,有的还跨越两个以上的法律部门。

三、法律规则的种类

按照不同的标准,我们可以把法律规则区分为不同的类型。通常的类型有以下几种:

(一) 授权性规则、义务性规则和复合性规则

按照法律规则所设定的行为模式的不同,可以把法律规则分为授权性规则、义务性规则和禁止性规则三种类型,这也是法律规则最常用的分类。

授权性规则,是规定人们可以为一定行为或不为一定行为以及可以要求他人为一定行为或不为一定行为的法律规则。授权性规则是主体的法定权利的渊源和根据。在典型的意义上说,权利规则授予人们以某种权利,也就是在法律上确认了某种选择的自由,人们可以通过行使权利来维持或改变自己的法律地位,也可以不去行使权利甚至放弃权利。授权性规则在立法上通常采用"可以"、"有权"、"有……的自由"这类句式表述。

义务性规则是规定人们必须为一定行为或不为一定行为的法律规则。一定意义上说,义务性规则与授权性规则的显著区别在于它具有强制性而没有选择性,义务性规则所规定的行为方式是不可以由义务人随意变更和选择的。在有些法学著作中,义务性规则只用来称谓规定必须为一定行为的规则,而规定不得为一定行为的规则被划分为另一个类型,即禁止性规则。这种划分缺乏逻辑上的严密性,因为禁止性规则(如不得盗窃、不得欺诈等等)也是设定义务的,禁止做什么和必须做什么是法律设定义务的两种不同方式,区别仅在于一个设定了必须积极地做出某种行为的义务,另一个设定了必须消极地不做出某种行为的义务。义务性规则通常以"应当"、"必须"、"不得"、"禁止"等句式表述。

复合性规则又称权利义务复合规则,是兼具授予权利和设定义务的双重属性的法律规则。这种规则的特点是,在一定角度或一定条件下看,它授予当事人某种权利,当事人可以根据此种权利去作为或不作为,其他人不得干涉,而且,也可以根据此种权利要求他人作为或不作为,对于此种要求,他人必须服从;但是,在另一种角度或条件下看,又会发现此种权利是不允许当事人选择或放弃的,因此,它又具有义务的属性。例如,授予国家机关以职权的法律规则就是复合性规则。依法享有一定职权,意味着可以作出一定行为或要求处于职权管辖范围内的其他人作出一定行为,然而,行使职权本身又是一种义务,不能适当地行使职权也就是不能适当地履行职责,这在一定条件下会构成违反法定义务的行为并引起法律责任。另外,授予普通公民以某种权利的规则,也可能属于复合性规则,如授予监护权的规则、授予受教育权的规则等。

(二) 强行性规则和任意性规则

按照法律规则的效力强弱或刚性程度的不同,可以把法律规则区分为强行性规则和任意性规则。

强行性规则又叫强制性规则,是指不问主体的意愿如何而必须加以适用的规则。这种法律规则所设定的权利和义务具有绝对肯定的形式,不允许当事人之间相互协议或任何一方任意予以变更。此种规则与前述的义务性规则和复合性规则

是大体重合的,换言之,义务规则和复合性规则中的绝大部分都属于强行性规则。一般而言,公法如刑法、行政法、诉讼法等,由于主要涉及社会公共利益,其中大多体现为强行性规则。

任意性规则是指法律规则的适用与否由主体自行选择的规则。这种规则所设定的权利、义务具有相对肯定形式,允许当事人间相互协议或单方面予以变更。前述的授权性规则绝大多数属于任意性规则。

应当指出的是,不能把义务规则和强行性规则、授权性规则和任意性规则简单地等同。某些义务规则在一定场合并不具有强行性规则的属性,例如,"缔约人有履行合同之义务"的规定,虽为义务性规则,但在一定条件下,法律允许当事人以协议方式予以变更。同样,某些授权性规则在一定场合也可能并不具有任意性规则的属性,例如,现代法治社会均规定公民享有人身自由权,但是,若某人与他人自愿协议出卖自己为奴,则该协议并不能取得法律上的效力。

(三)确定性规则、委任性规则和准用性规则

按法律规则的内容是否直接地被明确规定下来,可以把法律规则区分为确定性规则、委任性规则和准用性规则。

确定性规则是指明确地规定了行为规则的内容,无须再援用其他规则来确定本规则内容的法律规则。这是法律规则最常见的形式。

委任性规则是指没有明确规定行为规则的内容,而授权某一机构加以具体规定的法律规则。例如,《行政处罚法》对有关罚款决定与罚款收缴分离的问题未作明确规定,而是在第63条规定由国务院来制定具体的实施办法。

准用性规则是指没有明确规定行为规则的内容,但明确指出可以援引其他规则来使本规则的内容得以明确的法律规则。准用性规则准许引用何种规则来使本规则的内容得以明确,一般有两种情况。第一种情况是援引其他法律规则,例如,有些单行法规中关于违法责任的规定,常表述为"依照《治安管理处罚法》第×条"或"依照《刑法》第×条"处理。第二种情况是援引某种非法律性规范。例如,《劳动法》第93条规定:"用人单位强令劳动者违章冒险作业,发生重大伤亡事故,造成严重后果的,对责任人员依法追究刑事责任。"这一规则中所谓违反的"章",并非一定是指法律规范,而是指事故发生单位的规章制度或行业性规章制度。

【阅读材料】2.3 法律规则的"二要素"说和"三要素"说

提示:有关法律规则的逻辑结构的分析,国内法学界有不同的看法,具有代表性的是"二要素"说和"三要素"说。结合本章阐述的法律规则"新三要素"观点,请比较分析以下分类的特点和不足。

持"二要素"说的学者认为,法律规则的结构由行为模式和法律后果两部分构成。行为模式是法律规则中规定的人们行为的标准和尺度,即可以这样行为;应当

这样行为；不得这样行为。这些行为模式是从大量的实体行动中抽象、概括出来的，体现了立法的直接目的。法律后果是指法律对具有法律意义的行为赋予某种结果。法律后果可分为两类：一类是肯定性法律后果，即法律承认某种行为合法、有效并加以保护甚至奖励；另一类是否定性法律后果，即法律上不予承认某种行为或禁止某种行为，并对这种行为加以撤销或制裁。

持"三要素"说的学者主张，法律规则由假定、处理、制裁三部分构成。假定是法律规则中指出适用这一规则的前提、条件或情况的部分；处理是法律规则中具体要求人们做什么或禁止人们做什么的那一部分；制裁是法律规则中指出行为要承担的法律后果的部分。

【阅读材料】2.4　法律规则的两种含义

提示：以下是凯尔森在他的代表作《法与国家的一般理论》中的一个观点，他认为，在法学研究中所表述的法律规则和立法者制定出来的法律规则是存在差异的。你是否认为这样的区分有必要。

法律科学的任务就是以这些陈述的形式，即"如果如此这般条件具备时，如此这般的制裁就应随之而来"，来表达一个共同体的法律，亦即法律权威（authority）在创建法律程序中所产生的材料。法律科学用以表达法律的这些陈述，一定不能与创建法律权威所创造的规范混同起来。我们最好不把这些陈述称为规范而称之为法律规则。法律创制权威所制定的法律规范是规定性的（prescriptive）；法律科学所陈述的法律规则是叙述性的（descriptive）。"法律规则"或"法律的规则"这些用语在这里是在叙述意义上使用的，这一点很重要①。

第三节　法　律　原　则

一、法律原则释义

所谓原则，通常是指人们观察、处理问题的准则。在法学中，法律原则是指可以作为法律规则的本源性、综合性、稳定性的原理和准则。它可以表现为十分抽象的原则，如自然正义原则、合理性原则等，也可以表现为较具体的原则，如法律不溯及既往原则、公开审理原则等。

法律原则内涵价值属性，它既是一定的时代和社会中的普遍价值观念在法律中的综合反映，又体现着人们通过法律调整社会关系所希望达到的目标。法律原则也是联结法律与其他社会调整方式的桥梁和中介，比如"诚实信用"、"公序良俗"

---

① 摘自[奥]凯尔森著：《法与国家的一般理论》，沈宗灵译，中国百科全书出版社1996年版，第49页。

等原则。社会价值的观念以及其他社会规范正是借助于法律原则的规范化表达来指导和影响人们的行为。

关于法律原则与法律规则的区别,一般认为有以下几点:

第一,调整方式不同。法律规则有严密的逻辑结构,每一个规则包含假定条件、行为模式和法律后果三要素,而法律原则不预先设定任何确定而具体的事实状态,也没有设定具体明确的法律后果。因此,从明确化程度上看,原则显然低于规则,但由此也决定了法律原则在调整社会关系时,具有更大的灵活性。

第二,适用范围不同。法律规则由于内容明确,它只适用于某一类型的行为或事项。而法律原则由于比较抽象,无论对人的行为还是对各类事项,在适用时有着更大的覆盖面。

第三,适用方式不同。当作为裁决依据适用于个案时,法律规则要么是有效的,要么是无效的,即该规则不起作用;而法律原则不同,各类原则有着不同的分量,它们可能存在于同一法律中,如果一项法律原则没有被适用,不意味着该原则的无效,而只能说在特定情况下另一个原则更重要而已。

应该说,法律原则与法律规则的划分也有一定的相对性,某种意义上讲,两者的区别在于概括性和确定性的程度不同,但应当明确的是,它们都是法律规范的具体类型,都是法律要素的组成部分。

二、法律原则的种类

按照不同的标准,可以把法律原则分为若干种类:

（一）基本原则与具体原则

这是按照法律原则对人的行为及其条件的覆盖面的宽窄和适用范围的大小进行的分类。基本法律原则体现了法律的基本精神,是整个法律体系或某一个法律部门所适用的法律原则;具体原则是在基本原则指导下适用于某一特定社会关系领域的法律原则。当然,基本原则与具体原则的划分只有相对的意义,例如,相对于"法律面前人人平等"原则而言,"罪刑法定"就是只适用于犯罪与刑罚领域的具体原则;但是,如把讨论问题的范围限定在刑法领域,则罪刑法定就成为刑法的基本原则。

（二）公理性原则和政策性原则

这是按照法律原则产生的基础所作的分类。公理性原则是由法律原理构成的或从法律上的事理推导出来的原则,它是得到社会广泛公认并被奉为法律之准则。如民法中民事活动应当遵循自愿、公平、等价有偿、诚实信用的原则。政策性原则是国家在管理社会事务的过程中为实现某种长期、中期或近期目标而做出的政治决策,如我国把"计划生育"确立为基本国策,也把它作为法律原则规定在婚姻法中。政策性原则具有针对性和时代性。

(三) 实体性原则与程序性原则

这是按照法律原则涉及的内容和问题的不同所作的分类。实体性原则是直接涉及实体性权利、义务分配状态的法律原则。如宪法中的民族平等原则和民法中的契约自由原则都是实体性原则。程序性原则是通过对法律活动程序进行调整而对实体性权利、义务产生间接影响的法律原则,如无罪推定原则和民事诉讼当事人地位平等原则都是程序性原则。

三、法律原则的作用

法律原则的作用可以从两方面加以认识。

(一) 对法律创制的作用

1. 法律原则直接决定了法律制度的基本性质、基本内容和基本价值倾向

法律原则是法律精神最集中的体现,因而,构成了整个法律制度的理论基础。可以说,法律原则也就是法律制度的原理和机理,它体现着立法者及其代表的社会群体对社会关系的本质和历史发展规律的基本认识,体现着他们所追求的社会思想的总体图景,体现着他们对各种相互重叠和冲突着的利益要求的基本态度,体现着他们判断是非善恶的根本准则,所有这一切,都以高度凝缩的方式集中在一个法律制度的原则之内。因此,确立了一批什么样的法律原则,也就确立了一种什么样的法律制度。对不同时代、不同社会的法律制度加以比较就可以发现,规则间的众多差别不一定构成实质性的差别,规则间的众多一致也不一定构成实质性的一致,然而,当一批为数不多的基本原则之间存在着重要的差别或一致时,两种法律制度间的深刻差别或一致性就会作为一种不容争议的事实而凸显在人们眼前。

2. 法律原则是法律制度内部协调统一的重要保障

任何一个成熟的法律制度都包含着众多的规则要素,这些众多的规则所涉及的事物状态纷繁复杂,其法律性质、法律效力和具体的立法目的也各有不同。尤其是在现代社会中,法律规则的数量之大、种类之多,远非古代法律所能比拟,而且,这些规则又分别由各级、各类不同的国家机构出于不同的管理需要所制定,因此如何保障法律自身的协调一致就成为一个突出的问题。近现代国家的立法经验表明,法律原则在防止和消弭法律制度内部矛盾和增强法制统一方面,具有突出作用。在法律的创制过程中,当处于不同效力位阶的各项原则能够被各级、各类立法者刻意遵从时,法制的统一就有了最基本的保障。

3. 法律原则对法制改革具有导向作用

现代社会的变迁节奏越来越快,随着社会的不断发展,新的兴趣、利益、行为方式和权利要求也不断涌现,并且时常与原有的权利、义务分配结构发生冲突,在此种形势下,法制改革或曰法律发展就成了现代法制中一种常见的现象和客观需要。这一点在正处于改革时代的中国社会体现得尤为突出。改革开放以来,原有的权利、义务结构沿着特定的方向发生了深刻变化,大批的原有规则被废止和修正,大批的新规则被制定出来。由此,法律所规定的人们的权利和义务的内容也发生了较大改变。这种涉及人们行为方式和生存方式的深刻变化,正是由于法律原则的变化而直接引发的:某些新的原则取代了原有的原则或某些原有的原则被赋予新的含义,并引导整个法制沿着新的方向发展,即从计划走向市场,从人治走向法治,从封闭走向开放,最终把国家建设成为社会主义法治国家。

(二)在法律适用过程中的作用

1. 指导法律解释和法律推理

法律解释和法律推理是法律实施过程中两个关键性环节。为了使抽象的普遍性规则适用于具体的事实、关系和行为,就必须对法律进行解释并进行法律推理。在这一过程中,原则构成了正确理解法律的指南,尤其当法律的含义存在着做出复数解释的可能时,原则就成为在各种可能的解释中进行取舍的主要依据。同时,原则也构成了推理的权威性出发点,从而大大降低了推理结果不符合法律目的的可能性。可以说,如果没有法律原则的指导作用,不合理的法律解释和法律推理就会以较高的频率出现,并使法律的实施受到消极影响。

2. 弥补法律漏洞,强化法律的调控能力

由于社会关系的复杂性和变动性,立法者对应纳入法律调整范围的事项可能一时尚难以做出细致的规定,也可能因缺乏预见而未作规定,也可能因考虑不周而导致已有的规定在某些情况下不能合理地适用。上述情形在各国法律实践中均难以完全避免。此时,法律原则就成为弥补法律漏洞的一种不可替代的手段,它可以使法律对规则空白地带的事项加以调整,也可以防止现有规则的不合理适用。

3. 限定自由裁量权的合理范围

各国法律实践的经验表明,再详尽的法典也不可能使法律适用变成一种类似于数学运算那样的操作过程。数学运算的最终答案是非选择性的、唯一的,而法律适用常面临在数种可能的结论中做出选择的问题。例如量刑幅度、罚款幅度等许多规定都允许适用法律的机构有一定的自由选择空间。但是,如果对在此一空间中的选择不加任何限定,就会使自由裁量权绝对化,这样一来,极易导致职权的滥用,从而对法律秩序构成威胁。如何使自由裁量权保持在合理的范围之内?法律原则就是一种最重要的因素。如能使自由裁量权受制于法律原则,那么,自由裁量权的积极作用就能充分发挥,而其消极作用则得以防止,发生了问题也容易得到纠正。

四、法律原则适用的条件

如前所述,法律原则不同于法律规则,后者有相对确定的行为规则(权利和义务的规定)和裁判规则(法律后果的规定)。所以,从法理和逻辑上讲,我们不能不顾条件地选择法律原则作为法官裁判的依据。相反,越是确定、具体的规则越有适用的优先性,这不仅符合事物的性质,也是人类的认识论和逻辑规律所要求的。具体来说,法律原则的适用必须符合下列条件①。

(一)穷尽法律规则,方得适用法律原则

在通常情况下,法律适用的基本要求是:有规则依规则。也就是,在有具体的法律规则可以适用时,不应直接适用法律原则。只有当出现无法律规则可以适用的情况,法律原则才可以作为弥补"规则漏洞"的手段发挥作用。设置这一条件的理由在于,法律规则相对明确和具体,优先适用规则有助于保持法律的安定性和权威性,同时也可以避免司法者滥用自由裁量权。

(二)除非旨在实现个案正义,否则不得舍弃法律规则而适用法律原则

一般情况下,司法者理应根据法律规则来裁判案件,适用法律规则时不需要对法律规则本身进行正确性审查。但如果适用法律规则可能导致个案极端不公正的后果,那么,此时就需要对法律规则的正确性进行实质性审查。实质性审查首先应当借助于立法的手段,即遵循第三章所述的法律效力等级原则以及法律效力冲突的解决机制,其次可以通过法官的"法律续造"的技术和方法选择法律原则作为适用的标准。

需要指出的是,符合以上条件最终适用法律原则处理的案件属于人们特别关注的"疑难案件",在中国,实际的情况是较少见的。适用的条件不仅要考虑到实体性法律规范(包括法律规则和法律原则)的情形,而且也需要符合某些程序性法律规范的要求。此外,无论以上哪一种情况,司法者在选择法律原则进行裁判时,都必须进行充分的说理和论证。

总之,法律的概念以及由此组成的规则、原则都是为了更好地调节及规范人的行为,力求创造一个有序、稳定及公正的社会秩序,而这本身就要求法律具有逻辑性、可预见性和稳定性。每一个高度发达的法律制度都应该是一个有关法律概念、法律规则和法律原则构成的完整的自主体。要做到这一点,就必须很好地认识法律各要素本身及相互之间的复杂关系。

【阅读材料】2.5 程序法中的法律原则

提示:美国法学家迈克尔·D·贝勒斯在其《法律原则:一个规范的分析》一书中,对主要的法律部门,如程序法、财产法、契约法、侵权法、刑法的法律原则作了阐释。以下是他在该书的"附录"中首先列举的程序法的原则。

1. 经济成本原则:我们应当使法律程序的经济成本最小化。
2. 道德成本原则:我们应当使法律程序的道德成本最小化。
3. 和平原则:程序应是和平的。

---

① 参见舒国滢:"法律原则适用的困境:方法论视角的四个追问",载《苏州大学学报》2005年第1期。

4. 自愿原则:人们应能自愿地将他们的争执交由法院解决。
5. 参与原则:当事人应能富有影响地参与法院解决争执的活动。
6. 公平原则:程序应当公平——平等地对待当事人。
7. 可理解原则:程序应当为当事人所理解。
8. 及时原则:程序应提供及时的判决。
9. 止争原则:法院应作出解决争执的最终决定。
10. 管辖原则:(1)原告可在被告的人身所在地或通常居住地起诉;(2)如果系争的事件或交易发生在被告持续实施活动地,且与该活动相关,或者其活动范围如此广泛,以至于被告在该地应诉并非一种不公平的负担,则原告可在被告持续实施活动地起诉;(3)如果原告居住在事件或交易发生地,则原告可在事件或交易发生地起诉。
11. 通知原则:起诉书应当直接送达被告,而且被告应备有足够的时间准备答辩和出庭应诉。
12. 法律帮助原则:人们有权聘请律师,而且对于重要的法律问题,国家应以公费为付不起律师费的人提供律师。
13. 立案范围原则:只要切实可行,事实或法律问题相同的所有请求或当事人都应一案审理,当事人相同的其他请求也允许一案审理。
14. 调查原则:除了审理时不予采纳的特殊保密及属隐私的事项外,所有与诉讼请求或抗辩直接相关的事项应当允许调查。
15. 证据原则:当仅且当证据具有误导性或将浪费时间时,才应当排除。
16. 证明责任原则:(1)举证责任应由提出争执点的当事人承担,但因对方当事人有取得和控制证据的特殊条件而由其举证有失公平的情况除外;(2)说服责任应由举证的当事人承担,除为避免判决给对方当事人造成更大的道德错误成本而需更高的标准外,证明证据较为可靠即可。
17. 陪审团审理原则:刑事案件应确立由陪审团审理的权利,而且全体陪审员意见一致才能作出有罪裁决。
18. 遵从先例原则:法院应当遵从先例。
19. 上诉原则:刑事案件的被告应享有依法当然取得的上诉权;除非上诉法院与初审法院一样能查明有关事实,否则只能撤销事实明显错误的裁决①。

【阅读材料】2.6　法律原则与法律原理的区别

法律原则的识别是理解和适用法律原则的前提。其中,比较容易混淆的是法律原则与法律原理的概念。两者的区别在于:法律原则(principle of law)是被确

---

① 摘自[美]麦克尔·D·贝勒斯著:《法律的原则:一个规范的分析》,张文显等译,中国百科全书出版社1996年版,第427—428页。

认为法律规范内容一部分的准则;法律原理(doctrines of law,或简称"法理")是对法律上之事理所作的具有说服力的、权威性的阐述,是法律的公理或法律的教义、信条。尽管法律原理在特殊的情况下可以构成法律的非正式渊源,但只有被实在法接受为法律规范内容的法律原理,才属于法律原则。例如,"法律面前人人平等",在没有被国家的法律即实在法正式确认之前,它被看作是法律原理[事实上,这个口号最早是由公元前5世纪古希腊政治家伯里克利(Perikles)提出的政治主张],而法律确认之后则成为法律原则("人权原则"、"法治原则"的形成方式亦大体相同)。这里,实在法的规定就成为两者在形式和法源上区别的标准①。

【作业题】

1. 法条分析
2005年11月7日,中华人民共和国商务部发布了《酒类流通管理办法》,该《办法》第19条规定:"酒类经营者不得向未成年人销售酒类商品,并应在经营场所显著位置予以明示";第30条规定:"违反本办法第19条规定的,由商务主管部或会同有关部门予以警告,责令改正;情节严重的,处2 000元以下罚款。"
请分析以上法律条文中法律规则的逻辑结构以及法律规则的种类。

2. 案例分析
被告蒋伦芳与本案中的遗赠人黄永彬于1963年登记结婚,婚后感情一直不合。在1996年,黄永彬与张学英相识后,两人便一直在外租房公开同居生活。2001年初,黄永彬因患肝癌住院治疗,张学英一直在旁照料。黄永彬于2001年4月18日立下书面遗嘱,将其所得的住房补贴金、公积金、抚恤金和卖房产所获款的一半4万元等财产用遗赠的方式赠与张学英。2001年4月20日,泸州市纳溪区公证处对该遗嘱出具了公证书。同年4月22日,黄永彬因病去世。在黄永彬遗体火化前,张学英偕同律师当着蒋伦芳的面宣布了黄永彬的遗嘱,并要求执行,但遭到蒋伦芳的拒绝。当日下午,张学英以蒋伦芳侵害其财产继承权为由诉至泸州市纳溪区人民法院。泸州市纳溪区法院经两次开庭审理后作出判决,以原告与被告丈夫间的婚外情为由,认定被告丈夫的遗嘱协议违背《民法通则》第7条关于"民事活动应当尊重社会公德"的法律原则(该原则亦称"公序良俗原则"),宣告遗嘱无效,原告败诉。
问题:
(1) 本案中法官是否可以根据法律原则作出判决?
(2) 法官选择法律原则适用于本案的理由是什么,这个理由是否成立?

---

① 摘自舒国滢:"法律原则适用的困境:方法论视角的四个追问",载《苏州大学学报》2005年第1期。

(3) 在中国,法官适用法律原则是否会导致法官自由裁量权的扩大,如何进行适当的限制?

(4) 本案的判决,引起了法学界与法律实务界的广泛争论,这个现象本身说明了什么问题?

3. 单项选择题(2004年司法考试试题):

下列关于法律原则的表述哪一项是错误的?(　　)

A. 法律原则不仅着眼于行为及条件的共性,而且关注它们的个别性

B. 法律原则在适用上容许法官有较大的自由裁量余地

C. 法律原则是以"全有或全无的方式"应用于个案当中的

D. 相互冲突的法律原则可以共存于一部法律之中

【进一步的思考】帕尔默案件与法律原则的适用

提示:有关法律原则在司法中的适用,国内的学术文献中经常提到美国的一个经典案例——"帕尔默案件"。讨论这个案件可能需要更广泛的法学知识背景,除了法律原则,还包括法学流派、法律与道德、法律解释、法系、法官职责等。我们在本章中提出这个案例,一方面是让读者知晓该案件的来龙去脉,以便于在学习本书其他相关的章节时更好地理解法律原则;另一方面,请读者比较该案与前述"泸州继承案"的异同,理解法律原则适用的意义和条件。

1882年,纽约州居民帕尔默用毒药杀害了自己的祖父。因为他知道他的祖父在现有的遗嘱中给他留下了一大笔遗产,但是,他担心祖父因为再婚而更改遗嘱,出于这一动机,帕尔默便杀害了自己的祖父。然而当时,纽约州的遗嘱法并未规定遗嘱继承人谋杀遗嘱人后是否可以继承遗产,因而,帕尔默有无权利继承这笔遗产,成为问题的焦点。帕尔默的姑姑们主张,既然帕尔默杀死了被继承人,那么法律就不应当继续赋予他以继承遗产的任何权利。但帕尔默的律师争辩说,纽约州的法律并未明确规定如果继承人杀死被继承人将当然丧失继承权,因此,这份遗嘱在法律上是有效的,既然帕尔默被一份有效遗嘱指定为继承人,那么他就应当享有继承遗产的合法权利。如果法院剥夺帕尔默的继承权,那么法院就是在更改法律,就是用自己的道德信仰来取代法律。

审判这一案件的格雷法官支持律师的说法,格雷法官认为:如果帕尔默的祖父早知道帕尔默要杀害他,他或许愿意将遗产给别的什么人,但法院也不能排除相反的可能,即祖父认为即使帕尔默杀了人(甚至就是祖父自己)他也仍然是最好的遗产继承人选。法律的含义是由法律文本自身所使用的文字来界定的,而纽约州遗嘱法清楚明确,因而没有理由弃之不用。此外,如果帕尔默因杀死被继承人而丧失继承权,那就是对帕尔默在判处监禁之外又加上一种额外的惩罚。这是有违"罪行法定"原则的,对某一罪行的惩罚,必须由立法机构事先作出规定,法官不能在判

决之后对该罪行另加处罚。

但是，审理该案的另一位法官厄尔却认为，法规的真实含义不仅取决于法规文本，而且取决于文本之外的立法者意图，立法者的真实意图显然不会让杀人犯去继承遗产。厄尔法官的另外一条理由是，理解法律的真实含义不能仅以处于历史孤立状态中的法律文本为依据，法官应当创造性地构思出一种与普遍渗透于法律之中的正义原则最为接近的法律，从而维护整个法律体系的统一性。厄尔法官最后援引了一条古老的法律原则——任何人不能从其自身的过错中受益——来说明遗嘱法应被理解为否认以杀死继承人的方式来获取继承权。

最后，厄尔法官的意见占了优势，有四位法官支持他；而格雷法官只有一位支持者。纽约州最高法院判决剥夺帕尔默的继承权。

【本章阅读篇目】

1. 舒国滢："法律原则适用的困境：方法论视角的四个追问"，载《苏州大学学报》2005年第1期。

2. ［美］E·博登海默著：《法理学——法律哲学与法律方法》，邓正来译，中国政法大学出版社2004年修订版，第十七章。

3. ［美］德沃金著：《法律帝国》，李常青译，中国大百科全书出版社1996年版，第一章。

4. ［德］拉伦茨著：《法律方法论》，陈爱娥译，商务印书馆2003年版。

第三章 法律渊源

本章导读

法律渊源是一个不能望文生义的概念,因为它在法学界有约定俗成的含义和特定的使用语境。就其在法学中的含义来看主要有三个方面:第一,法律的表现形式,即制定法、判例法、习惯法等形式。第二,在传统法律思维方式支配下的效力级别。第三,在法律实施特别是司法过程中法官针对个案寻找、发现法律的大致场所。在法理学中,法律渊源理论常在两种场合使用:一是在比较法学中用于比较不同的法系时少不了对法律渊源进行比较;二是在描述司法过程中的法律方法论时回避不了法律渊源问题。在学习法律渊源理论时,我们应认真注意其意义可能会随语境而流变。

第一节 法律渊源概述

一、法律渊源释义

法律渊源是法学中的一个重要概念,也是一个有着多重含义的法律术语。在中外法学著作中,学者们对之有不同的理解和解释。有的是指法律的历史渊源,即历史上引起法律原则或法律规则和制度产生的历史事件和行为等因素,如11世纪的普通法和14至15世纪的衡平法,可以理解为现代英国法的历史渊源;有的是指法律的理论渊源,即促进立法和法律改革的理论原则和哲学原理,如古典自然法学是近代西方国家政治和法律制度确立的重要理论渊源;有的是指构成法律的原始材料,即制定一项法律或确立一项制度时所采纳的素材,比如政策、习惯、乡规民约、社会组织的章程等;有的是指法律的社会根源,即法律制度背后对法律的性质和内容起到决定作用的社会经济关系或者生产方式等因素。但是法律渊源最通常的含义是指法律的效力或约束力的来源。

在任何一个现代社会中，都存在着调整一定社会关系、指引人们行为并由国家机关以强制力来实施的规范，人们把这些规范称为法律。这些规范在维护社会秩序、解决纠纷的过程中发挥着很大的作用。法院以它们为依据作出判决，行政机关以它们为依据做出行政行为，律师们以它们为依据进行辩护或者从事咨询工作。那么，这些规范从何而来就涉及法律渊源问题。因此，本书中涉及的法律渊源（source of law）是指由国家或社会所形成的，能够成为法官裁判依据或者人们行事准则，具有一定法律效力和法律意义的规范的表现形式。

法律渊源是一个与立法体制有密切关系的概念。一个国家的立法体制规定了哪些国家机关有权制定法律，这些国家机关所制定的法律之间的效力大小关系如何。显然，立法体制所规定的那些国家机关所制定的规范就成为这个国家的法律的重要渊源。立法体制涉及被称为"法律"的规范可以怎样自上向下颁行于社会的问题；法律渊源涉及的是那些在社会生活中发挥作用、体现在大量的司法判决和行政行为中的具体的法律规范从何而来的问题，这是自下向上追溯的问题。可以说，法律渊源是从另一个角度理解立法体制的概念。

法律渊源与法律形式（forms of law）是既有联系又有区别的两个概念。法律形式是指法律的存在状态、外部形态或者表现形式，比如法律规范的载体是什么，它以什么形式表现出来以便为人们所了解。法律形式是一个与法律内容相对而言的概念。法律内容即法律规范规定了人们可以做什么事情、必须做什么事情和不得做什么事情。法律形式表明这些内容是以怎样的形式表现出来、为人们所了解的。法律规范是形式和内容的统一。法律形式主要有制定法（即成文形式）、习惯法（即不成文形式）和国际法（主要是国际条约与惯例形式），在有的国家还有判例法（即判例形式）。在中国的制定法中，也存在着各种不同的法律形式，例如宪法、法律、行政法规、地方性法规、行政规章、自治条例和单行条例等。不同的法律形式往往表明不同的法律渊源。不同的法律渊源也往往意味着不同的法律形式。在中国的制定法中，宪法、法律、行政法规、地方性法规、行政规章、自治条例和单行条例这些概念既表明在中国法律有哪些来源，也表明这些来源的法律有哪些形式。但是法律渊源和法律形式仍然是两个不同的概念。一个是关注法律从何而来的问题，另一个是关注法律的存在状态或表现形式问题。它们的侧重点是不同的。

在不同的国家或者同一个国家不同的时期，法律渊源会有不同的表现。法律渊源的这种多样性特征，其成因主要在于：第一，国家经常会根据社会关系重要性的程度、范围的大小等不同情况将创制调整社会关系的法律的权力分配给不同地位的机构，由此产生的结果便是形成效力等级不同、种类多样的法律渊源；第二，不同的国家结构形式也是造成法律渊源多样性的原因；第三，历史传统对法律渊源的多样性的形成也起到重要的作用。

二、法律渊源的分类

法律渊源意味着法院和行政机关可以从哪里寻找根据以作出有法律效力的决定。这里,我们以这些根据的来源的不同或者效力的大小为标准,把法律渊源分为两类,即正式的法律渊源和非正式的法律渊源。

(一)正式的法律渊源

正式的法律渊源是指对国家机关、公民和社会组织具有约束力的渊源;这种渊源是国家机关必须用来作为处理问题的根据而不能回避的,是公民和社会组织寻求国家保护或者避免受到国家制裁的行为准则。在一般情况下,正式的法律渊源主要有以下四种形式:

1. 制定法

制定法是立法机关和行政机关有意识制定的以法律条文形式表达的规定,例如立法机关和行政机关制定的规范性法律文件。如果制定法规定了某类案件的处理办法,有关国家机关必须援引这种规定处理案件。

制定法一般是以成文形式,也就是以法律条文形式表达出来,所以又称为成文法。所谓成文法并不是指以文字形式表达的法律,而是指以法律条文形式表达的法律。所谓法律条文形式,也就是以编、章、节、条、款、项、目等形式出现的文字编排形式。

在这里,制定法是一个笼统的称谓。它涵盖宪法、立法机关制定的法律、行政机关制定的具有普遍约束力的行政法规等。

2. 判例法

判例是指法院对于诉讼案件作出判决之成例,如果此种判决对于法院以后审理类似案件具有普遍约束力,便成为该国的一种法律渊源。判例法并不是简单的判例汇编,它的意义不仅限于法官在此后的案件审理中能够从先例理解法律的规定,而且在于把先例所确立的原则视为审判过程中必须遵循的根据,据此审理同类案件。这样,判例就不仅是一种对个案的决定,而且是具有普遍意义的法律规范。

判例法是普通法国家的重要法源,随着两大法系的相互借鉴与融合,判例法也逐渐受到大陆法系国家的重视,甚至在某些大陆法系国家的部分法律领域也被吸纳为一种法律渊源。

3. 习惯法

习惯法是国家认可社会上已通行的某种习惯具有法律效力而产生的法律,这些法律一般不以法律条文形式表达出来,有时甚至不以文字形式表达出来。如果习惯法中存在着处理某类案件的办法,那么有关国家机关也必须根据这个办法来处理案件。

立法机关、司法机关和行政机关可以在自己的权限范围内认可某种习惯规范作为法律规范,但是如果立法机关在制定法中采纳了某种习惯规范,这一规范就是制定法或成文法的一部分。国家机关认可的方式是积极确认而不是消极默许。积极确认就是明确地赋予某种习惯规范具有法律效力,以国家强制力加以实施。而国家机关默许某种习惯规范的存在,并不等于赋予其法律效力。

4. 国际条约

国际条约是国家及其他国际法主体间所缔结的确定相互关系的权利义务协议。它的名称很多,如国家条约、国际公约、国际协定、议定书、宣言、换文等。国际条约虽然不属于国内法,但是对于缔结、承认或加入了国际条约的国家而言,也具有约束该国国家机关和公民行为的效力,因此也是这些国家的法律渊源之一。

(二) 非正式的法律渊源

非正式的法律渊源是指对于国家机关、公民和社会组织具有说服力而无约束力的某些规则、原则或观念;这种渊源对于国家机关、公民和社会组织从事某种具有法律后果的行为起着参考作用。

在法律实践中,有时仅仅依靠正式的法律渊源并不能做出一个恰当的判决或行政行为,还需要考虑正式的法律渊源之外的一些因素。这些通常被考虑的因素就被称为非正式的法律渊源。之所以把它们称为法律渊源,是因为它们也引导着法官或行政工作人员的行为,在一定程度上影响着判决或行政行为的形成。法律实施者将正式的法律渊源与非正式的法律渊源结合在一起,经过综合理解,最后形成针对本案具体情况的具体法律规范。相对于任何一个案件来说,制定法或习惯法的规范都是一般性的,法律实施者必须针对案件的具体情况,把一般性的规范转化为一个具体的法律规范,才可以加以适用。

非正式的法律渊源通常有正义、习惯、公共政策、客观知识、权威性学说(法理)等。

1. 正义

在这里,正义是指一个社会通行的关于何谓公平、合理的价值观念。作为通行的观念,正义反映了一个社会大多数人对公平、合理的认识和理解,它受到传统文化的影响,并受制于社会结构和经济基础等因素。在某些情况下,法官或者行政工作人员会参考社会的正义观念来做出决定或者对决定做出调整。

2. 习惯

习惯指社会上通行的、为人们实际遵守的比较明确的常规性做法。当违反一种常规性做法,可能招致社会的惩罚性反应时,这种做法就成为习惯。在这里,习惯不是指个人生活习性。习惯与习惯法不同:习惯是非正式的法律渊源,对于法官审判案件仅具有参考作用;习惯法是正式的法律渊源,对于法官审判案件具有约束作用。但是习惯与习惯法之间会随着时间的推移而互相转换。

3. 公共政策

公共政策是有关必须达到的集体目的或目标的一种政治决定,这种决定一般来说旨在改善经济、政治或者社会的境况,促进整个社会的某种集体目标的实现。公共政策包括国家政策和执政党的政策。虽然各种社团、组织都会有自己的政策,但是一般来说,只有国家政策和执政党的政策才会成为法律的渊源。政策往往注重短期效益,具有临时性、灵活性、原则性、弹性很大等特点。政策的形成不经过立法程序。政策主要通过影响法律的实施而成为法律的渊源。

4. 客观知识

博登海默在《法理学——法律哲学与法律方法》一书中曾谈到理性与事物之性质可以成为非正式的法律渊源①。理性与事物之性质实际上是一种知识,即人们对事物内在规律的认识。人们有时候根据这种认识来确定某一个法律规定的意思,或者根据这种认识作出判决。

5. 权威性学说或法理

权威性学说或法理主要是指某些法学家对法律所做出的各种学理性说明、解释和理论阐发。它们能否成为具有法律效力的法律渊源取决于各国的法律规定和法律传统。在法律发展的早期,如在古罗马和中国都曾把权威性学说或法理作为法律渊源。但现在,一般不承认法理是具有直接法律效力的法律渊源。可是在一些疑难案件的审理过程中,法官可能会参考权威性学说或法理来作出判决,因此,我们也把它归于非正式的法律渊源一类。

(三)两种渊源在实践中的关系

以上阐述的两种法律渊源在法律实践中的关系有这样几种情况:

(1)当一种正式的法律渊源为某一法律问题提供了一个比较明确的答案时,在绝大多数情况下就无须也不应当再去考虑非正式的法律渊源了。但是在某些极端情况下,例如当根据正式的法律渊源做出的判决极其荒谬,为大多数人所反对或厌恶时,在法律实践中可能会以非正式的法律渊源来取代正式的法律渊源。但是在这种情况下,到底应该如何作出判决,在法学界和实务界都一直是一个引起激烈争论的问题。

(2)当一种正式的法律渊源赋予国家机关一定幅度的自由裁量权,比如规定了量刑或处罚的幅度,这种时候就可能借助一些非正式的法律渊源以确定一个具体的、适当的刑罚或处罚措施。

(3)当正式的法律渊源的有关规范出现模棱两可、含糊不定的表达时,也就是出现多种解释的可能性时,非正式的法律渊源可以被用来确定一种更加合理的含

---

① [美]E·博登海默著:《法理学——法律哲学与法律方法》,邓正来译,中国政法大学出版社 2004 年修订版,第 473—479 页。

义或解释。

(4) 当正式的法律渊源根本没有涉及案件中需要解决的问题时,如果必须要解决问题,就必然要依赖非正式的法律渊源。

总的来说,在法律实践中,正式的法律渊源起着主导的作用,非正式的法律渊源起着辅助的作用。实际上,在大多数场合,正式的和非正式的法律渊源都会发挥一定的作用,也就是说,对于一个法律事务或案件的解决,在大多数情况下需要综合考虑正式的和非正式的法律渊源。这两类法律渊源经过一个法律实施者的理解、整理和综合,最后形成一个具体的解决某一法律事务或案件的办法。

【阅读材料】3.1 "法律渊源"与"法源"的区分

在一些著述中,我们可以看到与法律渊源相近的一个词——法源。绝大多数人的观点是将法源视为法律渊源的一种简称。但其实,"法源"的概念可以用于法律渊源难以涵盖的领域。如前所述,法律渊源的定义主要是从司法的角度来界定的,在司法法理学看来,如果法律是指法院的司法判决活动,那么"法律渊源"就是法官在形成判决的过程中所参考的权威性法律依据,因此,成文法、司法解释和习惯等等都可以成为法律渊源。但是,如果我们从立法的角度看,将法律看作是立法机关形成的权威性文件,那么所谓"法律渊源"就应当指这个法律形成的合法性依据或者渊源。但由于约定俗成的原因,法律渊源的这个含义不易被解说。这个问题在成文法国家比较突出。因此,"法源"一词可以也应当用来指立法意义上的法律形成的合法性依据。譬如:罗马法是《拿破仑法典》的法源,《德国民法典》把普鲁士习惯法作为法源等。

【阅读材料】3.2 作为法律渊源的习惯

提示:如何理解法律渊源中的习惯与习惯法的关系,习惯、习惯法与成文法的区别标准到底是什么,在以上的讲述中,我们用的是"国家(主权者)制定或认可"的标准,但这个标准在法律多元主义者看来,可能还是过于简单。所以,这个问题可以做进一步的探讨,它能够帮助我们从另一个角度理解法律是什么。以下这段对"习惯"的论述或许有助于理解现代社会中作为法律渊源的习惯。

由于习惯在很大程度上已被纳入了立法性法律与司法性法律,所以习惯在当今文明社会中作为法律渊源的作用已日益减小。然而,这并不意味着习惯所具有的那种产生法律的力量已经枯竭了。我们会发现,职业或商业习惯,甚或更为一般性的习惯,仍在非诉讼的基础上调整着人们的行为,而且这种习惯还在法庭审判活动中起着作用。法院有时会宣称,具有地方性质的习惯可以背离和取代某一一般的法律规则。英国法院为处理这种一般法律的地方变化形式已经发展起了某些标准。这些标准认为,习惯之确立,不能用来对抗成文法的实在规则。它们不可以违反普通法的基本原则,而且还必须存在很长时间。它们必须得到公众持续不断地实施,而且公众也必须认为这种习惯有强制性。最后,习惯必须是合理的,也就是它绝不能违反有关是非的基本标准,也不能有损不具有此习惯的人的利益①。

第二节　当代中国的法律渊源

当代中国的法律渊源比较复杂。中国包括实行社会主义制度的大陆地区和实行资本主义制度的香港特别行政区、澳门特别行政区和台湾地区。以下阐述的主要涉及实行社会主义制度的中国大陆地区的法律渊源情况。

在正式的法律渊源方面,当代中国社会主义法律渊源可以归结为以宪法为核心、以制定法为主的法律渊源。在非正式的法律渊源方面,主要有政策、判例和习惯等。

一、正式的法律渊源

在正式的法律渊源中,宪法处于核心的地位,一切法律、法规都不得与它相抵触。制定法是正式的法律渊源的主要表现形式,主要包括宪法、法律、行政法规、军事法规和军事规章、地方性法规、自治条例和单行条例、部门规章和地方政府规章等。除了制定法以外,中国缔结、承认和加入的国际条约也是中国正式的法律渊源。

在中国,一切法律实践工作都应当从这些正式的法律渊源寻求自身的行为标准或依据。但是在中国的司法实践中,还存在着第一位的法律渊源与第二位的法律渊源的区别。法律、行政法规、地方性法规、自治条例和单行条例是第一位的法律渊源;部门规章和地方政府规章是第二位的法律渊源。人民法院以第一位的法律渊源作为审判依据,以第二位的法律渊源作为参照。所谓"参照",意味着人民法院可以对这些法律渊源进行合法性与合理性的审查。对于合法、适当的规章,人民法院予以参照适用,并在判决书中加以援引。对于被认为不合法或不适当的规章,人民法院虽然不宣布其无效,但是不加以适用。

（一）宪法

宪法作为中国的根本大法,在各类法律渊源中处于最高的法律地位。现行宪法是1982年修改通过的宪法,1988年、1993年、1999年和2004年分别四次通过了宪法的修正案,在1999年修正案中,"建设社会主义法治国家"写入了宪法。

中国宪法具有以下特征：（1）主要规定的是有关公民基本权利义务和国家机

---

① 摘自[美] E·博登海默著：《法理学——法律哲学与法律方法》,邓正来译,中国政法大学出版社2004年修订版,第483页。

关权力配置等重大事项;(2)制定和修改的程序比普通法律严格;(3)被普遍认为具有最高法律效力,任何与宪法相抵触的法律、法规均可被认定无效。宪法在中国虽然被视为最主要的法律渊源,但不具备作为裁判规范的效力,即不能作为法院判案的直接依据。近年来曾出现了若干涉及宪法问题争诉的司法案件,引起了广泛的关注及争议。

(二)法律

这里的法律是狭义的,它包括全国人民代表大会制定的基本法律和全国人民代表大会常务委员会制定的基本法律以外的法律。

基本法律,是指由全国人民代表大会制定和修改的、规定或调整具有根本性和全面性的社会关系的法律,包括关于刑事、民事、国家机构的基本法律和其他基本法律。所谓"其他基本法律",主要指其内容涉及全国公民的切身利益并要求他们普遍遵守的法律。

基本法律以外的法律,或称非基本法律,是指由全国人民代表大会常务委员会制定和修改的、规定或调整除基本法律调整以外的某一方面社会关系的法律。

《宪法》第62条第3款赋予全国人民代表大会制定基本法律的职权,第67条第2款赋予全国人民代表大会常务委员会制定基本法律以外的法律的职权。《立法法》第8条规定了只能制定"法律"的十类事项。应该说,基本法律和非基本法律所调整的事项是非常宽泛的。不过,《宪法》和《立法法》并没有明确划分基本法律和非基本法律所调整的事项。

(三)行政法规

行政法规指最高国家行政机关即国务院为了实施宪法和法律而制定和颁布的各种规范性法律文件,它是中国重要而且数量很大的一种法律渊源。行政法规规定国家行政管理事项。

根据2001年11月16日国务院批准公布的《行政法规制定程序条例》第4条的规定,"行政法规的名称一般称'条例',也可以称'规定'、'办法'等。国务院根据全国人民代表大会及其常务委员会的授权决定制定的行政法规,称'暂行条例'或者'暂行规定'。国务院各部门和地方人民政府制定的规章不得称'条例'"。

国务院发布的具有规范性质的决定和命令,属于行政法规,也在正式的法律渊源之列。

(四)军事法规和军事规章

军事法规是中央军事委员会根据宪法和法律制定的有关国防建设和军事方面关系的规范性法律文件。

军事规章是中央军事委员会各总部、军兵种、军区,根据法律和中央军事委员会的军事法规、决定、命令,在其权限范围内,制定的有关国防建设和军事方面关系的规范性法律文件。

（五）地方性法规

地方性法规是指省、自治区、直辖市以及较大的市的人民代表大会及其常务委员会制定和颁布的规范性法律文件。"较大的市"包括省、自治区的人民政府所在地的市，经济特区所在地的市和经国务院批准的较大的市。其中，经济特区所在地的省、市可以根据授权制定一种特殊的地方性法规，即经济特区法规，经济特区法规可以对法律、行政法规和地方性法规作变通规定。

地方性法规规定的事项有两类：(1) 为执行法律、行政法规的规定，需要根据本行政区域的实际情况作具体规定的事项；(2) 属于地方性事务需要制定地方性法规的事项。

（六）自治法规

自治法规即自治条例和单行条例，它们是民族自治地方（自治区、自治州、自治县）的人民代表大会根据宪法和法律的规定，依照当地民族的政治、经济和文化的特点，制定和颁布的规范性法律文件。

自治条例，一般是指规定关于本自治区实行的区域自治的基本组织原则、机构设置、自治机关的职权、工作制度以及其他重大事项的规范性法律文件，它的作用相当于联邦制国家的州宪法。

单行条例，一般是指根据宪法规定和本自治区的实际情况，对于国家法律、法规做出的变通或者补充的规定，或者规定本自治区某一具体事项的规范性法律文件。

（七）行政规章

行政规章包括部门规章和地方政府规章。它们都是有关行政机关根据法律、行政法规或地方性法规制定的规定某一方面行政管理事项的规范性法律文件。

部门规章指国务院各部、委员会、中国人民银行、审计署、具有行政管理职能的直属机构在各自权限范围内制定和颁布的规范性法律文件。部门规章规定的事项应该属于执行法律或者国务院的行政法规、决定、命令的事项。部门规章经部务会议或者委员会会议决定。

地方政府规章指省、自治区、直辖市以及较大的市的人民政府制定和颁布的规范性法律文件。这里"较大的市"的含义同上。地方政府规章可以规定的事项包括：为执行法律、行政法规、地方性法规的规定需要制定规章的事项；属于本行政区域的具体行政管理事项。

（八）国际条约和协定

这里所讲的国际条约是指中国同外国缔结或加入并生效的双边和多边条约、协定和其他具有条约、协定性质的文件。根据中国 1990 年《缔结条约程序法》的规定，缔结国际条约的有关权限的归属状况分别为：(1) 国务院同外国缔结条约和协定；(2) 全国人民代表大会常务委员会决定同外国缔结的条约和重要协定的批准和废除;(3)国家主席根据全国人民代表大会常务委员会的决定,批准和废除同外国缔结的条约和重要协定。在当代中国的法律渊源中,国际条约处于重要地位。《民法通则》第 142 条中就规定:"中华人民共和国缔结或者参加的国际条约同中华人民共和国的民事法律有不同规定的,适用国际条约的规定,但中华人民共和国声明保留的条款除外。"

二、非正式的法律渊源

有关非正式的法律渊源,一般认为有三种:

(一)政策

在中国,可以作为非正式法律渊源的政策,主要指中国共产党的政策和国家政策。中国共产党是中国的执政党,它的政策,特别是中共中央制定的政策,对于中国的各级国家机关在处理实际事务或者法律案件的过程中,有着重要的指导作用。例如对某类犯罪行为"从重从快"打击的政策对于人民法院处理这类犯罪案件、在量刑幅度内决定处罚措施具有重要的影响力。一般而言,执政党的政策是非正式的法律渊源,不能替代或取消正式的法律渊源。执政党的政策只有经过法定的立法程序,才可能成为正式的法律渊源。国家政策与执政党的政策有密切的联系,执政党的政策往往也是国家政策。国家政策主要体现在全国人民代表大会通过的政府工作报告和中央人民政府的施政纲领之中。《民法通则》第 6 条规定:"民事活动必须遵守法律,法律没有规定的,遵守国家政策。"

(二)判例

判例在中国一般称为案例,不作为正式的法律渊源。然而,由于中国在社会转型过程中产生的制定法相对比较"粗",即确定性程度较低,特别是上诉制度和再审制度的存在,上级法院的案例对下级法院审理同类案件事实上会产生示范的效果。特别是最高人民法院通过"公报"形式公布的一些具有典型意义的案例,对全国各地法院审理相关案件具有指导作用。

(三)习惯

习惯有各种各样,有地区习惯、职业和行业惯例、民族风俗、国家习惯和国际惯例等。习惯是非正式的法律渊源,对于法官审判案件,仅仅具有参考作用。《民法通则》第 142 条规定:"中华共和国法律和中华人民共和国缔结或者参加的国际条约没有规定的,可以适用国际惯例。""可以适用"不是"应当适用",这表明国际惯例也像中国国内的民间习惯一样,是非正式的法律渊源。

【阅读材料】3.3 司法裁判中宪法适用的问题

提示:毫无疑问,宪法在一个国家中具有最高的法律效力,是最重要的法律渊源。从司法的角度来看,案件审理过程中,法官当然应当考虑国家宪法的原则和相关规定。但在我国,宪法作为法律渊源,却又不作为裁判的直接依据。以下是半个世纪前的一个司法解释,至今仍然有效。请读者注意解读文件中的"不宜引为"的提法。

《关于在刑事判决中不宜引用宪法作论罪科刑的依据的复函》:"你院(55)刑二字第336号报告收悉。中华人民共和国宪法是我们国家的根本大法,也是一切法律的'母法'。刘少奇委员长在关于中华人民共和国宪法草案的报告中指出:'它在我国国家生活的最重要的问题上,规定了什么样的事是合法的,或者是法定必须执行的,又规定了什么样的事是非法的,必须禁止的。'对在刑事方面,它并不规定如何论罪科刑的问题,据此,我们同意你院的意见,在刑事判决中,宪法不宜引为论罪科刑的依据。"①

【阅读材料】3.4 司法裁判中如何引用规范性法律文件

提示:司法裁判中如何引用法律,或者简单地说可以引用哪些法律文件,从一定意义上来看,可以反映一个国家中法律渊源的真实现状。以下是1986年最高人民法院的一个司法解释,该解释一方面强调了宪法的最高法律效力性质,另一方面,仍未确认宪法是否可以直接作为裁判依据的问题。有关最高人民法院的"意见"或"批复"的使用,这里也用了"不宜直接引用"的提法,但在1997年6月23日发布的《最高人民法院关于司法解释工作的若干规定》(法发〔1997〕15号)中,最高人民法院又改变了这一规定。有关宪法"不宜引用"的问题,最近也有些松动,2001年山东省高级人民法院在"齐玉苓诉陈晓琪"案的判决中,间接引用了宪法。由此说明,中国的法律渊源理论与实践还处于发展和完善之中。

《关于人民法院制作的法律文书应如何引用法律规范性文件的批复》:"人民法院在依法审理民事和经济纠纷案件制作法律文书时,对于全国人民代表大会及其常务委员会制定的法律,国务院制定的行政法规,均可引用。各省、直辖市人民代表大会及其常务委员会制定的与宪法、法律和行政法规不相抵触的地方性法规,民族自治地方的人民代表大会依照当地政治、经济和文化特点制定的自治条例和单行条例,人民法院在依法审理当事人双方属于本行政区域内的民事和经济纠纷案件制作法律文书时,也可引用。国务院各部委发布的命令、指示和规章,各县、市人民代表大会通过和发布的决定、决议,地方各级人民政府发布的决定、命令和规章,凡与宪法、法律、行政法规不相抵触的,可在办案时参照执行,但不要引用。最高人民法院提出的贯彻执行各种法律的意见以及批复等,应当贯彻执行,但也不宜直接引用。"②

【阅读材料】3.5 中国法院适用国际条约的判决

2000年6月20日,北京市第二中级人民法院一审判决:北京国网信息有限责

---

① 最高人民法院研字第11298号对新疆高级人民法院做出之批复,1955年7月30日。
② 最高人民法院法(研)复〔1986〕31号对江苏省高级人民法院之批复,1986年10月28日。

任公司(简称国网公司)停止使用与英特艾基公司商标字母及读音相同的网络域名——ikea.com.cn,并向中国互联网络信息中心申请撤销该域名。

1998年,英特艾基公司先后在中国上海、北京开设了以"IKEA"为标志的大型家居专卖店。该公司准备在中国互联网上注册域名时,发现国网公司已于1997年11月19日在中国互联网络信息中心(CNNIC)申请注册了www.ikea.com.cn的域名。于是将国网公司诉诸法院。

法院认为"宜家IKEA"属驰名商标,"国网"将"IKEA"注册为域名,易误导他人认为该域名与驰名商标"IKEA"有某种关系,利用了附着于驰名商标的良好商誉提高自己网站的访问率,也使"宜家"在互联网上行使其驰名商标权受到妨碍。而且"国网"还注册了大量与其他具有一定知名度的商标相同的域名,均未被积极使用,其待价而沽的非善意注册行为的主观动机十分明显。因此法院认定"国网"的行为构成了不正当竞争,有悖于《保护工业产权巴黎公约》和我国有关法律的精神及原则,故作出了上述判决。

法院有关人士说,这一判决创下了我国司法审判上的三个先例。第一,它是首例涉外域名注册引发的纠纷案,也是首例中国法院适用国际条约有关条款处理的网络案件;第二,本案是首例由人民法院在审判中确认驰名商标的诉讼案,而以前驰名商标均由工商行政部门认定,这次确认的意义在于显示出司法权高于行政权;第三,这是第一件由司法机关对驰名商标与网络中的域名冲突进行明确规范的判例,表明我国的知识产权司法保护已达到了较高的水平①。

第三节 法律效力

一、法律效力释义

法律效力(validity of law)是法理学的一个基本范畴,指法律的约束力的总称。使用"法律效力"一词通常有以下四种情况:一是效力范围,指规范性法律文件的生效范围或适用范围;二是效力等级,指规范性法律文件的效力级别;三是非规范性法律文件的效力或约束力,指具有法律约束力的非规范性法律文件所拥有的效力;四是法律行为的合法性和有效性,指法律行为的约束力。前两种法律效力在适用时具有普遍性,后两种法律效力则不具有普遍性。本章所讲的法律效力只涉及效力范围和效力等级。

正确理解法律效力还需要区分法律效力与法律实效的关系。法律实效是指

① 资料来源:《中国知识产权报》2005年4月4日。

人们按法律规定的行为模式行事,法律在实际上被遵守、被执行和被适用。法律实效的概念主要是从法律运作的角度来考察法律的有效性程度。两者是既有联系又有区别的概念。法律效力主要强调法律形式的有效性,即法律只要是依法承认的机构制定颁布的,就具有约束力;而法律实效一般侧重实质的有效性,即法律只有真正获得实施,才显示其有效性。法律效力是证成法律存在的必要条件,属于"应然"的范畴;法律实效可以反映法律实际运行的状况,属于"实然"的范畴。

二、法律效力范围

法律效力范围主要指规范性法律文件约束力所及的范围,也称法律的生效或适用的范围。具体包括四个方面:法律的对象效力范围、法律的事项效力范围、法律的空间效力范围和法律的时间效力范围。

(一)法律的对象效力范围

法律的对象效力范围指规范性法律文件对什么主体有效力,也称对人的效力。这里的"人"是广义的,既包括自然人,也包括法律拟制人,如组织、国家等。在世界各国的法律实践中先后采用过四种对人的效力的原则:

1. 属人主义原则

即法律只适用于本国人,不论其身在国内还是国外;非本国人即使身在本国境内也不适用。

2. 属地主义原则

即法律适用于该国管辖地的所有人,不论本国人还是外国人、无国籍人;本国人不在本国,即不受本国法律的约束。

3. 保护主义原则

即以维护本国利益作为适用本国法律的依据;任何侵害了本国利益的人,不论其国籍和所在地域,都要受到本国法律的追究。

4. 以属地主义为主

与属人主义、保护主义相结合的原则。这是近代以来多数国家采取的原则,中国也是如此。采用这种原则的理由是:既要维护本国的利益,坚持本国主权,又要尊重他国主权,照顾法律适用中实际可能性。

(二)法律的事项效力范围

法律的事项效力范围指法律对什么样的行为、事项、社会关系有效力。法律的事项效力实质是关系到国家对其国民的关系中有多大权限的问题。法律的事项效力应该关涉到下列原则:

1. 事项法定性原则

即法律对哪些事项有效一般以"是否有法律明文规定"为准。对法律明确规定进行调整的事项,法律对其都有效力;相反,法律没有明确规定的事项,法律对其无约束力。

2. 一事不再理原则。

即同一个机关不得两次或者两次以上受理同一当事人就同一法律关系所作的同一请求。

3. 一事不二罚原则。

即对同一行为,不得处以两次或者两次以上性质相同或者同一刑名的处罚。

(三)法律的空间效力范围

法律的空间效力范围是指法律在哪些领域或空间范围内发生效力。它因法律的制定主体、适用范围等情况的不同而不同。一般而言,有以下两种情况:

1. 法律的域内效力

指法律在国家主权所及的范围内有效力,包括陆地、水域及其底土和上空,还包括延伸意义上的领土,即驻外使馆和在领域外的本国交通工具,如本国船舶、飞机等。全国性的法律一般在全国范围内具有法律效力,如法律、行政法规等;地区性法律的效力仅及于本区域的范围。在联邦制国家,州的法律一般只在本州有效。在中国,特别行政区的法律只适用于特别行政区;民族自治条例只适用于该民族自治地区。

2. 法律的域外效力

即法律不仅在本国管辖空间有效,而且在域外也有一定效力。这是伴随国际交往的频繁,特别是经济全球化而带来的各国法律联系日益密切的结果。一个法律对他国具有域外法律效力的同时,也要接受他国的域外效力。

(四)法律的时间效力范围

法律的时间效力范围指法律何时生效、何时终止效力以及法律对其颁布实施以前的事件和行为是否具有约束力。

1. 法律的生效时间

就制定法而言,法律的生效时间有三种情况:(1)自法律公布之日起生效;(2)由该法律具体规定生效时间;(3)自法律所规定的生效条件成就之日起生效。

2. 法律的失效时间

法律的失效有两种情况,即明示的废止和默示的废止。明示的废止是指在新法或其他法律文件中明文规定废止旧法。默示的废止是指在适用法律的过程中,出现新法与旧法相冲突时,适用新法从而使旧法实际上被废止。

3. 法律溯及力

法律溯及力,即法律溯及既往的效力,是指法律对其生效前的事件和行为是否适用。如果适用,就具有溯及力;如果不适用,就没有溯及力。在一般情况下,法律不具有溯及力。这是法治的一个形式要求,因为具有溯及力的法律往往丧失了可预测性,等于以今天的规则要求过去的行为,要求行为人承担他在过去不能合理预期到的责任。

三、法律的效力等级

法律的效力等级也称法律的效力层次或法律的效力位阶,是指一国法律体系中不同的法律渊源在效力方面的等级差别。明确法律效力的等级,便于司法机关正确地适用法律、行政机关有效地执行法律,以及公民准确地遵守法律,有利于国家法制的统一。

(一)确定法律效力等级的原则

以法律的制定主体、法律形成的时间、法律的适用范围等不同因素为依据,我们可以得出确定法律效力的等级应遵循的几项原则:

1. 宪法至上原则

宪法是国家的根本法,是一切其他法律的制定依据。在实施宪政的国家,任何没有宪法依据的法律都没有法律效力,任何与宪法相抵触的法律都应当被废止。同时,宪法具有普遍约束力,一个国家中的任何组织和个人的行为都不得凌驾于宪法之上,否则,该行为不仅不具有法律效力,还应当承担违宪责任。

2. 等级序列原则

法律的效力等级可以通过法律位阶加以明确。法律位阶是指在正式的法律渊源中各类法律的效力等级关系,以及某一类法律在效力等级体系中的地位。效力较高的法律相对于效力较低的法律,就是上位法;效力较低的法律相对于效力较高的法律,就是下位法。下位法不得与上位法相抵触,这就是等级序列的基本原则。

3. 后法优于前法原则

同一制定机关在不同的时间里关于同一事项制定了两个以上的法律时,后制定的法律效力高于先制定的法律,在适用时应当优先考虑。

4. 特别法优于一般法原则

当同一主体在某一个领域里既制定有一般法,又制定有不同于一般法的特殊法律时,特殊法的适用效力高于一般法。"特别法优于一般法"原则仅适用于同一主体制定的法律,对于不同主体制定的法律,首先应根据宪法至上原则和等级序列原则确定其效力。

(二)中国的法律效力等级体系

任何一个国家都必须妥当安排各类法律渊源之间的效力等级关系,明确各类法律渊源的位阶,同时还必须设置一定的机制以解决法律渊源之间的效力冲突。根据《宪法》和《立法法》的规定,中国的法律效力等级体系表现为:

1. 上位法与下位法的效力等级关系

宪法具有最高的法律效力,一切法律、行政法规、地方性法规、自治条例和单行条例、规章都不得同宪法相抵触(参见图 3.1 中国法律效力等级体系图)。

法律的效力高于行政法规、地方性法规、规章。其中基本法律的效力又高于基本法律以外的法律。

行政法规的效力高于地方性法规、行政规章。

地方性法规的效力高于本级和下级地方政府规章。其中省、自治区的人民代表大会及其常务委员会制定的地方性法规的效力又高于本行政区划内"较大的市"的人民代表大会及其常务委员会制定的地方性法规。

省、自治区的人民政府制定的规章的效力高于本行政区域内的"较大的市"的人民政府制定的规章。

自治条例和单行条例依法对法律、行政法规、地方性法规作变通规定的,在本自治地方适用自治条例和单行条例的规定。

经济特区法规根据授权对法律、行政法规、地方性法规作变通规定的,在本经济特区适用经济特区法规的规定。

部门规章之间、部门规章与地方政府规章之间具有同等效力,在各自的权限范围内施行。

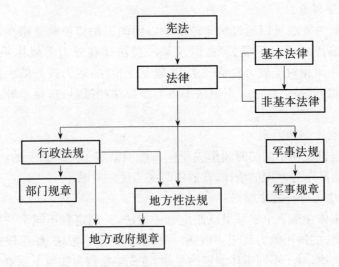

图 3.1　中国法律效力等级体系图

2. 法律渊源中效力冲突的解决机制

在中国,不同效力的法律渊源之间对同一事项的规定出现不一致的情况,可以根据上位法与下位法的效力等级关系原理加以解决。

具有相同效力的法律渊源对同一事项的规定出现不一致的情况,根据以下方式加以解决：

（1）法律之间对同一事项的新的一般规定与旧的特别规定不一致，不能确定如何适用时，由全国人民代表大会常务委员会裁决。

（2）行政法规之间对同一事项的新的一般规定与旧的特别规定不一致，不能确定如何适用时，由国务院裁决。

（3）地方性法规、规章之间不一致时，由有关机关依照下列规定的权限做出裁决：同一机关制定的新的一般规定与旧的特别规定不一致时，由制定机关裁决；地方性法规与部门规章之间对同一事项的规定不一致，不能确定如何适用时，由国务院提出意见，国务院认为应当适用地方性法规的，应当决定在该地方适用地方性法规的规定；认为应当适用部门规章的，应当提请全国人民代表大会常务委员会裁决；部门规章之间、部门规章与地方政府规章之间对同一事项的规定不一致时，由国务院裁决。

（4）根据授权制定的法规与法律规定不一致，不能确定如何适用时，由全国人民代表大会常务委员会裁决。

【阅读材料】3.6　有关法律效力的法律条文

1.《中华人民共和国立法法》(节选)

第七十八条　宪法具有最高的法律效力，一切法律、行政法规、地方性法规、自治条例和单行条例、规章都不得同宪法相抵触。

第七十九条　法律的效力高于行政法规、地方性法规、规章。

行政法规的效力高于地方性法规、规章。

2.《中华人民共和国民法通则》(节选)

第八条　在中华人民共和国领域内的民事活动，适用中华人民共和国法律，法律另有规定的除外。

本法关于公民的规定，适用于在中华人民共和国领域内的外国人、无国籍人，法律另有规定的除外。

3.《中华人民共和国刑法》(节选)

第六条　凡在中华人民共和国领域内犯罪的，除法律有特别规定的以外，都适合本法。

凡在中华人民共和国船舶或者航空器内犯罪的，也适用本法。

犯罪的行为或者结果有一项发生在中华人民共和国领域内的，就认为是在中华人民共和国领域内犯罪。

第十二条　中华人民共和国成立以后本法施行以前的行为，如果当时的法律不认为是犯罪的，适用当时的法律；如果当时的法律认为是犯罪的，依照本法总则第四章第八节的规定应当追诉的，按照当时的法律追究刑事责任，但是如果本法不认为是犯罪或者处刑较轻的，适用本法。

本法施行以前,依照当时的法律已经作出的生效判决,继续有效。

【阅读材料】3.7　人民法院审理行政案件的审判依据

提示：以下摘录《最高人民法院关于印发"关于审理行政案件适用法律规范问题的座谈会纪要"的通知》中"关于行政案件的审判依据"部分,该文件虽然是指导人民法院审理行政案件的,但事实上对法官审理其他性质的案件,同样具有十分重要的参考意义。另外,材料中也对我国法律渊源,特别是行政法规和规章及其相关解释的适用作了比较详细的指导。

根据《行政诉讼法》和《立法法》有关规定,人民法院审理行政案件,依据法律、行政法规、地方性法规、自治条例和单行条例,参照规章。在参照规章时,应当对规章的规定是否合法有效进行判断,对于合法有效的规章应当适用。根据《立法法》、《行政法规制定程序条例》和《行政规章制定程序条例》关于法律、行政法规和规章的解释的规定,全国人民代表大会常务委员会的法律解释,国务院或者国务院授权的部门公布的行政法规解释,人民法院作为审理行政案件的法律依据；规章制定机关做出的与规章具有同等效力的规章解释,人民法院审理行政案件时参照适用。

考虑新中国成立后我国立法程序的沿革情况,现行有效的行政法规有以下三种类型：一是国务院制定并公布的行政法规；二是《立法法》施行以前,按照当时有效的行政法规制定程序,经国务院批准、由国务院部门公布的行政法规。但在《立法法》施行以后,经国务院批准、由国务院部门公布的规范性文件,不再属于行政法规；三是在清理行政法规时由国务院确认的其他行政法规。

行政审判实践中,经常涉及有关部门为指导法律执行或者实施行政措施而做出的具体应用解释和制定的其他规范性文件,主要是：国务院部门以及省、市、自治区和较大的市的人民政府或其主管部门对于具体应用法律、法规或规章做出的解释；县级以上人民政府及其主管部门制定发布的具有普遍约束力的决定、命令或其他规范性文件。行政机关往往将这些具体应用解释和其他规范性文件作为具体行政行为的直接依据。这些具体应用解释和规范性文件不是正式的法律渊源,对人民法院不具有法律规范意义上的约束力。但是,人民法院经审查认为被诉具体行政行为依据的具体应用解释和其他规范性文件合法、有效并合理、适当的,在认定被诉具体行政行为合法性时应承认其效力；人民法院可以在裁判理由中对具体应用解释和其他规范性文件是否合法、有效、合理或适当进行评述①。

---

① 最高人民法院关于印发《关于审理行政案件适用法律规范问题的座谈会纪要》的通知（法〔2004〕96号）。

【作业题】

1. 为什么制定法成为中国正式的法律渊源？
2. 习惯在当代中国法律中的地位如何？
3. 简述中国的正式法律渊源的效力位阶关系。
4. 试论法律的溯及力。
5. 单项选择题（2004年司法考试试题）：

法律终止生效是法律时间效力的一个重要问题。在以默示废止方式终止法律生效时，一般应当选择下列哪一原则？（   ）

A. 特别法优于一般法
B. 国际法优于国内法
C. 后法优于前法
D. 法律优于行政法规

【进一步的思考】法官判地方性法规无效：违法还是护法？

提示：法官在审理案件的过程中，必须弄清涉及本案的若干不同法律规定的效力位阶关系：什么是上位法？什么是下位法？在同一个事项上上位法与下位法发生冲突，法官有义务选择适用上位法。但是本案引人注目之处在于，法官除了决定适用上位法以外，还认为与上位法相抵触的下位法条款"无效"。这种做法引起了制定该下位法的地方人民代表大会的常务委员会的激烈反应。该案件也揭示了在中国的司法制度之下人民法院的地位、功能和系附于此的法官个人的命运。

2001年5月22日，汝阳公司与伊川公司签订了一份合同，约定由伊川公司为其繁殖玉米种子。2003年初，汝阳公司以伊川公司没有履约为由将其起诉到洛阳市中级人民法院，请求赔偿。双方对案件事实不存在争议。双方的分歧主要在赔偿损失的计算方法上。原告主张适用《种子法》，以"市场价"计算赔偿数额；被告则要求适用《河南省农作物种子管理条例》，以"政府指导价"计算。

2003年5月27日，承办该案的李慧娟在法院审判委员会的同意下，下发"2003洛民初字"第26号判决书，支持了原告的主张，判令伊川公司按市场价格进行赔偿。判决书中写道："《种子法》实施后，玉米种子的价格已由市场调节，《河南省农作物种子管理条例》作为法律位阶较低的地方性法规，其与《种子法》相抵触的条（款）自然无效。"判决后，双方都提出了上诉。

2003年10月18日，河南省人民代表大会常务委员会办公厅下发了《关于洛阳市中级人民法院在民事审判中违法宣告省人民代表大会常务委员会通过的地方性法规有关内容无效问题的通报》，要求河南省高院对洛阳市中院的"严重违法行为做出认真、严肃的处理,对直接责任人和主管领导依法做出处理"。省人民代表大会认为,李慧娟无权以法官身份宣布地方性法规无效,洛阳市中院的判决违反了《宪法》;人民代表大会是立法机关,法院是执法机关,主要任务是适用法律,法律的修改和废止是人民代表大会职权范围内的事情,所以不管是否冲突,法院都无权去宣布法规有效还是无效。

随后,洛阳市中院党组根据要求做出决定,撤销判决书签发人——民事庭副庭长的职务和李慧娟的审判长职务,免去李慧娟的助理审判员职务。

2003年10月21日,河南省高级法院在一份对全省下发的通报中称,"个别干警人民代表大会制度意识淡薄,政治业务素质不高……无论案件具体情况如何,均不得在判决书中认定地方法规的内容无效。"

2004年3月30日,最高人民法院发出《关于河南省汝阳县种子公司与河南省伊川县种子公司玉米种子代繁合同纠纷一案请示的答复》认为:根据《立法法》第七十九条规定:"法律的效力高于行政法规、地方性法规、规章,行政性法规的效力高于地方性法规、规章";《中华人民共和国合同法》解释(一)第四条规定:"合同法实施以后,人民法院确认合同无效应当以全国人民代表大会及其常务委员会制定的法律和国务院制定的行政性法规为依据,不得以地方性法规和行政规章为依据",人民法院在审理案件过程中,认为地方性法规与法律、行政法规的规定不一致,应当适用法律、行政法规的相关规定。

2004年4月1日,河南省人民代表大会常务委员会通过《河南省实施〈中华人民共和国种子法〉实施办法》,办法自2004年7月1日起施行。《河南省农作物种子管理条例》同时废止。(根据相关报道编写)

【本章阅读篇目】

1. 苏力:"当代中国法律中的习惯:一个制定法的透视",载《法学评论》2001年第3期。

2. 沈宗灵著:《比较法研究》,北京大学出版社1998年版,第二编第四章、第三编第五章。

3. [美]E·博登海默著:《法理学——法律哲学与法律方法》,邓正来译,中国政法大学出版社2004年修订版,第十五、十六章。

4. 《最高人民法院关于印发〈关于审理行政案件适用法律规范问题的座谈会纪要〉的通知》。

第四章 法律体系

本章导读

法学理论研究对于法律制度在形式上产生的重要影响,即是体系化的法律在各国的出现。这大概是法学家们可以引以为豪的成果,在大陆法系国家这方面尤为突出。对体系化的法律,一些后现代法学进行了批评,但法律体系的价值不言而喻。它仍是初学法律的人应当认真对待的内容。法律体系理论的应用有两个方面:一是法学家对众多的法律进行分类,为学生学习法律提供方便;二是为司法者发现针对个案的法律提供方便。在法律发现过程中,对部门法进行基本区分具有重大的实践意义。比如,把某一具体案件定性为刑法或民法,甚至定性为侵权或违约,其处理结果有非常大的差别,对当事人更是有不同的利害关系。所以,本章对初学者来说也不可忽略。不过,有关一个国家中法律部门的具体分类,你也可以有自己的看法。

第一节 法律体系

一、法律体系释义

法律体系是一个描绘各种法律规范在内容上相互联系、配合而构成一定逻辑体系的概念。它是指一个法域在一定时期内所有有效的法律规范所构成的和谐一致、有机联系的整体。这个法域或者是一个国家,或者是一个比较特殊的地区。

法律体系有时指称一个国家的法律整体,例如"中国社会主义法律体系"。有时指称一个比较特殊的地区的法律整体,例如"香港法律体系"。有时指称一个国家或地区在历史上曾经存在过、在一定时期内有效的法律整体,但是更多指称一个国家或地区现行有效的法律整体。有时还指称一个国家或地区调整某一领域内社会关系的法律整体,例如"中国社会主义市场经济法律体系",这个短语意指中国调整市场经济活动及其社会关系的各个法律所构成的整体。

中国法学界和法律界所使用的"法律体系"概念受到苏联的影响。在苏联,法律体系通常指"一个国家的全部现行法律规范分类组合为不同的法律部门而形成的有机联系的统一整体"。这样,法律体系就是法律部门体系。

一个法域的法律体系具有以下这些特征:

1. 整体性

所谓体系,不是指一个单纯的事物,一个单纯的事物不能构成体系。体系包含着诸多事物,这些事物相互联系,构成一个整体。法律体系是指一个国家或地区在一定时期内全部有效的法律所构成的整体。有些学者认为,法律体系不仅包括国内法,而且包括在该国生效的国际法。但是通说认为,法律体系仅包括国内法。

2. 全面性

全面性是指一个法域的法律体系大体上能够覆盖法律所适宜调整的社会关系领域。整体性不同于"全面性"。整体性关注法律自身,全面性关注法律体系与社会关系领域之间的对应关系。全面性意味着法律体系基本上是健全的,能够满足调整社会关系的需要。当然,全面性是就一定程度而言的。一个法域如果拥有较长的法治建设历史和较丰富的法治建设经验,就可能存在着比较健全、发达的法律体系。反之,它的法律体系则有所欠缺,有待健全。

3. 层次性

法律体系的层次性也可以称为系统性,它主要表现为法律体系是由各种法律规范所构成的层次分明、结构严谨的逻辑体系。一个法律体系是由以宪法为核心的许多不同法律部门构成的。这些法律部门又可以划分为许多的子部门或具体的法律制度。这些子部门或具体的法律制度又是由大量的法律原则、规则和概念组成的。换言之,一般规范具有大量的具体规范作为配套,基本法律附带有必要的法规和实施细则,这就是法律体系的层次性的要求。

4. 协调性

法律体系的协调性指法律体系内部的统一性与和谐性。法律体系的统一性是指构成法律体系的所有法律都是相互联系,最终建立在相同的基础之上的。一些事物如果是孤立、分散和互不联系的,并不能构成一个体系。同样,各个法律如果是孤立、分散和互不联系的,也不能构成一个法律体系。它们只有在大体上是相互联系、建立在相同的基础之上,才会构成法律体系。宪法或者基本法是法律体系统一的法律基础。一个地域内的人民就国家制度所达成的共识是法律体系统一的政治基础。一个统一的国家存在着统一的法律体系,一个分裂的国家存在着分裂的法律体系。

法律体系的和谐性是指各个法律之间、各个法律与整个体系之间以及基本法律与非基本法律之间相互衔接,不抵触、不冲突,具有和谐一致的逻辑关系。统一性是和谐性的一个保证,但是一个统一的法律体系并非不会存在一些不和谐的因素。法律体系内部的和谐程度也取决于一个法域法治建设的历史和经验。悠久的历史和丰富的经验有助于人们发现和消除法律体系内部的不和谐因素。和谐性也是就一定程度而言的。但是一个法律体系内部应该在大体上是和谐一致的,没有严重的冲突和抵触。

二、法律体系及其相关概念辨析

法律体系与法系。法律体系仅是一个国家或地区的法律的总称,而法系是具有共性或共同历史传统的若干个国家或地区的法律的总称。我们判断某一法律是否属于某个法律体系,主要根据这一法律是不是法律体系的组成部分,是不是法律体系内有效的法律。我们判断一个国家或地区的法律是否属于某个法系,不仅考虑这个国家或地区的法律与该法系的其他国家或地区的法律是否具有共性,更要考虑它们是否具有共同的历史传统。

法律体系与法制体系。法制体系指与整个法律制度运转有关的社会组织系统及其运转方式、环节和过程,包括立法、执法、司法、守法和法律监督等。这一概念有时与法制系统工程同义。法律体系则是指这一组织系统所制定和实施的规范体系。一般来说,法律体系是法制体系的组成部分。不过,法制体系这一概念现在已经较少使用。

法律体系与法学体系。法学体系是指由法学的若干分支学科所组成的有机联系的统一整体。法律体系与法学体系既有联系,也有区别。一个国家的法律体系是该国法学体系的主要研究对象,也是将法学体系划分为不同学科的重要标准。但是法学体系的研究范围明显比法律体系要大,它不仅涉及本国的法律,而且涉及外国的法律,不仅涉及法律的规范体系,而且涉及法律的思想和社会基础。

图 4.1 《中华人民共和国法典》

图解:《中华人民共和国法典》是由全国人民代表大会常务委员会法制工作委员会编纂、法律出版社出版的,是一部编纂规模大、法律规范文件形式完整、汇集内容全面、编辑方式科学新颖的大型法律法规汇编。法典囊括了我国现有的全部法律规范的文件形式,即法律(含法律解释、有关法律问题的决定)、行政法规、地方性法规、自治条例和单行条例、部委规章、地方政府规章、司法解释;涵盖宪法、民商法、行政法、经济法、社会法、刑法、诉讼与非诉讼程序法七个方面;同时也收录了我国缔结或加入的国际条约。

【阅读材料】4.1 对法律体系概念的不同理解

对有关法律体系的内涵的理解存在着一些分歧。我国学者对法律体系的界定实际上是继承了苏联对法律体系概念的解释,即法律体系是部门法体系的说法。这一观点现在为各种法理学教材所接受,甚至成为国内政治和立法文件中经常使用的概念。其实,法律体系概念也有其他理解,有学者认为,法律体系"既可用来指称整体上的法律规范的总和,又可以涵盖法律实践活动的状况甚至还囊括了一个国家的法律意识、法律传统、法律职业、法律角色等。因此这种广义上的法律体系可被用来统称法律生活的全部要素,其中法律、法律实践和一个社会中的主流法律意识三大要素是最主要的——当然,它们可以被看作一个相互关联的有机整体"。但是,法律体系最核心的含义应当是指一国现存的法律整体。《牛津法律指南》这样解释法律体系,"从理论上说,这个词组是适用于主权者,或者是根据基本规范直接和间接授权,为该社会制定的所有的法律。也就是一个国家或者一个共同体的全部法律。"

第二节 法律部门

一、法律部门释义

法律部门,又称部门法,是按照一定的标准或原则对构成法律体系的法律所作的分类;它们是同类法律规范的集合,是法律体系的组成单位。法律部门实际上是对于一国法律体系的分类。将法律体系划分为不同的法律部门,可以为人们认识、查找、运用法律提供方便。

在一国的法律体系中,法律部门就是同类法律规范的集合,一个法律部门就是某一类法律规范的集合。我们通常所说的民法、刑法等法律,在法学上就称为法律部门。它们是同类法律规范的集合。民法就是一个国家中所有调整民事关系的法律规范的集合,刑法就是所有规定犯罪与刑罚问题的法律规范的集合。一个国家的法律部门,除了民法、刑法以外,还有宪法、行政法、经济法、环境法、社会法、诉讼法等。

法律体系可以划分为若干法律部门。有些法律部门还可以进一步地划分为若干分支,或者子法律部门。例如民法部门可以进一步划分为物权法、债法、商法、知识产权法、婚姻家庭法等,诉讼法可以进一步划分为民事诉讼法、刑事诉讼法和行政诉讼法等。有些子法律部门甚至还可以进一步划分为更细小的分支,例如知识产权法可以进一步划分为著作权法、专利法、商标法等。这些子法律部门或者更细小的分支,也都是同类法律规范的集合。这种划分体现了法律体系的层次性或系统性。

二、法律部门及其相关概念辨析

法律部门与法律体系。显然,法律部门与法律体系之间是局部与整体的关系。法律体系是一个国家法律的整体,法律部门是这一整体的组成部分。在这一意义上,可以说,法律体系就是法律部门体系,也就是说它是由若干法律部门相互联系而成的一个整体。在不同的国家里,法律体系可以划分为哪些法律部门,作如何的分类,可能是不同的。在一个国家的不同时期,对法律体系的划分也可能是不同的。这种划分往往取决于一个国家的法律传统、法律体系的发达程度以及人们的认识方式等因素。

法律部门与法律渊源。法律渊源这一概念关注的是一个法域内法律的来源问题。法律部门不涉及法律的来源问题,而涉及法律的内容及其逻辑关系等方面的问题。我们经常所说的宪法、民法、刑法、行政法等概念,在法学上称为部门法或者法律部门。这些法律部门之所以有所区别,是因为它们调整不同的社会关系或者具有调整社会关系的不同手段,而不是因为它们有不同的渊源。我们通常所说的宪法、法律、行政法规、地方性法规、规章等概念,在法学上称为法律渊源,这些法律渊源之所以有区别,并不是它们调整不同的社会关系或具有调整社会关系的不同手段,而是它们有不同的来源,或者说它们的产生方式是不同的。

法律部门与法律制度。在汉语中,法律制度是一个多义词,在使用中非常灵活。人们有时候用法律制度指称一个国家或地区的法律整体,例如"中国社会主义法律制度",这时法律制度就与法律体系具有大致相同的含义。有时候指称某方面具体的法律规定,例如合同法律制度、婚姻法律制度等,这些比较具体的制度都是某一法律部门的组成部分。一个子法律部门就是某一方面的比较具体的法律制度。一个法律部门就是由若干个这样的制度构成的。但是,我们应注意的是,有些法律制度是横跨不同的法律部门的。比如,我们通常所说的财产法律制度,就至少是由民法中的某些规范和刑法中的某些规范组成的。民法和刑法都调整财产关系,保护人们的财产权。

法律部门与基本法律要素。基本法律要素包括法律原则、法律规则和法律概念,它们是构成一国法律体系的最小单位。如果把法律体系比作生物体,这些要素就是细胞、经脉和骨骼。如果把法律体系比作大厦,这些要素就是砖瓦、钢筋和水泥。法律体系这个生物体或大厦就是由大量的法律原则、规则和概念按照一定的逻辑关系生长起来或建构起来的。这些要素是组成法律体系的单位,也是组成法律部门的单位。可以这样来说明它们之间的关系:如果法律体系作为一国法律的整体,是第一层次的概念的话,法律部门作为对法律体系的第一次划分,就是第二层次的概念,子法律部门或具体的法律制度作为对法律体系的第二次划分,就是第三层次的概念,那些基本法律要素作为对法律体系的进一步划分,就是第四层次的概念。

法律部门与规范性法律文件。规范性法律文件就是有立法权的国家机关制定和发布的、具有普遍约束力的、表现为法律条文形式的法律决定。它们之间的关系具有以下几点:(1)一个法律部门往往是由多个规范性法律文件组成的,可以说,规范性法律文件就是法律部门的载体或表现形式。但是规范性法律文件并不是法律部门的唯一表现形式。一些法律部门可能还包括一些不成文的规范,也就是在法律实践中通行的、被国家认可的实际做法,即习惯法。这些习惯性质的法律规范并不包含在规范性法律文件之中。(2)一部规范性法律文件可能纯粹是关于某一法律部门的文件,也可能涉及不同的法律部门。例如,在一个规范性法律文件中,有些法律规范属于某个法律部门,而另一些法律规范可能属于另一个法律部门。所以,尽管从整体上将该规范性法律文件归属于某一个法律部门,但是这并不意味着该文件包含的所有规范都属于这个法律部门。(3)另外,有些法律部门的名称与组成它的规范性法律文件的名称是一致的,而有些法律部门的名称与组成它的规范性法律文件的名称并不是一致的。前者例如刑法这个法律部门,组成这个法律部门的一个最重要的规范性法律文件就称为《中华人民共和国刑法》。后者例如行政法,组成这个法律部门的规范性法律文件中并没有被称为《中华人民共和国行政法》的法律文件。

有关法律部门与某些相关概念的关系,参见下页图 4.2。

三、法律部门的划分标准

划分法律部门的标准主要有两个:(1)法律的调整对象,即社会关系;(2)法律的调整方式,即法律影响社会关系的手段。法律部门就是同类法律规范的集合。这里所谓的"同类"就是指相同的社会关系,以及(或者)相同的调整社会关系的手段。

法律的调整对象,即社会关系,是划分法律部门的基本标准。我们可以根据法律所调整的不同的社会关系,将法律体系划分为不同的法律部门。也就是说,在一定程度上,可以根据一个国家的法律体系所调整的社会关系的类别来决定将法律体系划分为多少法律部门、哪些法律部门。对于某一个规范性法律文件或者某一个法律规范,我们也可以根据它的调整对象来判断它属于哪一个法律部门。例如,我们可以把法律体系中调整平等主体之间的人身关系和财产关系的法律规范归为一类,这就是民法部门。再如,我们可以把调整行政关系的规范归为一类,这就是行政法部门。

法律的调整手段也是划分法律部门的标准。划分法律部门有时仅仅依靠调整对象这个标准并不能奏效。法律部门之间的区别有时不仅表现在调整对象的不同上,而且表现在调整手段的不同上。例如,对于刑法,人们都承认它是一个独立的法律部门,但是它调整多种社会关系。它与民法、行政法的区别并不主要在于所调整的社会关系上,而在于调整社会关系的手段上。

除了这两个标准以外,划分法律部门还需要考虑其他一些因素。例如应考虑法律传统、人们的习惯等因素;应考虑到使各个法律部门所包含的法律规范的数量大致平衡,不要出现某一个法律部门的规范数量特别巨大,而另一个法律部门的规范数量又非常少的现象。再如,还应当处理好法律体系的稳定和发展之间的关系,要考虑到法律体系的未来发展和社会的需要等因素。

这样,法律部门的划分是相对的,而不是绝对的。法律部门之间可能出现一定程度的交叉重叠现象。任何划分都不是固定不变的,而是会随着社会的变化以及法律体系的发展而变化。

在中国法学界,有关中国法律体系可以划分为哪些法律部门,学者的观点不尽相同。这里,我们根据以上两个标准和若干应考虑的因素,综合学者相同的看法,把法律体系划分为宪法、行政法、民商法、刑法、经济法、社会法、环境法、程序法、军事法等九个法律部门。

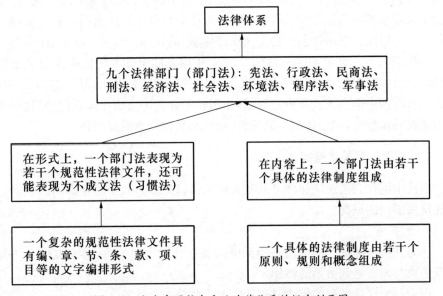

图4.2 当代中国社会主义法律体系的纵向剖面图

第三节　当代中国社会主义法律体系

一、法律体系概况

中国的法律体系比较特殊和复杂。中国是包括内地和港澳台等领土在内的尚未完全统一的国家。中国内地、香港、澳门组成以《中华人民共和国宪法》为基础的中华人民共和国法律体系。在这个法律体系之中,还存在着中国内地社会主义法律体系、香港法律体系和澳门法律体系三个子体系。后两者分别以《中华人民共和国香港特别行政区基本法》和《中华人民共和国澳门特别行政区基本法》为法律基础。除此以外,还有中国台湾法律体系。中国台湾法律体系与其他法律体系处于分离状态。可以这样说,中国的法律体系尚未统一。

这里所说的当代中国社会主义法律体系就是中国内地的社会主义法律体系。中华人民共和国成立后,在20世纪50年代制定了宪法、组织法和选举法、婚姻法等少量法律和法规,很难说形成了法律体系。1957年反右派运动开始后一直到"文化大革命"结束,中国立法工作基本上陷于停顿。1978年中国共产党十一届三中全会确立了"为了保障人民民主,必须加强社会主义法制,使民主制度化、法律化"的方针,提出"从现在起,应当把立法工作摆到全国人民代表大会及其常务委员会的重要议事日程上来"。从这时起,立法工作逐步得到重视。1992年邓小平提出发展社会主义市场经济,次年11月,中共中央十四届三中全会指出要建立"适应社会主义市场经济的法律体系"。1997年9月中共第十五次全国代表大会确立了"到2010年形成有中国特色社会主义法律体系"的目标。2002年10月中共第十六次全国代表大会又重申了这一目标。2003年第九届全国人民代表大会第五次会议确认:"目前有中国特色的社会主义法律体系框架已初步形成"。2014年10月中共十八届四中全会正式宣告:"目前,中国特色社会主义法律体系已经形成,法治政府建设稳步推进,司法体制不断完善,全社会法治观念明显增强。"

二、法律体系基本框架

当代中国社会主义法律体系的基本框架可以划分为九个法律部门。以下分别简述这些部门的概况。

（一）宪法

作为一个法律部门的宪法是指调整国家与公民之间关系、国家机构之间关系以及中央与地方之间关系的法律。

作为一个法律部门的宪法又包括以下这些分支:

(1)《中华人民共和国宪法》及其修正案。目前已经通过31条修正案。

(2) 国家机构组织法。主要规范性法律文件有《全国人民代表大会组织法》、《全国人民代表大会议事规则》、《全国人民代表大会常务委员会议事规则》、《国务院组织法》、《人民法院组织法》、《人民检察院组织法》、《地方各级人民代表大会组织和地方各级人民政府组织法》等。

(3) 公民基本权利和义务法。主要的规范性法律文件有《全国人民代表大会和地方各级人民代表大会选举法》、《全国人民代表大会和地方各级人民代表大会代表法》、《集会游行示威法》、《国家赔偿法》等。

(4) 民族区域自治法。主要的规范性法律文件有《民族区域自治法》。

(5) 村民、居民自治法。主要的规范性法律文件有《村民委员会组织法》、《城市居民委员会组织法》。

(6) 特别行政区基本法。主要的规范性法律文件有《香港特别行政区基本法》和《澳门特别行政区基本法》。

(7) 立法法和授权法。主要的规范性法律文件有《立法法》、《关于授权广东省、福建省人民代表大会制定所属经济特区的各项经济法规的决议》、《关于授权国务院在经济改革和对外开放方面可以制定暂行的规定或条例的决定》等。

(8) 法官法和检察官法。主要的规范性法律文件有《法官法》、《检察官法》。

(9) 国籍法。主要的规范性法律文件有《国籍法》。

(10) 其他宪法性法律。例如《国旗法》、《国徽法》、《领海及毗连区法》、《缔结条约程序法》、《外交特权与豁免条例》、《领事特权与豁免条例》等。

在中国法学和法律实践中,宪法是一个多义词。它有时候指一个法律部门,有时候指一种法律形式或法律渊源,即作为根本法的《中华人民共和国宪法》。显然,作为一个法律部门的宪法与作为一种法律形式或法律渊源的宪法是不同的,前者包括后者但不限于后者。

(二) 行政法

行政法是调整行政关系的法律规范的总称。

行政关系是行政法的调整对象。行政关系按其发生领域的不同,分为外部行政关系与内部行政关系。外部行政关系是指行政组织与外部的各种主体之间的关系;内部行政关系是指行政组织系统内的关系。外部行政关系根据行政组织的地位,又可分为行政管理关系和监督行政关系。行政管理关系是指行政组织因对外行使行政管理职权而与作为行政相对人的个人、组织发生的关系;监督行政关系是指行政组织因接受监督而与作为监督主体的国家权力机关、司法机关、专门行政监督机关以及社会组织、公民个人而发生的关系。内部行政关系主要包括行政机关与其工作人员之间,上下级行政机关之间,平行行政机关之间,行政机关与所属机构、派出机构之间,行政机关与其委托行使某种特定行政职权的组织之间的直接或者间接的关系。

一般认为,行政法包括三个部分:(1)行政组织法;(2)行政行为法;(3)行政法制监督法、行政救济法。行政组织法主要规定行政机关的组织、性质、地位和职权,主要调整内部行政关系。行政行为法主要规定行政组织行使职权的方式、程序,主要调整行政管理关系。行政法制监督法、救济法,即涉及对行政组织作出的行政管理行为进行监督、行政相对人受到违法行政侵害可获得救济等方面的法律规范的总和,主要调整监督行政关系。但是需要注意的是,根据法律规范的内容,也就是实体法与程序法的关系,行政诉讼法一般与其他诉讼法、仲裁法、调解法等法律合称为程序法,构成中国法律体系中的一个法律部门。由于行政法规范的范围极为广泛,涉及公安、税务、工商、土地、环境等各个行政管理领域,难以用统一的规则进行调整,所以行政法的特征是在整体上没有统一、系统的法典。行政法的法律规范散见于法律、法规乃至于规章等各种规范性法律文件之中。

违反行政法的行政违法行为人承担行政责任的方式主要是行政处罚和行政处分。行政处罚是指行政机关对违反行政法规范、尚未构成犯罪的行政相对人给予制裁的具体行政行为。所谓行政处分是行政机关对于违法或违纪的公务员采取的制裁措施。

行政处罚的前提条件是行政相对人实施了违反行政法规范但尚未构成犯罪的行为。这是行政处罚与刑罚的一个区别。实施刑罚的前提是犯罪分子实施了违反刑法、构成犯罪的行为。

行政处罚是一种以惩戒违法为目的,具有制裁性的具体行政行为。它主要包括:(1)人身自由罚。即剥夺或限制人身自由的处罚。具体而言有两种:行政拘留和劳动教养。(2)行为罚(或能力罚)。即限制或剥夺某种行为能力或资格的处罚。主要有两种:责令停产停业和吊销、暂扣许可证或执照。(3)财产罚。即使被处罚人的财产权利和利益受到损害。罚款就是一种财产罚。没收财物也是一种财产罚,包括没收违法所得和没收非法财物两种具体形式。(4)声誉罚。即使违法者的名誉、荣誉、信誉或精神上的利益受到损害的处罚,比如警告、通报批评、剥夺荣誉称号等。

行政法是一个法律部门,但是它的渊源是多种多样的。在中国,行政法的渊源主要包括宪法、法律、行政法规、地方性法规、自治条例和单行条例、部门规章、地方政府规章。行政法的其他渊源还包括中国缔结或加入的有关国际条约和协定,国家机关的法律解释以及国家行政机关与执政党、社会组织联合发布的规范性文件等。

在这里,我们必须认识到,作为一个法律部门的行政法与作为一种法律形式或法律渊源的行政法规或行政规章是不同的。行政法是指在内容上调整同类社会关系,即行政关系的法律规范的总称;而行政法规是指在渊源上由国务院制定和颁布的,因而具有相同效力的规范性法律文件;行政规章则是国务院各部委制定的部门规章、地方人民政府制定的地方政府规章的合称。从渊源上看,行政法既渊源于行政法规和行政规章,也渊源于法律、地方性法规、自治条例和单行条例等其他法律形式。从内容上看,行政法规和行政规章不仅包括行政法规范,而且包括经济法、社会法、环境法规范,甚至包括民法规范。

（三）民法

民法是调整平等主体的公民之间、法人之间、公民与法人之间的人身关系和财产关系的法律规范的总称。

民法的调整对象是平等主体之间的人身关系和财产关系。人身关系是指与人身不可分离而又不具有直接财产内容的社会关系。它包括人格关系和身份关系。人格关系是基于做人的资格产生的,身份关系是基于特定的身份而产生的,在民法上分别表现为生命健康、姓名、名誉、荣誉以及亲属、监护等权利。财产关系是指在物质资料生产、分配、交换和消费过程中形成的以财产为直接内容的经济关系,它分为财产的所有关系和流通关系。财产的所有关系是一种静态的财产关系,在民法中反映的就是占有权、使用权、知识产权、所有权等制度。财产的流通关系是一种动态的财产关系,它在民法中的反映就是债权、合同制度、继承权等。

中国到目前为止还没有一部完整、系统的民法典。民法这个法律部门主要由一系列的调整民事关系的规范性法律文件组成。进入20世纪80年代以后,中国陆续制定并颁布了一批单行民事法律,为了使单行民事法律在实施时有一个共同的准则,第六届全国人民代表大会第四次会议于1986年4月12日制定了《中华人民共和国民法通则》,自1987年1月1日起施行。《民法通则》是民事法律的纲领性文件,是对民法中的一些基本问题、民事活动中的共同性问题的规定,它的制定为中国制定一部完整的民法典创造了条件。

作为一个法律部门的民法又包括以下分支：

（1）狭义的民法。这里主要指民法的一般原理和通则,包括物权法、合同法和民事侵权行为法。主要的规范性法律文件有《民法通则》、《合同法》等。

（2）商法。商法是调整商事组织和商业活动的法律规范的总称。在中国,一些学者认为存在着独立的商法部门,但是大多数人认为,商法是民法的组成部分,服从民法的一般原理。主要的规范性法律文件有《公司法》、《证券法》、《票据法》、《保险法》、《海商法》、《破产法》等。

（3）知识产权法。主要的规范性法律文件有《著作权法》、《专利法》、《商标法》等。

（4）婚姻家庭法。主要的规范性法律文件有《婚姻法》、《继承法》、《收养法》等。

民法的特点是,当事人在民事活动中地位平等,并应当遵守自愿、公平、等价有偿、诚实信用等原则。如果侵害他人的民事权利,应承担相应的民事责任。承担民事责任的方式主要有：(1) 停止侵害；(2) 排除妨碍；(3) 消除危险；(4) 返还财产；(5) 恢复原状；(6) 修理、重作、更换；(7) 赔偿损失；(8) 支付违约金；(9) 消除影响、恢复名誉；(10) 赔礼道歉。

(四) 经济法

经济法是调整国家在经济管理过程中所发生的社会关系的法律规范的总称。不能简单地认为经济法就是调整经济关系的法律。民(商)法也调整经济关系。大致说来，平等主体之间的经济关系属于民(商)法的调整范围；不平等主体之间的经济关系，即国家对社会的经济活动进行管理所发生的经济关系，属于经济法的调整范围。

属于经济法的规范性法律文件的数量非常大，主要有《预算法》、《审计法》、《全民所有制工业企业法》、《城镇集体所有制企业条例》、《农业法》、《人民银行法》、《反不正当竞争法》、《价格法》、《产品质量法》、《税收征收管理法》、《土地管理法》、《个人所得税法》等。

(五) 刑法

刑法是关于犯罪与刑罚的法律规范的总称。这一法律部门的规范主要包含在《中华人民共和国刑法》之中。这部刑法是1979年7月1日第五届全国人民代表大会第二次会议通过，1997年3月14日第八届全国人民代表大会第五次会议修订的。这部规范性文件修订之后，为了适应惩治犯罪的需要，全国人民代表大会常务委员会还通过了一些关于刑事法律问题的决定和刑事立法解释，如《关于惩治骗购外汇、逃汇和非法买卖外汇犯罪的决定》、《取缔邪教组织、防范和惩治邪教活动的决定》、《中华人民共和国刑法修正案》、《中华人民共和国刑法修正案(二)》、《中华人民共和国刑法修正案(三)》、《中华人民共和国刑法修正案(四)》、《中华人民共和国刑法修正案(五)》、《中华人民共和国刑法修正案(六)》、《关于〈中华人民共和国刑法〉第九十三条第二款的解释》等。

简单地说，刑法规定两方面的问题：一是哪些行为是犯罪行为，二是对这些犯罪行为施加什么样的惩罚。刑法调整多种社会关系。严重地侵害宪法、行政法和民法等法律部门所保护的社会关系的行为，都有可能构成犯罪。仅仅依靠所调整的社会关系的不同，并不能把刑法同其他法律部门区别开来。刑法具有独特的调整社会关系的手段，即刑罚。刑罚是最严厉的法律惩罚措施。

中国刑法规定了十种犯罪行为。它们分别是危害国家安全罪、危害公共安全罪、破坏社会主义市场经济秩序罪、侵犯公民人身权利和民主权利罪、侵犯财产罪、妨害社会管理秩序罪、危害国防利益罪、贪污贿赂罪、渎职罪、军人违反职责罪。每一种犯罪又包括若干具体的罪名。例如侵犯财产罪包括抢劫罪、盗窃罪、诈骗罪、抢夺罪、聚众哄抢罪、侵占罪、职务侵占罪、挪用资金罪、挪用特定款物罪、敲诈勒索罪、故意毁坏财物罪、破坏生产经营罪。人民法院援引具体的罪名给犯罪行为人定罪。

中国刑法规定了由五种主刑和四种附加刑组成的刑罚体系。五种主刑包括管制、拘役、有期徒刑、无期徒刑和死刑。四种附加刑包括罚金、剥夺政治权利、没收财产、驱逐出境。

（六）社会法

社会法，又称为劳动与社会保障法，是旨在保障社会的特殊群体和弱势群体的权益的法律。它主要是保障劳动者、失业者、丧失劳动能力的人和其他需要扶助的人的权益的法律。社会法的目的在于从社会整体利益出发，对上述社会成员的权益进行必需的、切实的保障。它包括劳动用工、工资福利、职业安全卫生、社会保障、社会救济、特殊保障方面的法律。主要规范性法律文件有：《劳动法》《劳动合同法》《工会法》《未成年人保护法》《妇女权益保障法》《老年人权益保障法》、《归侨侨眷权益保障法》《国务院关于建立统一的企业职工基本养老保险制度的规定》《城市生活无着的流浪乞讨人员救助管理办法》等。

（七）环境法

环境法包括环境保护法和自然资源法。环境保护法是指保护人们的生存环境、防治污染、促进可持续性发展的法律规范的总称，主要包括《环境保护法》《海洋环境保护法》《水污染防治法》《大气污染防治法》《野生动物保护法》等。自然资源法是指调整各种自然资源的开发、利用、规划、保护等方面关系的法律，主要有《森林法》《草原法》《渔业法》《矿产资源法》《煤炭法》《土地管理法》《水法》、《水土保持法》等。

（八）程序法

程序法包括诉讼程序法和非讼程序法。诉讼程序法是指调整有关诉讼活动关系的法律规范的总称，包括《民事诉讼法》《刑事诉讼法》和《行政诉讼法》。非讼程序法一般指诉讼程序法之外、与预防或解决纠纷有关的程序法律，主要包括《仲裁法》《人民调解委员会组织条例》等。行政程序法是指规定行政机关履行职权或职责所必须遵守的条件、方式、步骤和时限的法律。一般认为，行政程序法属于行政法。

（九）军事法

军事法是调整国防建设和军事方面关系的法律规范的总称。这方面的规范性法律文件主要有《国防法》《兵役法》《军事设施保护法》《防空法》等。另外，《中华人民共和国刑法》第七章规定了"危害国防利益罪"，第十章规定了"军人违反职责罪"。这两章的规定也可以看作是军事法的组成部分。

【阅读材料】4.2 中国特色社会主义法律体系的特征

提示：在中国的一些政治和法律文件中，经常提及中国法治的重要目标，即"到2010年，建成有中国特色的社会主义法律体系"。那么，这一法律体系究竟有哪些特色呢？

全国人民代表大会常务委员会委员、副秘书长，全国人民代表大会法律委员会副主任委员乔晓阳作了如下的解释：

(1) 中国特色社会主义法律体系，是以马列主义、毛泽东思想、邓小平理论为指导建立的。

(2) 中国特色社会主义法律体系，体现了社会主义性质和"三个代表"重要思想的要求。

(3) 中国特色社会主义法律体系，是一个正在建设成长中的法律体系，体现出稳定性与变动性的统一、阶段性与前瞻性的统一、原则性与可操作性的统一。

(4) 中国特色社会主义法律体系，体现了统一性与多层次性的结合。

(5) 中国特色社会主义法律体系，体现了继承中国优秀法律传统与学习借鉴外国有益经验的统一。

上述五个方面的特征作为一个整体，充分表明我国的法律体系是中国特色的社会主义法律体系，与其他国家的法律体系有本质的不同①。

【作业题】

1. 简述法律体系的含义和特征。
2. 什么是部门法，部门法与规范性法律文件是什么关系？
3. 举例说明法律渊源与法律部门这两个概念的区别。
4. 中国社会主义法律体系一般划分为哪些法律部门？

【本章阅读篇目】

1. 沈宗灵著：《比较法研究》，北京大学出版社 1998 年版，第二编第三章、第三编第四章、第六编第二章。

2. 中国人大网，http://www.npc.gov.cn/zgrdw/home/index.jsp 和中国政府法制信息网，http://www.chinalaw.gov.cn/。

---

① 摘自乔晓阳："关于中国特色社会主义法律体系的构成、特征和内容"，中国人大网·人大培训课堂，2005 年 12 月 29 日。

第五章　法律的作用与价值

本章导读

法律的作用和价值是法理学中最为基本的问题,自然,也是法学家甚至法律职业者津津乐道的话题。许多法学家从不同的角度分析法律的作用,得出了许多富有启示的结论。中国古代思想家认为法律的作用在于"定分止争"、"禁奸止暴"。古希腊思想家柏拉图认为法律的基本意图是让公民尽可能的幸福,并在彼此友好关系中结合在一起。社会主义国家的法理学大多强调法律是政治统治的工具(该观点其实包括目前时尚的提法,即法律是促成和保障社会和谐的工具)。在法学家庞德看来,法律的目的在于保障社会的凝聚力并促进社会变革的有序进行,为实现这一目的,作为一种社会控制的手段,法律所采用的方法是平衡相互冲突的利益。总之,只要有法律的存在,人们对于这个话题的兴趣和争论将继续下去。本章在体系和框架上仍然沿用了国内法理学的知识传统。把法律的作用划分为规范作用和社会作用,在指出法律作用的同时,也不回避其局限性。至于法律在中国社会的地位和价值,也许你在学习本章以前,就已经有了自己的理解。

第一节　法律的作用

一、法律作用的含义

法律的作用,又称法律的功能,是指法律对人的行为以及最终对社会关系所产生的影响。

法律运行的一切活动和过程都旨在对社会产生某种作用。立法、司法、执法、守法、法律监督这些环节每时每刻都在影响着社会。没有对社会产生任何影响的法律只是一纸具文,实际上丧失了法的生命。

法律对人的行为产生一定的作用。它允许甚至鼓励某些行为,禁止从而惩罚某些行为,要求甚至强迫人们作出某些行为。法律改变了人们行为的自然状态,使之成为法律所规范的社会状态。但是法律并不调整个人的与他人无关的行为,而是调整与他人相联系、具有法律意义的行为。比如,法律并不关心疲劳的人如何伸懒腰,关心的是一个人挥拳打击别人身体的后果;法律并不关心一个自言自语的人,关心的是一个人的言论对他人名誉产生的损害。所以,法律的作用不仅表现在对人们的行为产生影响,而且表现在通过对人们行为的调整最终对社会关系产生影响。

法律作为社会现象的一种,与其他社会现象之间是一种相互影响、相互作用的关系。这种相互影响、相互作用是推动法律运行的动力。所谓法律运行有广义和狭义两种含义。狭义的法律运行指法律系统内立法、司法、执法、守法和法律监督一整套的环节和过程。广义的法律运行不仅包括狭义的法律运行,还包括法律系统与社会系统之间的相互作用关系。我们假设以法律制定作为法律运行的起点。在法律制定过程中,一般情况下对于某个法案会有赞成者、反对者和中立者三方势力,赞成方和反对方展开较量,以争取更多的人的支持。假如法案以法定多数通过,成为法律,进入实施过程。在实施过程中的每一个环节(司法、执法、守法等)都会受到法律制定过程中所展示出的各种观点以及来自社会的各种因素的影响。法律实施绝对不是在真空中进行的。法律实施对社会系统产生影响,或者是改变了一些社会关系,或者是维护了一些社会关系。社会关系被改变或得到维护的结果又反馈过来,影响法律实施和法律制定。反馈的信息对法律实施的影响就是可能使某些实施者加强或减弱了法律实施的力度。反馈的信息对法律制定的影响就是可能引起法律制定过程中的各方重新组合,调整立场,展开新的一轮博弈。法律就是这样在法律系统与社会系统的信息和能量相互交换的过程中发挥作用的。

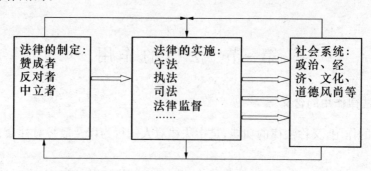

图 5.1 法律作用于社会生活的路径

二、法律的规范作用与社会作用

（一）法律的规范作用与社会作用的关系

法律的作用可以从不同角度来分析。例如，可以把法律作用分为整体作用和部分作用，直接作用和间接作用，积极作用和消极作用，预期作用和实际作用，规范作用和社会作用。最经常的是把法律的作用划分为规范作用和社会作用。

规范作用是指法律作为一种社会规范、基于它的规范性所发挥的作用。社会作用是指法律作为调整社会关系的手段、基于它的社会性所发挥的作用。

规范作用与社会作用是法律的作用的两个方面（同一事物的两个方面），而不是两个类别的作用（两个事物）。比如，根据一定的标准，将法律分为实体法和程序法。实体法和程序法是两个不同的法律类别。法律的规范作用与社会作用的关系不是像实体法和程序法那样的关系。这两个方面的作用是从不同角度观察到的法律作用的不同侧面，而不是两种不同的作用。

规范作用是说，法律是以何种方式影响人们行为和社会关系的；社会作用是说，法律对社会关系和社会生活产生了哪些实际影响。因此，这两种作用是手段与目的的关系，即法律是通过其规范作用而实现社会作用的。

一切社会的法都可以有规范作用与社会作用之分。法的规范作用是一切社会的法律制度所共有的作用，不同性质的社会的法律则具有不同的社会作用。比如无论是奴隶制法律，还是封建制法律，都具有指引人们的行为、帮助人们预测他人的行为的作用。但是它们具有不同的社会作用。根据一般的说法，奴隶制法律维护对于奴隶主阶级有利的社会关系和社会秩序，封建制法律维护对于地主阶级有利的社会关系和社会秩序。

（二）法律的规范作用的体现

根据行为的不同主体，法律的规范作用可以分为指引、评价、预测、强制和教育五种作用。任何社会的法律都具有这几种规范作用。

1. 指引作用

指引作用主要是指法律可以指引人们的行为。指引作用的对象是被指引者本人的行为。在法律颁布以后，人们都可以自行地根据法律所确定的行为标准来调整自己的行为。在法律实施的方式中，守法是基本的方式，守法就体现了法律的指引作用。法律的指引作用也是法律的基本作用。

在社会生活中，指引有两种形式：规范性指引和个别指引。规范性指引是针对不特定的人的反复出现的行为的指引；个别指引是针对特定的人的专门指引。例如，游人到公园游玩，导游带领他们按照一定的路线游览景点，这就是个别指引；如果给游人发放一张游览路线图而不是给每个游人配备一名导游，这就是规范性指引。法律的指引是规范性指引。

法律的规范性指引又包括确定的指引和有选择的指引两种形式。这是与法律规范的两种形式相对应的。根据法律规范的不同内容,法律规范可以分为授权性规范和义务性规范(义务性规范又包括命令性规范和禁止性规范)。授权性规范对于人们行为的指引就是有选择的指引,人们可以自主选择是否做某种行为。义务性规范对人们行为的指引就是确定的指引,人们必须做或者不得做某种行为,没有选择的余地。

2. 评价作用

评价作用是指法律作为人们评价他人行为的标准所起到的作用。人们可以根据法律来判断某种行为是否合法、是否有效。这种作用的对象是他人的行为。

在社会生活中,人们或多或少地评论他人,或者为他人所评论。可以作为人们评论标准的规范有很多种,例如法律、纪律、道德、习惯等。对同一个行为,可以援引不同的规范来评论。法律作为一种国家制定或认可的普遍的评价标准,具有较高的权威性。法律与其他标准相比,也具有比较具体、明确和客观的特征。

一个法官或者其他国家工作人员在职务行为中经常地根据法律来评价当事人的行为是否合法和有效。对于他们而言,法律应当是主要的评价标准。只有这样,他们的评价才具有法律上的约束力。

3. 预测作用

预测作用是指法律可以为人们相互间预测对方的行为提供帮助。人们可以根据法律来预测其他人将会怎样行为,从而做出明智的决策。预测作用的对象是人们相互间的行为。

在社会生活中,一个人的行为往往是由周围所有相关人的行动共同决定的。就是说,人们是在相互作用之中作出自己的行为选择和行为决策的。在这个过程中,必然要根据一定的信息对其他人的行为作出预测。信息主要包括制度信息和当事人信息。一个人根据他对法律和法官的了解,可以预测判决的内容;根据对合同和对方当事人的了解,可以预测合同的履行情况;根据对交通法规的了解和其他行人或司机的一般特征的判断,可以决定自己的行动等。法律的预测作用对于妥当决定自己的行为和安排人生计划、对于社会生活的有序运转来说是必不可少的。法律作为人们共同的、有强制力的行为标准,提高了预测的准确度,降低了社会生活的交易成本和摩擦系数,保证了社会秩序的稳定。

4. 强制作用

强制作用是指法律对违法犯罪行为的威慑、惩罚或制裁作用。其对象是违法犯罪者的行为。

任何社会的法律都会把一些行为界定为违法行为或犯罪行为,予以惩罚和制裁,保持对潜在的违法犯罪行为人的威慑力。法律的这种作用主要是通过具有强制力的国家机关来实施的。自从有法律的社会以来,国家就垄断了有组织的暴力,这种有组织的暴力就部分用在维持法律的强制作用方面。

5. 教育作用

教育作用是指通过法律的实施和法律宣传对一般人今后的行为的积极影响。其对象是一般人的行为。

法律不是道德说教的文本，实施法律的国家机关也不是教育机关，但是通过法律实施、法律宣传等活动可以使一般人了解法，知道什么是法律允许的行为，什么是法律禁止的行为，什么是法律要求的行为，从而可能遵守法律，使自己的行为与法律相一致。

法律的教育作用不同于道德或宗教的教育作用。法律的教育作用主要不是体现在和风细雨、耐心细致的说服工作之中的，而是体现在法律对于合法行为的肯定和保护、对于违法行为的否定和制裁的事例的示范效果之中的。

（三）社会作用

这是联系法律的社会政治目的和使命来观察法律的作用和职能。从这个方面来看，法律的社会作用与国家的职能是密切相关的。这里从不同的角度将法律的社会作用予以不同的分类。

1. 从作用的性质来看，法律的社会作用可以分为阶级统治作用和执行社会公共事务的作用

阶级统治作用是指法律维护、巩固统治阶级的政治、经济和意识形态方面的利益以及对于被统治阶级的统治。在这一方面，法律的最重要作用就是维护对统治阶级有利的社会经济关系和经济制度。

社会公共事务是与阶级统治相对应的活动，具有一定的"公益性"。它主要包括国家所进行的调整、管理以下这些方面事务的活动：（1）人类社会基本生活条件，例如社会治安、纠纷解决、公用设施的建设、生态环境、医疗卫生、交通秩序等；（2）生产和交换的条件，例如技术规范和产品标准等；（3）教育、科学和文化事业。任何性质的国家都必须通过法律来执行一定范围的社会公共事务。法律在执行社会公共事务方面必须发挥最低限度的积极作用，国家才可以维系下去。

传统观点认为，任何社会的法律的社会作用都可以划分为这两个方面。实际上，这主要是对阶级对立社会中的法律的社会作用的划分方式。

2. 从发生作用的领域来看，法律的社会作用可以分为法律的政治作用、经济作用、文化作用等

政治作用是法律在调整、管理政治事务，例如设置国家机关、确立和维护政治制度等方面的作用。经济作用是法律在调整、管理物质资料的生产和消费活动、确立和维护交易条件和秩序等方面的作用。文化作用是法律在管理社会的教育、科学、文化事务、推进社会精神文明建设方面的作用。法律在这些方面发挥着积极或消极的作用，在不同性质的社会或不同的历史时期有着不同的目标和方向，对不同

阶层的社会成员产生不同的影响。

3. 从作用的内容来看，法律的社会作用还可以划分为确认、提取、分配、保护和限制等方面的作用

法律根据一定的价值准则确认一定的社会关系、一定的事实和状态为合法和正当。根据一定的价值准则，法律从社会或社会的某些阶层中提取财富或其他有价值的社会资源，置于国家的控制之下，或者置于掌握国家政权的阶层或集团的控制之下；在社会成员间、在不同阶层间、在不同的利益集团间分配权利、义务和权力。同样，根据一定的价值准则，法律限制为大多数社会成员或某些社会阶层所反对的行为，从而减少这些种类的行为在社会中的数量；保护为大多数社会成员或者某些社会阶层所认可的行为，从而增加这些种类的行为在社会中的数量。

三、法律作用的局限性

法律的确具有一定的作用，任何一个国家都不能全面地废除法律，否则就会造成混乱和无政府状态，就不能很好地实现国家的职能和社会的目标。因此必须充分重视法律的作用。

但是法律的作用也不是无限的，它具有一定的局限性。美国法学家庞德指出："在决定法律秩序可以保障什么利益以及如何保障这些利益时，我们必须记住，法律作为一种社会控制工具存在着三种重要的限制。这些限制是从以下三个方面衍生出来的：(1) 从实际上说，法律所能处理的只是行为，只是人与事物的外部，而不能及于其内部；(2) 法律制裁所固有的限制——即以强力对人类意志施加强制的限制；以及(3) 法律必须依靠某种外部手段来使其机器运转，因为法律规则是不会自动执行的。"①借鉴庞德的观点，可以认为法律作用的局限性主要体现在以下几个方面：

1. 法律并不是调整社会关系的唯一规范和手段

除了法律规范之外，还有政策、道德、习惯、纪律等社会规范。除了法律手段之外，还有政策性手段、各种形式的教育和宣传、习惯或榜样的引导、社会对个人的规训（个人被社会化）等手段。在有些国家，还非常重视宗教规范和宗教手段对社会关系的调整。总之，各种社会规范和调整手段应当相互配合，共同发挥作用。

2. 有些社会关系领域不适宜于法律的调整，有些社会关系领域法律调整不如其他手段调整的效果好

法律是通过调整人们的行为而调整社会关系的，因此在人们的情感生活、内心

---

① [美] 罗斯科·庞德著：《通过法律的社会控制　法律的任务》，沈宗灵、董世忠译，商务印书馆 1984 年版，第 118 页。

思想信仰等领域,法律就难以发挥直接的强制作用。尽管有婚姻家庭方面的法律,但是我们并不依靠或者不主要依靠这些法律来调整自己在家庭生活中的行为。《论语·为政》中有一段话说:"道(导)之以政,齐之以刑,民免而无耻。道之以德,齐之以礼,有耻且格。"《大戴礼记·礼察》也说:"礼云礼云,贵绝恶于未萌,而起敬于微渺,使民日徙善远罪,而不自知也。"这两段话都说明了法律与道德教育、榜样引导等手段相比是有一定的局限性的。

3. 法律存在漏洞和空白点

一般认为,由于立法者认识能力的有限性,法律总是有一些漏洞和空白的,没有调整到那些适宜法律调整而且法律可以调整得好的社会关系领域。在这种情况下,就会出现"无法可依"的现象,也必然需要运用其他的调整手段来弥补法律的空缺。

4. 即使是"有法可依",由于法律具有较强的抽象性、稳定性,法律与具体多变的现实生活之间总是存在着矛盾

法律的抽象性、稳定性是法律的规范性特点。从一个方面看,这是法律的优点,例如法律的抽象性有助于做到法律面前人人平等,不看人办事;法律的稳定性有助于为人们提供稳定的行为预期,便于人们规划自己的生活和人生。但是事物总是两面的。从另一方面来看,这些优点也是缺点。法律的抽象性与具体现实生活的丰富多彩、千差万别、纷繁复杂之间存在着矛盾,这样就不利于实现个案中的正义。柏拉图反对法治的一个重要论据是:法律就像一个愚蠢的医生,不顾病人的病情而机械地开药方,所以"对一切人最好的事情不是法律的全权而是了解君主之术和有智慧的人的全权"①。法律的稳定性与具体现实生活的不间断的变化之间存在着矛盾,法律是稳定的,而现实生活如同赫拉克利特所说的"河流"一样永不停息地向前奔流②。这样就造成了法律的滞后。相比较而言,政策具有较大的灵活性和变动性,在适应具体情况及其变化方面具有一定的优点。

5. 实施法律应以事实为根据,如果事实无法确定,则无法实施法律

例如法院的判决必须建立在一定的证据之上,证据是有关历史上事实的证明材料。有些事实一旦逝去,是无法确定的。尽管在现代诉讼中可以使用先进的科学技术或者使用测谎器,但是这些手段都不能确保查明事实。所以在有些国家,证人在法庭上作证时需要做一个具有宗教意味的宣誓,以保证所说的话是真实的。

我们在法治建设中,既要充分地重视法律的作用,克服法律无用论和法律虚无主义,也要克服法律万能论,不能以为对于任何问题只要制定法律和实施法律都会

---

① [古希腊]柏拉图:《政治家篇》,中国政法大学出版社 2003 年版,第 294 页。
② 古希腊哲学家赫拉克利特说:"人不能两次踏进同一条河流",参见《中国大百科全书·哲学》(第 1 卷),中国大百科全书出版社 1985 年版,"赫拉克利特"词条,第 289 页。

很好地解决。法律和其他调整社会关系的手段一样,既有优点也有缺点,因此需要把它们有机地结合起来,使它们相互配合、共同发挥作用。

【阅读材料】5.1 庞德及其《通过法律的社会控制 法律的任务》

谈及现代社会中法律的功能和作用,人们常会提到庞德(Roscoe Pound, 1870—1964)和他的一本小册子——《通过法律的社会控制 法律的任务》。庞德早年是一位律师,还担任过美国州最高法院上诉委员会的委员。三十出头以后,开始其从教的生涯,先后执教于好几所大学的法学院。1916 年到 1936 年,他担任了哈佛大学法学院院长。1946 年,曾经很短暂地来中国担任国民党政府司法行政部和教育部的顾问。《通过法律的社会控制 法律的任务》是作者在任哈佛法学院院长时所作的专题讲座的讲义。篇幅虽不大,但内容却十分丰富,阐述了庞德的关于法律作用的观点。这两个讲义先后由北京大学沈宗灵教授和复旦大学董世忠教授翻译,因为文字不多,商务印书馆于 1984 年合集出版。

在《通过法律的社会控制》中,庞德首先论述了法律、文明和社会控制三者之间的关系,他认为,所谓文明就是人类对物质世界和对人类本性的控制的有机结合,而且这两者相互信赖、缺一不可,社会控制就是对人类内在本性的有效控制,即社会对个人施加压力以迫使其尽自己的本分来维护文明社会,并阻止其反社会行为。在文明发展的各个不同阶段,都必须有相应的社会控制手段。在血亲组织社会和政治组织社会不很发达的时期,道德和宗教曾充当了社会控制的主要手段,而法律处于次要地位。但在 16 世纪后,法律便上升至主导地位。"今天,社会控制首先是国家的职能,并通过法律来行使。"① 之所以会发生这种变化,原因有两个:其一,国家取代教会而居于整个社会的主导地位,这是法律成为社会控制的主要手段的主要原因。"自从 16 世纪以来,社会政治组织已经成为首要的了……所有其他社会控制的手段被认为只能行使从属于法律并在法律确定范围内的纪律性权力。"② 其二,人类文明的历史显示出一种趋势,要求由受过训练的司法官系统地运用国家强力,他们在运用强力时所依据的是一套权威性规则③;同时,发达的经济秩序要求社会控制必须具有确定性、一致性和稳定性,从而决定了法律必将取代宗教、道德而成为社会控制的主要手段。

【阅读材料】5.2 管仲的关于法律作用的思想

在中国政治法律思想史上,不少思想家对法律的功能和作用也有过精辟的论述。其中,最为典型的是管仲。《管子·七臣七主》一文对法律作了比较系统的论

---

① [美]庞德著:《通过法律的社会控制 法律的任务》,沈宗灵、董世忠译,商务印书馆 1984 年版,第 13 页。
② 同上书,第 12 页。
③ 同上书,第 76 页。

述,管仲说:"法者,所以兴功惧暴也;律者,所以定分止争也;令者,所以令人知事也。法律政令者,吏民规矩绳墨也。"这里,不仅区分了法、律、令的法律渊源形式,其实,还分析了法律的规范作用与社会作用。即法律是通过"令人知事"(教育作用)和"规矩绳墨"(规范作用)的手段,来达到"兴功惧暴"和"定分止争"的社会效果(社会作用)。

第二节 法律的价值

一、法律价值的含义

在法学著作和教材中,法律价值这一词汇出现频率很高,但是它并不具有统一的含义。大致看来,法律价值是指法律所具有的、对人们有意义的、可以满足人们需要的功能与属性。具体来说,法律价值有这样的两种含义:(1)法律的工具性价值或形式性价值,即法律本身具有什么价值。也就是说,法律与其他社会规范或者调整社会关系的手段相比,有什么样的比较独特的优点,例如它具有较强的确定性、可预测性,有助于做到同样情况同样处理等。(2)法律的实质性价值,即法律在其实际内容方面秉持什么样的价值准则。也就是说,法律应当根据哪些准则来制定和实施,应当有助于保护哪些利益。

"法律的价值"与"法律的作用"两个概念是不同的。价值带有很强主观意志、愿望或爱好的色彩。法律的价值是指社会成员根据自己的需要而认为、希望法律应当保护什么样的利益,或者应当起到什么样的作用。法律作用侧重指法律对人们行为和社会关系产生实际的、客观的影响。法律应当促进哪些价值,这是一个价值判断,它涉及"法律应当如何"的问题。法律具有哪些作用,这是一个事实判断,它涉及"法律实际上如何"的问题。

二、法律的基本价值

(一)概述

在这一意义上,法律有哪些价值,不同的学者有不同的归纳和认识。有的学者认为,法的价值有人权、秩序、自由、正义和效率,当代中国社会主义法的基本价值就是实行和实现对利益的调整,对人权的保护,对秩序的维护,对自由的保障,对正义的促成,对效率的促进①。还有的学者认为,法的价值包括秩序、效益、自由、平等、人权和正义②。

---

① 参见张文显主编:《法理学》,高等教育出版社2003年第2版,第五编"法的作用和价值"。
② 参见卓泽渊主编:《法理学》,法律出版社2004年第4版,第二编"法的价值理论"。

在国外法学界,有的学者认为法律的价值是正义和秩序,而正义又包括自由、平等、安全和共同福利[1]。有的学者认为,西方法律的基本价值包括自由、公平和秩序[2]。在 19 世纪,英国法学家边沁认为,立法者要想保障社会的幸福,必须努力达致四个目标:保证公民的生计(口粮)、富裕、平等和安全[3]。这四个目标也可以看成是法律的四种价值。

对法律的价值之所以有如此不同的归纳,除了因为人们的认识不同之外,还因为使用了不同的概念。法律的价值必须反映人类的基本需要,同时注意概念的使用和不同价值目标之间的逻辑性。这里,从不同的层次来分析法律的基本价值。

(二) 安全、自由、生存和发展

单就个人而言,法律应当保障个人的安全、自由,保障他可以获得社会合作的好处。当人们普遍认为这些利益应当得到承认和保障、具有道德上的正当性时,它们就成为道德意义上的权利(人权)。当法律制度承认和保障这些利益时,这些利益就成为法律权利。

1. 安全

安全是指一个人的拥有物不受他人的侵犯和剥夺。"拥有物"(property),是指维系人的正常存在和发展、可以作为安身立命之本的那些事物,主要包括生命、健康、人格尊严和财产。

在社会生活中,人们会普遍地认为,个人的这些拥有物应当是不受侵犯的,是平安地享有的。这样,安全就自然而然地成为法律的基本价值。边沁认为,安全是法律的首要目标。

许多人将安全与秩序混为一谈。它们具有密切的联系,有秩序的社会往往也是具有一定安全感的社会。但是两者是有区别的。秩序是指社会生活的一致性、连续性和规律性。安全是指个人可以没有忧虑地拥有他的所有物。一个有秩序的社会也可能是很多人没有安全感的社会。在一个寓言里,老虎成为百兽之王,它喜欢以它的臣民作为早餐。这个动物王国天天以抽签的方式来决定谁被吃掉。最后动物们推翻了这个恐怖的秩序。在古代西门豹治邺的故事中,此前每年都要按照严格的程序为河神选择若干新娘,西门豹废除了这个惯例,邺县的姑娘们不必再害怕成为河神的新娘。

---

[1] 参见[美]E·博登海默著:《法理学——法律哲学与法律方法》,邓正来译,中国政法大学出版社 2004 年修订版,第二部分"法律的性质和作用"。

[2] 参见[英]彼得·斯坦、约翰·香德著:《西方社会的法律价值》,王献平译,中国法制出版社 2004 年版,第 2—4 页。

[3] 参见[美]E·博登海默著:《法理学——法律哲学与法律方法》,邓正来译,中国政法大学出版社 2004 年修订版,第 111—112 页。

2. 自由

这里采纳英国思想家霍布斯的说法,自由是指外界障碍不存在的状态。自由主要包括人身自由、思想和表达自由、宗教信仰自由、运用财产的自由和交往的自由。交往自由主要是指人们结成一定社会关系的自由,例如契约自由和结社自由。

自由的价值不同于安全。安全的价值旨在防御外界的侵犯,自由的价值在于克服外界的障碍。安全的价值是静态的,它要实现的是个人所有物的完好无损;自由的价值是动态的,它要实现的是个人可以自由地运用他的心智和支配他的行为。

自由也是人的最深层次的身心需要。尽管自由要受到限制,不受限制的自由注定导致社会的毁灭,但是人们还是普遍地认为,一个人是应该拥有上述形式的自由的。自由是法律的基本价值。自由要受到限制,但是正如洛克所说,限制自由不是为了减少自由,而是为了扩大自由。

3. 获得社会合作的好处

每一个人都是社会的成员。人们加入社会,是因为许多人组成社会比一个人单过要好。这就是社会合作的好处。每一个人作为社会成员都有资格获得社会合作的好处。获得社会合作的好处包括参与社会合作和分享社会合作的成果。在现代社会,政府、公司、社区是社会合作的最主要形式。每一个人都应当至少有获得政府职位、参与政治和社会生活、享受公共物品和社会福利的权利。需要说明的是,获得政府职位的权利并不是得到政府部门的工作岗位的权利,而是有得到工作岗位的机会的权利。

一个人有权获得社会合作的好处,特别包括个人的生存权和发展权。生存权是指个人有权享受为维持他本人和家属的健康和福利所需的基本生活水准,包括食物、衣着、住房、医疗和必要的社会服务;在遭到失业、疾病、残废、守寡、衰老或在其他不能控制的情况下丧失谋生能力时,有权享受保障。生存权意味着免于饥饿的权利,免于基本生活物品匮乏的权利。发展权是指个人有权享受政府和社会提供的各种发展机会,以展示其才华和潜力,提高其生活水准和人生境界。发展权意味着享有发展机会的权利。

从广义的角度来看,社会合作的好处也包括了安全和自由。通过社会合作的形式可以更好地保障人们的安全和自由。这里的"社会合作的好处"是取狭义解的,不包括安全和自由价值在内。因为安全和自由是两种重要的价值,社会合作并不是保障个人安全和自由的唯一形式。

(三) 平等

就人与人之间、阶层与阶层之间、个人与社会之间的关系而言,法律应当保障社会成员平等地享有上述权利。平等的价值涉及这样一个问题,即法律制度如何才能够恰当地、公平地分配和保障不同的社会成员在安全、自由、获得社会合作好处等方面的权利。平等价值反对歧视,但是也不主张人与人之间在获得法律保障方面毫无差别。

平等的概念涉及人与人之间的关系,是一个社会结构问题。因此,在概念上,平等与正义、公平相近似。有时人们使用正义、公平来表达平等的价值目标。但是正义或公平是一个非常含混的概念,很不清晰。相比而言,平等的概念要清晰一些。

作为法律的基本价值,平等主要指向立法领域和法律实施领域。

1. 立法的平等

对于立法而言,平等的要求是,根据恰当的标准在社会成员间分配权利、义务以及社会合作所产生的好处。

在立法领域中,平等价值可以划分为不同的层次:权利平等、期望平等、结果平等。权利平等,是指人们享有同样的权利,在法律上每一个人的权利都不比其他任何人的权利多。期望平等是指具有相同自然禀赋、付出相同努力的人应当可以拥有大致相同的对于生活前景的预期。结果平等,是指人们在结果方面、在实际拥有物方面没有差别或者没有过大的差别,特别是往往指人们在财产和生活水准方面的平等。结果平等很难做到,也许到理想的共产主义社会才能实现。在现实社会中,过分地追求结果平等,反而会妨碍自由、安全以及社会效益等价值目标的实现。但是仅仅重视权利平等,没有关注人们运用权利的能力的差异,就会挫败一些人对生活前景的合理预期,也会加大贫富差距。所以,如何处理不同的平等价值之间的关系,是法律制度的一个重要任务。

大致说来,立法的平等价值要求法律制度应保障每个人都享有平等的安全、自由和获得社会合作好处的权利。但是法律制度不仅应在社会成员之间平等地分配权利,还应适当地增强弱势群体运用权利的能力,特别是在有关竞取地位和职务的机会方面。应保证具有相同自然禀赋、付出相同努力的人对有关地位和职务的获取应当可以有大致相同的预期。因为基本权利的平等仅仅是形式上的平等,虽然大家都享有一样多的权利,但是不同的人运用权利的能力是不同的。例如大家都有受教育的权利或进入大学读书的权利,但是有的人由于其经济状况或身体智力方面的劣势并不能很好地运用这个权利。出于期望平等的考虑,制度设计应当适当地增强这些人运用其权利的能力,例如提供教育补贴或者免除其学习费用等。另外,法律制度也应当防止人们之间的收入和财富水平、社会地位差距过大,应促进结果平等,而不是加剧结果不平等。邓小平说:"走社会主义道路,就是要逐步实现共同富裕。共同富裕的构想是这样提出的:一部分地区有条件先发展起来,一部分地区发展慢点,先发展起来的地区带动后发展的地区,最终达到共同富裕。如果富的愈来愈富,穷的愈来愈穷,两极分化就会产生,而社会主义就应该而且能够避免两极分化。解决的办法之一,就是先富起来的地区多交点利税,支持贫困地区的发展……总之,就全国范围内来说,我们一定能够逐步顺利解决沿海同内地贫富差距的问题。"①美国学者罗尔斯提出一个所谓的"差别原则",作为判断社会和经济不平等是否可以接受的标准:社会和经济的不平等只有在最有利于处在最不利地位的社会成员的条件下,才可以被接受②。换言之,除非收入和财富的不均等分配会在长期内比完全平等分配给予处于最不利地位的人以更多的利益外,收入和财富就应当平等分配。

2. 法律实施的平等

在法律实施方面,平等的要求是:(1)同类情况同类处理,不同情况不同处理,而且何谓相同或相异的情况必须根据立法来确定;(2)根据在立法领域确立好的标准,将受到损害的社会关系恢复到受损前的状态,赔偿与损失要相当,罪与罚要相当。法律实施领域中的平等就意味着将法律规定一视同仁地适用于法律所要适用的行为,就意味着有法必依,执法必严,违法必究。

法律实施的平等价值与立法的平等价值是不同的。立法的平等价值旨在恰当地分配或承认利益或负担。关键问题是如何划分人群,也就是如何确定人与人之间的对于分配有意义的相似性和相异性。人们的出身是不同的,但是在现代民主社会,这种相异性并不构成他们在选举权的拥有上有所差别的根据。同样,性别的差异在过去的法律制度中具有重要的意义,而现在男女之间的相似性已经被认为对于一些法律在他们之间同等地分配权利与义务具有决定性的意义。现在,不论是谁,不管他们的出身如何、地位如何、权力大小、财富多少、触犯刑法,就应当承担法律责任。但是精神病人由于和正常人之间的根本差别,不必承担法律责任。

法律实施的平等价值不存在一个在社会成员中划分人群的问题。法律实施就是严格地按照立法已经确定的份额给予立法指明的那部分人。也就是说,个人之间的相似性和相异性已经由立法本身确定,法律实施的职能就是将权利和义务按照法律的规定给予那些应得的人。比如,我们说,禁止故意伤害的法律得到公正的适用,就是说应当把它公正地、一视同仁地适用于立法所确定的所有故意伤害别人的人。立法确定谁是属于责任主体的范围之内的,这一条法律就应该适用到谁——假如他触犯这条法律的话;同时,立法把谁排除在责任主体的范围之外——例如,未成年人和精神病人,在法律实施中就不应当追究他的责任——即使他给别人造成了伤害。法律实施人员和机构不能根据自己的偏见或利益改变立法者关于人群的划分,无论是扩大还是缩小都是不公正。一些程序性的规则——例如"听双方之词","任何人不能做自己案件的法官"等等,被认为是正义的要求,因为它们是法律实施领域中的平等的保障,目的在于确保法律适用于它所指明的所有的

---

① 《邓小平文选》第 3 卷,人民出版社 1993 年版,第 373—374 页。
② 参见[美] 罗尔斯著:《正义论》,何怀宏、何包钢、廖申白译,中国社会科学出版社 1988 年版,第 292 页。

人——所有在有关方面具有相似性的人们。

（四）秩序、效益和社会和谐

就社会整体而言，法律应当为社会提供秩序，促进社会效益和社会和谐。

1. 秩序

社会秩序是指社会生活所表现的一种状态，与混乱和无序相对立。在这种状态中，人们的社会活动、社会行为具有一致性、连续性、确定性和可预测性。简言之，社会秩序是人们的社会行为呈现出规律性。社会秩序体现为稳定的社会制度、确定的社会关系和反复出现的人们行为方式三种要素。

法律秩序是指人们在社会生活中依照法律的规定安排自己的行为，从而体现出规律性的社会秩序状态。

法律秩序形成至少需要两个条件：(1)法律得到普遍的实施。只有当法律得到普遍的实施，才可以形成法律秩序。(2)法律是统一的、和谐的。如果在一个地域内法律是冲突的，具有内在矛盾的，则不可能形成法律秩序。

2. 效益

效益主要指成本与收益之间的对比，它表明法律的运行是否以较小的成本给社会带来较多的收益。

效益与效力、实效等概念不同。法律效力指规范性法律文件和非规范性法律文件的约束力。对于规范性法律文件而言，只要是正式的国家机关依照法定的职权和程序制定的，就具有法律效力。一个具有法律效力的规范性文件应当得到人们的执行、适用或遵守。实效是指具有法律效力的规范实际上被执行、适用和遵守的情况，它表明法律规范在社会生活中被体现或实现的程度。效力意味着抽象的约束力，属于"应然"的范畴；实效意味着具体的约束力，属于"实然"的范畴。效力与实效之间总是存在着一定的差距。而效益主要是一种价值判断问题，在社会或某一群体看来，被严格实施的(具有很高实效的)法律未必是有效益或有很高的效益的。

这里所说的效益是指社会整体的福利，或者社会最大多数人的最大幸福。人们普遍认为，法律应当创造条件，通过合理的制度设计，促进社会的物质财富和精神财富的总量的增长。效益也是法律的价值目标。

3. 社会和谐

社会和谐，也可以称为社会团结，是指社会中人与人之间、不同阶层之间、不同群体之间、政府与公民之间形成相互信任、相互亲睦的社会关系，具有高度的认同感、浓厚的政治和道德共识。社会和谐就是理解、信任、博爱、友谊和互相帮助。

社会和谐的价值似乎都是超法律的，似乎与法律存在着矛盾，是法律所无能为力的目标。实际上这种判断是不准确的，如调解制度就比仅仅依靠判决的制度，更能弥合当事人的分歧；法律在推进政府信息公开、构建社会对话机制方面也可以大有作为,如此等等。

法律的这三种社会价值是不同的。社会秩序是指社会运转有条不紊地进行,社会和谐是指社会各阶层、各团体之间存在真诚理解和相互关爱,社会效益是指在一定时期内创造的物质财富和精神财富的总量,是指社会的共同福利。

三、基本价值之间的关系

法律的基本价值是多元的和多层次的。这反映了人的需要的多元性和多层次性。这些基本价值是并存的或相辅相成的,人的各种需要也是相互支持的。同时基本价值又存在着冲突的可能性,这正如人有时必须在相互冲突的两种需要之间进行选择一样。

(一)诸价值之间的相辅相成

这些基本价值是并存的或相辅相成的。例如,其他所有的价值都要负载在一个稳定秩序的基础之上。在一种动荡不安、混乱的社会状况下,不能实现普遍的人人享有的自由;大部分个人的安全也失去保障;更谈不上获得社会合作的好处。因为社会合作是一定的社会秩序下达成的。没有了社会秩序,社会效益即社会物质财富和精神财富的总量增长就会受到限制,人与人之间的冲突也会破坏社会和谐。当然,不能反映其他价值的秩序也不能够维持长久,迟早要被一种新的能够反映其他价值的秩序所取代。

一个人获得安全和自由了,才能谈得上生存和发展。一个人能够生存和发展了,他才会有更多的需要安全保障的"所有物",才能够更充分地运用他的自由。每个人都获得了安全、自由、生存和发展,法律平等地保障了每个人的权利,就会形成有活力的秩序和产生具有较高增长率的社会整体效益,也为社会和谐提供了条件。反过来说,社会效益提高了,才能够更好地保障个人的生存权,为个人的发展提供更多的机会。社会更加和谐了,社会运转就减少了摩擦。

(二)诸价值之间的冲突及其解决

基本价值在一定程度上是相互冲突的。自由与安全之间是有矛盾的。为了保证飞机安全所进行的登机检查就是对自由的限制。获得社会合作的好处,比如享受社会福利,就需要政府强制一些人交纳较高的、超过为保障安全和自由所需要的数额的税收。有时候,为了促进社会平等和效益,需要打破既定的秩序;有时候,为了实现平等,需要放弃对更多的社会效益的追求,或者为了追求更多的社会效益,牺牲平等。

一般来说,在安全、自由和获得社会合作的好处的权利方面,安全是首要的价值,在自由与安全发生冲突的时候,应当优先考虑安全。在安全可以得到保障的条件下,必须尽可能地扩大自由。自由与获得社会合作的好处的权利之间的关系也可以如此处理,自由应当得到优先考虑。维护社会秩序,促进社会效益和和谐,不能以剥夺有关个人的那些基本价值为代价。为了社会的秩序、效益和和谐等价值，可以存在一些不平等的制度安排，但是这些不平等是为了促进更大的平等。

诸价值之间的冲突是比较难以解决的。一个总的原则是，法律制度必须兼顾各种法律价值，尽量避免不同价值之间的冲突，使各种价值目标都能够得到最大程度的实现。

【阅读材料】5.3　罗尔斯及其《正义论》

2002年11月24日，美国哈佛大学哲学系教授约翰·罗尔斯因心脏病病发逝世，享年81岁。约翰·罗尔斯被公认为是20世纪最重要的政治哲学家和自由主义的有力倡导者。在他去世之前，他的代表作《正义论》被译成27种文字，在伦理学、法学、政治学和经济学诸领域发生着持续的影响。除了《正义论》之外，他还著有《政治自由主义》、《万民法》等著作。

约翰·罗尔斯于1921年2月21日出生于美国马里兰州巴尔的摩市的一个富裕家庭，在五兄弟中排行第二。他中学就读于康乃迪克州肯特郡一所严格的圣公会的私立学校。他并非教徒，但对宗教信仰也有相当的同情和理解。1939年他18岁时即进入普林斯顿大学，最后选择了哲学。到1943年，罗尔斯以最优等的成绩毕业于普林斯顿大学哲学系。他大学毕业后随即加入军队。1946年罗尔斯重回普林斯顿大学攻读道德哲学的博士学位，师从功利主义哲学家斯代思（Walter Stace），1950年在该校获博士学位，提交的博士论文题目为"一种伦理学知识基础的研究：参照对品格的道德价值的判断来考虑"（A Study in the Grounds of Ethical Knowledge: Considered with Reference to Judgments on the Moral Worth of Character）。罗尔斯毕业后先在普林斯顿大学做助教（1950—1952年），并认识了到该校访问的牛津大学教授厄姆森（J. O. Urmson）。经厄姆森介绍，1952年获奖学金前往牛津大学访学一年，在那里他认识了著名政治哲学家和思想史家伯林（Isaiah Berlin）、著名法学家哈特（H. L. Hart）等人。1962年，罗尔斯41岁时进入哈佛大学哲学系任教，其后三十年不再变动，直到退休。在到哈佛后的前十年时间里，罗尔斯进入了一个相对高产的时期，他接连发表了一系列的论文。这些论文就大致构成了以后《正义论》主要章节的雏形。

《正义论》是罗尔斯最重要的著作，也是西方政治哲学中一个里程碑式的作品。著名思想家、罗尔斯的哈佛同事诺齐克这样评价《正义论》："《正义论》是自约翰·斯图亚特·密尔的著作以来所仅见的一部有力的、深刻的、精巧的、论述宽广和系统的政治和道德哲学著作。它把许多富于启发性的观念结合为一个精致迷人的整体。政治哲学家们现在必须要么在罗尔斯的理论框架内工作，要么解释不这样做的理由。"

在有关分配的正义问题上，西方有两个源远流长的传统，一是功利主义，一是契约主义。但长久以来，受到休谟、斯密、边沁和密尔支持的功利主义一直在西方的政治生活中居于领导地位,罗尔斯的目的就是继承洛克、卢梭、康德的契约论传统,并将它推向一个更高的抽象水平,以对抗和取代功利主义传统。在罗尔斯看来,正义的主要问题就是社会的基本结构,更准确地说,是社会主要制度分配基本权利和义务,决定由社会合作产生的利益之划分的方式。

罗尔斯正义原则的最终内容包括:

(1) 两个正义原则。第一个正义原则:每个人对与所有人拥有的充分恰当的、平等的基本自由体系相容的类似自由体系,都应有一种平等的权利(平等自由原则);第二个正义原则:社会的和经济的不平等应这样安排,使它们:① 在与正义的储存原则一致的情况下,适合于最少受惠者的最大利益(差别原则);② 依系于在机会公平平等的条件下职务和地位向所有人开放(机会均等原则)。

(2) 两个优先规则。由于罗尔斯提出的正义原则不是一个,而是两个,那么,两个原则之间孰先孰后呢?罗尔斯认为第一原则优先于第二原则,第二原则中的机会均等原则又优先于差别原则,于是得到两个优先规则。第一个优先规则(自由的优先性),两个正义原则应以词典式次序排列,因此,自由只能为了自由的缘故而被限制。这有两种情形:① 一种不够广泛的自由必须加强由所有人分享的完整自由体系;② 一种不够平等的自由必须可以为那些拥有较少自由的公民所接受。第二个优先规则(正义对效率和福利的优先),第二个正义原则以一种词典式次序优先于效率原则和最大限度地追求利益总额的原则,机会均等原则又优先于差别原则。这也有两种情形:① 一种机会的不平等必须扩展那些机会较少者的机会;② 一种过高的储存率必须最终减轻承受这一重负的人们的负担。

【阅读材料】5.4　法学上的事实判断与价值判断

自从英国哲学家休谟(David Hume,1711—1776)提出"事实"和"价值"的区分以来,事实判断和价值判断成为科学中一个重要的争论问题。日常生活中,人们对于法律问题的认识和审视,也离不开这两个方面。所谓事实判断,在法学上是用来指称对客观存在的法律原则、规则、制度等所进行的客观分析与判断。所谓价值判断,是指某一特定的客体对特定的主体的有无价值、有什么价值、有多大价值的判断。在法学上,意味着法律所拟订的原则、规则、制度等客体,人们必须从它们能否体现和满足人们的需要、能否有更为理想的标准存在等予以分析法律,从而涉及法律的应然状态和理性追求问题。两者的区别包括:(1) 判断的取向不同。由于法律的价值判断是作为主体的人所进行的相关判断,因而它以主体为取向标准,随主体的不同而呈现差异;事实判断则以现存的法律制度的真实情况作为判断的取向;(2) 判断的维度不同。法律上的价值判断,明显带有个人的印记,具有很强的主观性。而事实判断则要求尽可能地排除自己的情绪、情感、态度等主观因素;(3) 判断方法不同。价值判断是一种规范性判断,关注法律应当怎样(应然),事实判断是一种描述性判断,关注法律实际怎样(实然);(4) 判断的真伪不同。价值判断的真伪取决于主、客体之间的契合程度,事实判断的真伪主要在于其与客体的真实情况是否符合①。

第三节　法律在中国社会的地位和价值

一、法律的历史地位变迁

在古代中国,虽然每个朝代都制定和颁布一定的法律制度,但是总体说来,法律制度并不受到重视。秦汉后世,统治者一般都采取"德主刑辅"的治国方略,以道德教化为主,以法律强制为辅。董仲舒在《春秋繁露·王道通三》中说:"圣王已没而子孙长久,安宁数百岁,此皆礼乐教化之功也。"纪晓岚在《四库全书总目提要》中说:"刑为盛世所不尚,亦为盛世所不废。"这些说法代表了古代统治阶层对法律的看法,也说明法律在古代治国方略中的地位。普通民众对国家的正式法律制度也采取畏惧和敬而远之的态度,避讼厌讼。法律从业者的社会地位也非常低贱。

从19世纪中期开始,传统中国在东西方文明的相遇中发生了巨大的变化。起初,西方国家以坚船利炮和廉价商品(包括鸦片)打开中国的大门,继而西方的制度和理念冲击着中国传统的体制和文化。从清朝末年开始,中国进行了一百余年的法律革新,踏上了法制近代化的道路。

1901年,清政府在内外夹击之下被迫发布修律懿旨,次年设立修订法律馆,任命沈家本、伍廷芳为修订法律大臣,负责审订现行律例,在"参酌各国法律"的基础上,起草各部门法律草案。1906年,清廷宣布"仿行预备立宪",实行司法与行政分立,开始司法改革。同年11月,改刑部为法部,执掌全国司法行政;改大理寺为大理院,作为最高审判机关;取消都察院,在法部设总检察厅,作为最高检察机关。之后,清政府颁行了一系列的法律文件,如《大清新刑律》(1903年)、《破产律》(1906年)、《钦定宪法大纲》(1908年)、《法院编制法》(1910年)、《刑事诉讼律草案》和《民事诉讼律草案》(1910年)、《大清民律草案》(1911年)等。但是不久清王朝就灭亡了,上述法律或法律草案大多数被北洋军阀政府接受,加以实施。

1927年国民政府成立后,即宣布清末、北洋军阀政府的法律继续有效。但这些法律毕竟不能满足国民党统治的需要。1928年10月,按照孙中山先生的"五权宪法"思想建立立法院,开始大规模的立法工作。除立法院建立前就已制定的《中华民国刑法》和《中华民国政府组织法》外,又陆续制定和颁行了《训政纲领》(1928年)、《训政时期约法》(1931年)、《中华民国宪法》(1947年)、《中华民国民法》

---

① 摘自葛洪义主编:《法理学》,中国人民大学出版社2003年版,第三章"法的价值"。

(1929—1930年)、《中华民国刑法》(1935年)、《中华民国民事诉讼法》(1931年、1935年)、《中华民国刑事诉讼法》(1928年、1935年、1945年)、《中华民国法院组织法》(1932年)等法典和法规,建立了以德国、日本为蓝本的六法全书。

1949年2月,中共中央颁布《关于废除国民党的六法全书与确定解放区的司法原则的指示》,废除了国民党"六法全书"的法律效力。"六法全书"被国民党政府带到中国台湾,经过修改后继续适用。

中华人民共和国成立后,在20世纪50年代制定过宪法和少量的法律,在六七十年代法制工作基本上陷入停顿。1978年中国共产党十一届三中全会确定了关于加强社会主义民主和法制建设的方针,法治建设得以恢复。这次会议一方面确定把全国工作重点转移到以经济建设为中心的社会主义现代化建设上来,另一方面又把发展社会主义民主、健全社会主义法制作为国家的一项历史性的根本任务。明确提出:为了保障人民民主,必须加强社会主义法制,使民主制度化、法律化,使这种制度和法律具有稳定性、连续性和极大的权威,不因领导人的改变而改变,不因领导人的看法和注意力的改变而改变。做到有法可依,有法必依,执法必严,违法必究。在法律面前,人人平等。这是中国社会主义法制建设走上健康发展道路的一个历史性转折。

1978年至今,中国在发展社会主义民主、健全社会主义法制方面进行了坚持不懈的努力,取得了巨大的进展。1982年制定了新宪法,为健全社会主义法制奠定了基础。1999年第九届全国人民代表大会第二次会议通过宪法修正案,规定"中华人民共和国实行依法治国,建设社会主义法治国家"。全国人民代表大会常务委员会在《关于中华人民共和国宪法修正案(草案)的说明》中指出:"将'依法治国,建设社会主义法治国家'写进宪法,对于坚持依法治国的基本方略,不断健全社会主义法制,发展社会主义民主政治,促进经济体制改革和经济建设,具有重要的意义。"法治方略具有宪法效力,成为一项指导国家政治生活和社会生活的法定方针。从1979年到2005年底,除新宪法外,全国人民代表大会及其常务委员会制定的现行有效的法律、有关法律的决定和法律解释近300件。同一时期,国务院制定了近700件行政法规,省、自治区、直辖市制定了7500多件现行有效的地方性法规。以宪法为基础的中国特色社会主义法律体系已经基本形成。对于促进国家政治生活、经济生活、社会生活的民主化,保障和扩大人民的公民、政治权利和经济、社会、文化权利,发挥了巨大的作用。

经过了这一百多年的法律变革之后,法律在调整国家和社会生活中的作用得到了重视。引入了宪政制度及其观念,不管这种制度在实际运行中多么困难,但是宪法成了基本法律。初步建立了现代法律体系。古代诸法合体的形式不复存在,取而代之的是以宪法为核心的一系列法律部门:民法、刑法、行政法、经济法、社会法、各种诉讼法等。建立了司法与行政分立的现代法律实施体制,这一体制一般由专业机构和经过培训的专业法律工作者构成。引入了法律面前人人平等、意思自治、罪刑法定、尊重人权、司法独立等现代法律原则。法律也进入了普通人的生活,传统的避讼厌讼的法律心理有了很大程度的改变。

尽管现在法律制度发挥了很大的作用,但是我们也不能有法律万能论,以为无论什么问题只要制定法律和实施法律就可以解决。另外,在法治建设的过程中也必须处理好法制现代化与传统法律文化之间的关系。

二、法律在当代中国社会的价值问题

当代中国社会是城市和农村二元社会,农村社会与城市社会不仅存在差别,而且在某些方面是对立的。沿海和内地又构成另一个二元社会,它们在很多方面存在着差别。无论沿海还是内地,各地情况都有很大差别,地区之间发展不仅是不平衡,而且是多种多样的。中国社会正处在转型时期,社会变迁比较剧烈。有学者根据职业分工和资源的占有状况将中国的社会成员分为十个阶层:国家与社会管理者阶层(组织资源);经理人员阶层(文化或组织资源);私营企业主阶层(经济资源);专业技术人员阶层(文化资源);办事人员(少量文化或组织资源);个体人员(少量经济资源);商业服务业员工(很少量的三种资源);产业工人(很少量的三种资源);农业劳动者(很少量的三种资源);无业失业半失业者(基本没有三种资源)。又把社会成员分为五个社会等级:社会上层(包括高层领导干部、大企业经理人员、高级专业人员、大企业主)、中上层(包括中低层领导干部、大企业中层管理人员、中小企业经理人员、中等专业技术人员、中等企业主)、中中层(包括初级专业技术人员、小企业主、办事人员、个体工商户、中高级技工、农业经营大户)、中下层(包括个体劳动者、一般商业服务人员、工人、农民)、底层(包括生活处于贫困状态并缺乏就业保障的工人、农民和无业、失业、半失业者)①。

就全国范围内来看,社会结构基本上是金字塔形状,只有少数城市中的中层人数较多。上层和中上层人员掌握着较多的社会资源,成为强势群体,具有巨大的影响立法、司法的能力。贫富分化日趋严重,极少数富裕的人口与最大多数的人民在经济和生活水平上有越来越大的差距。不仅存在着绝对贫困,而且存在着相对贫困,有大量的刚刚达到温饱线、正挣扎在温饱线上下以及没有达到温饱线的人口。强势群体与弱势群体、富裕阶层和贫困阶层在空间距离和心理距离上正在拉大。在某些方面,官商在相互支持,相互结合,经济力量寻求政治力量的保障,政治力量谋求经济利益。传统的乡土社会正在解体,农民大量流入城市。国家法律与民间传统和习惯发生一定的冲突。社会道德形态多元化,失范行为非常普遍,社会和传统正在失去对于个人行为的控制力。社会结构中潜藏着不稳定的因素,容易引发

---

① 参见陆学艺主编:《当代中国社会阶层研究报告》,社会科学文献出版社2002年版,第7—23页。

社会动荡。社会成员中存在着深刻的价值观和道德意识的分裂,社会共识有日益破碎的倾向。

这些社会问题也是法律制度所要处理的价值问题。当代中国法律制度应当追求什么价值目标,如何协调不同价值目标之间的关系,又如何追求这些价值,成为社会公众关注的焦点,也需要法律工作者的深思。

【阅读材料】5.5 法律在传统中国社会中的作用

提示:1983年10月,中国著名法律史学家瞿同祖先生在香港大学作了题为"法律在中国社会中的作用——历史的考察"的学术演讲。他从三方面来讨论法律在中国传统社会中究竟占什么地位:(一)统治者心目中的法律;(二)法律与人民生活;(三)法律职业。以下摘录文章的要点:

法律的儒家化对中国法律的意义和影响有:(1)法律极端重视礼,礼成为法律的重要组成部分;(2)法律的作用在于刑罚,法家主张严刑重罚,达到"以刑去刑"的目的;(3)法律的目的在于维持政治、社会秩序,主要是维护君权,巩固中央集权的专制主义,维护父权和夫权,维护家族主义;(4)重视身份和纲常名教,强调义务与责任,而不是个人的权利;(5)法律强调特殊主义,而不是普遍主义(particularism vs. universalism);(6)重视身份的差别,法律的发展必然趋向于具体化;(7)国家根据犯人身份(家族内及社会上的)及犯罪的具体情况而制定了不同的条文。

【作业题】

1. 简述法律的规范作用与社会作用的不同点。
2. 你认为法律制度应当追求哪些价值目标?
3. 单项选择题(2005年司法考试试题):

出租车司机甲送孕妇乙去医院,途中乙临产,情形危急。为争取时间,甲将车开至非机动车道掉头,被交警拦截并被告知罚款。经甲解释,交警对甲未予处罚且为其开警车引道,将乙及时送至医院。对此事件,下列哪一项表述是正确的?( )

A. 在此交通违章的处理中,交警主要使用了形式逻辑的推理方法
B. 警察对违章与否的解释属于"行政解释"
C. 在此事件的认定中,交警进行了法的价值判断
D. 此事件所反映出的价值之间没有冲突

【进一步的思考】制度化的意义:化悲痛为法律

提示:当中国人遭到权利被侵犯的时候,一般会怎样行为?法律作为制度化

的力量,在现代社会中起到什么样的作用?读了这篇文章,你对法律的作用有什么感想?

  位于剑桥城南的爱丁布鲁克医院在英国大名鼎鼎。或许是因为与剑桥大学医学院的紧密联系,该医院不论是医术水平还是护理态度在英国都是首屈一指的。因此,眼前突然见到医院门前来了一群抗议的中年妇女,着实让人大吃一惊。这些妇女,年龄、背景各异,但都曾遭遇过共同的不幸,那就是20多年前她们的新生儿在呱呱落地不久就夭折了。爱丁布鲁克医院当然为抢救婴儿尽了最大的努力,因此心碎的父母最后还是平静地掩埋了这些夭折的小生命。然而,最近人们偶然从档案中发现,爱丁布鲁克医院曾将死婴的病变器官取出做医学实验。这一消息顿时引起大哗。那些20年前曾经承受不幸的父母,感到自己的亲人再一次被夺走。悲痛之下,她们互相联系,一起来到爱丁布鲁克医院抗议。然而,她们所进行的并不仅仅是抗议。在与院方举行的会面中,这些妇女并没有纠缠于金钱赔偿,而是执著地表达她们的强烈愿望:修改法律,完善对人体器官的权利保护。这些母亲深知医学研究的重要性,事实上,她们中就有一些人签下了死后捐献角膜或其他器官的誓约。但是,医院未经她们的允许而擅自取走死婴的病变器官,不仅是对她们的感情伤害,更是对死者权利的侵犯。而此前,英国法律没有明确的规定。因此,她们联合起来,致力于推动相关法律的颁布,避免这样的事情再次发生。真不能小看这些家庭妇女的能量。当天,包括BBC在内的英国主要媒体都报道了发生在爱丁布鲁克医院门前的这一幕,以及她们对制定相关法律的呼吁。此后,爱丁布鲁克医院又恢复了往日的宁静,再也没有见到这些母亲们的身影。但是,每个人都知道,这一股推动立法的力量就像暗流涌动,不时会在市政选举或者慈善集会中冒出来,并最终在议会大厦涤荡出一种新的秩序。作为一个法律学者,我常常感叹于英国人以改变法律来寄托哀思的方式。当人们在一场不幸中失去亲人,如果这种不幸是可以通过制度的改进来消除或者减少的话,一个普通的英国人就会自觉地承担起推动立法或者制度改进的责任,只为了避免其他人再遭受同样的痛苦。爱丁布鲁克医院的故事只是最近发生在身边的一个例子。一个月前,电视里还报道了剑桥郡一个农场主呼吁提高酒后驾车的法律责任的新闻。这个农场主19岁的独生子参加同学的生日聚会,因同学酒后驾车发生事故而不幸身亡。悲痛欲绝的父亲在掩埋了儿子的尸体后,踏上了寻求改变法律的漫漫征程。说其"漫漫",是因为这位父亲所主张的不仅是提高酒后驾车出事故者的法律责任,更扩展到酒后搭载其他乘客也同样需要承担严格的法律责任。可以想见,短期内法律肯定不会按照他的愿望来修改。尽管如此,人们依然对这位父亲投以敬佩的目光,因为他所做的已经超越了个人哀思,而是追求对他人生命的更大程度的保障。在国人眼中,法律恐怕只是一种外来的约束,立法似乎与普通百姓没有什么联系。处于不幸之中的人们更难以在经济赔偿与精神抚慰之外,寻求法律的完善。事实上,法律本来就是个人社会生活的准绳,维系着我们的生命、安全和权利。当每个公民都怀着强烈的信念烈焰来锻铸法律的时候,法律就不再是一股异己的绳索,而成为我们自己掌握的对生命与权利的保障①。

【本章阅读篇目】

1. [英]彼得·斯坦、约翰·香德著:《西方社会的法律价值》,王献平译,中国法制出版社2004年版。

2. [美]罗尔斯著:《正义论》,何怀宏等译,中国社会科学出版社1988年版,第一、二、三章。

3.《德沃金教授复旦讲学纪要》,法律思想网,http://law-thinker.com/show.asp?id=1994。

4. 瞿同祖:《法律在中国社会中的作用:历史的考察》,法律史学术网,http://www.legal-history.net/articleshow.asp?id=178。

---

① 摘自刘燕:"化悲痛为力量",载《读者》2002年第1期。

第六章 立法原理和制度

本章导读

作为人类自我调整和约束的一项活动,立法可谓是人类文明的一大特色。德国法学家萨维尼说过,当社会秩序的自发产生过程不再有效地进行时,立法机构的设立就成为必要。现代社会,随着人类对法律调整的依赖性的日益增强,法律数量急剧上升,国家的立法机关便成为一种规模化生产法律的机器。然而,这个机器可不一般,它关乎我们每个人的命运,关乎市民社会中大大小小的利益分配。本章帮助你了解现代社会中这个至关重要的机器,告诉你它是(应当)如何设立以及是(应当)如何运作的。

第一节 立法和立法权

一、立法的概念

"立法"一词,早见于中外古代典籍。《商君·更权》中记载:"伏羲、神农教而不诛,黄帝、尧、舜诛而不怒,及至文、武,各当时立法,因事制礼。"西汉司马迁所著《史记·律书》也提到"王者制事立法",《汉书·刑法志》有"立法设刑"的记录。中国古籍中的这些"立法"用语,主要是指制定刑事规范和措施,以便统治者对社会进行有效控制。在古代西方,古希腊、罗马思想家对立法问题也有各种阐释。他们侧重于探讨立法权,所述立法的含义比较广泛。

当代西方学者关于立法概念的界说主要有两种:一是过程和结果说。认为立法既指制定或变动法律的过程,又指在立法过程中产生的结果,即所制定的法律本身。二是活动性质和活动结果说。认为立法不同于司法和行政的活动,是一种制定和变动法律的活动,同时又意味着这种活动的结果,而该结果与司法决定显然存在差异。

在中国,有关立法概念的解释中,较普遍的观点有广义和狭义两种。广义的解说认为,立法是指从中央到地方一切国家机关制定和变动各种规范性文件的活动。狭义的观点认为,立法是指最高国家权力机关及其常设机关制定和变动法律这种特定规范性文件的活动。显然,两种释义的分歧主要在于对法律概念的理解。

要确定一般的立法概念,需要全面把握立法的内涵和外延,揭示出可以反映各种立法共同特征的、适合于说明各种立法而不只是某些立法的定义。基于这一思路,我们对立法概念界定如下:立法是由特定主体,依据一定职权和程序,运用一定技术,制定、认可或变动具有法律意义的规范性文件的活动。根据这一界定,立法的特征有如下几点:

1. 立法是由特定主体进行的活动

立法是以国家的名义进行的,但不是所有国家机关都有权立法,只有特定国家机关亦即有权立法的主体才能立法。一个国家中哪些机关有权立法,主要取决于国家的性质、组织形式、立法体制和其他国情因素。在现代各国,议会(代表机关)以及它们授权的国家机关可以称为有权立法的主体;在君主独掌立法权的专制制度下,专制君主则是最主要的立法主体。立法所以要由特定的主体进行,根本原因在于立法活动在国家的各种活动中,是最重要的活动之一,关系到国家能否产生出为维护自己统治而需要的社会规范。立法的问题,也直接关系到国计民生。这样重要的问题,只有交由特定的主体处理,才能保证大权不至于旁落,也才可能处理得好。

2. 立法是依据一定职权进行的活动

有权立法的主体不能随便立法,而要依据一定职权立法:(1)就自己享有的特定级别或层次的立法权立法。例如,只能享有地方立法权的主体便不能行使国家立法权。(2)就自己享有的特定种类的立法权立法。例如,只能制定行政法规的主体便不能制定法律。(3)就自己所行使的立法权的完整性、独立性立法。例如,只能行使法律提案权的主体,便不能就制定该种法律行使审议权、表决权和公布权。(4)就自己所能调整和应当调整的事项立法。例如,只能就一般事项立法的主体,便不能就重大事项立法;应当就一定事项立法的主体,便不能不就这些事项立法。立法主体不依自己的立法职权立法,就可能超越或滥用职权,或不努力行使自己应当行使的职权,就会生出诸多弊端。

3. 立法是依据一定程序进行的活动

现代立法一般经过立法准备、由法案到法和立法完善诸阶段。其中由法案到法的阶段,一般都经过法案提出、审议、表决和法的公布诸道程序。在特殊情况下可以有特殊程序。古代立法似乎是随便进行的,但实际上也有自己的程序。在实行民主、共和政体的古代国家,立法要遵循一定的程序自不必说,即使在君主"言出法随"的专制国家,立法一般也都有问题的提出、处理和法的形成过程,这个过程通常总要按常例进行,这种常例便是立法程序。立法依据一定程序进行,才能保证立法具有严肃性、权威性和稳定性。

4. 立法是运用一定技术进行的活动

要使所立的法律能有效地发挥作用,必须重视立法技术。明智的立法者一般都能比较自觉地重视立法技术。不重视立法技术,立法就缺乏科学性,就会有许多弊端,立法的目的就难以实现。随着法学的发展特别是立法科学的发展,立法技术将会成为立法者和法学家更加重视的问题,那种不讲立法技术、所立的法漏洞百出的情况,将会愈益少见。立法技术在不同时代和国情之下有很大差别,但就其基本含义来说,是指一定的立法主体在立法的过程中所采取的如何使所立的法臻于完善的技术性规则,或是制定和变动规范性法律文件活动中的操作技巧和方法。

二、立法权概述

(一)立法权的概念

立法权是由特定国家机关行使的,在国家权力体系中占据特殊地位的,用来制定、认可或变动法的综合性权力体系。立法权的基本特征是:

1. 从立法权的内部结构来看,立法权是一种综合性的权力体系。它不是一种单一的权力,而是由多种级别、类别,多种内容、形式,多种结构的具体立法权力所构成的权力体系,如除法律制定权以外,还包括通常由立法机关行使的监督权、质询权、弹劾权、调查权、任免权,等等。

2. 从立法权的外部关系来看,国家权力由立法权、司法权、行政权等组成,立法权是国家权力体系的一个组成部分,是国家权力体系这个大系统中的一个子系统。

3. 从立法权的性质、地位和作用来看,立法权是国家和社会的决定权或议决权,关系到国家和社会生活中的普遍性、根本性的问题及其处理和解决方式。因此,立法权不是一般的权力,而是最重要的权力,在国家的权力体系中占有最重要的地位。

4. 从立法权的目的和结果来看,立法权是为了用法律来调整社会关系而制定、认可和变动法的权力。立法权的行使以产生和变动法为直接目的,以调整一定社会关系为根本目的。

5. 从立法权的主体来看,立法权是特定的主体行使的权力。这是由立法权的特殊性质、作用和地位决定的。拥有立法权的只能是重要的、特定的机关,而非一般的国家机关。现代社会,拥有重要立法权的机关一般是宪法和宪法性法律明确规定的代议制机关。

（二）立法权在国家权力体系中的地位

立法权是一种非常重要的国家权力,在国家权力体系中处于非常重要的或最高的地位,这是民主法治国家立法权的必然的地位。因为,在民主法治国家,国家权力属于人民。人民是通过代议制机关行使权力,并将自己的意志和需要以立法的形式固定下来。这就使得立法权成为国家权力体系中的最根本的权力,是最高的国家权力。亚里士多德说:"议事机能具有最高权力。"①英国思想家洛克认为:人们参加社会的重大目的是和平安全地享受他们的财产,而达到这个目的的重大工具和手段是那个社会所制定的法,所以,所有国家的最初的和基本的明文法就是关于立法权的建立。这个立法权是神圣的、不可变更的。如果没有得到公众所选举和委派的立法机关的批准,任何人的任何命令无论采取什么形式和以何种权力作后盾,都不具有法律的效力和强制性②。卢梭、罗伯斯庇尔、康德等人也认为立法权是国家的最高权力,卢梭还把立法权比作"国家的心脏",认为"国家的生存绝不是依靠法律,而是依靠立法权"③。

（三）有关立法权的基本学说

关于立法权及其与相关国家权力关系的探讨是西方政治法律学说的核心。一定意义上讲,国家权力理论的提出和发展,不仅反映了人类对国家权力这一社会历史现象的认识,而且还深刻地影响了人类自身的命运。

早在古希腊,亚里士多德认为,一切政体都有三个基本要素:议事机能、行政机能和审判机能④。这种政体职能划分理论为分权学说提供了思想渊源。到了17世纪,洛克提出了立法权、行政权和对外权分离的思想,认为立法权是受人民委托的,由立法机关行使的创造法律的权力,它具有最高性和不可变更性,其目的在于保障社会及其成员的权利⑤。洛克的权力分立理论把立法权从国家权力体系中相对分离出来,为分权学说的发展奠定了理论基础。孟德斯鸠在发展洛克权力分立理论的基础上,提出了三权分立的学说,认为国家权力由立法权、行政权和司法权组成,行使这三种权力的不同国家机关应当相互制约,保持权力的相对平衡。立法权是最高权力,优于行政权与司法权,"在一个自由的国家里,每个人都被认为具有自由精神,都应该由自己统治自己,所以立法权应由人民集体行使"⑥。孟德斯鸠

---

① [古希腊]亚里士多德:《政治学》,吴寿彭译,商务印书馆1983年重印本,第215页。
② [英]洛克著:《政府论》(下),瞿菊农、叶启芳译,商务印书馆1986年版,第82页。
③ [法]卢梭著:《社会契约论》,何兆武译,商务印书馆1982年重印本,第109页。
④ 参见[古希腊]亚里士多德著:《政治学》,吴寿彭译,商务印书馆1963年版,第214—215页。
⑤ 参见[英]洛克著:《政府论》(下),瞿菊农、叶启芳译,商务印书馆1986年版,第88—89页。
⑥ [法]孟德斯鸠著:《论法的精神》,张雁深译,商务印书馆1982年版,第158页。

还表明了将立法权从国家权力中分离出来的动机:"当立法权和行政权集中在同一个人或同一个机关之手,自由便不复存在了;因为人们都害怕这个国王或议会制定暴虐的法律,并暴虐地执行这些法律……"①众所周知,孟德斯鸠的分权学说成为以后西方各国民主和宪政的理论基础。

受分权学说的影响,中国革命的先驱者孙中山先生提出了"五权宪法"理论,他将国家权力分为立法权、行政权、司法权、考试权和监察权,立法权是与其他四种权力相对的一种国家权力。1949 年中华人民共和国成立以后,为了便于人民民主专政,中国实行"议行合一"的政治制度,也就是由国家最高权力机关行使立法权,同时,行使行政权、司法权的机关由立法机关产生,并对其负责。可以看出,尽管我们排斥西方的"三权分立"理论,但在国家权力职能的分配上,还是遵循不同的国家权力,应当交由不同机构行使的基本原则。

【阅读材料】6.1 洛克:论立法权的范围(节录)

提示:用英国哲学家罗素的话来说,约翰·洛克(1632—1704)是一切革命当中最温和又最成功的 1688 年英国革命的倡导者。这个革命的目的虽然有限,可是目的都完全达到了。洛克忠实地表达出这个革命的精神,他的思想为后世许多最有魄力与威望的政治家和哲学家们所奉从。他的政治学说,通过孟德斯鸠的发展,已经深深地印记在美国宪法、法国宪法以及世界上其他尊奉民主和法治国家的宪法上。

"既然人们参加社会的重大目的是和平地和安全地享受他们的各种财产,而达到这个目的的重大工具和手段是那个社会所制定的法律,因此所有国家的最初的和基本的明文法就是关于立法权的建立;正如甚至可以支配立法权本身的最初的和基本的自然法,其目的就是为了保护社会以及(在与公众福利相符的限度内)其中的每一成员。这个立法权不仅是国家的最高权力,而且当共同体一旦把它交给某些人时,它便是神圣的和不可变更的;如果没有得到公众所选举和委派的立法机关的批准,任何人的任何命令,无论采取什么形式或以任何权力做后盾,都不能具有法律效力和强制性。因为如果没有这个最高权力,法律就不能具有其成为法律所绝对必需的条件,即社会的同意。

立法权,不论属于一个人或较多的人,不论经常或定期存在,是每一个国家中的最高权力,但是,第一,它对于人民的生命和财产不是、并且也不可能是绝对地专断的。因为,既然它只是社会的各个成员交给作为立法者的那个个人或议会的联合权力,它就不能多于那些参加社会以前处在自然状态中的人们曾享有的和放弃给社会的权力;因为,没有人能把多于他自己所享有的权力转让给别

---

① [法]孟德斯鸠著:《论法的精神》,张雁深译,商务印书馆 1982 年版,第 152 页。

人;也没有人享有对于自己或其他人的一种绝对的专断权力,用来毁灭自己的生命或夺去另一个人的生命或财产。……第二,立法或最高权力机关不能揽有权力,以临时的专断命令来进行统治,而是必须以颁布过的经常有效的法律并由有资格的著名法官来执行司法和判断臣民的权利。因为,既然自然法是不成文的,除在人们的意识中之外无处可找,如果没有专职的法官,人们由于情欲或利害关系,便会错误地加以引证或应用而不容易承认自己的错误。……第三,最高权力,未经本人同意,不能取去任何人的财产的任何部分。因为,既然保护财产是政府的目的,也是人们加入社会的目的,这就必然假定而且要求人民应该享有财产权,否则就必须假定他们因参加社会而丧失了作为他们加入社会的目的的东西;这种十分悖理的事是无论何人也不会承认的。……第四,立法机关不能把制定法律的权力转让给任何他人;因为既然它只是得自人民的一种委托权力,享有这种权力的人就不能把它让给他人。"①

第二节 立法制度和立法体制

一、立法制度的概念

立法制度是立法活动、立法过程所须遵循的各种实体性准则的总称,是国家法制的重要组成部分。

立法制度是国家法制整体中前提性、基础性的组成部分。没有好的立法制度,便难以产生好的法律、法规、规章和其他规范性文件,因而再好的执法、司法制度也不能发挥有效的作用,实现法治或建设现代法治国家便无从谈起。

立法制度的状况是国家法制状况的更直接、更明显的标志。从结构的角度看,有没有健全的立法制度,直接反映出一国法制健全与否。从民主的角度看,立法权是否属于人民,立法机关是否由民意产生,立法程序或立法过程是否民主、是否有透明度,都直接和明显地反映出一国法制的民主化程度。从法律的特色的角度看,立法机关所立之法在国家法的渊源体系中居于何种地位,其他国家机关对法的渊源的作用程度如何,是当今民法法系与普通法法系各具特色的一个重要分野。

立法制度有成文和不成文两种形式。成文立法制度是国家通过制定法形式确定的立法活动、立法过程所须遵循的各种准则。不成文立法制度是立法活动、立法过程实际上所须遵循但并没有以制定法形式确定的各种准则,包括习惯、判例以及未体现在规范性法律文件中的各种潜规则。一般来说,一国立法制度的成文化程

---

① 摘自[英]洛克著:《政府论》(下)第十一章:论立法权的范围,瞿菊农、叶启芳译,商务印书馆1964年版。

度与该国整个法制和法治的发达程度成正比。现代立法制度主要是成文制度,许多国家不仅在宪法和宪法性法律中对立法制度作出规定,还有关于立法制度的专门立法。

现代立法制度主要由下列制度所构成:其一,关于立法体制的制度;其二,关于立法主体的制度;其三,关于立法权的制度;其四,关于立法运作的制度;其五,关于立法监督的制度;其六,立法与有关方面关系的制度。在上述立法制度中,立法体制,尤其是立法权限划分的体制,是中国法理学讨论较多的一项制度。

二、立法体制释义

立法体制是关于立法权配置方面的组织制度,其核心是立法权限的划分问题,即在一个国家中,哪些主体享有立法权可以参加立法,各立法主体在立法活动中享有哪些立法权限等制度。

立法体制的形成,是一个国家的历史传统、国家性质、国家形式、国家结构形式等多种因素综合作用的结果。不同的历史传统和政治体制的国家,其立法体制不尽相同。从世界范围来看,各国的立法体制呈现多样性的特征。归纳起来,主要有单一的立法体制、复合的立法体制、制衡的立法体制以及若干特殊的立法体制四种。

1. 单一的立法体制

单一的立法体制是指立法权由一个政权机关甚至一个人行使的立法体制。包括单一的一级立法体制和单一的两级立法体制。单一的一级立法体制,不仅指立法权由中央一级的政权机关行使,也指由一个而不是由几个中央政权机关行使。实行单一的一级立法体制的国家较多。单一的两级立法体制主要指中央和地方两级立法权各自由一个而不是由两个或几个机关行使。实行单一的两级立法体制的国家主要是实行共和政体的一些联邦制国家,也有少数单一制国家。

2. 复合的立法体制

复合的立法体制是指立法权由两个或两个以上的政权机关共同行使的立法体制。实行这种立法体制的国家一般是复合制国家。由于这些国家的立法权由两个以上的中央政权机关行使,它们的立法体制实际上是复合的一级立法体制。实行这种立法体制的国家较少。

3. 制衡的立法体制

制衡的立法体制是建立在立法、行政、司法三权既相互独立又相互制约的原则基础上的立法体制。实行制衡这种立法体制的国家,立法职能原则上属于议会,但行政机关的首脑,如作为国家元首的总统,有权对议会的立法活动施以重大影响,甚至直接参与行使立法权。例如,总统有权批准或颁布法律,有权要求将法律草案提交公民投票,有权要求议会对某项法律重新审议,甚至有权否决议会立法或解散议会。制衡的立法体制中的总统对立法的作用,远远大于其他立法体制中总统对立法的作用,他们在立法中的权力来源于宪法或宪政制度,不属于议会立法权范畴。在许多实行制衡的立法体制的国家,司法机关也对立法起制衡作用,这些国家的宪法法院或高级法院有权通过审判,宣布议会某一立法或某一法律条文因违反宪法而无效。

4. 其他立法体制

除上述三种主要立法体制外,还有其他一些特殊的立法体制,这些立法体制都是特殊国情的产物。苏联和南斯拉夫实行的就不是简单的中央与地方分权的两级立法体制,而是多级的特殊的立法体制。又如,安道尔的立法体制也有特殊性。安道尔由邻邦西班牙教区的乌尔盖主教和法国政府首脑共同进行统治,没有立法机关,包括立法权在内的国家权力由两个共同统治者各自任命的两名常设代表代为行使。

三、中国的立法体制

同当今世界普遍存在的单一的立法体制、复合的立法体制、制衡的立法体制相比,中国现行立法体制独具特色。其一,立法权不是由一个政权机关或一个人行使,因而不属于单一的立法体制。其二,立法权由两个以上的政权机关行使。即中国存在多种立法权,如国家立法权、行政法规立法权、地方性法规立法权,它们分别由不同的政权机关行使。由于它不是同一个立法权由几个政权机关行使,因而也不属于复合的立法体制。其三,中国立法体制也不是制衡的立法体制,并不建立在立法、行政、司法三权既相互分立又相互制约的原则基础上。国家主席和政府总理都产生于全国人民代表大会;国家主席是根据全国人民代表大会的决定公布法律;总理不存在批准或否决全国人民代表大会立法的权力;行政法规不得与法律相抵触;地方性法规不得与法律和行政法规相抵触;全国人民代表大会有权撤销与其所制定的法律相抵触的行政法规和地方性法规,这些只表明中国立法体制内部的从属关系、统一关系、监督关系,不表明制衡关系。

我国法学界通常将中国特色的立法体制概括为"一元、两级、多层次、多类别"的立法体制。

所谓"一元、两级"是指根据宪法,我国是单一制的统一的多民族国家,我国的立法体制也是单一的。具体来说,国家立法权属于中央,即国家立法权——立宪权和立法律(狭义)权只能由最高国家权力机关及其常设机关行使。国务院制定的行政法规、地方立法机关制定的地方性法规都不得与宪法、法律相抵触。虽然自治法规可以有与宪法、法律不完全一致的例外规定,但制定自治法规作为一种自治权必须依照宪法、民族区域自治法和立法法所规定的权限行使,并须报全国人民代表大会常务委员会批准或备案。这些制度实质上确保了国家范围内只存在一个统一的法律体系。同时,中国还实行中央统一领导和地方适当分权的治理制度,在立法体制上存在中央和地方两个立法权等级。中央立法权起主导作用,地方立法权则是为了执行和补充国家立法而行使,是中央"一元"性质的立法权的进一步具体化。

中央和地方立法权限的划分还通过多层次和多类别两个特征进一步表现出来。

所谓"多层次",是指全国人民代表大会及其常务委员会制定国家法律,国务院及其所属部门分别制定行政法规和部门规章,一般地方的有关国家权力机关和政府制定地方性法规和地方政府规章。全国人民代表大会及其常务委员会、国务院及其所属部门、一般地方的有关国家权力机关和政府在立法上以及在它们所立的规范性法文件的效力上有着级别之差,但这些不同级别的立法和规范性法文件并存于现行中国立法体制中。

所谓"多类别"是指上述立法及其所制定的规范性法文件,同民族自治地方的立法及其所制定的自治法规,以及经济特区和港澳特别行政区的立法及其所制定的规范性法文件,在类别上有差别。之所以要在"中央统一领导(一元)"、"分权(两级)"和"多级(多层次)"的提法之外,又使用"多类"的提法,是因为仅用"统一领导"、"多级(多层次)"的提法不能概括现行中国立法体制的全部主要特征。因为:第一,自治法规(自治条例、单行条例)和港澳特区的法律既属地方规范性法文件范畴,又不同于地方性法规和地方政府规章,在立法上把它们划入同等级别未必妥当;第二,在法的效力上,行政法规一般能在全国有效,而自治立法和特区立法产生的规范性文件不能在全国有效,因此行政法规比后两者高一级;但自治立法和特区立法产生的规范性文件并不需要像一般地方性法规那样必须以行政法规为依据,在这一点上又不能说它们比行政法规低一级;但如果把它们看成与行政法规平级或在级别上高于地方性法规,显然也不妥。鉴于这些原因,有必要使用"类"的概念。

中国实行现行的立法体制有深刻的国情根据。首先,中国是中国共产党领导的国家,法律是中国共产党领导下的人民意志的反映,因此,由中国共产党主导国家的最高权力机关全国人民代表大会及其常务委员会行使国家立法权,统一领导全国立法,制定、变动反映国家和社会的基本制度、基本关系的法律,有利于政治代表者——中国共产党对整个社会的有效治理。其次,中国幅员辽阔,人口众多,各地区、各民族经济、文化发展很不平衡,不可能单靠国家立法来解决各地复杂的问题,许多情况国家立法难以具体规定,因此,要适应国情需要,除了要用国家立法作为统一标准解决国家基本问题外,还有必要在立法上实行一定程度的分权,让有关方面分别制定行政法规、地方性法规、自治法规和特区规范性法文件等。这种做法,也有利于调动地方或其他组织的积极性。再次,推行现有的立法体制也与1949年新中国成立以后的经验教训和中国的政治历史传统有关。

【阅读材料】6.2　授权立法和自主立法

提示：随着社会的发展，传统的立法和立法权已经或正在发生新的变化，最为典型的是授权立法的蓬勃兴起，所谓授权立法是指拥有立法权力的机关在一定情况下，通过一定形式将本权授予其他机关或组织，由这些机关或组织在一定条件下行使。在有的学者看来，甚至还存在另一种更宽泛的立法形式，即自主立法。以下摘录博登海默所著的《法理学——法哲学及其方法》一书第七十节："授权立法与自主立法"，供读者思考。

在一个高度发达的现代国家，立法机关所面临的任务是如此之多样和如此之复杂，乃至如果不给这种机关加上过重负担和极度的紧张，这些任务中的细节与技术细节就无法完成。再者，在专门的政府管理领域中，有些立法活动要求对存在于该特殊领域中的组织问题与技术问题完全熟悉，以至由一些专家来处理这些问题要适当得多。由于诸如此类的原因，在现代立法机关常常将一些立法职能授予政府的行政机关、一个局或一个委员会或国家最高行政长官。一个立法机关将某些立法任务授予司法机关也是可能的。例如，在美国，国会委托美国最高法院承担制定供联邦地区法院使用的程序规则的任务，在许多州的立法机关也通过了同样的授权法案。近几十年来，美国国会一直广泛地将立法权力授予美国总统和各种行政管理机关。

……

必须把授权立法同自主立法区别开来，即使这两种立法类型间的界限有时会变得模糊不清。所谓自主，我们乃是指个人或组织制定法律或采取与法律性质基本相似的规则的权力，而不是指官方的这种权力。古罗马的一家之长曾被赋予可以为其家庭成员与奴隶制定法律的广泛权力。……在中世纪，罗马天主教会享有高度的立法权，甚至在某一时期，罗马天主教会的独立与主权曾可以同世俗国家的独立与主权相抗衡，甚或超过了后者的权力……另外，私有企业和其他公司在今天拥有颁布有关调整公司内部关系的公司章程与规则的权力，而且法院也常常承认这些章程与规则可以决定该公司成员的权利与义务。……

在当今社会中仍存在或可能存在着这种自主立法的空间，这种状况源于这样一个事实，即使是一个拥有大量立法权力的国家，也无力制定出有关每一件事与每一个人的法律。政府法律仍留下了大量的真空领域，而这些领域则必须或能够通过私有或半私有的立法权力的行使而得以填补。

【阅读材料】6.3　拥有立法权的"较大的市"

在我国城市系列中，有中央政府直辖市、省会城市、特区城市、设区城市（地级市）和县级市等5个类别。另外，还有国务院特批的经济计划单列城市（副省级城市，目前有十多个），其中既有部分省会城市，又有部分非省会城市。而"较大的市"

是一个法律概念,是指除直辖市以外有立法权的城市,包括省会城市、特区城市和国务院特批的设区城市。

《立法法》对"较大的市"作了明确的规定,即(1)省(自治区)人民政府所在地的市;(2)经济特区所在地的市;(3)经国务院批准的其他城市。这三类城市的人民代表大会及其常务委员会根据本地的具体情况和实际需要,在不同宪法、法律、行政法规和本省(区)的地方性法规相抵触的前提下可以制定地方性法规,报省(自治区)人民代表大会常务委员会批准后施行;其政府可以根据法律、法规和地方性法规,制定规章。在《立法法》制定以前,较大的市仅特指上述第三类城市,它由国务院根据省(区)人民政府的请求而个别批准确认,从而授予这些城市地方立法权。第一类城市的立法权早已在《地方各级人民代表大会和地方各级人民政府组织法》中确定,第二类城市则由全国人大专门授权而享有立法权(从1992年到1996年已先后向深圳、厦门、珠海、汕头四个特区授权)。

目前,我国的"较大的市"有49个,其中省会城市27个、经济特区城市4个、国务院批准的其他城市18个。国务院先后4次批准19个城市为"较大的市"(其中重庆于1997年3月升格为直辖市):1984年10月批准唐山、大同、包头、大连、鞍山、抚顺、吉林、齐齐哈尔、青岛、无锡、淮南、洛阳、重庆共13个市;1988年3月批准宁波市;1992年7月批准淄博、邯郸、本溪市;1993年4月批准苏州、徐州市。可见,"较大的市"并不单是就城市规模而言,温州、泉州等城市在城市面积、人口、经济总量等方面早就超过了上述许多较大的市,但至今未被批准为"较大的市";较大的市与计划单列市也不是同一概念,目前非省会的"较大的市"中只有大连、青岛、宁波为副省级计划单列市。

成为"较大的市"除了可以提升城市的规模和影响力以外,还具有重要的法律意义:"较大的市"的地方人民代表大会可以制定一些适应地方经济发展的规范性文件,以规范市场经济秩序,从而可以营造良好的区域性的法制环境。另外,"较大的市"的政府规章在其执行的效力,以及接受行政复议和行政诉讼的审查方面,也与一般城市存在差异,享有更多的特权。

第三节 立法程序和立法技术

一、立法程序释义

立法程序,通常是指一定的国家机关制定、修改和废除规范性法律文件的法定步骤和方式。根据这一释义,立法程序具有三个明显的特征:第一,立法程序是通过法律形式确定的程序,即立法程序是由法律规定的,只有以法律形式确定的程序才对立法活动具有约束力;第二,立法程序的主要内容是法律规定的立法方式和步骤,除法定的方式和步骤以外的其他活动程序不能成为立法程序的内容;第三,立法程序是立法活动必须采取的方式和步骤,是法定的,立法活动必须按照这个法定的方式和步骤进行,否则,就是违法的行为,其制定出的规范性文件在法律上应归于无效。

现代世界各国,立法程序一般都在宪法或其他法律中予以明确规定,有些国家虽然没有明确规定立法程序,但它们的立法程序是以习惯法或判例法的形式存在的。在我国,根据多年的立法实践经验,基本上形成了适合中国国情的立法程序,特别是近几年来,立法程序已逐步走向制度化、法律化的轨道。1987年1月24日六届全国人民代表大会常务委员会第23次会议通过《全国人民代表大会议事规则》,其中明确规定了法律草案的拟定、提出、审议、讨论、表决和公布的具体程序和原则等。2000年3月15日第九届全国人民代表大会制定了《立法法》,国务院和地方人民代表大会也根据《立法法》的有关规定制定了行政法规和地方性法规的程序规则,以进一步完善立法程序,从而使立法程序进一步制度化、法律化。这是建设社会主义法治国家的必然要求,也是一个国家文明、民主和法制建设发展水平的标志之一。首先,它表明一个国家决策的民主化、科学化和法律化程度;其次,它对立法的民主化、科学化、法律化具有重要的保障作用,能有效地避免立法的随意性;最后,立法程序对于保证法律的连续性、稳定性和权威性,对于立法质量的提高和法律实际效用的发挥都有重要的作用。

二、立法的基本程序

立法作为一项决策活动,是一项严肃、复杂的系统工程,整个立法活动必然要经过一系列法律规定的步骤和环节。世界各国由于国情的不同,法律的传统、形式以及法律产生的方式也不尽相同。以中国全国人民代表大会及其常务委员会的立法程序为例,立法的基本程序主要有:法律案的提出、法律草案的审议、法律草案的表决和通过、法律的公布四个步骤。这四个步骤紧密相联,环环相扣,缺一不可。

(一)法律案的提出

法律案的提出是指有立法提案权的机关或个人,向立法机关提出关于制定、修改、废止某项法律的提案或建议。提出的法律案的好坏关系到该立法案是否能够迅速进入立法程序,事实上也关系到今后的立法质量问题。因此,在提出法律案以前的立法准备阶段,应当广泛地调查研究,听取群众意见,参照国外有关法律文献,拟定法律草案初稿,并与立法议案一起向立法机关提出。也可以只提出立法的主旨和理由,即立法动议,然后提请立法机关组成专门起草法律的机构,拟定法律草案,并组织有关单位、群众讨论,广泛征集意见。提出法律议案的过程是立法的第一道程序。

法律案包括立法议案与法律草案。立法议案是指有关的立法动议,一般内容比较原则概括,说明立法的原因、理由及简单的立法原则。法律草案是指有关立法动议被列入议事日程后提交的法律原型,内容比较具体、完整,由具体的法律概念、原则和规则构成。在我国,通常由全国人民代表大会代表提出的法律案,只是属于立法议案,而国务院和其他国家机关提出的法律案则往往既提出立法议案,又附法律草案。

立法议案与一般的立法建议也不相同。法律议案作为一个法定程序,由具有法律提案权的机关或个人提出,法律议案一经提出,立法过程就正式开始,立法机关就要将其列入议事程序,需要进行正式的审议并作出结论。

在我国,根据《立法法》规定,全国人民代表大会主席团、全国人民代表大会常务委员会、全国人民代表大会各专门委员会、全国人民代表大会的一个代表团或30名以上代表、全国人民代表大会常务委员会组成人员10人以上、国务院、国家军事委员会、最高人民法院、最高人民检察院,可分别提出属于全国人民代表大会和全国人民代表大会常务委员会职权范围内的法律议案;在地方各级人民代表大会会议上,主席团、人大常委会、同级人民政府以及有人民代表大会代表3人以上附议可以提出属于地方人民代表大会职权范围内的法律议案;中国共产党是执政党,中国现行的宪法和法律是根据中国共产党的主张形成的,共产党可以提出立法建议和方案,并通过上述机关提出法律议案;公民和各种社会组织虽然没有法律议案的提案权,但可以提出各种立法建议,立法机关应充分重视这些建议,吸收合理意见,并通过法定的形式反映到立法工作中。

(二)法律草案的审议

法律草案的审议是指立法机关对已经列入议事日程的法律草案正式进行审议和讨论。这是立法的第二道程序,是立法民主化非常重要的一个阶段,也是保证立法质量,使立法更加科学、完备和成熟的重要环节。它将决定法律的命运:是经审议修改后提交表决,还是暂时搁置或予以否定。

对法律草案的审议,世界多数国家的法律规定必须经过立法机关全体组成人员的讨论,并按一定的程序进行,但各国的做法不尽相同。如英国要进行"三读",即对法案的名称、要点、全文以及修正案进行三次宣读。而美国则是依法案的内容分别送交各个不同的专门委员会进行审议,由各专门委员会决定法案是否成立,经审查成立的法案,由该委员会所在的议院提出审查结果报告。

我国对法律草案的审议,一般经三个阶段:一是由全国人民代表大会专门委员会进行审议,包括对法律草案的修改和补充;二是全国人民代表大会常务委员会审议,一般需经过三次审议;三是立法机关全体会议的审议。这种具有中国特色的审议程序,有助于发扬民主,提高审议的质量和效率。

法律草案审议的结果并不完全一样,有以下四种结果:一是审议通过,付诸表决;二是修改后再付诸表决;三是搁置;四是否定。

(三)法律草案的表决和通过

通过法律草案是立法机关对法律草案经过表决,正式同意,使之成为法律,它是立法的预期目的。但是并非所有交付表决的法律草案都能获得通过,有的需要修改再复议,有的则可能不通过,即否定了法律草案。法律草案的通过是全部立法程序中最具有决定意义的步骤。对于法律草案的表决和通过,世界上大多数国家规定,一般性法律草案以出席立法会议的全体议员或代表的过半数票同意为通过,宪法草案和宪法修正案则以出席立法会议的全体议员或代表的三分之二或五分之三以上的多数票同意为通过。实行两院制的国家,通过法律草案有三种不同情况:(1)两院同时通过,如苏联;(2)两院先后通过,如美国;(3)通过法律草案的权力属于下院,上院无权否决下院的意见,但能在一定时期内拖延一般法律的生效,如英国。如果前两种情况下两院意见发生分歧,有的国家规定由两院联席会议决定。

在我国,按照《宪法》和《立法法》规定的程序,宪法的修正案以全国人民代表大会全体代表三分之二以上的多数通过,法律草案须经全国人民代表大会或全国人民代表大会常务委员会法定人数的过半数票同意为通过。这在立法程序上有效地体现了立法的民主原则。

通过法律草案的方式有公开表决和秘密表决两种形式,前者是举手表决方式,后者是无记名投票方式。现代世界各国逐渐采用电脑表决器。我国自1986年3月第六届全国人民代表大会常务委员会第十五次会议开始,也大多采用电脑表决器的方式。

(四)法律的公布

法律的公布,是指立法机关将通过的法律以一定的形式予以正式公布,以便社会遵照执行,这是立法的最后一道程序。这一程序并不是可有可无的。其一,从立法程序上看,立法机关将其通过的法律,必须以法律规定的形式公之于众,法律才能生效,否则,这一法律就无法律效力,在实际生活中就不起作用;其二,从民主的角度看,法律是要全体社会成员共同遵守的,所以应当让民众知晓,以指导自己的行为。如果制定的法律不公布,而又要人们遵守,并承担违法责任,这是专制的做法。同时,法律的公布也能够让国家机关、企事业组织和其他社会组织,了解他们的职权范围,能更好地依法办事。

关于法律公布的形式,各国都有法律规定。世界上大多数国家都有公布法律的法定正式出版物。对法律公布的期限有些国家也有规定,对法律以什么名义进行公布,一般有两种形式,即立法机关公布和国家元首公布。我国全国人民代表大会及其常务委员会通过的法律,由国家主席签署主席令予以公布,同时,应当在全国人民代表大会常务委员会公报和在全国范围内发行的报纸上刊登。在人大常务委员会公报上刊登的文本为标准文本。

三、立法技术

关于立法技术的概念,法学界通常有广义和狭义两种理解。广义的立法技术泛指立法过程中形成的全部知识、经验、规则、方法和技术等的总和,它包括立法体制的技术、立法程序的技术和立法表达的技术等。狭义的立法技术专指立法表达技术,它包括法律文件的内部结构、外部形式、概念、术语、语言、文体以及立法预测、立法规划等方面的技术。本节是从广义上来研究立法技术的。

立法技术对于立法具有重要意义。首先,立法技术可以使立法者准确有效地表达立法意志的内容,使立法的意志与法律规范之间尽量保持统一协调关系,便于法的实施。立法技术是人类长期立法实践的智慧结晶,我们必须充分吸收和借鉴古今中外的立法技术的经验和智慧,服务于我们的立法工作。其次,立法技术还有利于我们协调或消除法律规范之间的矛盾,发现和消除现行法的缺陷,及时地进行系统的法典编纂,使法律制度更加完善。再次,立法技术还可以使我们更好地进行立法工作,顺利地完成法的立、改、废,使立法活动更加科学有效。总之,立法技术对现代社会的法治实践的各个方面均有非常重要的意义。

根据不同的标准,我们可以对立法技术作不同的分类,主要有:

1. 根据立法进程的不同阶段可以分为立法预测技术、立法规划技术和法律规范表达技术

立法预测技术就是对立法的状况趋势和各种情况预测的科学方法和手段、规则等,也就是立法者对社会的客观需要以及法律调整的可行性等问题的科学预测。立法规划技术就是对经过立法预测的立法项目进行计划、编制、部署、安排的科学方法、手段和规则。法律规范表达技术就是对法律规范的结构、形式、术语、语言、文体等进行表述的科学方法、手段和规则。

2. 根据立法技术运用的具体程度可以分为宏观立法技术和微观立法技术

宏观立法技术是指运用于立法工作整体的技术,如立法预测技术、立法规划技术等。微观立法技术是指运用于制定某一具体的规范性法律文件的技术,如制定某一法律的内部结构、外部形式、法律条文的文体、某一法律规范的表达方式等。

3. 根据立法技术的法系传统可以分为大陆法系的立法技术和英美法系的立法技术

大陆法系的立法技术是指反映制定法特点的立法技术,英美法系的立法技术是指反映判例法特点的立法技术。

另外,我们还可以根据不同的标准将立法技术进行不同的分类。如根据立法技术的综合性程度,可以将其分为综合性立法技术和单一性立法技术;根据立法技术运用的过程可以将其分为纵向立法技术和横向立法技术等等。

【阅读材料】6.4　立法的一般性技术

立法技术的总体要求应当是：结构完备，逻辑严密，条文明确、具体，用语准确、简洁，具有可操作性。根据我国多年的立法实践以及对法律文本的拟订情况，总结出如下一些技术性要求：

（一）形式结构

法案的形式结构是指法案条文外在的表现形式。

1. 名称

法案的名称应当做到准确、精练、概括、规范。通常法案的名称包括三个部分：第一部分反映适用区域；第二部分反映主要内容；第三部分反映效力等级。如《中华人民共和国劳动法》这一名称，"中华人民共和国"表示在中国境内有效；"劳动"表示规范的是用人单位和劳动者之间的劳动关系；"法"表示是法律。确定法案名称时，应注意不宜过长或过短；除实施办法需要出现书名号外，名称中最好不要出现标点符号；一般不宜用"试行"、"暂行"这样的词。

2. 结构单位

结构单位是指正文中编、章、节、条、款、项、目的设置与排列。

编是我国目前立法实践中使用的最高层次的单位，用得较少。层次多、内容复杂的法律案中有时会用到，如刑法、刑事诉讼法、民事诉讼法、民法通则等。按照《行政法规制定程序条例》的规定，行政法规最高层次的单位是章。地方立法中也不用编的形式。

章是次于编的常用单位。章在内容较多而且需要划分层次时使用。在一部法案中，各章之间应有内在的联系，每章都应有能概括本章内容的名称，各章间应以序数形式排列。每章的篇幅根据内容确定，可以大体一致，也可以有所差别。地方性法规可以设章，而按照《规章制定程序条例》的规定，规章除内容复杂的外，一般不设章。

节是次于章且隶属于章的单位。节只能在设有章的法案中出现，在章的内部划分，目的是使章的内容乃至整个法案的内容更加清晰，便于人们理解。在有必要设节的法案中，也不是所有的章都要设节。每节应当按章内的不同层次，将相关条款集中，形成相对独立的内容。同一章的各节之间也应当存在内在联系，按一定的逻辑顺序排列。节与节之间按序数形式排列。按照《规章制定程序条例》的规定，规章除内容复杂的外，一般也不设节。

条是次于章或节的单位。与其他结构单位不同，条是法案中的必用单位。条文不宜过短或过长。过短会无实质内容，过长则影响条文的规范性特性。每条的内容应具有相对的独立性和完整性。条与条之间应有内在联系。法案的所有条文必须统一连贯排列，断章断节不断条。

款是次于条且隶属于条的单位，使用频率也较高。款在法条中以自然段的形式出现,不采用序数编码的方式。在内容和篇幅等方面也有与条基本相同的规则要求。

项是次于款的一个单位,但不一定隶属于款,有时项会直接存在于法条之下。项无论是在款或条之下,都必须是由于款或条的内容包含诸多的项目,才有必要分项。项的内容不具有相对的独立性和完整性。项的表述形式是中文数字加括号依次表述。

目是次于项且隶属于项的一个单位,是我国目前立法中使用的最低层次的单位。项下是否需要分目,取决于项的内容层次的复杂程度。目只在必要时使用,目的内容也不具有相对的独立性和完整性。目的表述形式是以阿拉伯数字加点依次表述。

（二）内容结构

法案的内容结构是指法案内容在逻辑上的一种排列顺序。在我国的法律中,一般排列顺序为：总则、分则、附则。

1. 总则

总则位于法案的首要部分,对整个法案具有统领性。总则的内容制约着分则的内容,分则的规定不能违背总则的精神。总则规定的是法案的基本原则与制度,因此,其条文应有高度的抽象性,文字要精练。不要把具体的行为规则放入总则中。

在设章的法案中,总则一般作为第一章的名称,这是明示总则。有些法案尤其是未设章的法案,虽有总则性质的条文,但没有以"总则"的字样予以明示,这是非明示总则。无论是明示总则,还是非明示总则,都应当把总则的内容集中在整个法案的开端。总则的内容一般包括：立法宗旨、依据、适用范围、基本原则与方针、基本制度、主管部门等。

2. 分则

分则是法案中规定具体行为规则的那部分内容,是一件法案中最主要的部分,是执法、守法最直接的根据。分则以明示方式出现的不多,一般在设编的法律中才有。分则虽大多以非明示方式出现,但却是所有法案必备的内容。由于各个法案所调整的法律关系千差万别,因此,分则的内容也就各不相同。

3. 附则

附则是附在法案后面的、作为总则和分则辅助性内容的规则。附则与附件不同,附则是整个法案的一个组成部分,而附件则设于条文之外。从立法实践看,附则中一般包括名词、术语解释,实施细则制定权的规定,施行时间的规定,与其他法关系的规定等内容。此外,有时适用范围也会在附则中出现。关于解释权的规定,过去常在附则中提出,由于现在对立法解释权有专门的规定,一般不需要再提及。

第四节 当代中国立法的发展

马克思指出:"无论政治的立法或市民的立法,都只是表明和记载经济关系的要求而已。"①这一论断深刻地揭示了立法与社会经济之间的内在关系。在当代中国,经济发展的要求是中国立法发展的根本动力。同时,"十年动乱"造成的人民普遍要求法治的心态、改革开放以后公民权利意识的增强,以及中国共产党执政能力的提高,是中国立法发展的内在动因。自从中国共产党十一届三中全会提出"发扬社会主义民主、加强社会主义法制"以来,中国立法揭开了新的一页,进入历史的新阶段②。

一、立法体制朝着更合理的方向改进

首先是立法权限划分体制渐趋完善。1979年地方组织法揭开中国立法体制改革的序幕,规定省级人民代表大会及其常务委员会享有地方性法规制定权。1982年宪法肯定了1979年地方组织法的改革成果,并从多方面推进了这一改革,确定全国人民代表大会及其常务委员会共同行使国家立法权,国务院制定行政法规,国务院所属部委发布规章,民族自治地方制定自治条例和单行条例。接着,1982年和1986年两次修改地方组织法,把地方性法规的制定权逐渐扩大到省级政府所在地的市和经国务院批准的较大的市的人民代表大会及其常务委员会,并规定同级政府可以制定规章。这期间全国人民代表大会及其常务委员会还多次授权国务院和有关地方制定单行法规。1997年、1999年香港和澳门相继回归祖国,两个特别行政区的立法又给中国现行立法权限划分体制带来新的成分。到了2000年3月,《立法法》系统、集中地反映了上述制度。这样,在现时期中国形成了一个由国家立法权、行政法规立法权、地方性法规立法权、自治条例和单行条例立法权、规章立法权、授权立法权、特别行政区立法权所构成的较先前体制有重大发展的新的立法权限划分体制。这是一个中央统一领导和一定程度分权的,多级并存多类结合的立法权限划分体制。与经济体制方面的集权与分权问题已经受到普遍瞩目相呼应,解决立法体制方面的集权与分权问题终于也提上中国法制建设的日程。这是现阶段中国法制建设的一个意义深远的成就。

---

① 《马克思恩格斯全集》第4卷,人民出版社1957年版,第121页。
② 本节部分内容参考周旺生:《中国立法制度》,中国网,http://www.china.org.cn/chinese/zhuanti/283834.htm。

其次，立法主体设置体制有重大进步。一是人民代表大会常务委员会建设得到加强。全国人民代表大会常务委员会同全国人民代表大会共同行使国家立法权。全国人民代表大会的各专门委员会在全国人民代表大会闭会期间受常委会的领导。县级以上人大均设立常务委员会。从中央到地方的各级人大常委会组成人员都不得担任行政机关、审判机关和检察机关的职务，人民代表大会常务委员会委员逐步实行专职化。二是人民代表大会的专门委员会和办事机构逐步设立。全国人民代表大会迄今已设立9个专门委员会，并能根据需要设立其他专门委员会，在全国人民代表大会及其常务委员会领导下，研究、审议和拟订有关议案。省、自治区、直辖市、自治州、设区的市的人民代表大会根据需要，也可以设立若干专门委员会，这些专门委员会在本级人民代表大会及其常务委员会领导下，研究、审议和拟订有关议案。从中央到地方各级人民代表大会常务委员会逐步建立了有关办事机构。国务院和地方政府的法制机构也逐步建立起来。它们在立法过程中发挥着日益重要的作用。

还有，立法权运行体制逐步发展。全国人民代表大会及其常务委员会都有了议事规则。地方人民代表大会及其常务委员会的议事规则也纷纷产生。专门规定法律、法规、规章以及其他规范性法律文件的制定权如何行使或法律、法规、规章以及其他规范性法律文件如何制定的立法不断产生和完善。随着《立法法》的出台，中国立法权运行体制在这部宪法性法律中获得相当程度的总结和确认。

二、中国特色的法律体系正在形成

当代中国法律体系的发展有如下基本特点：第一，在总体上呈直线上升的趋势，稳定地、较快地、较大规模地发展着。差不多每年都有一大批法律、法规、规章产生。截止到2010年底，全国人民代表大会及其常务委员会制定的有效法律有236件，国务院发布有效的行政法规690多件，各地地方性法规8 600多件[①]。这些法律、法规、规章所调整的范围已相当广泛，社会生活的各个主要方面或基本方面已在不同程度上有法可依。第二，部门法增多，产生了一些原来没有的部门法，形成了一个包括宪法、行政法、民商法、经济法、社会法、刑法、程序法等基本部门法和其他一些部门法在内的较为完整的法的体系。一些新兴的部门法在法律体系中逐渐占据了重要的地位。第三，整个法律体系有了一个以宪法为核心和基础、以基本法律为骨干的框架结构。部门法中没有法律而只有一些行政规范性文件的状况已不存在。第四，整个法律体系都以适应改革开放和现代化建设的需要为重点，旨在确保经济的持续发展和社会的和谐进步。

---

① 吴邦国：《在形成中国特色社会主义法律体系座谈会上的讲话》，《人民日报》2011年1月27日第2版。

三、立法制度和立法技术亟待改进之处

尽管中国的立法制度建设取得了显著的成就,但离社会发展要求、离民主政治和法治的目标还较远。主要表现在:现行立法制度尚不完整,许多立法活动尚无成文立法制度可以遵循,它们只能遵循惯例、领导者或其他有关方面的意愿以及随机性因素;既有的立法制度还存在弊病、漏洞或其他欠缺,使一些立法活动难以全然按照这些制度办理,《立法法》及其他一些规制立法方面的法律,虽然注意总结了自己的成功经验,但对借鉴国外立法权运作的基本规律仍不够重视;有关因素,如政党、政府、重要人物、重大事件、重要变故等,多少年来总是对中国立法发生直接的重大的影响,在许多情况下,这种影响的作用事实上大于或抵消着成文立法制度的作用。因此,中国立法要走向法治化、民主化、科学化,要与国际立法制度的主流接轨,要与自身成文法传统相衔接,要避免立法中有过多的不确定因素、或然性因素甚至"黑箱"因素发生不应有的作用,就需要进一步完善立法制度。

立法也是一门科学。特别是在立法技术方面,尽管 20 多年来也有进步,但总体上还未受到足够的应有的重视。这对于中国立法的进步,甚至整个法治的发展产生阻碍和负面作用。主要表现在:法律体系中存在不完备、不配套、不协调、不统一的弊病,如民商法、经济法、行政法的关系尚未理顺;法的内部结构、外部形式不够完善;法律规范缺乏可操作性;立法创意、决策、预测、规划等的科学化程度不高;立法的条件和法律的依据,立法的方式、步骤和要求,法律的整理、汇编和编纂,以及立法的其他许多环节,都有待进一步重视,并采取有效措施,使其科学化和系统化。

总之,当代中国的立法进程与正在发生的中国经济和社会变革是密切相关的,我们不仅要求立法能够跟上社会发展的步伐,更期待中国的立法制度能够有所创新,在中国社会走向民主和法治的进程中产生更大的作用。

【作业题】

1. 如何理解立法权在国家权力体系中的地位?
2. 简述我国的立法体制。
3. 如何认识当今社会授权立法的作用?
4. 试述《立法法》的意义和不足。

【进一步的思考】中国的法规备案审查制度及其意义

提示:2000 年 10 月 16 日,第九届全国人民代表大会常务委员会第三十四次委员长会议通过了《法规备案审查工作程序》。2004 年 7 月,全国人民代表大会常务委员会在法律工作委员会下设立了法规审查备案室,专门处理行政法规、地方性

法规和部门规章等法律规范的违宪与违法问题。于是,有学者撰文认为,备案制度的建立是中国宪政时代开始的标志。以下引述该篇文章部分内容,请你客观分析中国的法规备案审查制度的作用。

全国人民代表大会常务委员会设立了专门的备案审查机构,使宪法和《立法法》所规定的法制统一目标及其所涵盖的审查机制更便于实际操作。如果能获得有效的实施,这项制度将极大地推进中国的宪政和法治,甚至可以说是标志着中国宪政时代的开始。

笔者在这里探讨法规审查备案制度所涉及的几个基本问题。在审查主体问题上,《宪法》第67条明确规定,全国人民代表大会常务委员会有权解释宪法和法律。严格地说,无论是法工委还是其下属的法规审查备案室都不具备解释宪法和法律的最高权力。但这并不表明宪法规定的"解释"是全国人民代表大会常务委员会的专有权力。在贯彻实施宪法和法律的过程中,所有的国家机关都必须适当理解和"解释"宪法和法律的相关条文,因而《宪法》第67条只能被理解为授予人民代表大会常务委员会以最高(而非专有)解释权。因此,在职能问题上,法规审查备案室无须严格限于"备案"。由于人民代表大会常务委员会及其下属委员会的工作非常繁忙,因而一般不可能对有关违宪和违法的个案申诉作出全面深入的调查。这项工作不可避免地落到了为此而专门设立的机构——法规审查备案室——身上。法规审查备案室应该像处理正常的法律争议那样,全面调查申诉所涉及的相关事实,并对所适用的宪法和法律解释提供建议和详细的说明。当然,由于现行宪法和《立法法》的有关规定,法规审查备案室无权对争议作出具有法律约束力的决定。它的职能是为人民代表大会常务委员会最终作出的投票表决提供充分的法律和事实依据。在这个意义上,它应该是人民代表大会常务委员会在合宪性与合法性审查过程中的职业"法律顾问"①。

【本章阅读篇目】

1. [英]洛克著:《政府论》(下),叶启芳、瞿菊农译,商务印书馆1964年版。
2. [法]孟德斯鸠著:《论法的精神》(上、下册),张雁深译,商务印书馆1961年版。
3. 梁启超:"论立法权",载《饮冰室文集》之九,收录于《梁启超文集》,北京出版社1999年版。
4. 周旺生著:《立法学》,法律出版社1998年版。
5. 《中华人民共和国立法法》。

---

① 摘自张千帆:"中国宪政时代的开始",载《法制日报》2004年6月28日。

第七章　司法原理和制度

本章导读

"司法"、"司法腐败"、"司法改革"等等,已成为当今中国社会中人们使用频率极高的一些词汇。"司法"一词使用的广泛性,不等于我们对其概念和运作的机理有清晰的了解。概念的模糊性,也会影响我们提出问题、剖析问题进而解决问题的能力。如果说立法在某种意义上,可归类到政治学领域的话,司法恰恰是法理学的分内事情。甚至在一些法学家看来,法理学的核心应该是司法活动。就中国法理学而言,虽然我们已经意识到对于司法问题的研究有助于法学或者法理学自主性的形成,但这样的研究还得从最基本、也是最传统的司法原理开始。不过,当你将这些原理上升为一种有待制度化的普遍理念时,恐怕还需要有足够的耐心。

第一节　司法和司法权

一、司法的概念

"司法"一词,在我国很早便产生了。据考证,我国早在奴隶社会便有"听讼断狱"的"司寇"官职之设,到了封建社会的唐朝地方官体系中,在州一级设"法曹参军",又称"司法参军",县设"司法佐、司法吏"。然而,近代意义上的与立法、行政相对应的司法概念,始于清末修律。在清朝《法院编制法》、《大清新刑律》等法律中均出现了"司法"一词,并与立法、行政相对应。如《大清法规大全宪政部》中便有"立法、行政、司法则总揽于君上统治之大权"之说法。

中国古代之所以不存在近代意义上的与立法、行政相对应的司法概念,是因为中国几千年的封建专制统治,不仅没有分权的制度,也没有分权的思想,司法与行政历来是不分的。而专制统治者更是集各种权力于一身,因此独立的司法机构不可能存在。自清末引进司法的概念后,"司法"一词在立法中曾被经常采用。新中国建立以后,我国有关立法甚至政治性文件中也采用了"司法"一词。然而,这一概念在学术界一直存在着不同的看法。一种观点认为,司法是对法律的适用,是运用法律处理诉讼案件或非诉讼的活动,因此,司法是多样化的,不仅为法官和法院所独有,一些非法院的国家机关,甚至某些非国家性质的社会组织也具有一定的司法性功能。第二种观点认为,司法是根据案件事实,把法律规范适用于具体案件并作出权威裁决的活动,所以司法仅限于法院的裁判活动。第三种观点认为,司法是为了处理民事、刑事等诉讼案件适用法律作出裁判以及保障或监督国家法律实施的活动。

在现代中国,还有一个常常与司法相混淆的词——"政法"。"政法"一词,非常复杂,具有一定的中国特色。它既有政治和法律合一的含义,又有行政和司法合一的意思,大致而言,是指阶级、政党运用法律工具实行政治统治的意思。无论在日常生活,或是各种正式场合,"政法"使用的频率远高于"司法"一词。我们通常把公安、检察、法院、司法行政、安全等国家机关通称为政法机关,这些机关的职能活动,我们称为政法工作,甚至一切与法律相关的其他事宜,都可以用政法的概念来替代,如把专门从事法律教育的学校命名为"政法学院"。

基于政治体制和思想理论的原因,司法以及政法概念的多义性仍将继续下去。但就现代国家和社会治理的基本学说和规律而言,我们应当努力从理论上把握司法的本来含义,以消除概念中的歧义,更好地指导中国未来的法治实践。

要正确地理解司法的本质,必须区分司法活动和其他的国家职能的活动。从历史上看,司法最初的功能是裁判案件。在人类社会发展的最初阶段,实行"以牙还牙、以眼还眼"的私力救济方式,社会充满了暴力和血腥,秩序一片混乱。国家产生以后,为了维护有利于统治阶级的社会秩序,国家禁止冲突主体以自身的报复性手段来解决争议、禁止用私人暴力的方式来平息冲突。因而,国家强制力的制裁,代替了私人的报复和复仇。通过诉讼解决争议,用和平的、合法的途径而不是暴力的、任意的方式来解决纷争,不仅使各类冲突和矛盾以和平的方式得到解决、社会秩序得以维护、受害人获得必要的补救,而且通过诉讼定分止争使人类的行为也得到规范。可以看出,司法从取代私力救济以裁决社会纠纷,发展到适用各类法律,本身是制度演化和文明发展的结果。

虽然,司法性质的活动早已存在,但在国家产生后的相当长的时期,司法与国家的立法、行政、军事等职能并没有分开,国家管理事务的职能尚缺乏明确的分工。无论在欧洲中世纪,还是中国的封建社会,司法与王权、封建的特权是密切联系在一起的。事实上,司法与立法、行政的分离乃是资产阶级革命的产物。资产阶级为反对封建的特权和专制,主张司法权与行政权分离,将司法权赋予专门的审判机关行使,并逐渐建立了公正的司法程序。随着资产阶级革命的胜利,推翻了封建的专制制度,对国家权力实行三权分立,司法逐渐成为专门的机构,从而也标志着国家对社会管理的专门化以及法律职业的专门化。

综上所述,我们可以把司法界定为:国家的专门机关依据法定的职权和程序处理诉讼案件的活动。考虑到我国宪法的规定,以及检察权行使的特殊性,我们也把从事监督法律实施的活动纳入司法的范畴。也就是说,各级人民法院和人民检察院属于国家司法机关,代表国家行使审判和监督法律实施的活动,即司法活动。一般来说,司法具有如下特点:

第一,司法是与立法相对应的活动,司法主要职责是适用法律,即在司法裁判过程中,将立法机关所制订的法律具体运用于特定的案件裁判之中。司法审判就是将抽象的、普遍的法律规范具体运用于实际案件之中,并通过裁判而确定当事人具体的权利和义务。

第二,司法是由专门的机构所从事的适用法律的活动。司法活动必须专门化,这是因为:首先,司法活动关系到公民的生命财产安全及其他人身安全,其严肃性和重要性也决定了司法必须依据特定的程序进行,而不能任意行为,因此将纠纷解决的权力交给善于运用程序的专门机构和个人即法官就非常有必要。其次,如果任何国家机关甚至社会组织都能行使司法权,那么许多人都可能作为自己纠纷中的法官,或有权裁决他人的事务,这样,社会中就很难产生公正的裁判。

第三,司法是以依法公正地解决具体的争议和冲突为目的的。由于司法是在具体案件中适用法律,这就决定了司法必须与特定的争议联系在一起。争讼状态的存在是司法作用存在的前提。在我国,司法的职能在于运用法律解决具体争议和纠纷、依法定分止争。并通过解决纠纷和冲突以保护人民、惩罚犯罪,维护社会秩序的稳定,因此,司法权的存在是与特定的案件和冲突联系在一起的。

第四,司法以依法公正裁决纠纷为目的。司法不同于其他争议解决方式在于,司法是由公正的机构在公正的地点(法院),依据公正的程序所进行的裁判。公正是司法权行使和追求的目标,也是司法职能得以存在的原因。因此,司法的公正性也应当是司法的重要特征。

二、司法权概述

司法以司法权享有为基础。司法权的概念最早起源于古希腊亚里士多德的《政治学》一书,孟德斯鸠在其《论法的精神》一书中,将其称为"裁判权力"(la puissance de juger)。1780年的美国宪法将其称为司法权(judicial power)。但也有许多学者认为,司法权一词不如称为司法的作用更为确切。我国宪法和法律也使用了司法权一词。司法权是国家主权的主要象征和组成部分。

尽管我国宪法未采纳"三权分立"的体制,但宪法也区分了立法和司法的职能,司法权是相对于立法权的一种权力,司法权的设定旨在使司法机关依据法律规定解决纠纷。从权力特征上来看,司法权是一种国家权力或称为公权力,是国家的一种职能的表现,国家通过建立专门的司法机构并赋予其司法权,从而实现国家的职能。司法权从根本上说是由主权派生的。由于司法权是国家权力的重要组成部分,并且是以国家强制力为后盾的,因此,司法机关在行使司法权的过程中,其依法作出的决定必须为当事人所遵从。司法权体现了浓厚的国家强制力,如果没有这种强制力,法律秩序便不可能形成。

司法权必须由专门的机关享有并行使,其他任何机关都不得分享这种权力。在我国,司法权既包括由人民法院所享有的审判权,也包括检察机关所享有的检察权。检察权的内容包括对刑事犯罪和民事违法行为实行法律监督,这与西方国家法律所规定的司法权的范围不尽相同。基于传统理论以及主要宪政国家实践中的司法权为法院行使的案件裁决权,因此本章中所讨论的司法权主要限于裁决案件的国家审判权。

司法权与立法权、行政权相区别的特征有如下几点:

1. 司法权是一种判断性权力

所谓判断是指一种思维形式,就是肯定或者否定某种事物的存在,或指明它具有某种属性的思维过程。在司法权领域的判断权行使,必须遵循司法权运行的内在规律,要受法律规则和法律原则的制约。它是以案件的事实和适用的法律为基础对正确与错误、合法与非法、真实与虚假等进行辨别和选择,在此基础上作出与案情相适应的公正决定。这种决定的效力来自法律而不是法官个人的意愿。司法权之所以是一种判断权是因为法律是普遍的,而应当根据法律来确定的案件是个别的,要把个别的现象归结为普遍的现象,就需要判断。

2. 司法权是一种被动性权力

行政权的任务在于执行立法权所创设的规则来实现对社会事务的组织和管理,而纷繁复杂的社会事务本身,又要求行政权作出及时的应对,因此主动介入成为行政权运行的重要特点。现代人类文明往往是法律之治下的文明,立法机关通常被要求随时洞见社会的客观需要,按照人类理性的要求,主动地创立新的法律规则。而只有司法权必须被动地行使。司法权的被动性表现在:其一,司法权的行使遵循"不告不理"的原则,它不能主动地包揽案件进行裁判。只有在当事人请求时,司法权才启用。其二,司法权的被动性还表现在裁判范围上。除非法律有特别规定,司法审查和裁判的范围应仅限于当事人控告或起诉的诉讼请求和事实范围。

3. 司法权是一种中立性权力

在政府和公民之间、两位当事人之间,司法权的行使既不能站在政府的立场,也不能站在当事人一方的立场,而是要中立于其间,作出公正的判决。司法关系通常是一种稳定的三角关系,司法机关超越于双方当事人的利害关系,这是司法公正的必然要求所在,也是近现代国家根据人民主权原则规制国家权力结构的基本出发点,更是人类对解决涉及自身纠纷的经验总结。中立性要求法官在诉讼中必须保持中立,对控辩双方的主张和利益给予同等的关注,在诉讼中只能根据双方提供的证据去判断"是"与"非",严禁法官先入为主,对冲突一方产生偏见。

4. 司法权是一种独立性的权力

司法权只接受监督但不服从于任何指挥和命令的权力。对于法官来说,唯一的上司就是法律,除此以外,不能有任何权力对他进行命令和指挥。正如奥地利法学家凯尔森所说:"当司法官执行属于其权限的法律之时,个别规范的命令之约束是不存在的,此所谓个别规范的命令系由其他机关发出,特别是由非审判机关发出的。换句话说,司法官执行职务时,无须服从上级机关。反之,当行政机关执行属于其权限内的法律时,却必须受上级机关个别指示的约束。"①

5. 司法权是一种终极性权力

这表现为两个方面:其一,司法裁决一旦作出,就应立即产生既判力、拘束力,任何个人和组织都不得随意挑战司法的权威;其二,司法权应该对所有的公共权力,甚至包括立法机关的行为是否符合宪法等有权进行裁判。事实上,现代社会政治生活中的各种重大争议,最后的判断都应当归于司法权的判断。

【阅读材料】7.1 孟德斯鸠及其分权学说

查理·路易·孟德斯鸠(C. L. Montesquieu,1689—1755)出生于法国西南部的葡萄酒乡——波尔多一个几代为官的世袭贵族之家。孟德斯鸠早年曾就读于人文精神浓厚的朱伊公学,后来在故乡波尔多大学获得法学硕士学位和律师资格。20岁至25岁期间,他常造访巴黎的一些开明人士,接受他们进步思想的熏陶。24岁时,孟德斯鸠继承了家业。他27岁时又承袭了伯父的职位和爵位,任波尔多法院的庭长,并改名孟德斯鸠男爵。然而,此时的孟德斯鸠已经对法国社会的黑暗和专制有了认识,并树立了远大的学术志向。他决不愿意终身偏居一隅,做悠闲富足的乡绅和官吏。于是,他不惜一次次抛家舍业前往巴黎,以广交朋友、体察社会、著书立说。1726年,孟德斯鸠卖掉官职,迁居巴黎。1728年,39岁的孟德斯鸠获得法国文人的最高荣誉,成为法兰西学士院院士。也就在同年,他迈出国门,开始其长途学术旅行,足迹遍及奥、匈、意、瑞、德、荷、英等国,详细了解各国的政治、法律、文化、宗教信仰情况。在英国,孟德斯鸠居住长达一年半,实地考察了他羡慕已久的立宪政体、法律制度、宗教状况,切身体会了英国的政治自由。其间,孟德斯鸠还被选为英国皇家学会会员。带着巨大的收获,孟德斯鸠回到法国,埋头著述。1755年,这位为政治自由而奋斗终生的伟大的思想家病死于巴黎,终年66岁。

孟德斯鸠的代表作是《波斯人信札》、《罗马盛衰原因论》和《论法的精神》。"三权分立"学说是他在《论法的精神》中提出的。

---

① 转引自龚祥瑞主编:《西方国家司法制度》,北京大学出版社1993年版,第17页。

在《论法的精神》的第十一章"规定政治自由的法律和政制的关系"中,孟德斯鸠构思了三权分立与制衡的共和政体,该理论对西方、对人类的政治理论和政治实践产生了巨大而深远的影响。孟德斯鸠首先辨析了什么是政治自由,政治自由在什么样的情况下才能存在。他合乎逻辑地得出了立法、行政、司法三种权力必须分立,三权之间又必须相互制衡的结论。他详细地阐述了三种权力具体应该如何划分,各自的权限如何,对其他权力如何制约。孟德斯鸠还以史为据,追溯了古希腊罗马时代君主国的权力划分状况。他以古罗马共和国在极盛时期突然丧失自由、蜕变为暴政为例,详细分析了它在三种权力划分模式中的失误。

第二节 司法独立

一、分权的理论和实践

司法独立作为近现代国家的一项宪政和司法的基本原则,是由资产阶级三权分立学说派生出来的。所谓三权分立,就是指国家权力分为立法权、司法权和行政权三个部分,分别交给三个不同的机关掌握和行使,这三个机关的法律地位互相平等、互不隶属、互相制衡。早在古希腊时期,亚里士多德就在其名著《政治学》一书中提出了"政体三要素"的分权理论。他指出:"一切政体都有三个要素,作为构成的基础……三者之一为有关城邦一般公务的议事机能(部分);其二为行政机能部分——行政机能有哪些职司、所主管的是哪些事,以及他们怎样选任,这些问题都须一一论及;其三为审判(司法)机能。"①古罗马时代,波里比亚斯继承并发扬了亚里士多德的分权思想,主张在分权的基础上,还要加强国家权力机关之间的互相制衡。但是,由于受历史局限性的影响,无论是亚里士多德还是波里比亚斯的分权理论,都与近现代的立法、行政和司法"三权分立"有着一定的距离。

近现代三权分立的理论和思想则以英国思想家洛克和法国思想家孟德斯鸠为主要代表,尤以孟德斯鸠为甚。近现代三权分立原则的确立是资产阶级反对封建专制的需要,是资产阶级革命的产物。三权分立作为资产阶级国家的学说,首先是由英国的洛克提出来的,法国的孟德斯鸠在洛克分权理论的基础上进一步完成了三权分立学说,从而正式而明确地提出了立法、行政和司法三权分立的原则。可以认为,孟德斯鸠是近现代三权分立思想之父,是司法独立原则的创始人。孟德斯鸠深感封建国家权力过分集中给广大人民的生命、自由和财产带来的极度危害,认为非实行权力分离不足以消除。他说:"一切有权力的人都容易滥用权力,这是万古

---

① [古希腊]亚里士多德著:《政治学》,商务印书馆1965年版,第214—215页。

不易的一条经验。有权力的人们使用权力一直遇到有界限的地方才休止。"①因此,他认为:"从事物的性质来说,要防止滥用权力,就必须以权力制约权力。"②基于这一认识,孟德斯鸠指出:"每一个国家有三种权力:(一)立法权力;(二)有关国际法事项的行政权力;(三)有关民政法规事项的行政权力。依据第三种权力,他们惩罚犯罪或裁决私人讼争",我们称这种权力为"司法权力,而第二种权力则简称为国家的行政权力"③。在这里,孟德斯鸠首次将国家权力简练地概括为立法权、行政权和司法权,并对司法独立的必要性,作了初步而又深刻的探讨。他认为,政府拥有的这三种权力应该由三个不同的机关来行使,而且三种权力既是独立的,又是相互依存、相互制约的。他说:"当立法权和行政权集中在同一个人或同一个机关之手,自由便不复存在了;因为人民将要害怕这个国王或议会制定暴虐的法律,并暴虐地执行这些法律","如果司法权不同立法权和行政权分立,自由也就不存在了。如果司法权同立法权合而为一,则将对公民的生命和自由施行专断的权力,因为法官就是立法者。如果司法权同行政权合而为一,法官便将握有压迫者的权力","如果同一个人或是由重要任务、贵族或平民组成的同一个机关行使这三种权力,即制定法律权、执行公共决议权和裁决私人犯罪或讼争权,则一切便都完了"④。孟德斯鸠从揭露和批判封建专制的角度提出的权力分立和司法独立的学说,为西方国家在宪法及司法审判中确立司法独立原则奠定了理论基础。

最早将三权分立学说作为宪法原则加以确立的是美国。美国宣布独立后,其十三个州中的十一个州相继制定了以"三权分立"为原则的宪法。其后,1789年生效的美国宪法明确规定了三权分立原则。根据美国宪法规定,在美国,国会掌握立法权,总统掌握行政权,司法权则属于最高法院及国会随时设立的低级法院。继美国之后,法国、德国和日本等国的宪法也都先后确立了三权分立原则,从而使司法独立成为三权分立中以权力制约权力的重要支柱。司法独立原则也由此逐渐成为世界各国所奉行的一项宪法原则。

二、司法独立的含义

司法独立有广义和狭义之分,狭义的司法独立又称为审判独立或者法官独立。广义的司法独立则除了审判独立以外,还包括检察官独立,甚至包括律师独立。但从世界上多数国家的立法和实践来看,司法独立一般从狭义来理解。

所谓司法独立,就是指司法审判机关及其法官根据宪法和法律的规定独立行

---

① [法]孟德斯鸠著:《论法的精神》(上),张雁深译,商务印书馆1961年版,第154页。
② 同上。
③ 同上书,第155页。
④ 同上书,第156页。

使审判权,在不受外界任何组织和个人的干预下独立自主地审判案件,公正地作出裁判。司法独立的内涵应当包括司法权独立、司法机关及其法官独立和司法活动独立等方面。

司法独立是三权分立的产物,因此,司法独立首先应当是司法权的独立,是司法权独立于行政权和立法权的独立。可以说,司法权的独立是司法独立的前提和基础,没有司法权的独立就不可能有司法独立。司法独立是司法权独立所追求的目标和结果,没有司法独立,司法权的独立也就成为一纸空文,失去了存在的意义。只有司法权真正从行政权和立法权中分离出来,并在国家权力结构中居于不依赖也不受行政权和立法权干预的独立地位时,司法独立才能真正落到实处,才能真正得到实现。

其次,司法独立是司法机关及其法官的独立。所谓司法机关的独立,是指司法机关独立于行政机关和立法机关,独立地行使司法权。它与司法权的独立具有必然的联系,是司法独立的外在标志,是法官独立的前提。没有司法机关的独立就不可能有法官的独立。但是,只有司法机关的独立还不是真正的司法独立,因为司法权的具体行使是由法官个体来进行的,因此,真正的司法独立要求在司法机关独立的基础上,进一步强调法官独立。因为作为司法机关的主体,"法院是法律帝国的首都,法官是帝国的王侯"①。所谓法官独立,就是指法官在代表司法机关就具体案件行使司法审判权以及制作司法判决的过程中,只能服从法律的要求及其良心的命令,而不受行政机关的控制,同时独立于其同事和上级法院的法官。用马克思的话来说,法官独立就是"法官既不属于自我,也不属于政府","法官除了法律就没有别的上司"②。

最后,司法独立是司法活动的独立。所谓司法活动的独立,就是指司法机关及其法官所进行的处理案件的活动以及整个司法活动过程,只依照法律规定,在法定程序范围内,独立自主地进行,不受其他国家机关、社会团体和政党的干预和影响。司法独立的最终实现,即司法独立从可能性转化为现实性,必须通过司法活动来体现。司法活动独立,应当是司法独立真正实现的最重要的标志。可以说,没有司法活动的独立,就不可能有真正的司法独立。

上述三个方面的含义存在着内在的联系,它们作为一个整体,成为现代司法独立原则不可分割的基本要求。司法权的独立是司法独立的前提,司法机关及其法官的独立是司法独立的基础和核心,司法活动的独立则是司法机关及其法官独立的必然结果。

---

① [美]德沃金著:《法律帝国》,李长青译,中国大百科全书出版社1996年版,第361页。
② 《马克思恩格斯全集》第1卷,人民出版社1956年版,第76页。

三、司法独立的体制保障

司法独立不只是一种原则,更是一种体制和制度安排。独立应是一种基本的事实,而不只是原则的宣示或态度的倡导。没有体制上或制度上的独立,司法独立原则和司法中立要求无法真正实现。

司法独立的核心是司法权或司法职能的独立,即司法机关和法官在裁判过程中只服从法律的要求及良心的命令,不受来自司法机构外部或内部的任何压力的阻碍、干预、影响和控制,依照法律程序的规定进行裁判,根据实体法的规定作出裁判结论。围绕这一核心,司法独立在体制上需要以下要素的保障:

1. 司法机关整体的对外独立

这是指司法机关无论在裁判还是司法行政管理方面都独立于司法机关以外的机构、组织和个人,不受外部力量或权威的控制和干预。考虑到司法裁判和司法行政管理活动极易受到其他国家权力的干涉,因此,司法独立必须首先独立于行政机构和立法机构;又鉴于法院的司法裁判活动可能受到新闻媒体、大众舆论等方面的不当影响,还需要建立可使司法摆脱这些影响和操纵的制度机制。司法机构整体对外独立所涉及的是宪政问题。

2. 司法机关内部的独立

这是指司法机关的上下级之间只存在相互独立的审级关系,而不存在隶属和服从的关系。一个法院的司法裁判活动不受另一个法院的干预,上级法院除依上诉等程序对下级法院的审判行为予以依法监督外,无权就司法裁判事项主动向下级法院发布指令或进行直接干涉,对下级法院裁判过的案件,只能在下级法院裁决结论产生、争议双方提出新的诉讼请求后,才能受理并开始裁判活动。

3. 法官独立

法官独立包括裁判独立和身份独立。前者指法官进行司法裁判独立于其同事、法院司法行政首脑以及上级法院法官,不向政府和立法部门负责,也不为权宜的考虑所影响,只服从法律。后者指法官的任职期间和任职条件应当得到特殊的充分保障,以保障法官无所顾忌地适用法律。这包含由法律规定法官的职权、相对优厚的待遇及其职位保障。

需要指出的是,西方国家把法官独立看作司法独立的中心和内在精神。而在中国,司法在宪政上的独立应该更具有根本性,其中,司法独立于行政更具有合理根据和充分理由。再一方面,除了制度设计和安排,司法独立还与法律职业共同体的建构相关。法律执业者的价值理念、知识结构、职业道德在司法独立形成上同样起举足轻重的作用。

【阅读材料】7.2 柯克法官的故事:英国的司法独立

提示:我们一般将司法独立与法国的孟德斯鸠联系起来,认为司法独立思想肇始于法国。但另一说法是,司法独立的思想与其说发源于法国,不如说起源于英国。早在13世纪,布莱克顿(Bracton)就发表了一句后来流传久远的名言:"国王贵居万众之上,却应该受制于上帝和法律。"①这句名言日后成为英国著名法官柯克(Edward Coke)的护身符。

1611年的某一天,英国国王詹姆斯一世希望到法院亲自审理几件案子。但是国王的要求遭到普通诉讼法院首席大法官柯克爵士的拒绝。以下是他们的对话。

詹姆斯:依朕意,法是以理性为基础的,故尔朕及他人与法官具有同样的理性。

柯克:不错,陛下具备伟大的天赋和渊博的学识。但是陛下并没有研读英格兰领地的各种法规。涉及臣民的生命、继承、所有物或金钱等的诉讼的决定,不是根据自然理性,而是根据有关法律的技术理性和判断。对法的这种认识是有赖于在长年的研究和经验中才得以获得的艺术。

詹姆斯:如此则国王被置于法律之下,汝等的主张应当以叛逆罪论处!

柯克:布莱克顿有句至理名言:"国王贵居万众之上,却应该受制于上帝和法律。"

【阅读材料】7.3 司法独立原则的国际化

提示:在现代社会,司法独立原则不仅仅是一项国内原则,它已经成为一项国际原则。随着各国宪法及法律对司法独立原则的确认,联合国也将其作为联合国系统人权活动的基本原则在有关国际文件中加以规定,使之成为相关国家必须遵守的基本准则,从而使这一原则具有国际化的特性。1948年联合国的《世界人权宣言》第10条以及1966年的《公民权利和政治权利国际公约》第14条都对此作了明确规定。

进入20世纪80年代以后,联合国开始注重制定司法独立原则的国际标准。1980年召开的第六届联合国预防犯罪和罪犯待遇大会在其16号决议中,要求犯罪预防和控制委员会把拟定有关法官的独立以及法官和检察官的甄选、专业训练和地位的准则列为优先事项。1982年10月22日国际律师协会在其第19届年会上通过了《司法独立最低标准》,对司法独立的相关事项作了明确规定。1983年6月10日,在加拿大蒙特利尔举行的世界司法独立第一次会议一致通过了《司法独立世界宣言》,进一步规定了司法独立原则。1985年8月26日至9月6日在意大利米兰召开的第7届联合国预防犯罪和罪犯待遇大会通过了《关于司法机关独立的基本原则》(以下简称《基本原则》)。该《基本原则》已经由联大1985年11月29日第40/32号决议及1985年2月13日第40/146号决议认可,从而成为一份国际性的法律文件。《基本原

---

① 转引自季卫东:"法律职业的定位",载于《中国社会科学》1994年第2期。

则》对《司法独立最低标准》和《司法独立世界宣言》两个法律文件中的大部分内容作了吸收,系统地规定了司法独立的标准及其保障规则。为了在世界范围内更好地推行司法独立原则,联合国经社理事会1989年5月24日第1989/60号决议又通过了《〈关于司法机关独立的基本原则〉的有效执行程序》。

对司法独立原则的关注不仅仅限于联合国,1995年8月19日在北京召开的第6届亚太地区首席大法官会议就特别重视司法独立问题。该大会通过了《司法机关独立基本原则的声明》(又称"北京声明"),对审判独立、司法机关的任务、法官任命、任期、法官待遇、管辖、司法行政和与行政部门的关系等问题作了明确规定。

上述关于司法独立的国际性文件对于指导各国进一步完善司法独立制度具有十分重要的作用。这些文件的规定表明司法独立是一项重要的国际性的司法行为准则。作为这些文件的签署国,都有义务结合本国国情遵守并实施其中的相关条款,保证司法独立原则在本国的贯彻实施。

第三节 司法的基本原则

司法的基本原则是指司法权运作过程中所体现的基本精神和必须遵循的根本准则。尽管各国的司法制度有所不同,但这些司法的基本原则是法治国家应当共同遵循的,它们反映了司法的本质特征和司法权运行的一般规律,而且由于其重要性,司法的基本原则通常被国家的宪法所确认。概括起来,司法的基本原则有四项,即公平正义原则、司法独立原则、程序公正原则和平等保护原则。

一、公平正义原则

公平正义原则作为司法活动总的原则,体现在现代民主国家的宪政制度及由此产生的各类司法制度中。该原则起源于"自然正义"的基本要求。一般认为"自然正义"包含两方面的内涵:一是裁判者不能审理自己,以及不得审理与自己有利害关系的案件,裁判者应该公正无私;二是应该平等地通知当事人各方,让他们准备陈述和答辩,允许被告为自己辩护,给当事人以同等的机会和权利来接受审判。有学者把公平正义原则具体表述为以下几个方面:法院公开审判;当事人有权请职业辩护律师;被告负举证责任;陪审团参加裁定;判决书须阐明判决理由;判决告知当事人;当事人有上诉权利;不得藐视法庭等[①]。美国宪法及其修正案、法国、意大利、日本等国家的宪法,对公平正义原则都作了明文规定。

随着社会的发展,公平正义原则又延伸出一些新的内容,如法律援助。法律援

---

① O. K. Metcalte, *General Principle of English Law*, 1980, pp. 293-295.

助是指由政府提供经济资助或委派律师以帮助有困难的当事人参加诉讼。

二、司法独立原则

司法独立是指司法机关及其法官在案件审理中,只服从法律,不受立法机关、行政机关及其他个人和社会团体的任何干涉。

司法独立原则是近代资产阶级作为一种政治原则提出来的,目的在于彻底否定资产阶级革命前司法审判中政权(王权)、教权与审判权合一的不公正的制度。经过两百多年的实践,在现代民主国家,司法独立的政治目的理念已经为其技术性价值所取代,它要求司法机关避免政治派别之争,建立一种超然于世的形象;另一方面,随着各种经济势力的日益增强,还强调司法机关避免来自社会这些力量的干预和影响。

三、程序公正原则

程序公正原则是保证公平正义原则的手段,同时又是司法活动所追求的直接目的,也是对司法活动提出的原则要求。法律的正义只有通过司法程序的公正才能真正得到实现。程序公正就是正确选择和适用法律,从而也是体现法律正义的根本保障。首先,程序公正可以排除在选择和适用法律过程中的不当偏向。其次,公正的程序本身意味着它具有一整套能够保证法律准确适用的措施和手段,并且由此形成保障司法公正的常规机制。

程序公正不仅在司法活动中具有绝对重要的地位,而且也是其他法律制度的基本条件。本书第十二章将作专门论述。

四、平等保护原则

平等保护原则是指法律确认和保护公民在享有权利和承担义务上处于平等地位,不允许任何人有超越法律的特权。在司法领域,它是指公民在适用法律上一律平等,公民有获得平等保护的权利,并可以通过控诉制度请求法院排除侵害,予以保障。这个原则既是一项重要的司法原则,又是一项重要的公民权利。

早在1789年,法国《人权宣言》就对这个原则予以确认。该宣言第1条规定:"在权利方面,人们生来是而且始终是自由平等的。公民的荣誉只能建立在公共事业的基础上。"第6条进一步规定:"法律对于所有的人,无论施行保护还是实施处罚,法律对全体公民一视同仁;在法律面前,人人平等,公民可以按他们各自的能力相应地获得一切荣誉、职位和工作,除德行和才能上的差别,不应有任何其他差别。"《人权宣言》的上述规定,成为以后世界上绝大部分国家的宪法和国际人权公约的范本。在我国每一历史时期的宪法、法院组织法以及各类诉讼法,甚至司法职业规范中,都反复确认了这一基本原则。

【阅读材料】7.4 "正义"概念的分析

提示：在本节中，我们使用了几个十分近似的概念：公平、正义、公正、平等，这些概念用在以上不同原则的叙述时，确有其特定的含义，但相互之间也存在关联和重叠的意义。由于它们代表着人类的理想和价值，加之文化、语言、历史和政治等方面的因素，其含义如希腊神话中普洛透斯(Proteus)的脸，难以把握。比利时法哲学家佩雷尔曼认为可以运用新修辞学的方法来分析这些概念。他侧重对正义这个最为崇高但又十分混乱的概念作了解析：

佩雷尔曼认为，正义是人类最宝贵的价值；在一个多元的世界中，必然存在着无数不同的正义概念；作为对话和辩论的技术，新修辞学需要澄清人们在正义问题上的争论，找出其中的共同思想和存在的分歧。他认为正义概念可归纳为以下六种：

第一，对每人一样对待。即凡要考虑的一切人，不论有任何差别，都一视同仁。

第二，对每人根据优点的对待。这一正义概念已不再要求普遍平等，而只要求和人的优点、一种内在品质成比例的对待。但问题是什么是优点？评定不同人优缺点的共同标准是什么？是否应考虑人们行为的动机、后果或为此作出的牺牲？同时，根据优点的对待，不仅指凡具有优点之人应同样对待，而且指具有同等程度优点。奖赏和优点相称；惩罚和缺点相称；奖赏和惩罚也应相称。

第三，对每人根据劳动的对待。这一正义概念也只要求按比例的对待。但这里的标准已不是伦理的，已不再考虑行为的动机或作出的牺牲，而仅考虑行为的结果。从伦理角度说，这种准则是不能令人满意的，但是应用起来却相当便利，因为它所考虑的因素基本上是可计算的。计算工资、考试评分等都是以这一正义概念为基础的。不管每人如何努力，只看结果如何。

第四，对每人根据需要的对待。这一正义概念不考虑人们的优点或产品，它首先要求减轻人们因自己无法满足基本需要而造成的痛苦。所以这一正义概念最接近慈善的概念。在社会上适用这种正义概念，当然不能依每人爱好而定。所以"根据每人需要"只能是"根据每人基本需要"以至"每人最低限度基本需要"。但什么是"基本需要"或"最低限度基本需要"，仍会引起激烈争论。现代社会立法，如保护劳工，最低限度工资，限制最长工时，提供失业、疾病、老年保险和家庭津贴等方面的法律，就是这种正义观念的体现。

第五，对每人根据身份的对待。这是贵族政治的正义概念。与其他正义概念不同，这一正义概念不是普适的，它将人归为不同范畴区别对待。因此根据这种正义概念所产生的要求总要由居于上等人地位的既得利益者以强力加以保护。

第六，对每人根据法律权利的对待。这意味着：一个法官在审理同样案件中运用同样法律是公正的。公正就是适用国家的法律。与以上几种正义概念不同，它并不对法律进行评价，而仅适用法律。这也意味着，不同法律制度具有各自不同的正义，在这一制度下是正义的行为，在另一制度下可能是不正义的。所以有人认为,这种概念是"静态正义",它以维护现存秩序为基础,在本质上是保守的,其他正义概念却是"动态"的,它们能对现行秩序进行改造。同时,就适用这一正义概念的人来说,他必须服从这一概念,而不能自由地选择他所相信的其他正义概念。这也表明了法律正义和道德正义之间的一个重大区别。

佩雷尔曼认为,以上六种最流行的正义概念说明了正义问题的复杂性,它们往往是相互冲突的。在这种情况下,我们应设法力求从不同的正义概念中找出共同的思想。

他又认为,从古至今哲学家、法学家都认为正义概念意味着某种平等的思想。所以,人们都同意平等地对待人是正义的。但困难和争论随之而来:平等对待人是否指对任何一个人都一样对待,或者应有所区别?如果区别,又如何区别?对这一问题,每个人就可能会作出不同回答:有人主张应考虑各人优点,有人主张应考虑各人需要,也有人认为不能忽视出身、身份,等等。但无论如何,人们都会同意一点:对于从某一特殊观点看来是平等的人,即属于同一"主要范畴"的人,应予以同样对待,这是公正的。

这一点就是各种不同正义概念中的共同思想。它可以称为形式正义或抽象正义。形式正义或抽象正义可解释为一种行为原则,根据该原则,凡属于同一主要范畴的人或事应予一样对待。要应用形式正义,首先就要确定"主要范畴",这就涉及价值判断、价值准则的问题,亦即世界观的问题。它可称为特殊正义或具体正义。每一特殊正义就构成形式正义的一种价值。人们通常所讲的不同正义概念就是特殊正义。

佩雷尔曼还认为,在以上六种最流行的正义概念中,仅第一种是唯一平等的概念,等于形式正义。其他五种正义概念都属于特殊正义。形式正义之所以能为一切人所接受,因为它来源于人们的惯性倾向,一种普遍性或近乎普遍性的心理特征。特殊正义则是人们在不同社会条件下形成的,因而人们在为某一特殊正义概念进行辩论时,必须要考虑到不同听众(读者)的感受。这种辩论必须符合新修辞学,而不是形式逻辑的原则①。

第四节 当代中国司法制度的改革

一、司法改革的背景

20世纪80年代以来,中国社会发生了巨大的变革,市场经济的建立和发展,

---

① 摘自沈宗灵:"佩雷尔曼的'新修辞学'法律思想",载《法学研究》1983年第5期。

有力地促进了社会经济的迅猛发展。社会经济的发展,又使得社会各种关系发生变化,这就要求调整各种社会关系的法律制度要适应社会的这种变化和发展而发生相应的变化。在各种法律制度的变革中,与社会实践和民众生活关系最为密切的司法制度的改革,成为人们关注的焦点。中国的司法制度改革就是在这样的一个大的历史背景下展开的。启动中国的司法制度改革的原因,大致可以归结为以下几方面:

第一,中国社会经济的迅速发展,依法治国目标的确立,向司法制度提出了新的、更高的要求,中国原有的司法制度已经不能适应这种要求。

第二,原有的审判制度已无法适用于新类型的诉讼案件,面对迅猛增长的诉讼案件,效率不高的审判制度无法迅速、有效地解决,素质有待提高的司法人员也显得不堪重负,社会秩序因此受到影响。

第三,地方保护主义和部分司法人员拜金主义思想的存在,严重地影响了司法的公正性,危害国家的法制的统一和权威,民众对少数司法人员腐败现象和裁判不公反应强烈。

第四,全球化特别是世界经济的一体化,促使中国必须建立起适应国际经济新秩序的司法规则,以及符合中国国际地位和形象的司法模式。

最后,公民的权利观念的增强也是中国司法改革的重要推动力。

在这样的一种宏观的国际和国内的背景之下,如果中国的司法制度不进行改革,社会的经济发展将受到极大的阻碍,国家的安定秩序也会面临挑战。因此,可以概括地说,中国司法制度的改革是源于社会发展的需要。

二、司法改革的基本内容

20世纪90年代以来,中国的司法机关依据自身最迫切的需求,在现行法律框架所允许的范围内,实施了一系列的改革措施。同时,对在深层次上涉及体制调整的问题,也提出了一些计划和设想。然而,总体上应如何把握中国司法改革的基本内容,目前的理论和实践并未能提供明晰的概念。我们认为,中国的司法改革应该以现代司法理念,即符合本章前面阐述的司法和司法权的本质特征及其基本原则为目标。改革的基本思路应当是:围绕更有效、更充分地保护人民正当权利的要求,合理界定司法机构与其他相关主体的权力范围及相互关系,逐步形成现代化的、富有中国特色的司法体制。具体而言,就是要重新调整和配置国家的司法权①。

(一)司法与执政党的权力关系

司法与执政党关系应该说是中国司法改革中无法回避的重要内容。两者关系

---

① 以下司法权关系调整部分的撰写参见李修源:《司法公正理念及其现代化》,人民法院出版社2002年版,第225—230页。

的实质是执政党在中国社会不容置疑、不容更易的领导核心地位与理想化的法治国家中法律至上地位的相容性、协调性问题。就总的原则来说,当今中国在司法与执政党的关系问题上是明确的,即"依法治国"已经被确定为执政党的基本方针。这不仅是执政党对全体人民的社会理想的一种尊重,而且也是执政党在处置司法关系上所作出的一种政治承诺。但是,在具体运作层面上仍然需要讨论和解决一系列问题:(1)执政党如何在实施其政治领导过程中维护司法的应有权威,尊重司法自身的运作规律。(2)司法在具体实践中如何通过法律技术手段贯彻执政党对社会治理的基本要求,体现执政党对社会过程的控制与领导的愿望。(3)执政党通过什么样的形式对司法实施组织化的、制度化的、常规性的领导。(4)在执政党的总体方针、政策体现于各级党组织以及党的领导干部所实施的具体行为的情况下,司法如何既能做到贯彻党的方针、政策,同时又能辨识进而排拒个别党的领导干部对司法行为的不当干预。

(二)司法与立法机构的权力关系

立法机构是司法机构外部联系最为密切的主体,相互间权力关系的内容也最为丰富,因而在司法改革中,司法与立法机构之间的权力关系也最值得审视。调整、完善或重构两者之间权力关系所涉及的问题包括:(1)立法权是否由人民代表大会独享,国家最高司法机构在一定范围内的准立法权是否应被承认。(2)中国是否应建立违宪审查制度,亦即司法能否获得评价某些立法合宪性的权力。(3)现行司法人员的任免制度是否需要完善。(4)如何改善人民代表大会对司法机构的监督;人民代表大会对个案监督是否正当和必要;如果个案监督正当和必要,个案监督的范围、方式以及程序应如何设定。

(三)司法与行政的权力关系

在现行体制下,司法与行政的权力关系集中体现在两个不同层面:一是在一定范围内,政府行政权力的行使受制于司法评价;二是司法机构的物质资源来自同级行政的供给。

在第一个层面的关系中,司法对政府行政权力评价的范围的界定,显得最为重要。从趋势上看,随着行政法制化水平的提高,司法对政府行政行为的评价范围,亦即行政诉讼的适用范围将会逐步增加。特别是不少抽象行政行为应纳入到司法评价的范围,成为可诉诸行政诉讼的对象。这一问题表象上是行政诉讼的受案范围问题,但实质上涉及司法的地位。

在第二个层面的关系中,由于行政权力决定司法机构的物质资源供给,这必然直接影响着司法权的独立性。现有分配体制导致的问题是:(1)地方政府的财政实力普遍不足以满足司法机构对物质资源的要求;(2)资源供给既取决于地方财政收入的实际能力,也取决于地方政府对司法机构的态度。因此,试图让司法在处置涉及行政的法律事务时保持中立,事实上难以做到。

(四)司法内部的权力关系

司法内部的权力关系涉及两个基本方面:其一,各级司法机构之间的权力关系;其二,在各司法机构内部,不同层级之间的权力关系。由于司法机构内部权力调整的制度性障碍较少,因而当前司法改革的实际措施主要集中在这一方面。

在司法内部权力的调整过程中,较为明确的取向是权力下放,即上级司法机构将部分权力下放给下级司法机构(包括将权力行使的部分范围划给下级)。应该说,司法体系内的这些调整,符合一定的司法理念和中国的国情。但需要引起重视的是:(1)在司法地方化问题并未真正得到解决之前,下放权力可能会进一步扩大司法地方化的负面效果。(2)在司法机构成员素质尚不够理想的情况下,且在对司法机构成员责任约束机制尚未形成的条件下,下放权力可能会进一步降低司法行为的水平与质量。(3)即使在有限的意义上,也不能肯定下级司法机构、低层级司法内部组织或成员比其上级能够更好地行使司法权;同时也不能肯定简单的层次比复杂的层次更能保证司法行为的质量。司法机构内部面临的主要问题在于激励和约束机制未能有效形成,这是改革的基础条件。

2014年10月,中共十八届四中全会作出了《关于全面推进依法治国若干重大问题的决定》,明确提出:"保证司法公正,提高司法公信力"并从完善审判权和检察权制度、优化司法职权配置、推进严格司法等六个方面提出了具体措施。

三、司法改革的路径

中国的司法改革是在特殊的、极为复杂的社会历史环境下进行的,既需要勇气,也需要智慧和耐心。要使改革能够顺利进行并最终取得成就,需要进行以下的一些努力。

(一)加强司法改革的理念构建

理论是实践的先导,没有科学的法学理论指导,司法改革就不可能有序推进。司法改革理论的逻辑起点应当定位在司法权上,也就是说司法改革实际上是司法权的改革。法院体制、法官制度、审判组织的改革实际涉及的是司法权的主体;审判方式的改革实际涉及的是司法权的运作;监督方式的改革实际涉及的是司法权的监督。基于此,司法改革主要是司法体制、司法机制、司法制度的改革。

(二)加强司法改革的组织准备

成立专门的司法改革委员会是许多国家司法改革成功的重要经验。例如英国的司法改革就是在专门的组织——法律委员会(law commission)的主导下进行的。澳大利亚也由"法律改革委员会"负责其司法制度的改革工作。1999年7月,日本内阁之下也设置了"司法制度改革审议会",由具有远见卓识的法学教授、律师担任委员。中国目前的司法改革由于本身处于最基层的地位,没有一个专门的改革机构,常使改革出现"群龙无首"的局面。

（三）加强司法改革的法律准备

要使司法改革在法治的轨道上有序运行，就必须保证司法改革的"合宪性"。司法改革没有法律为后盾，就不可能取得最终的成功。在当前司法改革中，执政党的肯定是对司法改革的强大支持。中国共产党的"十五大"、"十六大"报告中均提出司法改革的内容，为司法改革宪法化、法律化奠定了良好的政治基础。由于司法改革是一项关系法治建设全局的系统工程，应当由全国人民代表大会或其常务委员会制定一部专门规范司法改革的法律，主要内容应当包括司法改革的目标、司法改革的步骤、司法改革的原则、司法改革的内容、司法改革中各机关的权利与义务，以确保整个司法改革有法可依。

四、保证公正司法，提高司法公信力

公正是法治的生命线。司法公正对社会公正具有重要引领作用，司法不公对社会公正具有致命破坏作用。必须完善司法管理体制和司法权力运行机制，规范司法行为，加强对司法活动的监督，努力让人民群众在每一个司法案件中感受到公平正义。

（一）完善确保依法独立公正行使审判权和检察权的制度

各级党政机关和领导干部要支持法院、检察院依法独立公正行使职权。建立领导干部干预司法活动、插手具体案件处理的记录、通报和责任追究制度。任何党政机关和领导干部都不得让司法机关做违反法定职责、有碍司法公正的事情，任何司法机关都不得执行党政机关和领导干部违法干预司法活动的要求。对干预司法机关办案的，给予党纪政纪处分；造成冤假错案或者其他严重后果的，依法追究刑事责任。

健全行政机关依法出庭应诉、支持法院受理行政案件、尊重并执行法院生效裁判的制度。完善惩戒妨碍司法机关依法行使职权、拒不执行生效裁判和决定、藐视法庭权威等违法犯罪行为的法律规定。

建立健全司法人员履行法定职责保护机制。非因法定事由，非经法定程序，不得将法官、检察官调离、辞退或者作出免职、降级等处分。

（二）优化司法职权配置

健全公安机关、检察机关、审判机关、司法行政机关各司其职，侦查权、检察权、审判权、执行权相互配合、相互制约的体制机制。

完善司法体制，推动实行审判权和执行权相分离的体制改革试点。完善刑罚执行制度，统一刑罚执行体制。改革司法机关人财物管理体制，探索实行法院、检察院司法行政事务管理权和审判权、检察权相分离。

最高人民法院设立巡回法庭，审理跨行政区域重大行政和民商事案件。探索设立跨行政区划的人民法院和人民检察院，办理跨地区案件。完善行政诉讼体制机制,合理调整行政诉讼案件管辖制度,切实解决行政诉讼立案难、审理难、执行难等突出问题。

改革法院案件受理制度,变立案审查制为立案登记制,对人民法院依法应该受理的案件,做到有案必立、有诉必理,保障当事人诉权。加大对虚假诉讼、恶意诉讼、无理缠诉行为的惩治力度。完善刑事诉讼中认罪认罚从宽制度。

完善审级制度,一审重在解决事实认定和法律适用,二审重在解决事实法律争议、实现二审终审,再审重在解决依法纠错、维护裁判权威。完善对涉及公民人身、财产权益的行政强制措施实行司法监督制度。检察机关在履行职责中发现行政机关违法行使职权或者不行使职权的行为,应该督促其纠正。探索建立检察机关提起公益诉讼制度。

明确司法机关内部各层级权限,健全内部监督制约机制。司法机关内部人员不得违反规定干预其他人员正在办理的案件,建立司法机关内部人员过问案件的记录制度和责任追究制度。完善主审法官、合议庭、主任检察官、主办侦查员办案责任制,落实谁办案谁负责的原则。

加强职务犯罪线索管理,健全受理、分流、查办、信息反馈制度,明确纪检监察和刑事司法办案标准和程序衔接,依法严格查办职务犯罪案件。

(三)推进严格司法

坚持以事实为根据、以法律为准绳,健全事实认定符合客观真相、办案结果符合实体公正、办案过程符合程序公正的法律制度。加强和规范司法解释和案例指导,统一法律适用标准。

推进以审判为中心的诉讼制度改革,确保侦查、审查起诉的案件事实证据经得起法律的检验。全面贯彻证据裁判规则,严格依法收集、固定、保存、审查、运用证据,完善证人、鉴定人出庭制度,保证庭审在查明事实、认定证据、保护诉权、公正裁判中发挥决定性作用。

明确各类司法人员工作职责、工作流程、工作标准,实行办案质量终身负责制和错案责任倒查问责制,确保案件处理经得起法律和历史检验。

(四)保障人民群众参与司法

坚持人民司法为人民,依靠人民推进公正司法,通过公正司法维护人民权益。在司法调解、司法听证、涉诉信访等司法活动中保障人民群众参与。完善人民陪审员制度,保障公民陪审权利,扩大参审范围,完善随机抽选方式,提高人民陪审制度公信度。逐步实行人民陪审员不再审理法律适用问题,只参与审理事实认定问题。

构建开放、动态、透明、便民的阳光司法机制,推进审判公开、检务公开、警务公开、狱务公开,依法及时公开执法司法依据、程序、流程、结果和生效法律文书,杜绝暗箱操作。加强法律文书释法说理,建立生效法律文书统一上网和公开查询制度。

（五）加强人权司法保障

强化诉讼过程中当事人和其他诉讼参与人的知情权、陈述权、辩护辩论权、申请权、申诉权的制度保障。健全落实罪刑法定、疑罪从无、非法证据排除等法律原则的法律制度。完善对限制人身自由司法措施和侦查手段的司法监督，加强对刑讯逼供和非法取证的源头预防，健全冤假错案有效防范、及时纠正机制。

切实解决执行难，制定强制执行法，规范查封、扣押、冻结、处理涉案财物的司法程序。加快建立失信被执行人信用监督、威慑和惩戒法律制度。依法保障胜诉当事人及时实现权益。

落实终审和诉讼终结制度，实行诉访分离，保障当事人依法行使申诉权利。对不服司法机关生效裁判、决定的申诉，逐步实行由律师代理制度。对聘不起律师的申诉人，纳入法律援助范围。

（六）加强对司法活动的监督

完善检察机关行使监督权的法律制度，加强对刑事诉讼、民事诉讼、行政诉讼的法律监督。完善人民监督员制度，重点监督检察机关查办职务犯罪的立案、羁押、扣押冻结财物、起诉等环节的执法活动。司法机关要及时回应社会关切。规范媒体对案件的报道，防止舆论影响司法公正。

依法规范司法人员与当事人、律师、特殊关系人、中介组织的接触、交往行为。严禁司法人员私下接触当事人及律师、泄露或者为其打探案情、接受吃请或者收受其财物，为律师介绍代理和辩护业务等违法违纪行为，坚决惩治司法掮客行为，防止利益输送。

对因违法违纪被开除公职的司法人员、吊销执业证书的律师和公证员，终身禁止从事法律职业，构成犯罪的要依法追究刑事责任。

坚决破除各种潜规则，绝不允许法外开恩，绝不允许办关系案、人情案、金钱案。坚决反对和克服特权思想、衙门作风、霸道作风，坚决反对和惩治粗暴执法、野蛮执法行为。对司法领域的腐败零容忍，坚决清除害群之马。

【作业题】

1. 试述司法与政法概念的区别。
2. 司法权有哪些特征？
3. 司法独立的内涵及其意义是什么？
4. 当今中国的司法改革有何特点？
5. 如何理解培根所言："一次不公的判决比多次不平的举动为祸尤烈。因为这些不平的举动不过弄脏了水流，而不公的判决则把水源败坏了。"

第七章 司法原理和制度

【进一步的思考】法院院长引咎辞职制的质疑

提示：2001年11月6日最高人民法院颁布了《地方各级人民法院及专门人民法院院长、副院长引咎辞职规定(试行)》。该制度出台以后，立即引起了不少的争议。请你根据司法原理和有关法律，就该制度进行评析。

《地方各级人民法院及专门人民法院院长、副院长引咎辞职规定(试行)》：

第一条　为了深化干部制度改革，完善法院领导干部管理制度，确保法院领导干部恪尽职守，依法履行职责，根据《中华人民共和国法官法》及中共中央、国务院《关于实行党风廉政建设责任制的规定》，按照党管干部的原则，结合法院工作实际，制定本规定。

第二条　地方各级人民法院及专门人民法院院长、副院长适用本规定。

第三条　引咎辞职是指在其直接管辖的范围内，因不履行或者不正确履行职责，导致工作发生重大失误或者造成严重后果，负有直接领导责任的院长、副院长，主动辞去现任职务的行为。

第四条　院长、副院长在其直接管辖范围内，具有下列情形之一的，应当主动提出辞职：

（一）本院发生严重枉法裁判案件，致使国家利益、公共利益和人民群众生命财产遭受重大损失或造成恶劣影响的；

（二）本院发生其他重大违纪违法案件隐瞒不报或拒不查处，造成严重后果或恶劣影响的；

（三）本院在装备、行政管理工作中疏于监管，发生重大事故或造成重大经济损失的；

（四）不宜继续担任院长、副院长职务的其他情形。

第五条　院长、副院长引咎辞职应向有干部管理权限的党委和上级人民法院提交辞职申请书，经党委和上级人民法院同意后，依照法定程序办理。

第六条　符合本规定第四条情形之一的院长、副院长，本人不提出辞职的，按照干部管理权限，由党委和上级人民法院同意后建议人大或人大常委会依照法定程序罢免、撤换或免除其职务。

第七条　院长、副院长辞去职务后，可根据其辞职缘由及其个人情况另行安排工作，并确定其职级待遇。

第八条　已决定撤职或已构成撤职以上处分的院长、副院长不适用本规定。

第九条　引咎辞职的院长、副院长，需要给予撤职以下(不含撤职)党纪政纪处分的，按照有关规定和干部管理权限办理。

第十条　本规定由最高人民法院负责解释。

第十一条　本规定自颁布之日起试行。

【本章阅读篇目】

1. ［美］汉密尔顿著:《联邦党人文集》,程逢如等译,商务印书馆 1980 年版。
2. ［法］托克维尔著:《论美国的民主》,董果良译,商务印书馆 1988 年版。
3. 肖扬:《当代司法体制》,中国政法大学出版社 1998 年版。
4. 贺卫方:《司法的理念和制度》,中国政法大学出版社 1998 年版。
5. 李修源:《司法公正理念及其现代化》,人民法院出版社 2002 年版。
6. 《人民法院五年改革纲要》(1999 年,2004 年)。

第八章 法律解释与法律推理

本章导读

近代以来,法理学发展的一个趋势是将传统的抽象的和实质的问题转化为具体的和可操作的事项。于是,法律方法论的研究成为当今法理学的一大特色,成为法理学重新获得法学学科指导性话语权的一个理由。所谓法律方法论,区别于前述的法学方法论,它是指人们在对可能涉及法律问题的具体案件进行法律上的认识、形成法律上的判断或作出法律上的决定时所用的方法。本章阐述的法律方法是法律解释和法律推理,对于有志于从事法律实务的读者,这是应当掌握的基本职业技能。

第一节 法律解释的概念

一、法律解释的含义和必要性

法律解释是一定的组织或个人对法律规定含义的理解和说明。理解是没有表达出来的解释,说明是表达出来的理解。法律解释不仅是一种说明性活动,更是一种理解性活动。法官适用法律处理案件,首先对法律要有一个理解;律师也可能会向当事人说明法律规定的含义;法律教师在课堂上向学生揭示法律规定的含义;法学研究人员探讨如何正确地理解和说明法律,这些都是法律解释活动。法律解释是一种普遍性现象。从表面上看,法律存在于规范性法律文件当中,实际上也存在于人们对于规范性法律文件的理解和说明之中。在这个意义上可以说,法律是一个解释性概念。

与一般解释相比,法律解释具有以下四个特点:

1. **法律解释的对象是法律规定及其附随的情况**

法律规定或法律条文是法律解释所面对的文本,法律解释的任务是要通过研究法律文本及其附随情况,即制定时的经济、政治、文化、技术等方面的背景情况,探求它们所表现出来的法律意旨。

2. 法律解释与具体案件常常密切相关

在实践中,法律解释往往是由待处理的案件所引起的,人们需要寻求与案件相关的各种法律问题的答案。因此,法律解释就需要将法律条文与具体案件事实结合起来进行。法律解释的主要任务就是要确定某一法律规定对某一法律事实是否有意义,也就是对一项对应于一个待裁判或者待处理的法律规定加以解释。

3. 法律解释有一定的价值取向性

这是指法律解释的过程是一个价值判断、价值选择的过程。人们创制并实施法律是为了实现一定的目的,而这些目的又以某些基本的价值为基础,这些目的和价值就是法律解释所要探求的法律意旨。

4. 法律解释受解释学循环的制约

法律解释是解释的一种具体形式,也要服从解释学的一般原理。在法律解释中,解释者要理解法律的每个用语、条文和规定,需要以理解该用语、条文和规定所在的制度、法律整体乃至整个法律体系为条件;反过来也一样。这就是法律解释中存在的解释循环,它可以使人们防止孤立地、断章取义地曲解法律。

法律解释是法律实践中无法避免的现象。法律解释不仅无法避免,而且有必要存在。这种必要性主要由于以下几种原因:

1. 法律语言的局限性

立法者在创造法律的时候,必须对法律加以表述,语言就成为表述和展示法律的当然载体。语言是对世界上类似事物的概括。例如法、立法、制定法、法人等,实际上都是对世界上某一类事物的概括。某一事物(也是通过词语来表示的)是否属于另一个词语或概念的指称范围,取决于它与构成这一概念的核心事物之间的相似程度。相似性是一个程度问题,因此在大多数情况下语言的边界是模糊的。也就说一个词语包括哪些事物是不确定的。另一方面,面对无限丰富的社会生活,语言总是显得苍白无力,世界上的事物总是比用来描述它们的词汇多得多。由于词语的有限性而产生一词多义,造成语言的歧义性。为了解决法律语言的模糊性和歧义性,有必要进行法律解释。

2. 立法者认识和预见能力的局限性

面对发展变化的事物,立法者也无能为力。立法者制定法律时不可能认识到社会生活每时每刻所发生的所有变化,只是根据一个时期内相对稳定的社会关系来制定调整这些社会关系的法律,而那些在这一时期具有强大生命力的正在萌芽状态的或正处于质变阶段的社会关系往往无法被忽略。立法者囿于一定的历史条件,对社会变化的未来趋势也不可能有完全、绝对准确的认识。具体来说,其一,立法者对社会关系的认识只是整个社会关系的一个部分,立法者不可能透视社会关系的全部。其二,立法者对社会关系的认识受时空的限制。立法者只能在一定的时间和空间内对社会关系进行认识,因而这种认识是有限的。其三,立法者对社会关系的认识是逐步深入的、永远无法穷尽的,不可能达到认识的顶点。因此,立法者不是万能的,他们制定的成文法不可能涵盖和预测所有现实社会中已经发生和即将发生的所有变化,因而法律中存在空白、漏洞的情况在所难免。为了弥补立法中的缺陷,法律解释就应运而生。

3. 法律滞后与社会发展之间的矛盾

社会不断发展,而法律需要保持稳定,两者之间可能存在某种距离。有些法律具有数十年甚至百年以上的历史,却依然用以规制当前的社会生活,这就更需要法律解释发挥作用。在法律适用过程中,各式各样的案件以及随着科技、社会的发展而产生的新生事物要纳入法律的调整范围可能需要采用法律解释柔化法律的刚性规定,缓和法律与社会现实的紧张关系。此外,因为针对同一案件事实可能有两个法条赋予彼此相互排斥的后果,因此亦将产生解释的必要性。

二、法律解释的种类

根据不同的标准,从不同的角度,可以对法律解释进行不同的分类。

(一)法定解释、个案解释和论理解释

根据解释主体和解释效力的不同,可以把法律解释划分为法定解释、个案解释和论理解释。

1. 法定解释

是指由特定的国家机关、官员或者其他有解释权的人对法律规定所作的具有普遍法律效力的解释。

这种解释往往由特定的有法定解释权的主体来进行。这种法律解释不仅具有法律效力,而且具有普遍的效力。这种解释经常体现为规范性的解释文件。例如全国人民代表大会常务委员会对宪法的解释,最高人民法院、最高人民检察院对法律的解释。

2. 个案解释

是指国家机关或者国家官员在处理实际问题的过程中对法律规定所作的不具有普遍法律效力的解释。

相比之下,法定解释是一种制度化的解释,为解释体制所规定;个案解释是一种弥散性的解释,没有为制度所规定,但是在法律实施中必然会发生。任何一个执行法律和适用法律的人所执行或适用的法律都是经过他解释后的法律,这种解释发生在每一个执法与司法的过程中。

个案解释对于个案来说具有约束力,但是它本身往往是潜在的、没有形诸文字的。这种解释要受到法定解释的制约,但是法定解释也要受制于它的再解释。

3. 论理解释

也可以称为学理解释,是指学者、其他社会成员和社会组织根据自己的认识对法律规定所作的不具有法律效力的解释。

论理解释不能当然约束对个案的处理,其作用主要在于通过对话和交流说服其他人。论理解释虽然不具有法律效力,但是社会成员比较一致的论理解释可以制约国家机关和国家官员对法律所作的法定解释或个案解释。

三种解释是相互影响的。在一个民主和言论自由的社会中,社会的论理解释是法定解释和个案解释的基础。

(二) 字面解释、扩大解释和限制解释

根据解释尺度或者解释出来的结果与法律规定的字面意思相比的情况,可以把法律解释划分为字面解释、扩大解释和限制解释。

1. 字面解释

是指严格按照法律条文字面的通常含义解释法律,既不扩大,也不缩小。字面解释是法律解释中最为常用的一种解释。

2. 扩大解释

是指法律条文的字面含义窄于立法原意时,作出比字面含义为广的解释。如《宪法》第33条规定:"中华人民共和国公民在法律面前一律平等",其中的"法律"一词就应作扩充的解释。

3. 限制解释

是指法律条文的字面含义广于立法原意时,作出比字面含义为窄的解释。如《婚姻法》第21条规定:"父母对子女有抚养教育的义务;子女对父母有赡养扶助的义务。"显然,对这里的"子女"一词,就必须作限制解释。前者应限于"未成年或丧失劳动能力的"子女,后者则应限于"成年和具有劳动能力的"子女。

【阅读材料】8.1 解释学和法律解释学

诠释学,又称解释学、释义学,最早产生于古希腊,指的是文本解释的技艺,旨在字句疏通,释疑解惑。曾用于诗歌的解释。这种解释技艺的大量运用首先在中世纪后期的神学中,对《圣经》中上帝的意志进行解释。其次发生在法学中,尤其是11世纪前后大量罗马法资料被发现,由于年代久远不易理解需要疏义,这便产生了注释法学派。总括诠释学的演变,大体经历了从文本解释之技艺发展到施莱尔·马赫的心理学解释和狄尔泰的精神科学方法论,最后向本体论转向,与此同时还表现出本体论与方法论的统一及批判倾向。

法律诠释学,是20世纪60年代末70年代初,受本体论诠释学的影响,首先在德国兴起的。伽达默尔于1960年发表的《真理与方法》标志着哲学诠释学的正式诞生。如果要追寻法律诠释学的缘起,无论从哲学渊源,还是从应用层面上均须回到伽达默尔。哲学诠释学对法律解释的启示,就其核心而言,在于它为法律解释与

价值立场的关系,提供了有说服力的理论工具:解释者不可能价值无涉,解释者均存是非感,是非感存在先见、前理解之中,解释者的立场偏向,就决定了不存在能普遍接受的要么对要么错的判决,只有通过解释者与作者的对话,在探究性造法解释中,才能达到一个合理的、可接受的、合意的结论①。

【阅读材料】8.2　法律解释的两种概念之争

国内学术界,存在着广义和狭义的两种法律解释概念。所谓广义的法律解释指社会主体对法律的规定和含义所作的理解与说明。其特征是:其一,法律解释的主体是无限定的国家机关、社会团体和个人。其二,法律解释的具体对象有法律体系、法律条文、法律概念等多种法律现象;所谓狭义的法律解释是指有权的国家机关依照一定的标准和原则,根据法定权限和程序,对法律的字义和目的所进行的阐释。比较以上两种概念,广义的法律解释将学理解释和任意解释也涵盖于法律解释概念之中,实际上已经考虑到这两种解释在功能上与法定解释有相同之处;同时根据各类解释的本质区别对其进行进一步划分;并且承认,法官在法律适用中针对具体案件而对法律规范所做出的解释是法律解释最典型和最常规的形式。应该说,广义概念更具有内涵和外延的准确性和逻辑上的严谨性。然而在我国学术界,接受狭义法律解释概念的人更为广泛,因为,它与人们在法律实践中经常看到和听到的"法律解释",即有权国家机关(立法、行政、司法)所作的法定解释(特别是具有普遍约束力的规范性解释),在概念上是重合的。而且,这种法律解释概念有法律依据。全国人民代表大会常务委员会1955年8月《关于解释法律问题的决议》和1981年6月《关于加强法律解释工作的决议》,都对这种法定解释的权限进行了谨慎而严格的划分。由于上述文件并没有对这三类法定解释以外的法律解释加以说明,于是就导致了狭义法律解释概念的出现。有人进而提出"法律解释是权力还是方法?"的质问②。

第二节　法律解释的目标和方法

这里所说的法律解释既包括法定解释,也包括个案解释和论理解释。

所谓的目标是指法律解释所要获得的结果,也就是解释者通过解释活动所要获得的法律意涵。目标不同于目的。不论人们对法律解释的目标持有何种不同观点,他们都认为法律解释的目的是为了使人们更好地理解和实施法律。

---

① 摘自王晓、董必秀:"判决理由:哲学解释学在法律解释中的最终落脚点",载《浙江学刊》2003年第5期。
② 参见范愉:"关于法律解释的几个问题",http://www.legaltheory.com.cn/info.asp?id=8750。

方法是实现既定目标的手段。不同的目标可能需要使用不同的方法。当然有时候相同的方法也可以用来实现不同的目标。

一、法律解释的目标

有关法律解释的目标,可以归纳为两种学说。一种是原意说,另一种是合意说。

(一)原意说

原意说是一种比较传统的法律解释学说。原意说认为,法律解释的目标应当是探究历史上的立法者的原意,亦即立法者赋予法律条文的原始的看法、企图和价值观。

原意说的理由是:(1)立法是立法者的意思行为,表达了立法者的企图和价值观。任何立法者总是会把一定的愿望和要求表达在法律条文之中,法律条文蕴涵着立法者的最初的真实的意思。法律解释就是要把这个最初的真实的意思揭示出来。(2)立法者的意思是可以通过一定的历史资料加以探知的。也就是说,探知历史上立法者的意思是可能的事情。除了有一定的法律条文可供把握以外,立法会议的发言、辩论记录、谈话,立法者的书信和文章,乃至制定法律时的社会、政治、经济、文化状况都是可以用来探知立法者意图的历史资料。(3)立法者表达在法条中的意思是客观存在的,解释者的解释是主观的。主观符合客观是认识的规律。(4)根据权力分立原则,司法机关是法律适用机关,应当依据立法机关所制定的法律来审判和决定。(5)根据权力制约原则,要求法律解释符合法律的原意有利于制约法律实施者的权力。权力制约原则认为,掌握权力的人容易滥用权力,防止滥用权力的途径之一就是以权力制约权力。

原意说要求解释者尽可能多地占有历史材料,并克服自己主观因素的干扰,充分、完整、真实地揭示有关法律规定所蕴含的立法者的原意。

(二)合意说

合意说认为,法律自从颁布时起,便有了它自己的意思,这个意思是流动的和发展的。它实际上是诸多主体通过法律文本达成的合意。也就是说,法律的意思不完全等同于历史上立法者的原意,法律解释的目标在于探求法律本身的意思,即探求解释者与立法者之间、解释者与法律文本之间以及不同的解释者之间围绕法律文本形成的合意。

合意说的理由是:(1)原意说所说的具有意思能力的立法者并不存在。法律的起草、制定往往历经多个机关,经过多场发言和辩论。这些机关和发言者的观点也并非总是一致的。由于语言具有一定的弹性空间和歧义,不同的立法者对于所通过的法律条文所赋予的意思也可能是不同的。(2)从来不存在完整的或者可以完整地揭示立法者原意的历史资料。历史资料总是有缺陷的。(3)原意说包含一种不正确的有关语言的"图像理论"。语言的"图像理论"是说,我想将心中的一个图像(比如说,我房子前的树的图像)传给你,于是我就将这个图像译成你能认识的符号(即说出的词语"我房前的树"),你就能利用这个符号在你心中建构起一个完全相同的图像。而实际上,这种过程是不可能实现的。语言从来不能完全真切地表达出它想要表达的东西,也不能完全真切地传递它所要传递的东西。(4)法律一经制定,就获得了独立性,成为一种客观存在,即成为人们解释的对象。立法者于立法当时赋予法律的意义、观念及期待,并不具有约束力。具有约束力的是作为独立存在的法律内部的合理性所要求的各种目的。这些合理目的,也常常由于社会的发展变化而发展变化。法律解释的任务是在法律条文的若干可能的语义解释中选择现在最合目的的解释。(5)法律与历史上立法者的原意不完全是一回事。法律是立法者原意中比较概括、具有延展性的部分。比如,立法者在制定"经营者不得有欺诈行为"的法律条文时,心目中的确可能仅仅想到那些经营诸如家用电器、食品、服装等商品中的欺诈行为。但是如果把"欺诈行为"仅仅解释为立法者当时想到的一些具体的、个别的欺诈行为,可能丢失更重要的立法原意。那就是不允许经营者通过恶意的欺诈行为以损害消费者的利益。(6)通过法律解释适用到个案中的法律很少是单个规范性法律文件(或者某一届人民代表大会或议会)的规定,而往往是对若干个规范性法律文件(或者若干届人民代表大会或议会)的规定的综合。在一个具体案件中,经常需要综合考虑多部法律或多个条文,才能作出适当的判决。(7)严格的权力分立原则是不现实的。就立法权而言,严格的三权分立的几个前提假设是:立法机关可以用文字表达一切法律,法律无须解释;立法机关可以对社会生活的各个方面作出全面、细致的规定;社会生活在这些规则下永恒不变,或立法永远超前于社会生活,或立法机关有着极其准确的预见能力。这些假设都是很难成立的。(8)限制权力的途径不仅仅是以权力制约权力。"解释的共同体"也可以起到限制权力的作用。而对于社会的发展来说,不仅需要受到限制的权力,而且需要能动的权力。

相比较而言,合意说更妥当一些,更加合理可行。但是合意说也对法律解释提出了更高的要求。这些要求主要是:(1)解释结果不能突破法律文本在当前所呈现的字面含义。(2)解释结果不能与通过历史资料发现的立法者原意有明显的背离。所谓立法者原意并不是指立法者在立法时所想到的具体事物,而是立法者所坚持的那些概括的、具有延展性的原则。(3)解释结果不能与设想中的立法者在新的情况下的可能立法有明显的背离。(4)解释结果不能与法学界、法律界、社会公众对法律文本的理解有明显的背离。(5)解释者应当综合使用各种解释方法,解释的最终结果落在通过各种解释方法所产生的解释结果范围之内,最终的结果应当体现社会的诸多主体围绕法律文本形成的共识。

二、法律解释的方法

（一）文义解释

文义解释，也称语法解释、文法解释、文理解释，是指根据法律条文的含义来理解和说明法律规定的意思。文义解释是基本的法律解释方法。在原意说看来，文义主要是指文字在制定法律时的含义。在合意说看来，为了更好适用法律起见，文义应当主要是指法律实施时的文字含义。文义解释包含以下若干具体方法：

1. 平义解释

即根据词语的日常含义来确定法律的意思。如果不是特定的专业术语或法律概念，应当根据词语的社会最通行含义来理解和说明法律规定的意思。

2. 根据词语的特定含义来确定法律的意思

如果是特定的专业术语或法律概念，应当根据某一专业领域中该词语的特定含义或者法律概念的特定含义，来理解和说明法律规定的意思。例如《婚姻法》中所说的"子女""父母"和"兄弟姐妹"就不同于社会中流行的含义。法律中所说的"子女"包括婚生子女、非婚生子女、养子女和有扶养关系的继子女；所说的"父母"，包括生父母、养父母和有扶养关系的继父母；所说的"兄弟姐妹"，包括同父母的兄弟姐妹、同父异母或者同母异父的兄弟姐妹、养兄弟姐妹、有扶养关系的继兄弟姐妹。

3. 根据所列举的事物推知未列举的事物

假如有一个法律条文是"禁止狗、猫、羊等动物进入校园"，那么可以从明文提及者"狗、猫、羊"来推知其他某种动物（如牛、猪、兔子）是否在禁止之列。

4. 以类别中明文提及者为限

又如有一个法律条文："禁止狗、猫、羊进入校园"，那么所禁止者仅仅是狗、猫、羊这三种动物。

（二）历史解释

历史解释就是根据有关历史资料来确定法律的意思。历史资料指除了法律文本之外的与文本直接有关的资料，例如立法准备材料（文件、记录以及其他和立法过程有关的材料），立法说明，立法者的私人材料（谈话记录、回忆录、日记、书信等），乃至立法者当时发表的文章（例如《联邦党人文集》就是解读美国宪法的材料）。这种方法是原意说重视的方法。而在合意说看来，这种方法与其说可以最终决定法律的意思，不如说可以划定法律解释的活动范围，才能更好体现它的作用。文义解释也有划定解释范围的作用，即解释不应超出字面含义可能覆盖的范围。历史解释是在文义解释划定的范围内进一步地限定，在给定的历史条件上确定法律的意思。

（三）语境解释

语境解释，又称体系解释、系统解释，是指根据文本的语言环境（上下文的逻辑关系、整部法律乃至整个法律体系）来确定法律的意思。这一方法利用解释学循环的解释规律。

语境解释有一个重要的解释原则，就是整体性原则。解释者应该把法律看作是由所有的规范、条文等要素所构成的内部相互联系、和谐一致的复杂的立体结构。这个立体结构按照效力等级原理将一国的所有法律（各种法律渊源和法律部门）有机地联系在一起。任何一个规范和条文的意思都不是孤立的，而是从这一个复杂整体引申出来的。这一方法和原则要求解释者把法律看作是各部分紧密联系、没有疏漏和冲突的（即使法律是有疏漏和冲突的）。有时候，也许法律本身没有疏漏，而是解释者认为它有疏漏。有时候，也许法律本身没有内在冲突，而是解释者认为它有冲突。

（四）社会学解释

社会学解释是指通过调查法律界、法学界、社会成员的理解来确定法律条款的含义。这一方法要求解释者认识到，法律系统是依存于社会系统之中，与社会的其他因素联系密切，相互影响的。它要求解释者把法律看作是能够适应社会情境的有机整体。有时候，也许法律与社会主流道德观没有冲突，但是解释者认为它们之间有冲突，或者实际上是法律与解释者自身的道德观发生冲突。

（五）目的解释

目的解释是指根据法律所要实现的目的来确定法律的意思。目的是立法者原意中概括的、具有延展性的部分。所以，这里的"目的"统一了法律在过去和在当前所要满足的需要。"目的"也是法律的宗旨或任务。有些法律在第一条就表明了其宗旨或任务。有些法律的宗旨或任务是隐含在字里行间的。在某些条款的含义模糊不清的时候，借助法律的目的，可以帮助我们在多种可能的解释中选择更加合理的解释。

【阅读材料】8.3　司法判决中的法律解释：组织同性恋卖淫者被判刑

提示：当词语的含义随着时间的推移发生了流变，解释者如何确定词语的含义？是以当前的含义还是立法时的含义来解释词语？

2004年2月17日，江苏省南京市秦淮区人民法院对备受社会关注的江苏首例同性卖淫案作出一审判决（南京市中级人民法院在二审中维持了原判）：被告人李宁犯组织卖淫罪，判处有期徒刑8年，罚金人民币6万元，违法所得1 500元予以追缴。

法院经审理查明：2003年1月至8月，被告人李宁以营利为目的，先后伙同刘某、冷某（均另案处理）等人经预谋后，采取张贴广告、登报的方式招聘"公关先生"，制定公关人员管理制度,指使刘某、冷某对"公关先生"进行管理,并在其经营的"金麒麟""廊桥"以及"正麒"酒吧内将"公关先生"介绍给同性嫖客,由同性嫖客带到南京市"新富城"大酒店的桑拿浴室、包间等处从事同性卖淫活动。

法院经审理认为:公诉机关指控被告人李宁犯组织卖淫罪的事实清楚,证据确实充分,指控的罪名成立,予以采纳。辩护人提出的"被告人李宁的行为不构成犯罪,况且刑法及相关司法解释对同性之间的性交易是否构成卖淫无明文规定,而且本案并不危害社会公共秩序和良好的社会风尚"的辩护意见。法院在判决书中阐明:我国刑法规定的"组织卖淫罪",是指以招募、雇佣、引诱、容留等手段,控制多人从事卖淫的行为,组织他人卖淫中的"他人",主要是指女性,也包括男性。本案被告人李宁以营利为目的,组织"公关先生"从事金钱与性的交易活动。虽然该交易在同性之间进行,但该行为亦为卖淫行为,被告人李宁作为组织者其行为侵害了社会治安管理秩序和良好的社会风尚,符合组织卖淫罪的构成要件,故对该辩护意见不予采纳。为维护社会治安管理秩序和良好的社会风尚,合议庭依照《中华人民共和国刑法》第358条第1款、第64条的规定,作出了上述判决。

第三节　当代中国的法律解释体制

这里所谓的法律解释体制就是法定解释的体制,即在一个国家中哪些国家机关或国家官员可以对法律作出具有普遍约束力的解释,这些解释的对象、权限和效力大小关系的情况如何。当代中国的法律解释体制主要是根据《宪法》《立法法》和全国人民代表大会常务委员会《关于加强法律解释工作的若干规定》形成的。根据这些规定,当代中国建立了以全国人民代表大会常务委员会的立法解释为核心,司法解释、行政解释和地方国家机关的解释分工配合的法律解释体制。

一、立法解释

立法解释有多种不同含义,但是通常是指全国人民代表大会常务委员会对于宪法和法律的解释。《宪法》第67条规定:"全国人民代表大会常务委员会行使下列职权:(一)解释宪法,监督宪法的实施……(四)解释法律。"《立法法》第42条规定:"法律解释权属于全国人民代表大会常务委员会。"

显然,《宪法》和《立法法》也明确了全国人民代表大会常务委员会的解释对象,即宪法和法律。这里的宪法和法律是指作为法律渊源的宪法和法律。宪法指《宪法》及其修正案,法律指全国人民代表大会制定的基本法律和全国人民代表大会常务委员会制定的基本法律以外的法律。

全国人民代表大会常务委员会关于宪法的解释权限是不清晰的。《宪法》第

67条仅仅规定全国人民代表大会常务委员会具有解释宪法的职权,但是没有规定这种职权的范围。

《立法法》第42条规定:"法律有以下情况之一的,由全国人民代表大会常务委员会解释:(一)法律的规定需要进一步明确具体含义的;(二)法律制定后出现新的情况,需要明确适用法律依据的。"第一种情况是指全国人民代表大会常务委员会可以通过法律解释将概括性的法律规定具体化。第二种情况是指全国人民代表大会常务委员会可以通过法律解释确定原有规定在新的情况下的适用范围。比如原有的规定适用于法律制定时可以发现和预见的三种情况:A、B、C,现在出现了与上述旧情况既有类似之处又有一定区别的新情况D,全国人民代表大会常务委员会可以对原有规定作解释,以确定是否适用于D。

《立法法》第47条规定:"全国人民代表大会常务委员会的法律解释同法律具有同等效力。"宪法没有规定全国人民代表大会常务委员会的宪法解释的效力。可以推知,全国人民代表大会常务委员会对宪法的解释也应该与宪法具有相同的效力。

在实践中,立法解释是比较少见的。而且哪些是对宪法的解释、哪些是对法律的解释、哪些是有关法律问题的决定三者之间并不能很清晰地区分开来。学者之间比较认同以下一种规范性文件是对宪法的解释,即1983年9月2日全国人民代表大会常务委员会通过的《关于国家安全机关行使公安机关的侦查、拘留、预审和执行逮捕的职权的决定》属于宪法解释。全国人民代表大会常务委员会的这一决定实际上是对1982年宪法的第37、40、135条内容的具体解释。宪法这几条规定规定了公安机关的有关权限。后来成立了独立的国家安全机关,是否可以行使宪法原有的这些规定所赋予的权力,全国人民代表大会常务委员会的宪法解释认为这是可以的。从这一解释看来,全国人民代表大会常务委员会对宪法的解释也可以确定宪法在新的情况下的适用范围。

二、司法解释

(一)主体

司法解释是指最高人民法院和最高人民检察院在适用法律过程中对具体应用法律问题所作的解释。

根据主体的不同,司法解释有三种情况:(1)审判解释,即最高人民法院对人民法院在审判工作中具体应用法律问题所作的解释;(2)检察解释,即最高人民检察院对人民检察院在检察工作中具体应用法律问题所作的解释;(3)联合解释,即最高人民法院和最高人民检察院对全国司法机关在法律适用过程中具体应用法律问题联合发布的解释。

有时候最高人民法院或最高人民检察院或者它们联合其他国家机关发布法律

解释。例如1998年1月19日最高人民法院、最高人民检察院、公安部、国家安全部、司法部、全国人民代表大会法工委联合发布《关于刑事诉讼法实施中若干问题的规定》。

近年来,最高人民法院在许多涉及数额、情节、后果的法律适用问题的司法解释中,特别授权"各省、市、自治区高级人民法院可以根据经济状况制定具体的数额标准"。这样,各省、市、自治区高级人民法院就成了被授权的法律解释主体。这种做法虽然比较适合中国各地发展水平差别很大的状况,但是应当谨慎进行。

(二) 对象和权限

司法解释的对象是审判和检察工作中适用的法律。这里的法律是指全国人民代表大会制定的基本法律和全国人民代表大会常务委员会制定的基本法律以外的法律。

司法解释是在适用法律过程中对具体应用法律问题所作的解释。因此,司法解释限于将概括性的法律规定具体化。但是在实践中,司法解释往往突破这个权限。司法解释往往弥补法律规定的疏漏,明确在新的情况下原有规定的适用范围。司法解释已经涉及法律的实质性内容而不是语言表达形式。

(三) 效力

审判解释与检察解释具有相同的法律效力。在审判解释和检察解释发生冲突的时候,由全国人民代表大会常务委员会裁决。

最高人民法院2007年4月1日施行的《关于司法解释工作的规定》:最高人民法院制定并发布的司法解释,具有法律效力;除有特殊规定外,司法解释以在《最高人民法院公报》和《人民法院报》上公开发布的日期为生效的时间;司法解释在颁布了新的法律,或者在原法律修改、废止,或者制定了新的司法解释后,不再具有法律效力;司法解释与有关法律规定一并作为人民法院判决或者裁定的依据时,应当在司法文书中援引,援引司法解释作为判决或者裁定的依据,应当先引用适用的法律条款,再引用适用的司法解释条款。

(四) 形式

审判解释的形式比较规范,我们主要分析审判解释。

审判解释主要有四种形式:"解释""规定""批复"和"决定"。四种形式的司法解释都是法定解释,具有普遍的法律效力。

《关于司法解释工作的规定》规定,在不同的情况下采用不同的形式。(1) 对于如何应用某一法律或者对某一类案件、某一类问题如何适用法律制定的司法解释,采用"解释"的形式。(2) 根据立法精神对于审判工作中需要制定的规范、意见等司法解释,采用"规定"的形式。(3) 对于高级人民法院、解放军军事法院就审判工作中具体应用法律问题的请示所作的答复,采用"批复"的形式。

审判解释在首部写明以下内容:(1) 审判解释的名称;(2) ××××年××月

150

××日最高人民法院审判委员会第×××次会议通过；（3）文件编号；（4）如属"批复"，还应写明主送机关；（5）在正文部分，写明审判解释的具体内容。

三、行政解释

行政解释是指国务院及其主管部门对有关法律、法规和部门规章的解释。

行政解释主要有两种情况。第一种情况是国务院及其主管部门对不属于审判和检察工作中的法律所作的解释。第二种情况是国务院及其主管部门对自己制定的行政法规、部门规章所作的解释。在国务院及其主管部门制定的行政法规和部门规章中，经常会规定该法规或规章由谁进行解释。

国务院及其主管部门对法律只能作具体化的解释，也就是进一步明确法律规定的具体含义；对自己所制定的法规和规章既可以作具体化的解释，也可以通过解释作补充规定或者明确原有规定在新的情况下的适用范围。

四、地方解释

地方解释主要是指有关地方国家机关对于地方性法规、地方政府规章的解释。这里面也有两种情况。第一种情况是地方国家权力机关的解释，即对于属于地方性法规条文本身需要进一步明确界限和作补充规定的问题，由制定该法规的地方国家权力机关的常设机关进行解释和作出规定。第二种情况是地方国家行政机关的解释，即对属于地方性法规如何具体应用以及地方政府规章需要解释的问题，由制定该法规的地方国家权力机关的同级人民政府进行解释。

【阅读材料】8.4 对现行法律解释体制的反思

提示：关于中国法律解释体制的评论，近年来时有文章发表。一些文章既指出问题，也提出制度建构的设想。然而至今，中国的法律体制除了某些解释在形式上有了规范化的改进措施，基本的体制仍然是沿袭20世纪50年代的。问题的根源在于法律解释体制涉及国家的基本政治制度问题。以下有关观点的综述可供读者对此有大致的了解：

中国现行法律解释体制是通过在不同的国家机关之间划分法律解释的权限来构建的，其基本前提是视法律解释权为一种独立的权力。对此，一些学者进行了批判性的思考。

有的学者认为，立法机关没有必要承担法律解释的职责，因为，第一，若在立法的意义上使用法律解释权，则立法机关本来就享有立法权，何必又要法律解释权；第二，确认法律条文的含义与立法不是一回事，它涉及的是立法完成之后如何执法的问题，至于如何保证执行中所确认的法律含义符合立法原意，则应属于立法机关对执行机关的监督和制约的问题，不应把这个问题再拉回到立法程序中解决。

有的学者认为,中国的法律解释制度应进行深层次变革,解决的主要问题是在法律解释上混淆立法权、司法权和行政权的界限,例如,最高法院进行抽象的法律解释,实际上是集立法权和司法权于一身,行政机关解释行政规定,是集立法权和行政权于一身。

还有的学者认为,法律解释权不是一种独立的权力,而是一种派生的权力。有立法权自然就有对法律的解释权,有执法权也必然派生出执法过程中对法律的解释权。法律解释的效力并非直接来自于法律,而是来自于它所附着的立法权和执法权,例如最高法院司法解释的效力是来自它对案件的最终决定权。因此,把法律解释单独作为一种权力,规定哪些机关有权解释,哪些机关无权解释,不科学也不可行。更进一步说,实际上只有执法机关才需要解释法律,法律解释权天然属于执法机关,因为立法机关可以对法律进行立、改、废,不存在需要解释法律的问题。当然,执法解释只能是针对具体案件进行解释,不能进行立法性质的抽象解释。

也有学者婉转地指出,由每两个月举行一次会议的全国人民代表大会常务委员会去主要承担法律解释的具体任务是根本不可能的,而且在国外,主要由最高立法机关或其常设机关来承担法律解释任务的情况,也属罕见①。

第四节 法 律 推 理

一、法律推理的含义及其特点

法律推理是指在法律实践中,从一个或几个已知的判断(前提)得出一个未知的判断(结论)的思维方式和过程。法律推理实质上是将有关法律规范和具体案件结合在一起,推导出法律结论的过程。这一过程也是从规范到事实、从事实到规范的循环往复、寻求有说服力的结论的过程。简单地说,法律推理就是讲道理,以理服人。这个理不是别的,就是规范和事实。规范来源于各种正式和非正式的法律渊源,事实来源于有关证据以及证据之间的相关性。

法律解释与法律推理既有联系又有区别。两者所要完成的任务和针对对象有所不同。法律解释是对法律规范的意涵进行揭示和说明,而法律推理则是在法律论辩中通过运用法律理由,以理服人。前者针对的是法律规范,通过研究法律文本,阐发其意涵;后者不仅针对法律规范,还包括案件事实,通过演绎、归纳和辩证

① 摘自张志铭:"当代中国的法律解释问题研究",载《中国社会科学》1996年第5期。

推理等方法得出令人信服的法律结论。两者又存在着有机的联系。首先,它们都与解决具体的法律问题有关,都经常地发生在法律实施的过程之中。其次,两者在很多情况下是不可分割的。在进行法律解释时,离不开法律推理方法的运用;而在法律推理的过程中,常常需要对法律规范进行解释,然后运用于具体的案件事实。特别是在法律规定不明确或者含义有争议的情况下,法律解释更是法律推理过程一个十分重要的组成部分①。

法律推理具有以下这些特点:

1. 法律推理旨在为法律结论提供正当性证明

法律结论是法律对一定事实的评判,但是法律是概括性的规定,事实是以证据形式表现出来的具体材料,为什么认定这种材料而不是另一种材料作为事实,为什么选择这一条款而不是那一条款处理案件,为什么这一条款适用于事实之上会得出那种结论,这都需要充分的理由来说明。法律推理的过程就是逐步展示法律结论之正当性的过程。

2. 法律推理的前提是事实和法律

法律推理就是将事实和法律结合在一起,推导出法律结论。在法律推理中,法律规范是大前提,案件事实是小前提,没有它们,就没有适当的法律结论。这也就是通常所说的"以事实为根据,以法律为准绳"。

3. 法律推理是从规范到事实,又从事实到规范的循环往复的复杂过程

法律推理并不是那种从规范到事实的简单的一次性的单向过程。推理包含着从事实到规范的过程,寻求适合于事实的规范;又包含着从规范到事实的过程,根据一定的规范来评判事实。这两种过程可能要经历多次,最后求得规范与事实之间的妥帖吻合,法律结论稳当。

二、形式推理

形式推理一般是形式逻辑的推理,即不是对思维实质内容而仅对思维形式所进行的推理,又称为分析推理。形式推理主要包括演绎推理和归纳推理。

演绎推理又称为三段论的推理方式,是指从一个共同概念联系着的两个性质的判断(大小前提)出发,推论出另一个性质的判断(结论)。演绎推理是从一般到特殊的推理。作为大前提的法律规范与作为小前提的案件事实是具有密切相关性的,包含着一个关键性的共同概念。例如,法律规范是故意杀人应该判处死刑,案件事实是张三有故意杀人的行为。故意杀人就是一个联系大小前提的共同概念。将大小前提相结合,最后得出张三应被判处死刑的结论。这就是演绎推理。在法律规范明确、案件事实清楚的情况下,演绎推理比较有效。一般认为,以制定法为

---

① 参阅《国家司法考试辅导用书》(法理学部分),法律出版社2004年版,第56页,撰写人为张骐。

主的国家中,演绎推理运用十分广泛。这种演绎推理的大致过程就是将制定法的概括性规定适用到具体的案件事实上。

归纳推理是指从若干个特殊性命题推导出一般性命题的推理方式。归纳法律推理就是从若干个同类的案件的判例中推导出适用于这一类案件的共同法律规则、原则,或者是推导出某一个具体的同类案件的判决。归纳推理的方法大致是:首先,汇集众多个别案件及经验事实;其次,对所汇集的对象进行分析、比较和概括,发现或者确定某类案件和经验事实中共同的特征和属性,并形成带有一定普遍性的判断。一般认为,在普通法法系,判例法方法论中包含着归纳推理。这种归纳推理的大致过程就是法官在审理案件时,在事实查清之后,首先考虑以前类似案件的判例,将本案事实与以前案件事实加以比较,然后从以前判例中找出可以适用于本案的法律规则,作为判决本案的依据。

三、实质推理

实质推理,又称为辩证推理,是指针对思维的实质内容的推理。这种推理侧重于对法律规定和案件事实的实质内容进行价值评价,或者在相互冲突的利益或主张间进行选择。运用实质推理,一般是在疑难案件中。在这种情况下,仅仅依靠纯粹的形式逻辑,并不能得出有效的结论。发生实质推理的情况大致有以下几种:

1. 法律存在疏漏

当法律出现人们通常所说的"漏洞"或"空隙"的时候,也就是出现了疑难案件。当法律出现漏洞的时候,法律推理就缺乏大前提。当大前提缺乏的时候,依靠形式推理就不行了。法律根本没有提供用以处理某种事实的答案。

为了解决这个问题,存在着不同的观点和主张。有的观点是,拒绝支持一方当事人的诉讼请求,因为他的诉讼请求没有法律根据。这种观点导向形式推理。有的观点允许法官代替立法者进行立法。有的观点要求根据非正式的法律渊源(道德、习惯、"自然法"、法学著作等)来裁判案件。还有一种观点认为可以适用类比推理。这些观点都导向实质推理。

所谓类比推理,又称类推适用或比照适用。它在法律实践中的形式大体是,一个规范适用于甲案件;乙案件在实质上与甲案件类似,因此这个规范也可以适用于乙案件。这种类推适用的原理和我们前面讲过的一种法律解释相似:某一个法律规范 N 原来仅仅适用 A、B、C 三种行为,并不适用于 D 行为,或者说这一规范由于某种原因并没有明文规定对 D 行为予以惩罚,但是由于 D 行为与 A、B、C 行为具有一定的类似之处,因此将规范 N 类推适用到 D 行为上,对 D 行为加以惩罚。D 行为与 A、B、C 行为并不完全相同。那么,如何判断 D 行为与 A、B、C 行为是类似的,以及它们类似到何种程度才可以类推适用规范 N,这在很大程度上取决于形势、政策、道德和衡平等方面的考虑。因此类推适用包含一定的立法性质。刑事司法领域实行罪刑法定原则,是不允许类推适用的。中国1979年刑法规定了类推适用,1997年修订时取消了这种规定。在民事司法领域,为了妥当地解决纠纷,维护当事人的正当权益,是允许类推适用的。但是总的来说,这种推理方法在许多国家都是不受鼓励的。

2. 法律具有内在矛盾

当法律规范之间有相互抵触的时候,或者出现了两个都可以适用的相互矛盾的法律条款的时候,而且这种抵触或矛盾不可能通过法律效力等级原理加以解决,就出现了疑难案件。在法律推理中,这种情况就是,当出现了两个可以适用的大前提,就必须从中选择一个来进行推理。法律提供了两个用以处理某种事实的不同答案。

对于这个问题,有的观点认为,法官在这种情况下可以而且必须拥有自由裁量权,选择其中一个规定进行裁判。有的观点要求根据非正式的法律渊源进行裁判或者根据非正式的法律渊源选择其中一个法律规范进行裁判。这两种观点都导向实质推理。

3. 法律的规定与人们的道德观念发生冲突或者说法与理发生冲突

这里主要是指,一个法律规定在一个案件中导致非常不合理或荒谬的结果,而这种案件显然在规定的适用范围之内,法律没有提供用以处理某种事实的"正确"答案。

在这种情况下,有的观点要求法官严格地依法办事。有的观点允许法官脱离法律,根据道德准则进行裁判。前一种观点导向形式推理,后一种观点导向实质推理。

4. 法律规范含糊不清

这里所说的"法律规范含糊不清",不是因为法律规范的语言表达比较概括和抽象,而是因为法律规范模棱两可、含糊不定,不明确肯定。这样,就出现多种解释的可能性。在这种情况下,某种非正式的法律渊源(例如道德准则或公平正义观念、政策、习惯、判例、法理)往往被用来确定一种更加合理的含义或解释。

5. 双方证据旗鼓相当

有时在民事司法实践中,如果双方当事人对于两种对立的主张分别举出了大致相当的证据,以致仅仅根据证据本身无法认定事实。在这种情况下,也可能会发生实质推理。法官借助证据以外的某些因素来推论案件的事实。

【阅读材料】8.5 形式推理中的谬误

形式推理在法律实践中应用最为广泛,但运用不当,也会产生谬误。常见的谬误大体上有以下几种形式。第一,偶然的谬误,即将一个一般规则适用于不应适用该规则的特殊情况。例如,刑法规定,犯罪者应受刑罚,但如果将这一规则适用于法律上规定不负刑事责任的精神病人就是错误的。第二,与偶然谬误相反,将一个仅适用于特殊情况下的规则适用于一般情况。例如,《民法通则》第145条规定,涉外合同当事人可以选择处理合同争议所适用的法律。但如果将这一仅适用于涉外经济合同的特殊规则，适用于一般经济合同的案件，显然是错误的。第三，文不对题的谬误，即改变前提中的要点。例如一个辩护人为被告甲所作的辩护要点是，甲是"好人"，所以他不会犯这种罪。第四，循环论证的谬误，即用以证明论题的论据本身，要靠这一论题本身来证明。例如以甲有权利来证明乙负有义务，反过来，又以乙负有义务来证明甲有权利。第五，根据不足的谬误，如某商店有一天被窃，甲在当天曾去购物，因而认为甲是偷窃者。第六，许多问题的谬误，即对一个包含若干问题的问题或必须推定前提的问题，要求作出一个简单的回答。

形式推理中的谬误还有文字上的谬误，通常是指用词上的失误。例如在前提和结论中使用一个多义词；使用模棱两可的词；用代表事物部分的前提，来论证事物整体的结论，等等。此外，还有通常形式逻辑中讲的三段论推理中的谬误①。

【阅读材料】8.6　实质推理中应该注意的问题

实质推理过程中有两个值得注意的问题。第一个是关于法律推理中的非逻辑思维问题。非逻辑思维在人们思维活动中是存在的，而且在有些场合，例如对文艺创作或科学研究等活动，还具有相当重要的作用，但适用法律必须以事实为根据，以法律为准绳，它主要是一种理性的、严密的逻辑思维的活动，无论对形式推理或实质推理，都是一样的。

另一个值得注意的问题是必须慎重使用实质推理。如上所述，在法律适用过程中，实质推理在有的场合下是必不可少的，如果使用得当，它可以成为推动法律发展的一个重要形式。但这种推理形式意味着赋予执法、司法工作者在运用形式推理条件下所没有的权力，因而必须慎重地使用。执法、司法工作者本身应注意自我约束，更重要的是在制度上应加强对执法、司法工作者在运用实质推理时的制约和监督，以防止他们滥用权力②。

【作业题】

1. 简述法律解释的含义和特征。
2. 法律解释的不同方法在运用中应遵循哪些规则？
3. 试论我国司法解释中存在哪些主要问题。
4. 教材中阐述的有关法律解释目标的两种观点中，你认同哪一种？
5. 试述法律解释与法律推理的相互关系。
6. 单项选择题(2005年司法考试试题)：

---

① 摘自沈宗灵："法律推理与法律适用"，载《法学》1988年第5期。
② 同上。

某地电缆受到破坏,大面积停电 3 小时,后查知为邢某偷割电缆所致。邢某被指控犯有"危害公共安全罪",处以 5 年有期徒刑。邢某不服上诉,理由是自己偷割电缆变卖所得仅 50 元钱,顶多属于"小偷小摸"行为。二审法官依照最高人民法院《关于审理破坏公用电信设施刑事案件具体应用法律若干问题的解释》维持原判。对此,下列哪一种理解是错误的?(   )

A. 法官根据最高人民法院的解释对邢某行为所作出的判断是一种事实判断

B.《关于审理破坏公用电信设施刑事案件具体应用法律若干问题的解释》是司法解释

C. 在这个案件中,法官主要运用了"演绎推理"

D. 邢某对自己行为的辩解是对法律的认识错误

【进一步的思考】是否存在唯一正确的法律答案?

提示:一般人会认为,法律解释存在着多种可能性,不同的人对相同的法律规定可能做出不同的解释,法院选择哪一种解释取决于法官的主观价值判断。这样,在疑难案件中,就存在着多种法律答案或者解决办法。但是美国法学家德沃金并不这样认为。在他看来,即使在疑难案件中,也存在着一个唯一正确的法律答案。中国古代法律思想也强调"法无二解",对法律规定的含义只存在一种唯一正确的解释。你是如何看待这个问题的?

美国法理学家德沃金,1931 年生于美国马萨诸塞州。他曾经担任著名法官汉德的秘书,当过律师。1962 年起任耶鲁大学、纽约大学和哈佛大学的法理学教员,1969 年接替哈特担任牛津大学法理学教授。现在是伦敦大学和纽约大学的法理学教授。德沃金写过许多著作:《至上的美德:平等的理论与实践》《自由的法:美国宪法的道德解读》《法律帝国》《原则问题》《认真对待权利》等。其中《认真对待权利》是他的成名作,《法律帝国》是他最重要的法学著作。2002 年,德沃金教授还应邀来清华大学、复旦大学、浙江大学讲学。

德沃金被普遍认为是当今英美法理学界最重要的自由主义代表人物,是英语世界继哈特之后最重要的法理学家。他是在法学界以外也具有广泛影响力的少数法学家之一。德沃金的学说旨在恢复人们对于自由主义特别是个人权利的信心,他批评了其他许多种的法律思想,维护和重新解释了自由主义法律和法治的主要价值。他的学说又被称为权利论(the right-based theory),是权利与原则学派的重要代表人物。

德沃金认为,一个稳定的法律制度都表达一种主导的政治哲学,正是这一主导的政治哲学赋予法律制度以连贯性和统一性。在美国,这种政治哲学就是政府必须平等地尊重和关怀每一个公民。这种受到平等尊重和关怀的权利优越于功利主义的考虑。权利在法律中主要体现为一系列的法律原则,原则比规则、政策更重要;原则对法律而言是内在的,是由司法发展的。原则体现了内涵于法律制度之中的一个共同体的历史文化传统、社会理想、政治道德态度等。

为了保障权利,必须坚持一种"整体性的法律观"。德沃金区分了三种法律观:因袭主义法律观、实用主义法律观和整体性法律观。因袭主义法律观把法律理解为一套规则体系,认为法官应当按照过去制定的规则审判案件,在没有规则的地方行使自由裁量权。实用主义法律观把法律看作是满足当前和未来需要的政策,法官判决不必严格地遵循过去的法律。

整体性的法律观是一种立法原则,它要求立法者设法使所有法律在道德上连贯;整体性的法律观还是一种司法原则,它引导人们尽可能地将法律理解为道德上一致的。它把社会的理想与个人的职业态度连接起来,要求法官以特定的方式分析和解释法律权利。整体性的司法原则引导法官在确认法律权利和义务时,尽可能地依照下述假定来进行:法律权利和义务都由一个创制者,即人格化的共同体所创制,并对正义和公正的内容做出了前后一致的表达。

整体性的法律观可以用来把握法律发展的节奏性,在坚持与发展之间、在继承与创造之间维持恰当的平衡。这样,法律制度的发展具有"连锁小说"似的结构:虽然一部连锁小说有许多作者,但是角色、情节能连贯成为整体,仿佛作者是一个人。其中,每一个作者必须注意和前面的那些作者的创作内容衔接好,同时根据情境和理解加以发挥,也就是说"既要坚持又要发展"。肯定存在着一个最好的衔接方式,这种最好的衔接方式把新章节的故事与旧章节的法律故事衔接得天衣无缝。法律制度的发展也应如此。

所以,德沃金认为,即使在疑难案件中,如果我们从整体性的法律观出发,就会发现存在着一种最佳的解释或者唯一正确的法律答案。这种最佳的解释就是把法律理解为一个整体,即把法律看作是在过去的政治决定和由此推导出来的权利义务之间保持特殊的一致性的整体结构。法律应被视为一个无缝的网。在疑难案件中,总能找到一个"正确"的法律答案。不管在法律上这种寻找多么困难。发现正确答案的方式就是运用整体性的法律观和承认整体性的政治道德态度。一个正确的法律答案将是承认和保护法律制度的基本价值中或明或暗的权利的答案。在没有明确的规则可以适用的场合,法官没有也不可能恰当地行使不受限制的自由裁量权。当然,找到正确答案不是一件容易的事情。不过不是这样的答案不存在,而是有时没有找到。

【本章阅读篇目】

1. [美]德沃金著:《认真对待权利》,信春鹰、吴玉章译,中国大百科全书出版社1998年版,第四章。

2. [美]德沃金著:《法律帝国》,李常青译,中国大百科全书出版社1996年版,第四、五、六、七章。

3. 季卫东:"法律解释的真谛——探索实用法学的第三条道路",载《法治秩序的建构》,中国政法大学出版社1999年版。

4. 苏力:"解释的难题——对几种法律文本解释方法的追问",载《阅读秩序》,山东教育出版社1999年版。

5. 董晧著:《司法解释论》,中国政法大学出版社1999年版。

6. [美]伯顿著:《法律和法律推理导论》,张志铭、解兴权译,中国政法大学出版社1998年版。

第九章 法律关系

本章导读

法律关系理论讲的是法律作用于社会生活的路径,初学者可以由此领略法律的动态过程。同时,该理论还是法律职业者分析案件的重要工具。因此需要提醒读者,对本章的学习不在于掌握其概念,而在于运用这一概念分析案件。一定意义上说,所谓疑难的案件,往往是法律关系复杂的案件,这里既包括事实上的复杂关系,也包括法律上的复杂关系。此外,读者特别需要留意本章中涉及的一个重要概念——法律事实,区别法律事实概念与我们日常思维中的事实概念是法律职业思维的基本要求。

第一节 法律关系概述

一、法律关系释义

在社会生活中,人们通过一定的行为和交往过程,结成具有不同内容与表现形式的社会关系。法律关系是社会关系的一种。所谓法律关系就是法律在调整社会关系的过程中所形成的人们之间的权利和义务(或权力和义务)关系。

在历史上,法律关系的概念最早来源于罗马法中的"法锁"(法律的锁链,juris vinculum)的观念。在古罗马,债被视为债权人根据法律要求债务人为一定给付的"法锁"。"法锁"的观念形象地描述了债作为私法关系存在的约束性和客观强制性。作为一个专门性概念,法律关系是德国著名法学家萨维尼在他的《当代罗马法体系》(又译《现代罗马法体系》)(1840年)一书中首先阐明的。开始时,法律关系的概念主要使用于私法领域,随着法律和法学的发展,其使用的范围也逐步扩大,从探讨私法领域的法律关系发展到公法领域的法律关系,法律关系理论也成为法理学的一项内容。

二、法律关系的特征

法律关系具有以下特征：

（一）法律关系以法律规范的存在为前提

法律规范是法律关系的抽象形式，法律关系是法律规范的实现形式。法律规范是前提，法律关系是结果。没有法律规范，也没有相应的法律关系。有些社会生活领域，比如友谊关系、恋爱关系及政党、社会团体内部的关系，一般不由法律调整，不存在相应的法律规范，所以不存在法律关系。有些社会生活领域应当由法律调整，但是由于法律不健全，有疏漏，也可能不存在相应的法律规范，所以也无法形成法律关系。

法律实施的目的就在于在人们之间建立起法律关系。法律规范通过法律实施落实为具体的、现实的法律关系。法律关系的总和就构成法律秩序。

（二）法律关系以法律上的权利（力）和义务为内容

权利，就是主体做某事，或不做某事，或者要求他人做某事或不做某事的可能性。义务就是指主体必须做某事或不做某事。权利和义务是对立统一的。只有如此，才会将双方主体联系和约束在一起。

法律关系的内容是主体之间存在着的权利和义务。这里有两种情况：一种情况是私法主体根据私法形成的权利和义务关系，如所有权关系和借贷关系就是私法上的权利和义务关系；另一种情况是公法主体根据公法形成的权利和义务关系。这种公法主体一方是公民、普通法人和其他社会组织，另一方是作为公法人的国家机关。在这种关系中，公民、普通法人和社会组织享有权利，国家机关负有义务。例如，某些法律和法规赋予公民、普通法人或社会组织一定的针对国家机关的权利，当它们行使这些权利时，国家机关就必须履行一定的义务以实现这些权利或者不妨碍这些权利。例如公民所享有的选举权、起诉权、请求国家机关帮助和接受救济的权利等就是需要国家机关履行某种义务才能实现的权利，而对于公民所享有的财产权、隐私权等权利，国家机关在行使公共权力的时候也负有一定义务不妨碍这些权利的行使。

有些法律关系的内容是主体之间存在着的权力和义务。这种权力和义务关系是根据公法形成的关系。在这种关系中，一方主体是拥有管理社会权力的国家机关；另一方主体是负有接受管理义务的公民、普通法人和社会组织。例如，行政管理法律关系是一种权力和义务关系。行政主体是拥有行政管理职权的人，行政相对人是接受管理义务的人。

（三）法律关系是一种体现国家意志的特殊社会关系

法律关系是一种社会关系。社会关系是人们在相互交往的过程中所形成的人与人之间的联系，它不同于人与自然界的关系，也不同于人与物的关系。例如，人们根据环境法所形成的关系也是社会关系,环境法通过调整人与自然之间的关系而最终调整人与人之间的关系。

法律关系不是社会中自发形成的社会关系。法律关系体现着法律关系参加者的意志,因为很多法律关系是人们有意识去建立的,其运动演变是可以人的意志为转移的。最重要的是,法律关系体现国家的意志,因为法律关系是根据法律规范形成的,法律规范是国家意志的产物。法律关系的参加者的范围、法律关系的权利和义务的内容、法律关系的客体的范围以及法律关系演变的条件,都受到法律规范的限定或制约。法律关系体现着国家对于社会生活的管理、要求和期待,渗透着国家的意志。

(四)法律关系是合法的、受到法律保护的社会关系

法律关系不同于法律规范所调整或保护的社会关系本身。社会关系本身可以分为三种情况:合法的社会关系、非法的社会关系、与法律无涉的社会关系。合法的社会关系即法律关系。非法的社会关系是违反法律的规定而缔结的社会关系,对于这种社会关系,法律不仅不予保护,反而要加以破除。与法律无涉的社会关系是指法律不加以过问的社会关系,例如恋爱关系、同事关系等,对于这些社会关系的产生、变更和消灭,法律是不干涉的,而且当事人也不享有法律上的权利和义务。

三、法律关系的种类

可以根据不同的标准,对法律关系作不同的分类。

(一)根据主体的多寡以及内容的不同特征,法律关系可以分为单向(单边)法律关系、双向(双边)法律关系和多向(多边)法律关系

单向法律关系是指一方主体仅享有权利(或权力)、另一方仅承担义务的法律关系,例如不附带条件的赠与关系。赠与人将自己的财产无偿地给予受赠人,受赠人表示接受。特别是具有救灾、扶贫等社会公益、道德义务的赠与合同或者经过公证的赠与合同所形成的法律关系更是如此。

双向法律关系是指双方主体互有权利、义务的法律关系,例如买卖合同关系。买卖双方享有对等的权利或义务。

多向法律关系是指存在三个或三个以上的主体、权利和义务比较复杂的法律关系。一切法律关系都可以分解为若干单向法律关系。双向法律关系包含着两个单向法律关系,多向法律关系包含着三个或三个以上的单向法律关系。

(二)根据主体的不同特征,法律关系可以分为绝对法律关系和相对法律关系

绝对法律关系就是特定的主体与不特定的主体之间的法律关系。相对法律关系就是特定的主体与特定的主体之间的法律关系。

(三)根据法律关系产生的依据、实现的职能和所体现的规范要素的不同,法律关系可以分为调整性法律关系和保护性法律关系

调整性法律关系是基于人们的合法行为而产生的、实现法律的调整职能的法

162

律关系,它所实现的是法律规范的行为模式所要求的内容。有些调整性法律关系是由人们主动地根据法律规范缔结而成的,例如婚姻法律关系。有些则是法律自动建立的,例如上下级行政机关之间的关系、行政管理关系等。

保护性法律关系是由于违法行为而产生的、旨在恢复被侵害的权利和社会秩序的法律关系,它所实现的是法律的保护职能,体现法律规范的法律后果(否定性后果)。保护性法律关系是法律自动建立的,它旨在恢复被违法行为所侵犯的调整性法律关系,例如侵权行为所引起的损害赔偿关系。

(四)根据法律规范的性质,法律关系可以分为公法法律关系、私法法律关系

公法法律关系是根据公法法律规范形成的法律关系,例如根据宪法、行政法、刑法和诉讼法形成的法律关系。私法法律关系是根据私法法律规范形成的法律关系,例如根据民法、商法形成的法律关系。有一些法律被认为兼具公法、私法性质,是混合法,例如劳动法和社会保障法。根据这些法律所形成的社会关系被一些学者称为混合法律关系。实际上混合法律关系总是可以分解为公法法律关系和私法法律关系。

(五)根据相关法律的作用和地位不同,法律关系可以分为第一性法律关系(主法律关系)和第二性法律关系(从法律关系)

第一性法律关系是根据人们之间依法建立的不依赖其他法律关系而独立存在或在多向法律关系中居于支配地位的法律关系;由此而产生的、居于从属地位的法律关系,就是第二性法律关系。例如,在调整性法律关系和保护性法律关系中,调整性法律关系是第一性法律关系,保护性法律关系就是第二性法律关系。

【阅读材料】9.1 "法锁"

提示:在民法上,债是指特定当事人之间具有一定经济性质的权利义务关系。罗马法把"债"称为"法锁"。当两方当事人依法签署一份买卖合同,就由此产生一种债的关系把他们联系在一起,就像锁链一样。这是法律所铸造的无形的锁链,非依法不能产生和解除。

债(obligatio)这个词,既指债权、债务,也指债权债务关系,有时并把它称为"法锁"(juris vinculum)。优帝《法学纲要》称:"债是依国法使他人为一定给付的法锁。"(Obligatio est juris vinculum quo necessitate adstringimur alicujus solvedae rei, secundum nostrae ciritatis jura)所谓法锁或法律上的锁链,即指特定的当事人间的法律关系。一方依法负责履行给付的义务,他方依法有权接受债务人应履行的给付,从而获得一定的利益。有权要求的一方称债权人(creditor),被要求的一方称债务人(debtor)。古代罗马,把债的关系视为人身关系,债务人不履行债务,债权人可以拘押债务人,从而以人身作为债的担保。虽然如此,债权人和债务人在法律上仍是平等的,债务人自愿接受此项约束,是基于债权人对他的信任,两者之

间并无权力服从的性质。既然债权债务关系是人身和信任关系,所以罗马法最初认为债权债务是不可转让的①。

【阅读材料】9.2 一个具体案例中的法律关系

提示:在下列事件中存在着几种法律关系,它们分别是什么性质的法律关系?

某市幸福区退休工人老李在一所学校附近开办了"夕阳红"个体文具商店,出售文具、纸张和办公器材。一天本区工商局工作人员小潘前来购买打印机墨水和纸张作为办公用品。墨水在使用过程中出现故障,损坏了打印机。小潘发现,原来墨水是假冒产品。于是小潘和工商局其他工作人员前往文具商店进行检查。在检查中,他们发现老李所出售的打印机墨水全部是假冒产品,决定予以没收。在工商局工作人员向外搬运过程中,老李儿子小李下班回来,声称该批商品是一个朋友寄售的,要等这个朋友到来后才能搬走。小李的请求被小潘等人拒绝。双方发生争执,互有推搡行为。小李在被推的过程中碰到了货架。货架倒塌,他也跌坐在地。小李非常恼火,顺手拿起掉落在地上的一部电话机砸过去。电话机击中了小潘的头部。经鉴定,小潘受到了轻伤。几天后,检察机关以涉嫌妨害公务罪和故意伤害罪为名逮捕了小李。

第二节 法律关系构成要素

法律关系的构成要素是指法律关系必须具备的内容和因素。根据法律关系的一般原理,法律关系的构成要素包括主体、客体和内容。

一、法律关系主体

(一)法律关系主体的概念

法律关系主体是指法律关系的参加者,即在法律关系中享有权利(力)或承担义务的人或组织。

在法律关系中享有权利的人或者拥有权力的国家机关是主体,承担义务的人也是法律关系的主体。享有权利的人可以称为权利主体或者权利人,承担义务的人可以称为义务主体或者义务人,拥有权力的国家机关可以称为权力主体。在双边法律关系中,主体之间互有权利和义务。任何一方参加者既是权利主体,也是义务主体。在一起事件中,可能会发生多种法律关系。有的当事人在一种法律关系

① 摘编自周枏著:《罗马法原论》(上),商务印书馆1996年版,第628页。

中是权利(力)主体,可能在另一种法律关系中是义务主体。

(二)法律关系主体的种类

法律关系的主体大体有以下种类:

1. 自然人

自然人一般是指表现为个体的公民,包括中国公民、外国人和无国籍人。所谓公民就是具有一国国籍的自然人。中国公民与外国人、无国籍人可以参加的法律关系的范围是不同的。例如中国公民可以参加选举法律关系,作为权利主体行使选举权,但是外国人和无国籍人则不能参加这种法律关系,作为该项法律关系的主体。

2. 法人和其他组织

法人是指符合法律规定的条件、可以作为原告起诉或作为被告应诉、独立承担法律责任的组织。《民法通则》第37条规定:"法人应当具备下列条件:(一)依法成立;(二)有必要的财产或者经费;(三)有自己的名称、组织机构和场所;(四)能够独立承担民事责任。"

法人是与自然人相对而言的。它并不是有血有肉的人,而是由许多有血有肉的人所组成的组织。法律把符合一定条件的组织作为一个整体,看作一个人,即法律上拟制的人。法人包括国家机关法人、企事业法人和社会团体法人。不同类型的法人根据法律的规定,可以参与不同的法律关系。

"其他组织"是指不符合法人条件的组织,它们根据法律的规定也可以参加一定范围内的法律关系。

3. 国家

国家是特定法律关系的主体,也是国际法律关系的主体。在发行国债的过程中,国家与购买国债的人形成债权债务法律关系。

(三)法律关系主体的构成要件

一个人或组织进入某种法律关系,成为法律关系的主体,必须具备一定的条件。这就是法律关系主体的构成要件。

1. 权利能力

权利能力是指法律关系主体享有权利、承担义务的资格。权利能力不同于权利,它是人们享有具体的权利的前提。权利能力是一个比权利更加抽象的概念。

权利能力原来仅指人们参加私法法律关系,在私法上享有权利、承担义务的资格。后来随着法律关系概念的扩展,也指人们参加公法法律关系,在公法上享有权力、承担义务的资格。

自然人与法人,外国人、无国籍人和中国公民,国家机关法人和其他法人之所以参与不同范围的法律关系,是因为法律赋予它们不同的参加法律关系的资格,具有不同的权利能力。

自然人的权利能力从出生时开始,到死亡时终止。法人和其他组织的权利能力从成立时开始,到撤销、解散或破产时终止。

2. 行为能力

行为能力是指法律关系主体以自己的行为享有权利(或权力)、承担相应义务的能力。行为能力关注的是法律关系主体是否具有足够的理智来享有权利或承担义务。

根据年龄和智力状况的不同,公民的行为能力有完全行为能力、限制行为能力、无行为能力之分,它们分别意味着人们可以全部参与、部分参与和不可以参与一定范围的法律关系。

在中国民法中,自然人的民事行为能力根据年龄和智力状况,分为完全民事行为能力、限制民事行为能力和无民事行为能力三种情况。18岁以上的公民是成年人,具有完全民事行为能力,可以独立进行民事活动,是完全民事行为能力人。16周岁以上不满18周岁的公民,以自己的劳动收入为主要生活来源的,视为完全民事行为能力人。10周岁以上的未成年人是限制民事行为能力人,可以进行与他年龄、智力相适应的民事活动;不能完全辨认自己行为的精神病人是限制民事行为能力人,可以进行与他的精神健康状况相适应的民事活动。不满10周岁的未成年人和不能辨认自己行为的精神病人是无民事行为能力人。

法人的行为能力则没有完全与限制之分。其行为能力开始于成立,终止于撤销、解散或破产。

现代社会的法律广泛地赋予人们权利能力,但是根据人们年龄、精神状况的不同,赋予不同的行为能力。权利能力是行为能力的前提,但是对于自然人来说,有权利能力,不一定有行为能力。自然人的权利能力和行为能力是可以分离的。法人或其他组织的权利能力与行为能力是同时存在的。自然人从一出生就具有权利能力,但在其幼年或者说未成年并不具备完全的行为能力;但是法人就不同了,法人在成立的时候具备权利能力,同时也具备了行为能力。

一个人必须同时具备权利能力和行为能力,才可以独立地参与法律关系,成为法律关系的主体。例如一个未成年人仅仅具有权利能力,而不具有行为能力,就不能与他人建立法律关系。其如果必须参加某些法律关系,则需要监护人的代理。

责任能力是行为能力的一种特殊情况,是指法律关系的参加者以自己的行为承担法律责任的能力。例如,根据中国刑法规定,不满14周岁的未成年人不具有刑事责任能力,因此不可以作为刑事法律关系中需要承担责任的主体。而在中国民法中,自然人不分年龄和精神状态,都具有责任能力,负有赔偿等义务,但是在未成年人或精神病人造成他人人身或财产损害的案件中,往往是由具有监护职责的监护人承担实际的赔偿义务。

二、法律关系客体

法律关系客体是指法律关系主体之间的权利（或权力）、义务指向的对象。例如，两个公司根据合同法的规定，签订一份货物买卖合同，形成合同关系。这两个公司就是合同关系的主体，合同法所规定的以及它们在合同中所规定的彼此之间的权利和义务，称为法律关系的内容，那么这些权利、义务所指向的对象，即货物，就是法律关系的客体。

法律关系客体是一个具体的历史的概念，随着社会的变化而变化。在古代社会，人身可以作为法律关系的客体，在现代社会一般是不允许的。在某些国家，枪支和弹药可以作为私人交易的对象，但是在另一些国家，是不允许的。哪些利益可以作为法律关系的客体，取决于一个国家法律的规定。

另外，在一个国家中，不同性质的法律关系可以以什么利益作为客体，也往往是不同的。什么性质的法律关系以什么作为客体，也要依照具体的法律规定来确定。

在现代社会，一般可以作为法律关系客体的有以下这些种类：

1. 物

物是指能够为法律关系主体所控制、并可以带来利益的物质财富。这里的物不同于自然状态之中的物理意义上的物，而是指法律意义上的物。法律意义上的物具备这样的几个特点。第一，它是为法律所承认的，具有合法性；第二，它是独立存在的，不能脱离主物而存在的从物不能单独作为法律关系的客体；第三，它是可以为人所控制的；第四，它包含着为人所重视的利益。

2. 行为

行为包括法律关系主体的作为和不作为，或称积极行为和消极行为。行为作为法律关系客体，实际上也是非常普遍的。例如运输合同法律关系的客体就是运输方所提供的运输行为。保管合同法律关系的客体也并不是所保管的物品，而是保管物品的行为。行政管理法律关系也往往以被管理人的行为作为客体。在保护性法律关系中，客体就是某种违法行为。

3. 智力成果

智力成果是指法律关系主体运用智力所创造的、有可能获得知识产权的精神财富，它的形式主要有作品、发明创造、商标、技术秘密等。

4. 人身利益

人身利益包括法律关系主体的人格利益和身份利益，例如生命、身心健康、姓名（或名称）、名誉、肖像、荣誉。这些人身利益成为绝对法律关系的客体，主体之间基于这些利益形成权利和义务关系。但是在由于这些利益遭受非法侵害所引起的法律关系中，违法行为是客体，主体之间基于某种违法行为形成权利和义务关系，或者形成权力和义务关系。

整个人身一般不可以作为相对法律关系的客体。买卖人口的行为是非法的。在司法实践中只承认一个人可以自愿将遗体捐献给某个科学研究机构或医院。但是人的身体的组成部分(例如血液、器官、皮肤等)是否可以作为相对法律关系的客体,法律和司法实践一般持比较谨慎的态度,对这种法律关系的主体、内容和客体范围作严格的限定。

三、法律关系内容

法律关系内容就是法律关系主体之间围绕客体所产生的权利和义务或权力和义务。

由于权利、义务、权力是三个非常重要的概念,本书第十章将作专门论述。这里不再涉及。

【阅读材料】9.3 公民的民事权利能力和民事行为能力

1. 《中华人民共和国民法通则》(节录)

第九条 公民从出生时起到死亡时止,具有民事权利能力,依法享有民事权利,承担民事义务。

第十条 公民的民事权利能力一律平等。

第十一条 十八周岁以上的公民是成年人,具有完全民事行为能力,可以独立进行民事活动,是完全民事行为能力人。

十六周岁以上不满十八周岁的公民,以自己的劳动收入为主要生活来源的,视为完全民事行为能力人。

第十二条 十周岁以上的未成年人是限制民事行为能力人,可以进行与他的年龄、智力相适应的民事活动;其他民事活动由他的法定代理人代理,或者征得他的法定代理人的同意。

不满十周岁的未成年人是无民事行为能力人,由他的法定代理人代理民事活动。

第十三条 不能辨认自己行为的精神病人是无民事行为能力人,由他的法定代理人代理民事活动。

不能完全辨认自己行为的精神病人是限制民事行为能力人,可以进行与他的精神健康状况相适应的民事活动;其他民事活动由他的法定代理人代理,或者征得他的法定代理人的同意。

2. **案例**:徐海亮与李兰枫于2000年10月日结婚。第二年9月10日,徐海亮外出不幸遭遇车祸,经抢救无效死亡。当时李兰枫已怀孕,预产期在2001年年底。徐海亮留有遗产12万元,生前没有遗嘱,还有父母健在。在分割徐海亮遗产时,给未出生的胎儿保留了3万元的份额,其余遗产在李兰枫和徐海亮的父母之间分配。

根据我国继承法的规定,继承遗产时,就应当给胎儿保留必要的继承份额。如果胎儿符合出生标准,就具有民事权利能力,则可以获得相应的遗产。假如几天后夭折,这份财产就作为婴儿的遗产,由他(她)的法定继承人来继承。如果不符合出生标准,生出的胎儿是死体,则不能取得为其保留的遗产份额,该遗产仍然是原来被继承人的遗产,由该被继承人的法定继承人来继承。

第三节 法律关系演变

一、法律关系演变的概念

法律关系演变是指法律关系的产生、变更和消灭。

法律关系的产生是法律关系演变的起点。每一法律关系自产生后,都可能在一定条件下变化和消灭。法律关系的变更可能是主体的变更,例如法律撤销了某一机关,承担原机关职能的新机关就成为这种法律关系的主体。一般情况下,主体的变更是比较严格的,必须符合法律规定。法律关系的变更也可能是客体的变更,例如双方主体同意变更客体的品种或数量。还有可能是内容的变更,例如双方主体同意改变了一定的权利或义务。法律关系的消灭是指主体履行了各自的权利和义务,或者双方同意解除法律关系。

二、法律关系演变的条件

法律关系的产生、变更或消灭需要符合一定的条件。反过来,如果具备了一定的条件,法律关系也必定会产生、变更或消灭。导致法律关系产生、变更或消灭的条件有两个方面:

(一)法律规范

在这里,法律规范是指关于法律关系得以产生、变更和消灭的条件的规定。有关法律规范的含义,在第二章"法律要素"中已有阐述。

(二)法律事实

法律事实就是能够引起法律关系产生、变更和消灭的现象。我们常常说的"以事实为根据"中的事实就是指法律事实。

正确理解法律事实需要注意以下两点:(1)法律事实是法律规范所规定的能够引起法律关系产生、变更和消灭的客观情况或者现象;(2)法律事实是由法律规定的具有法律意义的事实。与人类生活无关的纯粹的客观现象就不是法律事实。

任何法律关系的产生、变更和消灭都必须具备这两个条件。它们是缺一不可的。仅仅有婚姻法,假如没有人去登记结婚,则不可产生婚姻法律关系。如果没有婚姻法,仅仅有婚姻生活的事实,也不一定能产生婚姻法律关系。如果法律只规定某种国家机关的设立,而实际上并没有成立该机关的行为,有关法律关系难以产生。但是如果法律规定某种国家机关的撤销,或者规定某种国家机关成立的法律被废除,那么有关的法律关系也归于消灭。

三、法律事实的种类

根据是否与人的意志有关为标准,法律事实可以分为法律行为和法律事件。

(一) 法律行为

法律行为就是人们所实施的能够发生法律效力、产生一定法律效果的行为。

前面举例的登记结婚、签订合同、成立国家机关等等都是法律行为,这些行为导致了一定法律关系的产生。男女双方协议离婚,两家公司履行完毕双方合同约定的权利和义务,撤销某种国家机关等,是导致一定法律关系消灭的行为。可以说,法律行为就是将不同当事人以某种方式联系在一起或者解除他们之间联系的关键因素。

法律行为具有社会性、法律性、外在性和意志性。法律行为是能够产生社会效果或者给他人造成一定影响的行为,这是其社会性的体现,但不是所有的社会性行为都是法律行为。法律行为还必须是法律所调整、获得法律评价、产生肯定性或否定性的法律后果的行为。法律行为是表露在外的、能够为人们观察到的、有可能得到证据证明的行为,纯粹的内心活动不是法律行为。此外,法律行为是能够为人们的意志所控制的行为,具有意志性。

按照主体不同,法律行为可以划分为个人行为、集体行为、国家行为。从这个角度,也可以把法律行为划分为自主行为和代理行为。

按照行为的法律性质,法律行为可以划分为合法行为与违法行为。不仅合法行为可以导致法律关系的产生,违法行为也可以导致法律关系的产生。从这个角度,也可以把法律行为划分为公法行为与私法行为。

按照行为的表现形式,可以把法律行为划分为作为(积极行为)和不作为(消极行为)。作为是指采取积极的行动以达到一定的目的,不作为是指通过不采取积极行动的方式来达到一定的目的,或者疏于采取积极的行动,造成某种法律后果。登记结婚和签订合同都是积极的行为。《刑法》第261条规定:"对于年老、年幼、患病或者其他没有独立生活能力的人,负有扶养义务而拒绝扶养,情节恶劣的,处五年以下有期徒刑、拘役或者管制。"这种违法行为就呈现不作为的形式。《刑法》第416条规定:"对被拐卖、绑架的妇女、儿童负有解救职责的国家机关工作人员,接到被拐卖、绑架的妇女、儿童及其家属的解救要求或者接到其他人的举报,而对被拐卖、绑架的妇女、儿童不进行解救,造成严重后果的,处五年以下有期徒刑或者拘役。"这种违法行为也呈现不作为的形式。这两种不作为都会引起刑事法律关系。

(二)法律事件

法律事件是法律规定的、不以当事人的意志为转移而引起法律关系产生、变更或消灭的客观事实。法律事件又分成社会事件和自然事件。

自然事件是指与人的意志无关的事件。地震、洪水、海啸等自然灾害,人的自然死亡,都有可能引起一定的法律关系的产生、变更和消灭,成为法律事件。比如人的自然死亡导致死者婚姻关系的消灭。

社会事件是指诸如革命、战争、火灾、交通事故等由于各种社会原因造成的事件。这些事件往往导致多种法律关系的演变。例如交通事故导致人的死亡,使死者的婚姻关系归于消灭,又引起死者亲属与肇事者之间的赔偿关系的产生。婚姻关系的消灭与婚姻当事人的意志是无关的,在这个意义上,交通事故是法律事件。但是赔偿关系的产生与肇事者的意志有关,因此,对于肇事者来说,交通事故又是违法行为,即作为引起民事法律关系产生的法律行为。

在研究法律事实的问题时,我们应当注意这样一些复杂的情况,也就是同一个法律事实可能引起多个法律关系的产生、变更和消灭;同一法律关系可能是因多个法律事实的出现才能产生、变更和消灭。我们不能认为一个法律事实只能产生一个法律关系,也不能认为一个法律关系就是一个法律事实所引起的。多个法律事实共同引起法律关系产生、变更和消灭的情况我们一般称之为"事实构成"。

第四节 当代中国法律关系的特点

中国社会正处在转型时期,社会变迁比较剧烈,改革开放进一步深化,经济体制处在逐步市场化的过程中。在建立社会主义市场经济体制的过程中,所有制形式、利益分配体制、国家与社会的关系、人与国家的关系已经发生并继续发生着变化。除此之外,人事和劳动体制、教育体制、社会保障和社会保险体制、医疗卫生体制等各种社会制度也在发生变化。这些情况不可避免地影响到法律关系的实践。原有的法律关系性质有了转变,单一的法律关系分解为多种法律关系,一些变化所引发的关系难以在法律上得到准确的界定。当代中国的法律关系呈现出多元性、复杂性和模糊性等特点。

第一,当代中国法律关系具有多元性。中国原来实行社会主义计划经济体制和高度的行政集权体制,几乎一切社会关系都被看作是公法关系,私法行为和私法关系不容存在。我国在1949年之后的法制建设和法律思想基本上是移植苏联的。列宁在"十月革命"后制定苏俄民法典时阐述一种法律思想说:"我们不承认任何私法,我们看来,经济领域中的一切都属于公法范围,而不属于私法范围。"①这种法律思想对我国法制建设,特别是对我国的法学界影响很大。在严格的社会主义计划经济体制之下,几乎一切生产活动和经济活动都受到行政机关的影响和控制,不仅没有私法,也没有传统意义的公法。人们认为,在以生产资料公有制为基础的社会条件下,不存在私人利益与公共利益的对抗,社会主义法取消公、私法的划分,公法与私法的划分失去了存在的基础。改革开放之后,中国共产党的十四大确立了建立社会主义市场经济体制的目标。迄今,我国市场经济已初具规模。除了国有制、集体经济等公有制之外,个体、私营等各种形式的非公有制经济成为社会主义市场经济的重要组成部分。在国有资产管理方面,实行政企分开、所有权和经营权分离,企业自主经营、自负盈亏。在国有资产经营方面,推行股份制,发展混合所有制经济,实行投资主体多元化。

第二,当代中国法律关系具有复杂性。由于在改革过程中,法律主体的角色没有界定清晰,一些关系尚未理顺,所以法律关系呈现出复杂性特点。这种复杂性的表现之一在于国家与社会的关系方面。正如有的学者指出的那样:"国家在对市场进行管理、维持市场秩序及裁决市场参加者之间的争议时,是以公权者的身份出现,体现出它的公法人格一面,所依据的权力属于公权力(包括行政权、立法权和司法权)。但国家作为财产所有者(法律上称为'国库')、以私权主体直接从事市场经济活动如进行投资、商业等活动时,又体现出国家的私法人格一面。""现在,经济转轨和社会主义市场经济条件下,一方面,国家作为计划经济的组织者和作为市场经济的管理者,明显体现出它的公法人格;另一方面,国家作为市场主体的一员同时还参与市场竞争(以国有企业和国家控股企业的形式),又表现出它的私法人格。因此,经济体制转轨带来了国家法律人格双重性问题。"②另外一个方面,由于政府在现代社会中承担着广泛的职能,例如承担着维护社会公平、帮助弱势群体、发展教育等职能,所以引起法律关系的复杂性。例如自1999年开始,我国开始采用信用担保方式推行国家助学贷款制度。国家助学贷款是国务院批准实行的无须经济担保的,由政府财政贴息的银行贷款。这种贷款模式的实施涉及政府、借贷机构(如商业银行)、学生家庭及高校在内的许多利益主体。银行由于其商业性质没有承担发放学生贷款的义务和责任;而高校由于其自身的性质和与学生的关系,在学生贷款中只适合承担部分的管理和组织责任。助学贷款的实施可分为两个阶段:第一是审批阶段。学生能否享受助学贷款,其决定权在某一个行政主体而不在某一个商事主体(如银行),这体现了行政关系。学生如果获准,便进入第二阶段,在此阶段学生

① 《列宁全集》第 36 卷,人民出版社 1959 年版,第 587 页。
② 张作华:"论我国国家法律人格双重性问题",载《私法》第 3 辑第 2 卷(总第 6 卷),北京大学出版社 2004 年版,第 268 页。

与银行发生的借贷关系,属于债权债务关系。政府不仅是有关制度的制定者、执行者和监督者,而且也要承担一些贷款风险和责任。例如政府不仅负担或补助一部分贷款的成本,而且还向经办银行提供还贷担保、利息补贴及分担部分损失。

第三,当代中国法律关系具有模糊性。在当代中国的法律实践中,法律关系不仅具有复杂性,而且具有模糊性。即使是复杂的法律关系,也可以通过细致的分析加以厘清。但是有些法律关系的性质却不是那么清晰,人们对之存在着广泛的争议,例如事业单位的工作人员与该单位的关系,医疗机构与病患者的关系等等。在医患纠纷的处理过程中,医疗机构与病患者之间是一种服务合同关系,应适用有关合同法来处理;还是一种消费关系,应适用《消费者权益保护法》来处理;抑或是侵权关系,应适用有关侵权法来处理,对此,人们之间的观点并不一致。这种状况既与我国医疗体制改革不成熟有关,也与法律规定不具体细致有关。这表明我国法律体系的完善不仅是规范性法律文件数量的增多,而且应是法律规定的合理性的提高。

【作业题】

1. 简述法律关系的含义特征。
2. 什么是权利能力和行为能力,两者有什么区别?
3. 简述法律关系的结构。
4. 法律关系的演变需要哪些条件?
5. 不定项选择题(2005年司法考试试题):

林某,9岁,系某小学三年级学生。一天放学回家路上遇到某公司业务员赵某向其推销一种名为"学习效率机"的低配置电脑,开价5 800元。林某信其言,用自己积攒的"压岁钱"1 000元交付了定金,并在分期付款合同上签了字。事后林某父母知晓此事,以"行为人对行为内容有重大误解"为由要求赵某撤销合同并退款。对此,下列何种理解是正确的?(　　)

　A. 从法律角度看,林某表达的意思都是无效的
　B. 林某不能辨别自己行为的性质,所以不享有人身自由
　C. 林某父母要求撤销合同所持的理由是一种法律事实
　D. 根据行为能力的原理,林某父母所持理由在本案中不成立

【进一步的思考】如何分析具体案例中的法律关系

提示:王利明是国内著名的民法学家,他在《民法案例分析的基本方法探讨》一文中,对民法案例的分析过程中如何使用法律关系分析法作了深入的探讨。读者可以找出一个具体的案例,尝试用该方法进行分析,也可通过进一步的实证调查,了解我国法官、律师在面对案件时是如何展开分析的。

法律关系分析法首先要考察案件事实所涉及的法律关系。考察案件事实所涉及的法律关系，具体又包括五个步骤：

1. 明确争议点及与其相关的法律关系，即明确争议的核心关系，围绕该核心关系还有哪些"有关联的法律关系"，两者关系如何。例如，争议的焦点（核心关系）是无权代理行为是否有效，围绕该争议点可能涉及授权关系是否存在、相对人是否成立表见代理关系等"有关联的法律关系"，然后判断核心关系与有关联的法律关系之间的联系，例如授权关系是有因还是无因等。

2. 确定是否产生了法律关系。如好意施惠关系，由当事人的私人友谊调整，不构成民法上的债权债务关系，应当排除在法律关系的考察之外。再如，朋友亲戚相聚交谈、邻里之间相互串门等也不产生法律意义。如果根本就没有产生法律关系，则剩余的问题无须考虑。

3. 要分析法律关系的性质，如分析其究竟是合同关系、侵权关系、无因管理关系还是不当得利关系。确定不同的法律关系的性质对于确定当事人的权利义务影响很大。

4. 分析考察法律关系的各要素，即考察法律关系的主体、内容、客体。

(1) 确定法律关系的主体。首要的就是解决法律关系的主体、法律关系涉及的人的范围、在哪些当事人之间发生等问题。在具体民事法律关系中，一般都要有双方或多方当事人参加。具体来说，确定主体要确定如下几点：① 谁向谁主张权利，是否与法律关系发生直接的利害关系，具有适格的诉讼主体资格。② 确定具体的主体是谁？民事法律关系的每一方主体可以是单一的，也可以是多数的。例如，在债权关系中，债权人和债务人每一方都既可以是一个人，也可以是几个人。

(2) 确定法律关系的内容。民事法律关系的内容，是指民事主体所享有的权利和承担的义务。这种权利义务内容，是民法调整的社会关系在法律上的直接表现。任何个人和组织作为民事主体，参与民事法律关系，必然要享受民事权利和承担民事义务。法律关系的内容则为当事人的权利、义务，权利义务决定着当事人之间的关系类型。明确权利义务的性质、效力、行使对于分析案件具有重要意义。例如，债权为对人权，具有相对性，只能在当事人间发生拘束力，原则上只能对相对人主张；物权为对世权，任何第三人侵害皆产生排除妨害及侵权责任。再如，支配权以权利人单方意志即可直接实现，权利人得直接使权利发生作用，取得为权利内容的利益；而请求权必须依赖于相对人的行为才能取得为权利内容的利益。

(3) 明确法律关系的客体。法律关系的客体，又称为法律关系的标的，是法律权利和义务的指向对象。例如物权的客体是物，债权的客体是债务人的给付行为，民事法律关系的客体是指民事权利和民事义务所指向的对象。如果没有客体，民事权利和民事义务就无法确定，更不能在当事人之间分配权利义务关系。

5. 是否发生了变更、消灭的后果，以及考察变更、消灭的原因何在。

(1) 考察法律关系的变动：法律关系的变动包括法律关系的发生、变更、消灭。

法律关系不是一成不变的,而是根据客观事件以及当事人的意志和行为发生法定的或意定的相应变动。如权利的取得、丧失,权利内容或效力的变更等。

(2) 考察法律关系变动的原因:法律关系的变动必有其原因,法律事实必须能够引起一定的法律后果。法律关系变动的原因即法律事实。法律关系之所以发生变动,其原因在于特定的法律事实的发生。法律事实分为自然事实和人的行为,自然事实包括事件和状态;行为包括合法行为、违法行为等。值得注意的是,社会生活中出现的事实并非都与法律关系有关,都能产生一定的法律效果。例如,朋友亲戚相聚交谈、当事人的内心思想感情等,不可能产生法律意义。凡是能够产生一定的法律意义、具有一定的法律价值的事实都可以成为法律事实。法律事实不仅引起当事人预期的特定的法律效果,也能够引起当事人预期之外的其他法律后果。例如,当事人订立的合同符合法律的强行性规范且不违反社会公共利益时,就能够产生合同法律关系。如果该合同是无效合同,则不引起当事人预期的法律后果。包括法律关系的产生、变更或者消灭。

(3) 考察法律关系的变动的客观后果,也是案例分析的另一重要方法——历史方法的一个重要特征。考察法律关系的变动过程,其中首先重点分析关系何时产生;其次考察关系是否发生了变动;最后确定关系是否已经终止。考察法律关系变动的原因具有重要意义,所谓分析案例的历史方法就是依时间次序考察法律事实的变动,从而确定法律关系的变动,最终推导出相应的法律效果,而得出判决。

此外,法律关系存在的时间和地点也对于案例分析具有重要影响。时间对于时效期限和除斥期限的计算、要约与承诺期限的计算、清偿期的到来、失权的效果等具有重要意义。地点对于清偿地的确定、风险负担、司法管辖、准据法的适用具有重要意义①。

【本章阅读篇目】

1. [美] 霍菲尔德:《司法推理中应用的基本法律概念》,陈端洪译,载公法评论网 http://www.gongfa.com/chendhhuofeierde.htm。
2. 沈宗灵著:《现代西方法理学》,北京大学出版社 1992 年版,第十章。
3. 王涌:"寻找法律概念的'最小公分母'——霍菲尔德法律概念分析思想研究",载《比较法研究》1998 年第 2 期。
4. 王利明:"民法案例分析的基本方法探讨",载法律思想网 http://law-thinker.com/show.asp?id=1889。

---

① 摘编自王利明:"民法案例分析的基本方法探讨",载法律思想网 http://law-thinker.com/show.asp?id=1889。

第十章 权利、义务和权力

本章导读

权利、义务和权力是法律的核心内容和要素,是贯穿于法律的各个领域、环节、法律部门和整个法律运行过程的法律现象。首先,权利和义务是一切法律规范、法律部门,甚至整个法律体系的核心内容;其次,权利和义务同样是法律关系的核心内容;最后,权利和义务也是法学的基本范畴,法学就是从权利和义务这一对基本范畴出发,推演出各个层次的法学概念和原则,并逐步形成法学范畴(概念)的逻辑体系。与以往的阐述不同的是,本章将传统权利和义务理论不能完全涵盖的权力问题纳入讨论的领域,再一方面,我们还特别提到了人权这一权利的最高、也是最基本的价值,甚至将《人权宣言》的全文作为本章的重要阅读资料,这样的安排,与编者在绪论中表达的用意是吻合的。

第一节 权利、义务和权力的概念

一、权利

给概念下定义,的确有助于初学者简捷地了解一个概念。但是,有些概念却是很难下定义,它们似乎更适合于通过描述通常用法的方式来说明它的内涵。权利就是这样一个概念。

对于权利概念,我们通过描述其通常用法的方式来说明它的内涵。权利至少包括相互联系两方面含义:(1)权利指人们可以按照自己的意愿做某事或不做某事,并不应当受到其他任何人的阻碍或强迫;(2)权利还指人们可以要求其他人去做某事或者不做某事,而被要求者应当如此。

当人们在道德层面上提出这些要求或主张,并且得到道德上的证明或者为某种道德观念所支持时,它们就是道德意义上的权利。当人们在法律层面上提出这些要求或主张,并且具有法律上的根据或为法律所保障时,它们就是法律意义上的权利,即法律权利。一个组织或社团的成员根据其组织章程提出这些主张或要求,它们就是组织内部的权利或会员权利。当这些主张或要求得到习惯或惯例的支持时,它们就是习惯意义上的权利。但是这里仅讨论法律权利,它是法律关系的构成内容。

根据法律制度以及法律实践的一般情形,权利概念的通常用法具有以下几个特点:

1. 权利既发生在私法法律关系中,也发生在公法法律关系中;既可以指私法上的权利,也可以指公法上的权利

既可以指民事权利,也可以指宪法、行政法上的权利。民法赋予人们广泛的权利,既有物权、债权等财产权利,也有人格权、身份权等人身权利。《宪法》和其他宪法性法律赋予人们一系列广泛的基本权利,行政法也赋予人们一些可以向行政机关主张的权利。

2. 当权利是私法法律关系的内容时,权利人既可以是自然人、普通法人和其他社会组织,也可以是国家机关

国家机关不仅是公法法人,也可以在一定范围内成为私法法人。国家机关无论作为公法法人还是作为私法法人,其权利能力都是受到法律严格限定的。国家机关不能从事生产经营活动,但是也必须参与一些私法法律关系,例如必须在市场购买办公用品。在这种情况下,国家机关就享有一些私法上的权利,成为权利主体。当国家机关成为权利主体时,与其他主体是平等的。

3. 当权利是公法法律关系的内容时,权利人仅指与国家机关相对而言的自然人、普通法人和其他社会组织

国家机关成为义务主体,以保证权利的实现。这种权利就是人们在公法上所享有的权利。当自然人、普通法人和其他社会组织成为公法法律关系的义务主体时,国家机关所享有的称为"职权"、"权限"或"权力"。也就是说,国家机关并不享有公法上的权利。

4. 在权利遭到侵害或阻碍时,权利人并不可以强行实施其权利或者强行排除障碍,必须借助国家机关的权力

债务人李四没有按照约定向张三归还借款。张三不能扣押或变卖李四的财产,不能查封或划拨李四的银行账户。他只能通过法院采取某种强制行动以迫使李四归还借款。即使是国家机关所享有的私法权利遭到侵害时,也只能如此。

在表达方式上,法律规定人们有某项权利,一般使用"有……权利"、"有权……"、"可以"等词语。

二、义务

义务是指法律关系主体必须这样行为(作为)或者不这样行为(不作为)。义务也有多种含义,这里仅指法律义务。

在法律制度和法律实践上,义务既可以指自然人、普通法人和其他社会组织必须这样行为或不这样行为,也可以指国家机关必须这样行为或不这样行为。在私法法律关系中,一方主体按照另一方的要求,必须怎样行为或不得怎样行为,这称为义务。在公法法律关系中,一方主体按照另一方的要求,必须怎样行为或不得怎样行为,也称为义务。

在表达方式上,法律规定义务的时候,一般使用"应当"、"必须"、"不得"、"负责"等词语。如果指向国家机关,有时也使用"职责"一词。甚至在指向自然人、普通法人和其他社会组织时,也有使用"职责"一词的情形。例如《民法通则》第18条规定:"监护人应当履行监护职责,保护被监护人的人身、财产及其他合法权益,除为被监护人的利益外,不得处理被监护人的财产。"不过,这种情形是很少的。法律规定了对某种行为的处罚措施,也可以被视为法律规定有关组织和人员不得从事某种行为的义务。

三、权力

权力就是指国家机关可以不顾阻碍,将其意志强制推行于社会之上或者推行于特定的社会成员之上,以维护或改变社会关系,作出某种行为或者要求他人作出或不作出某种行为。

在中国的法律制度和法律实践中,在表达方式上,法律规定某种权力时有时用"权力"一词,有时用"职权"一词,有时用"权限"一词,有时还用"职责"一词。

我们需注意权力的以下特点:

第一,在专制社会,权力的主体可以是某些个人。但是在现代民主社会,权力的主体是国家机关,国家机关工作人员代表国家机关行使权力。

第二,在现代民主社会,一切权力属于人民。因此,严格地说,国家机关只是被委托行使权力的组织,国家机关作为权力主体仅仅是在这种意义上而言的。

第三,在专制社会,权力可以为一家一姓或者某一阶层所私有。在现代民主社会,权力是公共的,它不仅属于公众,而且也纯粹是为了公共利益。

第四,在专制社会,权力就是特权,不需承担责任。在现代民主社会,权力同时意味着职责。权力对于接受它管理的人来说,是一种强制力,对于承担它的主体来说,就是一种义务。权力主体不得滥用权力,也不得怠于行使权力。

在任何社会中,权力都具有双重性。权力是必要的,通过它可以为社会提供自由、安全和福利等利益。但是权力也可能被滥用,侵害这些利益。法国启蒙思想家孟德斯鸠说:"一切有权力的人都容易滥用权力,这是万古不易的一条经验。有权力的人们使用权力一直到遇有界限的地方才休止。"①因此,必须制约权力。

法治就是制约权力的重要方式。有关这一问题,参见本书第十五章"法治及其在中国的生成"。

四、权利、义务和权力的结构

在概念上,法律权利、义务和权力都这样来表述:

法律权利:S1 根据 R 而对 S2 有关于 X 的 Y 权利。例如张三根据《合同法》以及有关协议,可以要求李四按期支付货款。

法律义务:S1 由于 R 而对 S2 负有关于 X 的 Y 义务。例如李四由于《合同法》和有关协议的规定,应当按期向张三支付货款。

法律权力:S1 根据 R 而对 S2 有行使关于 X 的 Y 权力。例如人民法院根据《宪法》、《人民法院组织法》和有关诉讼法的规定,对检察机关起诉王五有盗窃嫌疑的案件有审判的权力。

法律权利、义务和权力的概念都包含了一种类似的结构。这种结构由五个要素组成:

1. 主体(S1)

即享有权利的人(权利主体)、负有义务的人(义务主体)和拥有权力的国家机关(权力主体)。

2. 对应的主体(S2)

即权利主体对谁主张权利,义务主体对谁履行义务,权力主体对谁行使权力,权利主体和权力主体的对应主体都可以称为义务主体,它们是一定法律关系的参加者。

3. 客体(X)

即权利、义务或权力指向的对象,也就是一定法律关系指向的对象。

4. 内容(Y)

即权利、义务和权力的具体内容,包括时间、地点、方式、期限、限度等方面的内容。

5. 根据或缘由(R)

即权利主体为何可以对另一主体主张权利,义务主体为什么必须对另一主体履行义务,权力主体根据什么对另一主体行使权力。根据和缘由也就是导致法律关系产生、变更的条件或原因。

---

① [法]孟德斯鸠著:《论法的精神》(上),张雁深译,商务印书馆1993年版,第155页。

显然,法律权利、义务和权力的结构是根据法律关系形成的,其要素也与法律关系的要素具有密切的联系。

【阅读材料】10.1　当代中国人的权利意识

改革开放以来,随着社会主义民主的发扬、社会主义法制的建设,公民的权利意识和法律意识逐渐增强。1982年宪法突破以前宪法的结构,把"公民的基本权利和义务"放在"国家机构"之前加以规定。各种法律不断地赋予人们权利,加强对权利的保护。人们享受到越来越多的自由和权利。1985年11月5日,中共中央、国务院批转了《中央宣传部、司法部关于向全体公民基本普及法律常识的五年规划》。同年11月22日,第六届全国人民代表大会第十三次会议作出了《关于在公民中基本普及法律常识的决议》。从此开始规模浩大的全民普法活动,如今正在实施第四个五年普法计划。大众传媒在培养公民的法律意识和权利意识方面也发挥了巨大的作用。1998年,中国社会科学院法学所"中国社会发展与公民权利保护"课题组的调查数据表明,公民的权利意识和法律意识有了很大的增强。关于"私有财产也是神圣不可侵犯的"这一观点,在全部494名调查对象中,持赞同态度的人占79.2%,持反对意见的人占11.1%。关于"为了国家利益,政府在任何情况下都可以没收私人财产"这一观点,强烈反对的占19.4%,反对的占48.1%,同意和十分同意的加起来占16.4%。关于"假如您被领导或老板打伤了,您要采取哪些方法解决呢?"这一问题,主张"忍忍算了"的只有10.3%,其他则主张不予容忍,多数倾向通过合法渠道寻求解决,其中主张"到司法部门告状,要求制裁"的占42.7%①。2002年,苏州大学法学院教师上官丕亮组织了一次关于公民宪法意识的调查,有关"您听说过'人权'这个词吗?"这一问题,在全部1 001名调查对象中,93.11%的人表示听说过,6.89%的人没有听说过。其中有16.58%的人认为人权就是人应当享有的权利,30.47%的人认为人权就是公民的基本权利②。许多人敢于行使自己的权利,将行政机关告上法庭,行政诉讼一审案件的年收案数从1980年的几十件上升到1997年的90 557件。1991年至1998年上半年,全国各级法院共受理一审行政案件382 753件,平均年递增24.91%。行政案件的增长速度在世界上是少见的③。公民权利意识和法律意识的增长要求政府依法办事,要求国家运用法律管理,保护公民的权利。法治作为一种通过法律制约权力、保障权利的治国方略和原则,就成为时代的要求和社会的需要。

---

① 摘自高鸿钧:"走出混沌——中国公民权利意识的调查",《工人日报》1998年10月29日第6版。
② 摘自上官丕亮:"关于中国公民宪法意识的调查报告",苏州大学学报特刊《东吴法学》2003年号。
③ 摘自江必新:"从臣民到公民的历程——从行政诉讼看公民权利的发展",《工人日报》1998年10月29日第6版。

第二节　权利、义务和权力的分类

一、权利、义务的分类

根据不同的标准,法律权利、义务可以作不同分类。

（一）消极权利（义务）与积极权利（义务）

根据权利的实现形式,可以分为消极权利和积极权利。消极权利是指只需义务人履行不作为的义务就可实现的权利,例如言论自由权、生命权。积极权利是指需要义务人履行作为义务,才能实现的权利,例如选举权、债权。

根据义务的表现形式,义务可以分为消极义务（不作为义务）和积极义务（作为义务）。前者的表现形式是义务人的不作为,后者的表现形式是义务人的作为。消极义务规定在禁止性法律规范中,积极义务规定在命令性法律规范中。两者分别与消极权利和积极权利相对而言。

（二）对人权（义务）与对世权（义务）

根据义务人的特征,权利可以分为对人权与对世权。对人权是针对特定义务人的权利。例如债权,债权人只能对债务人主张权利。对世权是针对不特定的义务人的权利。例如生命权,权利人可以向除他以外的任何人主张权利。

根据权利人的特征,义务可以分为对人义务与对世义务。对人义务是对特定权利人履行的义务。对世义务是对不特定的权利人履行的义务。两者分别与对人权和对世权相对而言。

（三）实体性权利（义务）与程序性权利（义务）

根据权利的内容,可以分为实体性权利和程序性权利。实体性权利是根据实体法律规范产生的权利。程序性权利是根据程序法律规范产生的权利。

根据义务的内容,可以分为实体性义务和程序性义务。实体性义务是指根据实体法律规范产生的义务。程序性义务是指根据程序法律规范产生的义务。

（四）基本权利（义务）与普通权利（义务）

根据权利的重要性,可以分为基本权利和普通权利。基本权利是指作为一个人或公民所必须具备的权利,普通权利就是基本权利之外的权利。基本权利一般载入作为根本法的宪法之中,普通权利一般载入普通法之中。

根据义务的重要性,可以分为基本义务和普通义务。基本义务是作为一个人或公民所必须履行的义务,普通义务就是基本义务之外的义务。基本义务一般规定在作为根本法的宪法中,普通义务一般规定在普通法中。

（五）第一性权利（义务）与第二性权利（义务）

根据权利之间的逻辑关系,可以分为第一性权利和第二性权利。前者是独立存在的,不必引证其他权利的权利。第二性权利是指当第一性权利被侵害后所产生的救济权利,例如请求赔偿的权利。

根据义务之间的逻辑关系,可以分为第一性义务和第二性义务。第一性义务是指独立存在的,不是从其他义务中引申出来的义务。第二性义务是指当没有履行第一性义务时所产生的义务。例如尊重他人的生命是第一性义务,因为伤害他人生命必须承担法律责任是第二性义务。在这个意义上可以说,法律责任就是当事人由于没有履行第一性义务所引起的第二性义务。有关法律责任的概念,参见本书第九章"法律责任"。

二、权力的分类

通常,国家权力可以分为立法权、行政权和司法权。

立法权就是为社会制定具有普遍性和强制性的法律规范的权力。它通过普遍性的规范在国家机关和社会成员中分配权利、义务和权力,决定哪些行为是允许的、哪些行为是禁止的和哪些行为是必须做的。

司法权是指根据法律裁决案件、处理纠纷的权力,主要包括查明事实,确定与之有关的法律,以及就事实适用有关的法律,即对当事人的主张、争论和争议加以断定。司法权主要是裁决性的,即裁决争端,而不是为社会制定普遍性的规则,或者决定社会政策的走向。

行政权是执行权和管理权的统一。执行即是贯彻国家的法律、政策,实现法律、政策所确定的目标、规划;管理即是对国家内政、外交事务的部署、指挥、协调、监督。

一个国家可以赋予某一机关以某种权力,也可以赋予某一机关两种权力,也可以赋予某一机关多种权力。在中国,全国人民代表大会和地方各级人民代表大会是国家权力机关。国家行政机关、审判机关、检察机关都由人民代表大会产生,对它负责,受它监督。

第三节 权利、义务与权力的关系

一、权力与权利的区别

在法律层面上,权力与权利具有以下区别:

(一)主体不同

权利的主体大多是自然人、普通法人和其他社会组织。国家机关作为权利主体的情况比较少见。权力的主体是国家机关。自然人、普通法人和其他社会组织不得作为权力主体,行使权力。

（二）关系性质不同

一般而言，权利往往意味着权利人和义务人之间是平等的关系，一方不能将其意志凌驾于另一方之上。权力则意味着一个主体对另一方主体的支配。

（三）表现形式有所不同

在表现形式上，权力与权利有很多相似点。例如权力和权利都表现为主体可以这样行为，或者要求他人这样行为或不这样行为。但是权利还可以表现为主体可以不这样行为，而很难想象权力也表现为主体可以不这样行为。权利有积极权利和消极权利之分，而权力总是主动的、积极的。

（四）任意性不同

一般而言，当权利的主体是自然人、普通法人和其他社会组织，权利主体可以抛弃权利。而权力主体则不可以抛弃权力。

（五）所包含的利益不同

一般而言，权利大多代表着私人利益，而权力则纯粹代表着公共利益。

（六）实现方式不同

权利主体不能够通过自身强行实施其权利，在其权利受到侵害时必须借助国家机关的强制力。权力主体则可以强行实施权力，因为权力主体，亦即国家机关，拥有法律赋予的强制力。

二、权利、权力与义务的关系

权利、权力与义务是对立统一的关系，这一关系正如同马克思所说，没有无义务的权利，也没有无权利的义务。

权利与义务是相对立的。权利表现为一方主体甲可以做某事或者不做某事，义务就表现为另一方主体乙不得干涉甲做某事，或者强迫甲做某事。权利表现为甲可以要求乙做某事或者不做某事，那么义务就表现为乙必须做某事或者不做某事。

权力与义务也是对立的。权力表现为国家机关可以做某事，义务就表现为公民、普通法人和其他社会组织必须接受这样做的结果。权力表现为国家机关可以要求人们做某事或者不做某事，义务就表现为公民、普通法人和其他社会组织必须做某事或者不做某事。

权利、权力与义务也是统一的。这首先表现在，权利、权力与义务不能孤立存在和发展，它们之间是相互联系的，统一于法律关系之中。没有权利和权力，也就没有义务。反之，没有义务，也就没有权利和权力。权利、权力的实现需要义务主体履行义务。义务主体履行义务也表明另一方主体享有权利或权力。权利、权力实现的程度是义务主体履行其义务的程度。义务主体履行义务的程度也是权利主体或权力主体实现其权利或权力的程度。

权利、权力与义务的统一性还表现在，在法律层面上，一个社会的权利、权力总量与义务总量是相等的。一个社会有多少法律权利、权力,就有多少法律义务。反之,亦然。但是权利、权力与义务的分配未必是均等的。在存在阶级压迫或等级制度的社会中,某些阶层享有较多权利和权力,而承担较少的义务。现代平等原则要求,权利、权力和义务应当是对等的,不能某些阶层只享有权利、权力而不承担义务,另一些阶层只承担义务而不能享有权利、权力。

【阅读材料】10.2　中国古代社会的"八议"和"官当"

提示:"八议"和"官当"制度反映了古代中国法律中同罪异罚和权利差等的原则,与现代法律的平等原则不同。

"八议"是指中国封建刑律规定的对八种人犯罪必须交由皇帝裁决或依法减轻处罚的特权制度。八议制度源于周代的"八辟"。三国时魏新律始将八议载于律文,后历代沿袭。明清时,八议制度有变化,取消"流罪以下减一等",仅保留权贵犯罪一律由皇帝裁决的规定。

八议包括议亲、议故、议贤、议能、议功、议贵、议勤、议宾。"亲"指皇室一定范围的亲属;"故"指皇帝的某些故旧;"贤"指朝廷认为"有大德行"的贤人君子;"能"指"有大才业",能整军旅、莅政事,为帝王之辅佐、人伦之师范者;"功"指"有大功勋"者;"贵"指职事官三品以上,散官二品以上及爵一品者;"勤"指"有大勤劳"者;"宾"指"承先代之后为国宾者"。这八种人犯了死罪,官府不能直接定罪判刑,而要将他的犯罪情况和特殊身份报到朝廷,由负责官员集体审议,提出意见,报请皇帝裁决。犯流以下的罪,要减一等论罪。但若犯十恶罪,则不适用上述规定。

"官当"是指官员犯徒刑罪,允许其依法以官品和爵位抵罪,又称"以官当徒"。《晋律》中就有官员犯罪可以用除名、免官抵罪的规定,《北魏律·法例律》规定:公、侯、伯、子、男五等列爵,以及五品以上官犯徒刑,可用官阶"当刑二岁"(两年)。免官者三年之后,仍可任官,但要照原品降一等。南朝陈律规定:判五年四年徒刑者,"若有官准当二年,余并居作"官当后剩余的三年两年要服劳役。如是判三年徒刑,官当抵徒刑两年后,"余一年赎",剩余的一年便可以赎,而又不服劳役。

北魏律和南朝陈律都规定了官员犯罪者,可以用官爵折当徒刑的制度。唐律中"官当"一条就是由此发展而来。此制也是对官员在法律上的优惠。宋代仍沿用。元、明、清为加强君主专制制度,在律典中不设官当制度。

第四节　人　权

一、人权的概念

人权与法律权利是两个既有联系又有区别的概念。

第一,法律权利这一概念出现的时间较早,人权的概念出现较晚。在古罗马的法律制度中就已经出现法律权利概念的萌芽,而人权的概念在近代才出现在西方一些思想家的论著中。

第二,人权首先指道德意义上的权利,也就是具有道德上的根据和正当性的权利。人们论证一项权利是人权,主要是在道德上的理由来证明的。人权也主要表现为一些道德观念、原则和规范。就很多人权规定已经写入国际条约、一些国家的宪法和法律,得到国际法和国内法的保障来说,人权也具有一定的法律性质。

第三,人权是人之为人所应当享有的基本权利,是指作为一个人为维持其基本的存在、发展和人格尊严所必需的权利。人权具有基本性。但是人权的范围有多大,它到底包括哪些权利,则是不清晰的。在这一方面有不同的观点。一般来说,人权的范围大致包括《世界人权宣言》、《公民权利和政治权利国际公约》、《经济、社会、文化权利国际公约》中载明的权利。

第四,人权是应然的权利,也就是应当得到实现和保障的权利。人权主要针对国家和政府提出的,它意味着国家和政府负有一定的义务。一个国家和政府不仅应当承认和尊重人权,而且应当将人权载入宪法和法律之中,使其转化为法律权利,采取切实措施加以保障。

公民权是指作为一个国家的公民应当享有的权利,这些权利往往载入宪法和基本法律之中。公民权意指作为一国公民的权利,人权意指所有人得享有的权利。公民权与人权有所不同。例如,法国大革命时期的《人权和公民权利宣言》(即《人权宣言》)对人权和公民权利作了一定的区分。美国宪法也使用了"公民"和"人"两个概念,例如其修正案第14条第1款说:"在合众国出生或归化于合众国并受合众国管辖的人,均为合众国和他所居住的州的公民。无论何州均不得制定或实施任何剥夺合众国公民的特权或豁免的法律;无论何州未经正当法律程序均不得剥夺任何人的生命、自由或财产;亦不得拒绝给予在其管辖下的任何人以同等的法律保护。"但是现在有一种趋势,即把公民权作为人权的组成部分。中国《宪法》没有区分人权和公民权。所规定的公民基本权利不仅为中国公民所享有,其中部分内容也惠及来到中国的外国人、无国籍人和外国组织,例如宗教信仰自由和人身自由等权利。

二、人权的分类和发展阶段

人权的内容一般可以分为三类:(1)人身权和财产权,例如生命权、人身安全权、人格尊严等;(2)政治自由和权利,例如选举权和被选举权、言论自由权等;(3)经济、社会、文化权利,例如劳动权、获得基本生活保障的权利、受教育权等。

从人权概念发展的历史来看,最早出现的人权的概念是所谓的"天赋人权"或者"自然权利"概念。这些权利主要包括生命权、自由权、平等权、财产权和宗教信仰自由等,或者按照美国《独立宣言》的说法,包括"生存权、自由权和追求幸福生活的权利"。但是这些权利都是消极权利,政府负有不干涉这些权利并保护它们不受其他人侵犯的义务。这些权利的主体也是个人,个人保有这些权利,并以合法的手段去实现这些权利。所以那时的"生存权"和"追求幸福生活的权利"并不等于现在的经济社会文化权利。

当时,人们为了保证这些权利不受政府的干涉,进而主张政治自由和权利,包括言论出版自由、集会游行示威自由、结社自由、选举权和被选举权、知情权等。这些权利大部分都在资产阶级革命期间提出过,并在革命成功以后得到一定程度的承认和实施。可以说,现代自由民主国家的建立是人们追求政治自由权利的结果,同时,现代自由民主国家也是建立在这些政治自由权利的基础之上。在19世纪和20世纪,这些权利逐渐扩展到妇女、黑人和少数民族。

在20世纪,特别是在第二次世界大战以后,兴起了一系列的新型权利,主要就是经济社会文化权利。这种权利主要是积极权利,也就是需要他人采取积极的行动才可以满足的权利。例如,一方当事人有劳动权,政府就需要创造就业机会;一方当事人有最低生活保障权,政府就要提供基本的生活必需品,比如发放失业救济金;一方当事人有受教育权,政府就要提供免费或低费的义务教育;一方当事人在年老或丧失劳动能力的时候有获得物质帮助权,政府就要提供物质帮助;一方当事人有获得医疗保障的权利,政府就需要提供免费的或者廉价的医疗服务,等等。这些权利又可以称为生存权和发展权。生存权不是自己谋生、不受其他人阻碍的权利,而是免于被饿死、病死的权利。发展权也不是自己追求幸福生活、提高生活水平或人生境界而不受阻碍的权利,而是免于落后愚昧的权利,免于穷困的权利。这种权利的主体不仅是个人,而且在更多的情况下是集体,例如社会中某特殊群体或贫弱群体,甚至指整个次发达的社会或者发展中国家。

早期人权纯属于国内法问题,19世纪以后一些国际条约开始涉及人权问题。19世纪国际保障的人权仅限于禁止贩奴和保护战争受害者。20世纪,特别是第二次世界大战以后,鉴于战争时期德、意、日法西斯国家肆意践踏人类基本价值的暴行,国际社会开始高度重视人权的国际保护。在联合国等国际组织和有关国家政府的推动下,达成了一系列保护人权的国际公约。一个以《世界人权宣言》为基础、由80多个国际人权条约构成的国际人权法律体系已经基本形成,并在不断完善。这一法律体系大体包括以下四类:(1)人权宪章类,例如《世界人权宣言》、《经济、社会、文化权利国际公约》和《公民权利和政治权利国际公约》等;(2)防止和反对种族歧视类,例如《防止并惩治灭绝种族罪公约》、《消除一切形式种族歧视国际公约》;(3)特殊主体人权保护类,例如有关保护妇女、儿童、难民、无国籍人员权利的若干国际公约;(4)战时国际人道主义保护类,例如《关于战俘待遇的日内瓦公约》等。第二次世界大战之后还陆续成立了一些国际人权组织,例如联合国人权委员会、大赦国际、国际人权律师委员会等。

三、人权的国内法保障

尽管第二次世界大战之后,人权的国际法保护得到很大发展,但是迄今为止,人权的国内法保护仍然是人权法律保护的最主要、最经常、最有效的形式。

根据人权实现的程度,可以把人权划分为这样几个层次。第一层次是应有人权,即人们应当享有哪些基本的权利;第二层次是法定权利,即法律上确认和保障人们可以享有哪些权利;第三个层次是实有权利,即人们实际上可以享有哪些权利。应有权利与法定权利之间有一定的差距,一国的法律也许没有确认和保障所有应该得到确认和保障的权利。法定权利与实有权利之间也有一定的差距。这个差距的形成有两个方面的原因。一是国家机关没有认真执行和适用那些确认和保障人权的宪法和法律,致使人权仅仅停留在纸面上;二是人们没有一定的条件或物质基础来实现宪法和法律所确认和保障的权利。例如人们有言论自由的权利,但是这个权利对于媒体负责人和普通公民来说,对于有文化的公民和没有文化的公民来说,是有着不同的意义的。前者可以比较充分地享有言论自由的权利,后者则未必能够这样。

人权的国内法保障的目的就在于推动应有权利转化为法定权利,推动法定权利转化为实有权利。具体说来,人权的国内法保障主要包括宪政保障、立法保障、行政保障和司法保障四个方面:

1. 人权的宪政保障

宪政是法治的重要组成部分,它意味着宪法得到了严格的实施,而宪法是保障人权和制约国家权力的。首先,人权的宪政保障意味着保障人权应当成为宪法的基本精神,贯彻在宪法的每一个条文和制度之中。无论是国家基本制度的规定,还是国家机构及其职权的安排,都应当围绕保障人权这一根本目的。其次,宪法应该尽可能充分地规定基本权利。最后,还应当建立司法审查制度以防止立法和行政机关制定违反宪法基本权利的法律和行政法规、规章等。中国在建立有关人权的司法审查制度方面还有待努力。

2. 人权的立法保障

人权的立法保障是指国家各级立法机关有义务保障人权。首先,各级立法机关应当通过法律和法规等形式落实宪法中有关基本权利的规定,将这些一般性规定转化为可操作的法律条文。其次,各级立法机关应当建立健全一定的人权实施体制(机构和人员)来实施立法中有关人权的规定。最后,各级立法机关还应当经常地检查这些人权立法的实施状况,行使好监督权。

3. 人权的行政保障

人权的行政保障是指国家各级行政机关有义务保障人权。首先,各级行政机关应当认真执行有关人权保障的宪法和法律,将法定的人权落实为实有的人权,尽可能地给人们提供享有人权的条件。其次,各级行政机关在作出行政决策和行使自由裁量权的过程中也必须以保障人权为根本目的。

4. 人权的司法保障

人权的司法保障是指国家司法机关有义务保障人权。首先,司法机关应当通过民事审判、刑事审判和行政审判活动,落实人权立法,解决人们有关权利义务的纠纷、厘定人权的界限,打击侵犯人权的犯罪行为,制约行政机关侵害人权的行为。其次,司法机关还应当保障人们享有各种诉讼法上所享有的程序性权利。

【阅读材料】10.3 《世界人权宣言》

提示：1948 年 12 月 10 日,联合国大会通过并颁布《世界人权宣言》。这一具有历史意义的《宣言》颁布后,大会要求所有会员国广为宣传,并且"不分国家或领土的政治地位,主要在各级学校和其他教育机构加以传播、展示、阅读和阐述"。

序言

鉴于对人类家庭所有成员的固有尊严及其平等的和不移的权利的承认,乃是世界自由、正义与和平的基础,鉴于对人权的无视和蔑视已发展为野蛮暴行,这些暴行玷污了人类的良心,而一个人人享有言论和信仰自由并免予恐惧和匮乏的世界的来临,已被宣布为普通人民的最高愿望,鉴于为使人类不致迫不得已铤而走险对暴政和压迫进行反叛,有必要使人权受法治的保护,鉴于有必要促进各国间友好关系的发展,鉴于各联合国国家的人民已在联合国宪章中重申他们对基本人权、人格尊严和价值以及男女平等权利的信念,并决心促成较大自由中的社会进步和生活水平的改善,鉴于各会员国业已誓愿同联合国合作以促进对人权和基本自由的普遍尊重和遵行,鉴于对这些权利和自由的普遍了解对于这个誓愿的充分实现具有很大的重要性,因此现在,大会发布这一世界人权宣言,作为所有人民和所有国家努力实现的共同标准,以期每一个人和社会机构经常铭念本宣言,努力通过教诲和教育促进对权利和自由的尊重,并通过国家的和国际的渐进措施,使这些权利和自由在各会员国本身人民及在其管辖下领土的人民中得到普遍和有效的承认和遵行。

第一条

人人生而自由,在尊严和权利上一律平等。他们赋有理性和良心,并应以兄弟关系的精神相对待。

第二条

人人有资格享受本宣言所载的一切权利和自由,不分种族、肤色、性别、语言、宗教、政治或其他见解、国籍或社会出身、财产、出生或其他身份等任何区别。

并且不得因一人所属的国家或领土的政治的、行政的或者国际的地位之不同而有所区别，无论该领土是独立领土、托管领土、非自治领土或者处于其他任何主权受限制的情况之下。

第三条

人人有权享有生命、自由和人身安全。

第四条

任何人不得使为奴隶或奴役；一切形式的奴隶制度和奴隶买卖，均应予以禁止。

第五条

任何人不得加以酷刑，或施以残忍的、不人道的或侮辱性的待遇或刑罚。

第六条

人人在任何地方有权被承认在法律前的人格。

第七条

法律之前人人平等，并有权享受法律的平等保护，不受任何歧视。人人有权享受平等保护，以免受违反本宣言的任何歧视行为以及煽动这种歧视的任何行为之害。

第八条

任何人当宪法或法律所赋予他的基本权利遭受侵害时，有权由合格的国家法庭对这种侵害行为作有效的补救。

第九条

任何人不得加以任意逮捕、拘禁或放逐。

第十条

人人完全平等地有权由一个独立而无偏倚的法庭进行公正的和公开的审讯，以确定他的权利和义务并判定对他提出的任何刑事指控。

第十一条

（一）凡受刑事控告者，在未经获得辩护上所需的一切保证的公开审判而依法证实有罪以前，有权被视为无罪。

（二）任何人的任何行为或不行为，在其发生时依国家法或国际法均不构成刑事罪者，不得被判为犯有刑事罪。刑罚不得重于犯罪时适用的法律规定。

第十二条

任何人的私生活、家庭、住宅和通信不得任意干涉，他的荣誉和名誉不得加以攻击。人人有权享受法律保护，以免受这种干涉或攻击。

第十三条

（一）人人在各国境内有权自由迁徙和居住。

（二）人人有权离开任何国家，包括其本国在内，并有权返回他的国家。

第十四条

（一）人人有权在其他国家寻求和享受庇护以避免迫害。

（二）在真正由于非政治性的罪行或违背联合国的宗旨和原则的行为而被起诉的情况下，不得援用此种权利。

第十五条

（一）人人有权享有国籍。

（二）任何人的国籍不得任意剥夺，亦不得否认其改变国籍的权利。

第十六条

（一）成年男女，不受种族、国籍或宗教的任何限制，有权婚嫁和成立家庭。他们在婚姻方面，在结婚期间和在解除婚约时，应有平等的权利。

（二）只有经男女双方的自由的和完全的同意，才能缔婚。

（三）家庭是天然的和基本的社会单元，并应受社会和国家的保护。

第十七条

（一）人人得有单独的财产所有权以及同他人合有的所有权。

（二）任何人的财产不得任意剥夺。

第十八条

人人有思想、良心和宗教自由的权利；此项权利包括他的宗教或信仰的自由，以及单独或集体、公开或秘密地以教义、实践、礼拜和戒律表示他的宗教或信仰的自由。

第十九条

人人有权享有主张和发表意见的自由；此项权利包括持有主张而不受干涉的自由，和通过任何媒介和不论国界寻求、接受和传递消息和思想的自由。

第二十条

（一）人人有权享有和平集会和结社的自由。

（二）任何人不得迫使隶属于某一团体。

第二十一条

（一）人人有直接或通过自由选择的代表参与治理本国的权利。

（二）人人有平等机会参加本国公务的权利。

（三）人民的意志是政府权力的基础；这一意志应以定期和真正的选举予以表现，而选举应依据普遍和平等的投票权，并以不记名投票或相当的自由投票程序进行。

第二十二条

每个人作为社会的一员，有权享受社会保障，并有权享受他的个人尊严和人格的自由发展所必需的经济、社会和文化方面各种权利的实现，这种实现是通过国家努力和国际合作并依照各国的组织和资源情况。

第二十三条

（一）人人有权工作、自由选择职业、享受公正和合适的工作条件并享受免于失业的保障。

（二）人人有同工同酬的权利，不受任何歧视。

（三）每一个工作的人，有权享受公正和合适的报酬，保证使他本人和家属有一个符合人的尊严的生活条件，必要时并辅以其他方式的社会保障。

（四）人人有为维护其利益而组织和参加工会的权利。

第二十四条

人人有享受休息和闲暇的权利，包括工作时间有合理限制和定期给薪休假的权利。

第二十五条

（一）人人有权享受为维持他本人和家属的健康和福利所需的生活水准，包括食物、衣着、住房、医疗和必要的社会服务；在遭到失业、疾病、残废、守寡、衰老或在其他不能控制的情况下丧失谋生能力时，有权享受保障。

（二）母亲和儿童有权享受特别照顾和协助。一切儿童，无论婚生或非婚生，都应享受同样的社会保护。

第二十六条

（一）人人都有受教育的权利，教育应当免费，至少在初级和基本阶段应如此。初级教育应属义务性质。技术和职业教育应普遍设立。高等教育应根据成绩而对一切人平等开放。

（二）教育的目的在于充分发展人的个性并加强对人权和基本自由的尊重。教育应促进各国、各种族或各宗教集团的了解、容忍和友谊，并应促进联合国维护和平的各项活动。

（三）父母对其子女所应受的教育的种类，有优先选择的权利。

第二十七条

（一）人人有权自由参加社会的文化生活，享受艺术，并分享科学进步及其产生的福利。

（二）人人以由于他所创作的任何科学、文学或美术作品而产生的精神的和物质的利益，有享受保护的权利。

第二十八条

人人有权要求一种社会的和国际的秩序，在这种秩序中，本宣言所载的权利和自由能获得充分实现。

第二十九条

（一）人人对社会负有义务，因为只有在社会中他的个性才可能得到自由和充分的发展。

（二）人人在行使他的权利和自由时,只受法律所确定的限制,确定此种限制的唯一目的在于保证对旁人的权利和自由给予应有的承认和尊重,并在一个民主的社会中适应道德、公共秩序和普遍福利的正当需要。

（三）这些权利和自由的行使,无论在任何情形下均不得违背联合国的宗旨和原则。

第三十条

本宣言的任何条文,不得解释为默许任何国家、集团或个人有权进行任何旨在破坏本宣言所载的任何权利和自由的活动或行为。

第五节　当代中国的权利保障事业

中国的法治建设是与权利保障事业相辅相成、密切联系的。中国进行法治建设的初衷并不仅仅是为了对"文化大革命"所造成的混乱"拨乱反正",建立稳定的社会秩序,而且是通过法律保障在"文化大革命"中受到肆意践踏的人权和人的尊严。1978年12月,邓小平明确指出:"我们要创造民主的条件……宪法和党章规定的公民权利、党员权利、党委委员的权利,必须坚决保障,任何人不得侵犯";"要切实保障工人农民个人的民主权利,包括民主选举、民主管理和民主监督";"要使我们的宪法更加完备、周密、准确,能够切实保证人民真正享有管理国家各级组织和各项企业事业的权利,享有充分的公民权利,要使各少数民族聚居的地方真正实行民族区域自治,要改善人民代表大会制度"①。

根据邓小平的这一思路,中国开始了权利制度化、法律化的新阶段。1982年宪法改变过去在"国家机构"章节之后规定公民基本权利的做法,在总纲之后规定基本权利。依照宪法规定,中国公民享有人身自由、宗教信仰自由和言论、出版、集会、结社、游行、示威的自由;公民的人格尊严、住宅、通信自由和通信秘密不受侵犯;年满18周岁的公民,除依照法律被剥夺政治权利的人以外,都有选举权和被选举权;公民对任何国家机关和国家工作人员有提出批评、建议的权利,对其违法失职行为有提出申诉、控告或者检举的权利以及由于国家机关和国家工作人员侵犯公民权利而受到损失的人,有依照法律规定取得赔偿的权利等。同时,中国宪法也明确规定了公民的经济、社会和文化权利。依照宪法规定,中国公民享有劳动权、休息权、受教育权、进行科学研究、文学艺术创作和其他文化活动的自由权,在年老、疾病或者丧失劳动能力的情况下从国家和社会获得物质帮助的权利,以及其他

---

① 《邓小平文选》第2卷,人民出版社1994年第2版,第144、146、399页。

劳动保护和社会保障的权利;国家保护公民的合法的收入、储蓄、房屋和其他合法财产的所有权,并依法保护公民的合法私有财产的所有权、继承权;妇女在政治、经济、文化、社会和家庭生活等各方面享有同男子平等的权利;国家保护婚姻、家庭、母亲和儿童;国家和社会帮助安排残疾公民的劳动、生活和教育等。

以前中国的法律思想和实践总是重视和保护社会利益。尽管也明确地表明对个人权利的保护,但是当个人权利与社会利益发生冲突,往往要求个人权利牺牲给社会利益。随着法治建设实践的推进,现在向保护个人权益倾斜。从目前的态势来看,法治实践在努力寻求社会利益与个人权利之间的平衡。

2004年第十届全国人民代表大会第二次会议通过宪法第18条至31条修正案,明显地强调了对于个人权利的保护。其中主要条款可以列举如下:(1)第20条修正案,即《宪法》第10条第3款"国家为了公共利益的需要,可以依照法律规定对土地实行征用"修改为"国家为了公共利益的需要,可以依照法律规定对土地实行征收或者征用并给予补偿"。(2)第22条修正案,即《宪法》第13条"国家保护公民的合法的收入、储蓄、房屋和其他合法财产的所有权"、"国家依照法律规定保护公民的私有财产的继承权",修改为"公民的合法的私有财产不受侵犯"、"国家依照法律规定保护公民的私有财产权和继承权"、"国家为了公共利益的需要,可以依照法律规定对公民的私有财产实行征收或者征用并给予补偿"。(3)第24条修正案,即《宪法》第33条增加一款,作为第3款"国家尊重和保障人权"。

《宪法》对非公有制经济的态度的变化,就如同一个标尺,说明了法治本位的逐渐变化。1982年《宪法》有关非公有制经济的原规定是:"在法律规定范围内的城乡劳动者个体经济,是社会主义公有制经济的补充。国家保护个体经济的合法的权利和利益。国家通过行政管理,指导、帮助和监督个体经济。"经过了1988年第1条修正案、1999年第16条修正案、2004年第21条修正案的三次修改后,最后形成了这样一种规定:"在法律规定范围内的个体经济、私营经济等非公有制经济,是社会主义市场经济的重要组成部分。国家保护个体经济、私营经济等非公有制经济的合法的权利和利益。国家鼓励、支持和引导非公有制经济的发展,并对非公有制经济依法实行监督和管理。"由非公有制经济的"补充"地位到"重要组成部分"地位的变化,对它的态度由"指导、帮助和监督"到首先是"鼓励、支持和引导",其次是"依法实行监督和管理"的变化,说明了法治本位的悄悄变化。

一系列的法律承认和保障公民各个方面的权利,以落实宪法的规定。除了立法之外,执法、司法在社会生活领域中也加强了对人权的保障。例如有两种制度的变化非常值得关注。收容审查制度是一种授权公安机关羁押怀疑有犯罪行为、然而没有足够证据加以逮捕的有关人员的制度。这一制度在1996年修订《刑事诉讼法》时被废除。收容遣送制度是一种授权有关民政、公安机关强制性地收容城市中生活无着的流浪乞讨人员、并遣送原籍的制度。2003年6月国务院公布《城市生活无着的流浪乞讨人员救助管理办法》,废除了原来的《城市流浪乞讨人员收容遣送办法》。2013年12月28日全国人大常委会通过了关于废止有关劳动教养法律规定的决定,这意味着已实施50多年的劳动教养制度被依法废止。

法治建设推动人权保障事业,反过来,人权保障事业也推动法治建设。为了更广泛、更有力地保障人权,中国制定了新的法律,并修改了旧的法律。为了使人权规定得到落实,中国加强了执法和司法建设,并建立了法律援助制度。为了防止人权受到侵害,中国注重完善权利救济制度并加强对权力的监督和制约。人权建设与法治建设相伴随。

中国选择法治方略、进行法治建设的初衷,并不仅是为了完善一套形式性的法律制度,以建立稳定、统一、整齐的社会秩序,而且是为了推进民主和人权保障事业。民主和人权不仅是法治的基础和前提,而且是法治的发展动力。二十年来法治建设的历史表明,只有认真对待民主和人权,才能认真对待法律,才能严格执法和公正司法。中国法治建设的目标不仅是通过完善一套形式性的法律制度以规范和维护社会秩序,而且是通过这套制度以推进国家生活中的民主建设和社会生活中的人权建设,不仅要加强立法、执法和司法等环节,而且要把法律制度建立在不断扩大的民主和人权基础之上,为人们所认可、接受和满意。

【作业题】

1. 举例说明权利、义务、权力的含义。
2. 简述权利、义务、权力的结构。
3. 什么是人权?
4. 谈谈如何认真对待权利。
5. 不定项选择题(2003年司法考试试题):
下列何种表述符合权利与义务的一般关系?(　　)
A. 法律权利和义务相互依存
B. 权利和义务具有一定的界限区别
C. 在任何历史时期,权利总是第一性的,义务总是第二性的
D. 权利是义务,义务也是权利

【进一步的思考】耶林和他的《为权利而斗争》

1818年8月22日,耶林出生于德国北部城镇奥里希的一个法律世家,其父格奥尔格·阿尔布莱希特·耶林是当地著名律师。耶林从1836年在海德堡开始其法律学习生涯,先后到过慕尼黑、哥廷根,最后于1838年旅居到了柏林,1842年,他在柏林大学以"关于遗产占有人的'论遗产占有'"为博士论文获得法学博士学

位。毕业后,他在柏林大学担任法律系的编外讲师,教授罗马法,随后,又历任巴塞尔、罗斯托克、基尔、吉森各大学的教授。1868年,耶林接受了奥匈帝国维也纳大学罗马法教授的讲席,在这四年之间,他的讲课堂堂爆满,听众中不仅包括固定的学生,而且还包括许多慕名而来的社会各界人士,甚至政府上层官员。耶林交游广泛,热爱艺术、音乐,于是他成为法律界、政界以及艺术、社交界极受欢迎的人士。由于耶林对奥匈帝国法律教育的贡献,奥匈帝国授予耶林一个世袭的贵族爵位,这是过去在德、奥上层社会中极少数非因政治或军事贡献,而是因学术成就——尤其是法学和其他人文社会科学成就,被授予爵位的例子。为了逃避逐渐令人厌倦的社交活动以及过重的教学压力,耶林于1872年返回德国并进入哥廷根大学,在那里生活任教直至1892年8月6日去世。

耶林一生的思想正如他的作品一样可以分成几个阶段:从历史法学派的捍卫者,到概念法学的追随者,再到利益法学的开拓者。耶林的法学作品中有三部特别引人注目:《罗马法的精神》、《为权利而斗争》和《法律目的论》。其中,最具有社会影响的是他的《为权利而斗争》。意大利著名作家卡尔维诺曾这样定义经典作品:"一部经典作品是一本每次重读都好像初读那样带来发现的书,是一本即使我们初读也好像是在重温我们以前读过的东西的书,是一本从不会耗尽它要向读者说的一切东西的书。"耶林的《为权利而斗争》正是这样一篇经典文字,我们在此不作片断性的引述,留给读者自己阅读和品味该佳作,并思考"为权利而斗争"在当今中国社会的现实意义。

【本章阅读篇目】

1. [美]罗尔斯著:《正义论》,何怀宏等译,中国社会科学出版社1988年版,第一章。
2. [美]德沃金著:《认真对待权利》,信春鹰、吴玉章译,中国大百科全书出版社1998年版,第七、十三章。
3. [英]A.J.M·米尔恩著:《人的权利与人的多样性》,夏勇、张志铭译,中国大百科全书出版社1995年版。
4. 耶林:《为权利而斗争》,http://www.gongfa.com/yelinquanlidouzheng.htm。
5. 张光杰、徐品飞:"人权是什么——三种解释和一个回答",载《南京大学法律评论》2002年秋季号。

第十一章 法律责任

本章导读

法律责任是法理学的重要范畴之一,也是司法实践中的重要问题,无论是法理学的研究,部门法学的探讨,还是立法和司法实践,都必须面对这一传统但又棘手的问题。法律正是通过法律责任达到对权利的保障和对义务违反的救济目的进而调整社会关系的。德国法学家拉德布鲁赫说:"法学只是透过法律上的一般概念的眼镜来观察每一个个体的具体命运,这就像透出厚厚的幔帐——透过正义女神的蒙眼布来观察,不过它只能使人看到影影绰绰的轮廓。"一般的公众通过对责任的模糊把握,可以调整其行为方式,而具体案件中的当事人,则可能真正体会到什么是法律责任。

第一节 守法与违法

一、守法的概念

守法是指公民、社会组织和国家机关依照法律规定行使权利、履行义务的活动。守法既包括消极被动的守法,即去做法律要求做的或者不去做法律禁止做的事情;也包括积极主动的守法,即在法律规定的范围内行使自己的权利。

《宪法》第 5 条规定:"一切国家机关和武装力量、各政党和各社会团体、各企业事业组织都必须遵守宪法和法律。"第 24 条规定,中华人民共和国公民"享有宪法和法律规定的权利,同时必须履行宪法和法律规定的义务"。这是现阶段我们国家对守法主体所作规定的最高法律依据。除此之外,在我国领域内的外国人、外国组织和无国籍人也需要遵守我国的法律。

在古代中国,守法的主体往往只是平民百姓,《管子·任法》中有言:"有生法,有守法,有法于法。夫生法者,君也;守法者,臣也;法于法者,民也。"这句话精辟地概括了古代中国人与法的关系。君主是制定法律的人,臣子或者说官员是执行法律的人,而平民百姓则是受法律约束的人。在现代中国,由于有了这样的传统,并且国家机关也肩负着立法、执法、司法的职权或职能,也往往给人造成国家机关及其官员站在守法对面、不是守法主体的印象。因而往往有一些官员无形之中就超然于法律之外。事实上,需要大力强调的恰恰是这一点:不但公民要遵守法律,国家机关以及各政党包括执政党都应该遵守法律。当然,这里所说的法律是广义的法律,不仅是指全国人民代表大会及其常务委员会制定的法律,也包括其他正式法律渊源。

　　守法是法律实施的最基本的要求。如果法律得不到遵守,那么法的制定就失去了意义,法律秩序就无从谈起,法治也是奢望。古希腊先哲亚里士多德早就认识到已经成立的法律获得普遍的服从是实现法治的一个基本条件。同时,在一个法治社会中,守法也是最低的道德要求。

二、守法的条件

　　尽管守法既是我国根本大法的要求也是法治社会的一个底线,但在现实中,法律得到普遍遵守这一事实并不会畅通无阻地实现。法律要想真正贯彻落实,尚需一些条件:

　　(一)法律是制定得良好的法律

　　法律作为上层建筑与经济基础有密不可分的关系。良好的法律应当符合经济发展的要求,应当满足社会的共同需要。也就是说,良好的法律首先在内容上应当体现特定阶段人们的价值诉求。其次,良好的法律应当在形式上满足语言严谨、规范明确、体系完备等基本要求。总之,良好的法律就是霍布斯所说的"为人民的利益所需而又清晰,明确的法律"①。

　　(二)公民具有良好的法律意识

　　古语云:"徒法不足以自行",这说明法律得到遵守还需要得到法律关系主体的配合。但又有俗语曰:"法不责众",似乎只要不遵守法律的人数足够多,不遵守法律便不会带来不利后果。在转型社会中,由于社会生活各方面发生的巨大变化,往往导致法律与人们原有生活习惯、价值观念的脱节,这时,如果人们出于"法不责众"或者其他侥幸心理,即便是法律再好也是徒劳。因此,各法律关系主体良好的法律意识是法律得到遵守的一个不可或缺的条件。

　　(三)良好的法律环境

　　"环境"是一个自然地理科学的概念,指"周围的情况和条件"。这里的法律环

---

① [英]霍布斯:《利维坦》,黎思复、黎廷弼译,商务印书馆 1985 年版,第 270 页。

境是指影响法律实施的其他社会条件和情况,它包括政治经济环境,历史文化背景等等。奥地利法社会学家埃利希指出:"法律发展的重心不在于法律科学和司法判决,而在于社会本身。"① 其意是要从整个社会现象中考察法律的运行,特别是守法这一普遍性、深层次的社会问题。例如,民主政体与公民的守法习性有着密切的关系,宗教信仰与公民法律信仰和守法精神也可能存在一定联系等,有关这方面的内容,我们将在本书第十六章中专门论述。

三、违法

(一) 违法的概念

违法是指违反现行法律的规定,具有社会危害性的行为。广义的违法行为指所有违反法律的行为,包括犯罪行为和狭义的违法行为,狭义的违法一般是指违反刑法以外的其他法律的行为。

(二) 违法的构成

为了判断一个行为是否为违法行为,需要引入一种衡量标准,这个标准就是违法的构成要件。通常说来,违法的构成要件包括主体、主观方面、客体、客观方面四要件。

1. 违法的主体

通常而言,违法的主体包括自然人、法人及其他社会组织。自然人通常就是指基于出生而出现的具有生命的个体。从政治意义上讲,自然人就是公民,即具有一国国籍的人。法人,则是通过法律拟制而产生的"人",是指依法成立的,能够享受民事权利承担民事义务的组织,比如国家机关、事业单位、公司企业都可以登记为法人。比如《公司登记管理条例》第3条规定:"公司经公司登记机关依法登记,领取《企业法人营业执照》,方取得企业法人资格。"其他社会组织则是除了自然人和法人以外的组织。比如我国刑法规定了"单位犯罪",其中的"单位"除了包括法人之外,还包括非法人团体以及一些法人的分支机构。

有一种观点认为,只有具备了法定行为能力或法定责任能力的自然人、法人或其他社会组织才能够成为违法的主体。也就是说,如果主体不具备承担责任的能力或者资格,其实施的行为就无所谓违法还是合法。这种观点未能将违法和法律责任区分开来。违法是对行为性质的认定,自然人达到何种年龄或法人和非法人组织具有何种能力或者资格并不影响法律对其行为性质的判断。至于法律是规定免除其法律责任还是减轻其法律责任抑或让其承担法律责任,则是出于另外一些因素的考虑。

---

① 转引自[美]E·博登海默著:《法理学——法律哲学与法律方法》,邓正来译,中国政法大学出版社1987年版,第134页。

2. 违法的主观方面

违法的主观方面是指违法者实施违法行为时主观上的过错。过错包括故意和过失两种心理状态。故意是指明知自己的行为会发生危害社会的结果,并实施加害行为或者放任结果的发生。过失是指行为人应当预见自己的行为可能发生危害社会的结果,因疏忽大意没有预见或已经预见而轻信能够避免,以致发生危害结果的心理状态。主观方面是行为构成违法行为的必备要件之一,如果行为人在主观上没有过错,即便其行为造成了危害社会的结果,也不构成违法。例如《民法通则》第129条规定"因紧急避险造成损害的,由引起险情发生的人承担民事责任。如果危险是由自然原因引起的,紧急避险人不承担民事责任或者承担适当的民事责任。"可见,紧急避险由于缺乏违法的主观方面而不是违法行为。

3. 违法的客体

违法的客体通常是指由法律所保护并为违法行为所侵犯的社会关系。社会关系多种多样,有些是由法律予以保护的,有些是道德予以支持的,有些是纪律予以维系的,等等。只有侵害了法律保护的社会关系才可能构成违法,而侵害其他社会关系则不属于违法,比如违纪行为。需要明确的是,违法的客体并非违法的对象。这一点在刑事违法上尤为突出。犯罪的客体决定了犯罪的性质,而犯罪的对象却决定不了犯罪的性质。犯罪客体是任何犯罪都必须具备的,犯罪对象则不一定是任何犯罪都不可缺少的。

4. 违法的客观方面

违法的客观方面是指违法必须是一种客观行为,包括作为和不作为。作为是指行为主体通过积极主动的行为实施违法,比如故意杀人;不作为即消极的行为,通常是指在负有特定义务的情况下不去履行该义务而造成危害社会的结果,比如一个成年人带一小孩游泳,后来小孩溺水,这个成年人不去施救,而是转身离开。这种情况就属于不作为。

违法的这一要件强调的是,法律所评价的不是单纯的意志活动或者思想而是意志的外在表现——客观行为。单纯的意志或者思想并不能构成违法。这一点也是法律与道德的一个显著区别。

(三)违法的种类

根据违法行为所违反的法律的不同类别,违法可以分为违宪行为、刑事违法、民事违法和行政违法等。

1. 违宪行为

尽管从最宽泛的意义上讲,一切违法行为必然违反宪法,似乎都是违宪行为。因为在一个国家的法律体系中,宪法具有最高的法律效力,任何法律都必须以宪法为依据不得与其相抵触。但法学界讲的违宪行为却并非如此宽泛,其中的一个表现便是违宪行为的主体往往局限在国家机关和国家主要领导人,一般社会关系主体不是违宪的主体。也就是说,违宪行为通常是指国家机关或者国家重要领导人违反宪法的原则和要求,制定了与宪法相抵触的规范性法律文件或者实施了与宪法相抵触的活动。

2. 刑事违法

又称犯罪,是指触犯刑事法律规范,依法应受刑罚处罚的行为。犯罪是严重的违法行为,具有严重的社会危害性。《刑法》第13条规定:"一切危害国家主权、领土完整和安全,分裂国家、颠覆人民民主专政的政权和推翻社会主义制度,破坏社会秩序和经济秩序,侵犯国有财产或者劳动群众集体所有的财产,侵犯公民私人所有的财产,侵犯公民的人身权利、民主权利和其他权利,以及其他危害社会的行为,依照法律应当受刑罚处罚的,都是犯罪,但是情节显著轻微危害不大的,不认为是犯罪。"相对说来,法律对刑事违法的处罚也比较严厉,比如限制人身自由、剥夺政治权利甚至剥夺违法者的生命等。刑事违法的主体一般为自然人,在特定的情形下,也可以是"单位"。

3. 民事违法

是指违反民事法律规范依法应当追究民事责任的行为。民事违法属于一般违法,包括违约行为和侵权行为。违约即是违反合同,侵权则包括侵犯财产权和侵犯人身权。民事违法的主体较为广泛,除自然人外,法人和非法人组织都可能是民事违法的主体。

4. 行政违法

是指违反行政法律规范依法应当追究行政责任的行为。行政违法也属于一般违法,它包括两种情况:一种是行政主体及其工作人员违反行政法律规范的行为,比如滥用职权、玩忽职守等;一种是行政相对人违反行政法律规范的行为,比如违反治安、交通、工商行政管理法规的行为。

【阅读材料】11.1 公民为什么服从法律

提示:"人们为什么服从法律"亦即公民守法的理由,是西方法理学界的一个重要理论命题。在西方法律思想史的各个时代,尤其是近代以来,这一问题备受关注。围绕着公民守法理由命题,不同的法学学派提出不同的学说,其中有代表性的学说有暴力威慑论、社会契约论、功利主义论、法律正当论、习惯论、社会压力论、公平对等论和感激论等。

暴力威慑论把公民的守法理由归结为法律的后盾——国家强制力的威慑和惩戒作用。这种理论认为,公民之所以守法,是因为害怕国家强制力,是为了避免违反法律可能招致的强力制裁或经济损失,公民才采取遵守法律的行为。

按照社会契约论的理论逻辑,公民守法乃在于他们的道德义务,因为他们都是社会契约的当事人,作为社会契约的当事人,理所当然要遵守自己订立的契约内容,遵守自己同意的法律。同时,社会契约论也隐含着公民守法的限度。公民只有义务遵守在自己所授权之内制定的法律。反之,公民就有权拒绝服从法律。

功利主义论是从功利的角度说明人的守法动机。这种理论认为"现实中的人是经济人。经济人总是从行为的成本和收益的比较中来选择守法还是违法行为。当守法行为能给公民带来更多的利益或者能更好地防范风险并因此而减少可能的损失时,公民就愿意遵守法律",反之,公民则宁愿选择违法。简言之,公民是否守法是由公民守法与不守法的比较成本来决定的。

法律正当论则从公民法律信仰的角度回答公民为什么遵守法律?这种理论认为,公民之所以守法,是因为法律具有形式合法和内容合法的要件。法律是由具有合法性的国家机关或官员遵循法定的程序制定的,而且法律与社会所认同的价值或道德即公平正义原则相符合。对于这样的法律,公民就有服从的义务。

习惯论认为,人们之所以遵守法律,是由于行为习惯和心理上的惯性。这种理论认为,人们在社会化的进程中,从小养成模仿他人行为的习惯,人在心理上还有一种与生俱来的惰性倾向,许多人都是习惯的奴隶,他们愿意毫无怨言地或毫无质疑地承受现状,尽管改变现状可能对他们更加有利。在这样长期的过程中,就形成了出于惯性而守法。

社会压力论认为人们守法是由于社会压力。这种理论认为,社会是由无数互相连锁的行为模式组成的,不遵从某些行为方式,不仅会使依赖他们的其他人失望,而且会在某种程度上瓦解社会的组织,这样就会受到社会的否定性评价,进而使行为人产生某种羞耻感。对于某一公民而言,大多数人遵守法律的社会氛围在客观上形成了一种压力,迫使他做出守法的决定。

公平对等论认为,公民在其他人都遵守法律的情况下,享受了这种守法状态所带来的利益,为了使他人也享受到因为自己守法所产生的利益,公民就自愿遵守法律;否则就是对他人的不公平。

感激论认为,如果一个人从他人那里得到利益,就应该感激他人,予以回报。同样,一个人从政府那里得到了利益,也应该感激政府,而感激政府最好的方式就是遵守政府的法律①。

【阅读材料】11.2 罗尔斯的"公民不服从"理论

提示:公民不服从(civil disobedience,也称非暴力反抗),是一种反抗法律的行为,但又与一般的违法或不守法不同,它是基于"道德良知"和"价值自信"的原因而有意违反某项法律的行为。自美国小说家亨利·大卫·索罗(1817—1862)正式提出此概念以来,通过一系列著名的政治和社会运动,如印度由甘地领导的不抵抗运动、美国由马丁·路德·金领导的反种族歧视运动等,公民不服从逐渐为学者所关

---

① 摘自张文显著:《二十世纪西方法哲学思潮研究》,法律出版社1996年版,第十三章"守法与违法"。

注。其中，罗尔斯在《正义论》中的论证，被认为是对该运动（行为）最有权威的理论阐述。

罗尔斯的"公民不服从"理论分为三个部分：即分为定义、证明和作用三部分。首先，罗尔斯把"公民不服从"定义为："一种公开的、非暴力的、既是按照良心的、又是政治性的违反法律的行为，其目的通常是为了使政府的法律或政策发生一种改变。通过这种方式的行动，一个人诉诸共同体多数人的正义感，宣称按照他们经过深思熟虑的观点，自由和平等的人们之间的社会合作原则此刻没有受到尊重。"罗尔斯对这一定义的解释如下：

1. 它是一种违法行为，虽然是出自良心的违法，但却还是违法。并且，它不仅包括直接的"公民不服从"——直接违反要抗议的法律，如黑人故意进入被某些州法律禁止他们进入的地方；也包括间接的"公民不服从"——如通过违反交通法规来引起社会注意而表达自己的抗议。

2. 它是一种政治行为，是向拥有政治权力的多数提出来的，是由一些政治原则而非个人的道德原则和宗教理论来指导和证明的，它诉诸的是那个构成政治秩序基础的共有正义观。

3. 它是一种公开的行为。

4. 它是一种非暴力的行为。这不仅因为它是一种表达深刻和认真的政治信念，是在试过其他手段都无效之后才采取的正式请愿，也是因为它是在忠诚法律的范围内（虽然是在这范围的边缘上）对法律的不服从。这种忠诚是通过公开、和平以及愿意承担违法的后果来体现的①。

第二节 法律责任的概念

一、法律责任释义

在现代汉语中，责任一词有两个彼此联系的含义：（1）分内应做的事，如岗位责任、职责等；（2）没有做好分内的事，因而应当承担的不利后果，如追究责任。相应地，在法学中，法律责任通常也有两种含义。在有些场合，法律责任的含义与责任的第一个含义相对应，相当于法律义务。比如，举证责任，又如《产品质量法》第3章规定的"生产者、销售者的产品质量责任和义务"。在多数场合，法律责任的含义与责任的第二种含义相近，指的是行为人做某种事或不做某种事所应承担的不利后果。比如，《行政处罚法》等许多法律还以"法律责任"为标

---

① 摘自何怀宏编：《西方公民不服从的传统》，吉林人民出版社2001年版，第3—4页。

题对行为人违反该法的法律后果作出专门规定;《刑法》和《民法通则》则有专节或专章分别对刑事法律责任和民事法律责任作了规定。这里所讲的法律责任,是在它的第二种含义上使用的,即行为人因违法行为承受的某种不利法律后果,除此之外在特定场合下,仅仅因法律规定而应承受的不利法律后果也被称为法律责任。因此,法律责任通常是指行为人因违法行为或因法律规定而应承受的不利法律后果。

从上述含义可以看出,法律责任产生的原因有两种:违法行为和法律规定。前者已在第一节中有所讲述。因法律规定而承担法律责任是指在特定的情形下行为人即使并未实施违法行为也要承担法律责任,比如《民法通则》第123条规定的事故,即从事高空、高压、易燃、易爆、剧毒、放射性、高速运输工具等对周围环境有高度危险的作业造成他人损害的,应当承担民事责任。又如反垄断法中所确定的企业市场占有量。企业扩张本是正常经营的必然结果,但是如果扩张到法律认为构成垄断的程度,企业就要承担相应的法律责任。

与法律责任相关的一个概念是制裁。有一种观点将法律责任和制裁紧密联系在一起,认为制裁是做出与法律规定相反的行为的唯一法律后果。法律在其发展早期重心无疑是在与制裁密切联系的法律责任问题上,但是在现代社会中,法律责任在延续了重视制裁的同时(如《行政处罚法》中的法律责任),逐渐将补偿的意蕴充实进来(如民事纠纷中强调的填补损失)。

二、法律责任的特点

法律责任与其他社会责任比如道义责任或者政治责任相比,具有如下两个明显的特点:

(一)法律责任的法定性

也就是说承担法律责任的最终依据是法律。如果没有相关的法律规定,即便社会对行为人的行为评价极低,行为人也不用承担法律责任。比如恋爱中的一方罹患重病,另一方绝情地拂袖而去。尽管离去的一方会遭受道义上谴责,人们也希望他能承担一定责任,但法律责任却是不会谋加其身的。

(二)法律责任具有国家强制性

即法律责任的追究和实现往往是有关国家机关依据法定职权和程序予以实施,或者是以国家强制力予以保证。在追究刑事责任时,公安、检察和法院三部门各依职权和程序追究责任人的法律责任。在违约的情形下,原则上由当事人解决所应承担的法律责任,必要时才会动用国家的强制力,换言之,在私法领域中追究法律责任时,国家强制力往往是在远处注视着当事人,在当事人无法解决时它才会出现。

三、法律责任的功能

（一）惩罚功能

法律责任的惩罚功能就是给违法行为人以身体、精神或者财产上的强制，以维护社会安全与秩序。法律责任的这一功能从法律产生之初就占据着首要地位。在人类历史的早期，人们往往以复仇或报复的形式惩罚不法行为人。比如，"同态复仇"，即以牙还牙，以眼还眼，以血还血的私力复仇方式，便是一种非常严厉的惩罚。在今天人们借国家之手以社会报复的形式延续了对违法行为或者违法者的惩罚。只不过，随着社会的发展，人们越来越倾向以更为文明的方式平息纠纷和冲突，维护社会安全和秩序。死刑废除论更是将这个惩罚文明化的进程推到了一个顶峰。但是尽管惩罚的方式文明了不少，但是法律责任的惩罚功能并没有随之消失，而是一如既往的稳固。可以说，如果没有惩罚功能，法律责任就失去了应有之义。但是，正是惩罚作用这种与生俱来的地位使得人们往往更多的将法律责任与惩罚和制裁联系在一起而忽略法律责任的其他功能。

惩罚功能的着眼点不在于受到违法行为侵害的一方，而是针对违法行为人，以期到达维护社会秩序的目的。

（二）救济功能

救济，即赔偿或补偿，指把物或人恢复到违法行为发生前它们所处的状态。法律责任的救济功能，即是通过设定法律责任让受到损害的权利得到恢复，使权利人的利益回复到正常状态。救济可以分为特定救济和替代救济两种。所谓特定救济，是指要求责任人做他应做而未做的行为，或撤销其已做而不应做的行为，或者通过给付金钱使受害人的利益得以恢复。比如，停止侵害、排除妨害、恢复原状、赔偿损失等。这种救济的功能主要用于涉及财产权利和一些纯经济利益的场合。所谓替代救济，是指以责任人给付的一定数额的金钱作为替代品，弥补受害人受到的名誉、感情、精神、人格等方面的损害。这种救济功能主要用于精神损害的场合。

在商业发展到一定阶段之后，法律责任的这种功能愈来愈受到人们的青睐。一般说来，一个社会分化程度越高，复杂程度越高，人们就越容易接受法律责任的救济功能。在一物二卖的过程中，很多人觉得卖主仅仅赔偿未能取得所有权的买主所遭受的损失并不能够服众，似乎非要卖主再遭受一些惩罚才好，这种想法反映出一些人尚未能够区分出刑事活动和民事活动或者说尚未走出泛道德化的苑围。而在一个高度分化的社会中，人们却能比较好的认识到法律责任救济功能的意义。

与惩罚责任恰好相反，救济功能针对的是受到损害的一方，至于违法行为人则不在考虑之列。合同法中，人们倾向于对违约者课以无过错责任，便是出于这方面的考虑。

(三) 预防功能

法律责任的预防功能或者说教育功能,就是通过对违法行为人课以法律责任,使其心智和行为得到校正,从而回归到正常状态。同时,对违法行为人课以责任还可以警醒其他社会成员,让他们也认识到该如何遵守法律。长此以往,同类的违法行为可防患于未然,整个社会的法律秩序也可以得到最大限度的维持。

现代法律责任制度的设计基本上都发挥了这三种功能。在不同的法律领域,每种功能发挥作用的强弱并不相同;在不同时期,人们对每种功能的看法也并不一致,比如刑事责任历来重在惩罚,而民事责任则经历了一个由惩罚到救济的转变。但是,无论如何,法律责任的预防功能则是贯穿始终的。

四、法律责任的种类

(一) 刑事责任

刑事责任是指行为人因其犯罪行为所必须承受的,由司法机关代表国家所确定的否定性法律后果。其特点是:行为具有严重社会危害性;它往往是一种惩罚性责任;本着罪刑法定的原则罪责自负。

(二) 民事责任

民事责任是指由于违反民事法律规范、违约或者由于民法规定所应承担的一种法律责任。其特点如下:它更多的是一种救济责任,主要目的是填补损失;它主要是一种财产责任,也包括以人身、行为、人格等为责任承担内容的非财产责任;由于私法自治的缘故,在法律允许的条件下,民事责任可由当事人协商解决。

民事责任通常可以分为两类:由违约行为(或不履行其他义务)而产生的违约责任;由侵权行为产生的一般侵权责任,由法律规定所产生的特殊侵权责任。

(三) 行政责任

行政责任是指因违反行政法律规范或因行政法的规定而应承担的不利后果。这是一种现代社会发达起来的公法责任。行政责任的责任主体包括行政主体和行政相对方。由于行政法律关系主体的地位往往是不平等的,因此在行政主体作为责任主体时,通常实行过错推定的方法。在一些特殊场合,适用严格责任。行政责任的承担方式是多样化的。

(四) 违宪责任

违宪责任通常是指有关国家机关制定的规范性法律文件或者国家机关做出的具体权力行为与宪法相抵触而应承担的法律责任。违宪责任产生的原因是违宪行为。正是从这一点出发,社会组织与公民从事的与宪法相抵触的活动而产生的法律责任通常不作为违宪责任来处理。

【阅读材料】11.3 法律责任的本质

提示:在有关法律责任的基本理论中,法律责任的本质也是不可忽视的一个问题。所谓法律责任的本质问题就是法律责任何以可能的问题。

为了解决法律责任的本质问题,西方学者提出了三种学说:道义责任论、社会责任论和规范责任论。

道义责任论是以哲学和伦理学上的非决定论亦即自由意志论为理论基础的,它假定人的意志是自由的,人有控制自己行为的能力,有自觉行为和行使自由选择的能力,由此推定,违法者应对自己出于自由意志做出的违法行为负责,应受到道义上的责难。对违法者的道义责难就是法律责任的本质所在。

社会责任论是以哲学和伦理学上的决定论为理论基础的。它假定一切事物(包括人的行为)都有其规律性、必然性和因果制约性。由此推断,违法行为的发生不是由行为者自由的意志,而是由客观条件决定的,因而只能根据行为人的行为的环境和行为的社会危险性来确定法律责任的有无和轻重。确定和强制履行法律责任,一方面是为了维护社会秩序和社会存在,另一方面是为了使违法者适应社会生活和再社会化,这就是法律责任的本质。

规范责任论则认为,法体现了社会的价值观念,是指引和评价人的行为的规范。它对符合规范的行为持肯定(赞许)的态度,对违反规范的行为持否定(不赞许)的态度。否定的态度体现在法律责任的认定和归结中,这种责任就是法的规范和更根本的价值准则评价的结果。因此,行为的规范评价是法律责任的本质。

第三节 归责与免责

一、归责释义

归责,即法律责任的归结,是指由特定的国家机关或国家授权的机关依法对行为人的法律责任进行判断和确认。责任是归责的结果,但归责并不一定导致责任的产生。归责是一项严肃的活动,必须在一定的原则指导下进行。在讨论与归责有关的原则时,我们应该区分归责的基本原则和通常所说的归责原则。前者是指导性的原则;后者是具体的,往往在法律规定中予以确定下来的原则。

二、归责的基本原则

归责的基本原则是具体法律部门归责原则的基础。归责是一个复杂的责任判断过程。它是特定法律制度的价值取向的体现,一方面,指导着法律责任的立法;另一方面,指导着法律实施中对责任的认定与归结。在我国,归责原则主要可以概括为:责任法定原则、责任自负原则、公正合理原则、因果联系原则。

（一）责任法定原则

责任法定原则是指，法律责任作为一种否定的法律后果应当由法律规范预先规定，包括在法律规范的逻辑结构之中，当出现了违法行为或法定事由的时候，按照事先规定的责任性质、责任范围、责任方式追究行为人的责任，而不能由执法者主观臆断。具体表现为：(1)违法行为发生后应当按照法律事先规定的性质、范围、程度、期限和方式追究责任；(2)排除无法律依据的责任。

（二）责任自负原则

随着现代社会个体意识的深化，在法律责任的承担上只能由法律规定的责任人承担，不能允许"株连"现象的发生。具体包括：(1)违法行为人应当对自己的违法行为负责，不对其他人的违法行为负责；(2)不能让没有违法行为的人承担法律责任，因法律规定承担责任的除外。

（三）公正合理原则

公正合理可以说是法的固有价值。古罗马法学家西塞罗有言道："法是善良和公正的艺术。"设定以及追究法律责任，当然也得符合公正合理的原则。具体包括以下几点：(1)对任何违法行为都应依法追究相应的责任；(2)责任与违法或损害相称。即要求法律责任的性质、种类、轻重要与违法行为以及造成的后果相适应；(3)法律责任的设定应当考虑到人们的通常算计；(4)归责时应综合考虑使行为人承担责任的多种因素，或做到合理地区别对待，或坚持同样案件同样处理；(5)在设定及归结法律责任时还应考虑人的心智与情感因素，以期真正发挥法律责任的功能。哈耶克指出："既然我们是为了影响个人的行动而对其课以责任，那么这种责任就应当仅指涉两种情况：一是他预见课以责任对其行动的影响，从人的智能上讲是可能的；二是我们可以合理地希望他在日常生活中会把这些影响纳入其考虑的范围"①。

（四）因果联系原则

因果联系原则是指在确定法律责任时要确认违法行为与损害结果之间的内在联系，即因果关系。具体包括：(1)客观行为与损害结果之间的因果关系；(2)行为人的主观方面与外部行为之间的因果关系；(3)原因和结果之间的关联程度，即是必然的还是偶然的，是一因多果还是多因一果等。缺乏对任何一方面的因果关系的考察都将影响到法律责任的正确归结。

三、归责原则

法学中的归责原则通常包括以下几种：过错责任、无过错责任、严格责任、公平责任。

---

① ［英］哈耶克著：《自由秩序原理》，邓正来译，生活·读书·新知三联书店1997年版，第99页。

过错责任是指在确认法律责任时以主观上存在过错为必要条件。过错,是指行为人在实施行为时的某种应受责备的心理状态,包括故意和过失两种心理状态。过错责任是法律责任中最古老最为普遍的归责原则。它最早可以追溯到罗马法,一直被人们沿用至今。根据这一原则,"无过错即无责任"。刑事责任的归责采用的是过错原则,民事责任的归责主要也是采用过错原则。例如,《刑法》第14条规定:"故意犯罪,应当负刑事责任。"第15条规定:"过失犯罪,法律有规定的才负刑事责任。"并在第16条中明确规定:"行为在客观上虽然造成了损害结果,但是不是出于故意或者过失,而是由于不能抗拒或者不能预见的原因所引起的,不是犯罪。"过错责任在一定程度上能够起到一个促进自由的作用。这一点在自由竞争的资本主义时期表现得最为突出。

无过错责任,是指在确认法律责任时不以主观上存在过错为必要条件。通常只要行为人的行为造成危害结果,行为和结果之间存在着外部联系,就应承担责任。不法行为人的主观心理状态与行为结果之间的关系,行为人是否预料到或意图达到其行为的结果,都不影响责任的成立。无过错责任又称绝对责任或客观责任。这种归责原则可以追溯到法律发达史的最初阶段,在现代社会发展到19世纪末20世纪初时,为了应对现代工业所带来的社会问题,无过错归责的优越性使得各国纷纷在立法中将这一归责原则确定为过错责任的补充。我国在民法和经济法的一些领域中采用了这一归责原则,比如《民法通则》规定的危险责任,《环境保护法》规定的环境污染责任等。

作为英美法中发展起来的一项归责原则,严格责任并不是一个非常严谨的概念。在一些场合下,严格责任被等同于无过错责任。但是认真说来,严格责任并没有达到无过错责任那样的严厉程度。它是介于过错责任和无过错责任之间的一种中间责任。与无过错责任相比,它存在某些有限的对责任的抗辩。与过错责任相比,它的归责基础并不是过错的存在与否。也有人把严格责任与过错推定相提并论,但是我们应该清楚,尽管加重行为人责任的过错推定看起来与严格责任有雷同之处,但是过错推定事实上是通过分配举证责任的方式加重行为人的责任的,其实质仍然是过错责任,与严格责任不可同日而语。

公平责任是指在当事人双方对造成的损害均无过错的情况下,由法院根据公平的观念,在考虑当事人的财产状况及其他情况的基础上,责令加害人对受害人给予适当补偿。这种归责原则与无过错责任和严格责任的相似之处在于并不以过错为责任承担的前提,不同之处在于公平归责并不导致某一方当事人承担责任。《民法通则》第132条规定:"当事人对造成损害都没有过错的,可以根据实际情况,由当事人分担民事责任。"与其说这是一种归责原则,不如说这是公平观念在实践中的一种运用。

四、免责释义

免责,也称法律责任的免除,是指由于出现法定条件法律责任被部分或全部免除。这里的免责是法定的免责,不同于法外施恩,也不同于"不负责任"或"无责任"。免责以法律责任的存在为前提,而后两者并不存在责任,如正当防卫和紧急避险行为,不负刑事责任。我国主要有以下几种免责形式:

(一)时效免责

即法律责任经过一段时间后免除。尽管时效制度乍看起来有违人们的道德观念,但是作为一种技术性的制度设计,对于维护社会秩序的稳定以及提高司法机关的工作效率和质量仍然有其重要意义。

(二)不诉免责

是指如果受害人或有关当事人不向法院起诉要求追究行为人的法律责任,行为人就不会承担责任,也就是说行为人的责任就被免除了。这种免责是基于"不告不理"这一法谚的存在。

(三)自首、立功免责

对违法之后有立功或者自首表现的人,免除其全部或者部分责任。

(四)人道主义免责

即在财产责任中,在责任人确实没有能力或没有能力全部履行的情况下,有关国家机关对其全部或部分免责。

(五)协议免责

即双方当事人在法律允许的范围内协商同意免除责任。与其他免责形式相比,协议免责只能适用于私法的某些领域,这是因为"意思自治"的原则在公法领域是不适用的。

【阅读材料】11.4 协议免责

提示:协议免责的基础是尊重当事人的意思表示,在一定程度上简化了当事人解决纠纷的过程,同时也节省了司法资源。但是协议免责必须在法律允许的范围内才可以运用。

案例1:刘某、宋某诉某医院医疗事故损害赔偿一案。两原告系夫妻关系,2002年3月5日两原告之子因"咽下不畅伴进食后呕吐17年"至被告处就诊,经诊断为"贲门失弛缓症",被收入该院心胸外科住院治疗,经原告同意,2002年3月11日该院对患者进行手术,4月20日患者出现心跳呼吸骤停,经抢救无效死亡。2002年7月19日,原被告就医疗事件达成协议,考虑患者家属实际困难,医院一次性补偿4万元,并特别约定:"此事件就此了结,任何一方不得单方面违约,否则一切后果由违约方负责。"协议签订后,医院已按约定给付原告4万元。后原告反悔于 2002 年 10 月 15 日起诉至法院要求被告赔偿各种损失 109 883.5 元。法院经审理认为,两原告系完全民事行为能力人,其子死亡后,二原告与被告就赔偿问题达成调解协议,且已实际履行,原告不能证明在订立协议时具有无效或者可撤销的情形,双方诉讼前达成的协议是有效的。法院遂作出判决驳回原告的诉讼请求①。

案例 2：河南报业网讯：2004 年 6 月 15 日,河南省渑池县人民法院审结一起因矿主和民工签订事故免责协议而引起的债务纠纷案件。

2002 年 9 月 20 日,原告赵军组织包工队到被告王发民开办的煤矿上务工。被告王发民要求原告组织的民工与矿上签订务工协议,协议中必须写明：工人务工期间发生伤亡事故,由包工队负责处理,与矿上无关,否则不准下井工作。原告赵军为了尽快安排工人上班,明知不妥,但迫于无奈仍与被告签订了务工协议。2003 年 4 月,包工队在位于河南省渑池县果元乡赵沟村被告开办的煤矿施工中发生了人员伤亡事故,煤矿在事故处理中先行垫付事故处理款 52 600 元。2004 年元月,原告在与被告结算工人工资时,被告余欠 45 000 元不予兑付,并声称依照双方所签订的务工协议,包工队还应结清剩余事故处理款 7 600 元。原告多次与被告交涉、理论,均无效果。无奈原告将被告诉至法庭,要求其偿付剩余工人工资款 45 000 元。

河南省渑池县人民法院经开庭审理后认为,合法的民事活动受法律保护,原告赵军组织包工队为被告王发民开办的煤矿采煤,经双方结算被告欠原告工资 4 500 元、事实清楚、证据充分,现原告要求被告偿付所欠剩余工人工资款 45 000 元,符合法律规定,依法应予支持。被告王发民以双方签订的务工协议约定事故处理费由包工队负责为由,不予偿付所欠原告工资款的理由,因所签协议中'免除被告事故责任'一项与我国《宪法》和《劳动法》的立法精神相违背,也不符合最高人民法院 1988 年 10 月 14 日《关于雇工合同应当严格执行劳动保护法规问题的批复》,关于在劳动合同中注明'工伤概不负责任'无效的内容,对被告的理由不予支持。据此河南省渑池县人民法院依照《民法通则》第 108 条"债务应当清偿"的规定,判决被告王发民给付原告赵军工人工资款 45 000 元。

第四节　法律责任的实现方式

法律责任的实现方式是指承担或追究法律责任的具体形式,包括制裁、补偿、强制等三种。

---

① 引自吴学东、路斌："医患纠纷：患者败诉亦有因",载 http://www.wf148.com/Article_Print.asp? ArticleID=402。

一、制裁

制裁是指特定的国家机关对违法者实施的强制性惩罚措施,其内容包括对责任主体的人身、精神以及财产等方面的惩罚。根据法律责任的种类划分,制裁也可以分为违宪制裁、刑事制裁、民事制裁和行政制裁四类。

(一)违宪制裁

违宪制裁是指由监督宪法实施的国家机关对违宪行为者依其所应承担的违宪责任而实施的处罚措施。例如全国人民代表大会及其常务委员会撤销同宪法相抵触的法律与决定、行政法规、地方性法规,罢免违宪的国家机关领导成员等等。又如美国的联邦最高法院宣布国会制定的法律因违宪而无效等。

(二)刑事制裁

刑事制裁是司法机关依照刑事法律的规定对犯罪人所实施的惩罚性措施,即刑罚制裁。我国的刑事制裁主要包括自由刑、生命刑、资格刑和财产刑,具体分为管制、拘役、有期徒刑、无期徒刑、死刑以及若干附加刑,附加刑有罚金、剥夺政治权利、没收财产三种。我国刑法规定附加刑也可以独立适用。除此之外还有针对犯罪的外国人的驱逐出境。在所有法律制裁中,刑事制裁是最严厉的一种。

(三)民事制裁

民事制裁是依照民事法律的规定对责任主体所实施的惩罚性措施。支付违约金通常被视为一种民事制裁,即一方违约后,不管是否造成对方损失都应当支付给对方一定金额的违约金,或者说支付违约金时可以不看对方遭受的损失。违约金在一定程度上执行了法律责任的惩罚功能,但是在民事活动中,法律责任的这种功能非常微弱,法律在违约金问题上还做了一些补充性的规定,强化了民事责任的救济功能。《合同法》第114条规定:"约定的违约金低于造成的损失的,当事人可以请求人民法院或者仲裁机构予以增加;约定的违约金过分高于造成的损失的,当事人可以请求人民法院或者仲裁机构予以适当减少。"这在相当程度上弱化了违约金的惩罚意味。

(四)行政制裁

行政制裁是指依照行政法律规定对责任主体实施的惩罚性措施。它主要分为行政处罚和行政处分。行政处罚是指对违反行政法律规范的责任主体给予的警告、罚款、没收、行政拘留、劳动教养等惩罚措施;行政处分则是指对于违法失职的公务员以及其他相关人员所实施的惩罚性措施,包括警告、记过、降级、留用察看和开除等惩罚措施。行政处罚是外部行政行为的一种结果,对其不服往往可以提起行政诉讼;行政处分则是内部行政行为的一种结果,不受司法审查的约束。

二、补偿

补偿是指在通过国家强制力或当事人要求责任主体以作为或不作为形式弥补或赔偿所造成的损失。与针对行为主体的制裁相比,补偿主要是从受害人的角度出发,根据其所受到的损失由责任主体承担责任,与制裁注重惩罚行为人的主观恶性相比,补偿考虑的道德因素较少,注重受到损害的事实。在我国,补偿主要包括:

(一) 民事补偿

民事补偿是指依照民事法律规范责任主体承担责任的一种方式。它是民事责任承担的主要方式,具体包括停止侵害、排除妨碍、消除危险、返还财产、恢复原状、赔偿损失、消除影响、恢复名誉、修理、重做以及更换等。

(二) 行政补偿

行政补偿是指依照行政法律规范责任主体承担责任的一种方式。是指国家行政机关及其工作人员在管理国家和社会公共事务的过程中,因合法的行政行为给公民、法人或其他组织的合法权益造成了损失,由国家依法予以补偿的制度。

三、强制

所谓强制,是指国家通过强制力迫使不履行义务的责任主体履行义务的责任方式。强制包括对人身的强制和对财产的强制,前者包括强制治疗、强制戒毒、强制传唤以及拘传等等。《刑事诉讼法》规定,人民法院、人民检察院和公安机关根据案件情况,皆可以拘传犯罪嫌疑人、被告人。对财产的强制包括强制划拨、强制拍卖、强制拆除以及强制扣缴等等。

【阅读材料】11.5 违宪法律责任:布朗诉教育委员会案

提示:违宪法律责任是指因违反宪法而应承担的不利后果。以下引用美国著名的"布朗诉教育委员会案"(Brown v. Board of Education),该案中的违宪责任,不仅意味着教育机构需要承担"不利"的后果,即取消原来的种族隔离措施(最后在国民警卫队的保护下强行执行判决),而且也意味着州立法机构的"不利"后果,就是该州相关法律"被宣告无效"。

在南北战争进行中的 1863 年,美国宪法中增加了第 13 条修正案,废除奴隶制。然而,南北战争尽管解放了黑奴,但是在保守的南方原蓄奴州里,种族隔离在战争之后将近一个世纪中一直是非常残酷的现实。许多州的法律规定,黑人与白人不得在同一学校上课,不得使用同一洗手间,公共场所如饭店、公共汽车都有指定给黑人的座位,自然通常是不好的座位。实行种族隔离的州提出,这一政策的原则是所谓"平等但隔离"(equal but separate)。

种族隔离政策 1896 年首次在联邦最高法院受到挑战。一位名叫普列西的黑人在路易斯安那州的火车上由于坚持坐在白人的座位上而被捕。他上诉到最高法院,指出"平等但隔离"原则违反了宪法修正案第13、第14条。(这两条的内容是废除奴隶制与公民享有平等权利)最高法院裁决种族隔离制度并没有违宪。不过其中大法官哈兰投下了意见不同的一票。他指出:"宪法并不管人们的肤色,而且既不承认也不容忍在公民中分等级。"

最高法院在20世纪上半叶变得日渐开明。19世纪50年代初,种族隔离政策再次在最高法院受到挑战。堪萨斯州有一位名叫林达·布朗的小学三年级黑人女生,虽然离她家七条街便有一所小学,但她却不得不沿着铁路线走上一英里到另外一所黑人学校就学。林达的父亲奥利佛·布朗向新兴的黑人组织全国有色人种促进会(NAACP)求助,得到了大力支持。起诉到法院,另外一些黑人家长也加入了诉讼。各级法院援引最高法院在普列西案件上的决定,判布朗败诉。

在有色人种促进会的帮助下,布朗在1951年10月将案件上诉到最高法院。南卡罗莱那、弗吉尼亚、特拉华等州几个同样的案件也加入到诉讼中。1954年5月17日,最高法院终于做出判决,废除学校中的种族隔离。

尽管最高法院并没有直接宣布其他场合,比如饭店、火车等的种族隔离为非法,但是1954年的判决推翻了所谓"平等但隔离"的原则,自此开始了废除种族隔离立法的进程。

【作业题】

1. 举例说明善良违法的现象并作简要评论。
2. 如何理解法律责任的功能?
3. 试比较刑事责任和民事责任之间的异同。
4. 简述免责的几种情形。
5. 多项选择题(2005年司法考试试题):
下列有关法律后果、法律责任、法律制裁和法律条文等问题的表述,哪些可以成立?( )
   A. 任何法律责任的设定都必定是正义的实现
   B. 法律后果不一定是法律制裁
   C. 承担法律责任即意味着接受法律制裁
   D. 不是每个法律条文都有法律责任的规定

【进一步的思考】苏格拉底的故事:公民为什么应当遵守法律?

苏格拉底是古希腊时代雅典著名的哲学家。公元前399年,苏格拉底被三个公民指控亵渎神灵和误导青年,并被雅典的一个人民法庭判处死刑。其时,雅典人正在装点海船,准备次日前往提洛岛祭祀阿波罗神。为确保城市洁净,一律暂缓处决死囚。苏格拉底乃被投入监狱，等待祭祀结束后处决。其间，弟子们轮流探监，陪伴老师度过最后的日子。一名富有的学生叫作克力同。他已经为苏格拉底的逃监做好了一切准备。不料，苏格拉底并不愿意逃跑。苏格拉底说，他与城邦的法律有一个契约。法律给他提供供养、安全等好处，他允诺遵守法律。他不能逃走，不能做不守契约的不义之人。最后，苏格拉底饮下鸩毒，从容就死。①

苏格拉底之死，可以启发人思考的地方很多。其中一个就是，归根结底，法律效力来源于何处？或者说，公民为什么应当遵守法律，这种守法的义务是根据什么施加的？

【本章阅读篇目】

1.［奥］凯尔森著：《法与国家的一般理论》，沈宗灵译，中国大百科出版社1996年版，第二、四、五、八章。

2.［英］哈特著：《惩罚与责任》，王勇等译，华夏出版社1989年版。

3.［古希腊］柏拉图著：《游叙弗伦、苏格拉底的申辩、克力同》，严群译，商务印书馆1983年版。

4.何怀宏编：《西方公民不服从的传统》，吉林人民出版社2001年版。

---

① 参见［古希腊］柏拉图著：《游叙弗伦、苏格拉底的申辩、克力同》，严群译，商务印书馆1983年版。

第十二章 法律程序

本章导读

法律程序问题,是中国法理学近年来讨论的一个热点,也是法理学的一个中国特色。其所以如此,一方面固然在于法律程序本身的重要性,另一方面,也是一些法理学者试图绕开难以有所建树的实质意义的法律课题,以单纯的法律的技术和工具价值,来替代或者影响法律的实质和目的价值,由此也引起某些的争议。与部门法中的诉讼法或程序法不同,本章是在法理学的层面阐述法律程序的,读者不仅要掌握法律程序的一般特征和基本要素,特别应当加深对正当法律程序的意义的认识。

第一节 法律程序概述

一、法律程序的概念

"程序"一词是个多义词,在人们的印象中一般是指称机械的操作规程、事件的展开过程、计算机控制编码等。如果从法学角度来分析,法律程序是指人们进行法律行为所必须遵循或履行的法定时间和空间上的步骤和方式。由于法律所调整的行为总是在一定的社会关系中展开的,所以,法律程序的设定必然也是对人们行为的相互关系的设定。

法律程序和程序法是相近似的概念,但有所不同。程序法是法律的一种分类,是相对于实体法而言的。两者的关系是,法律程序是程序法的内容,而程序法是法律程序的主要表现形式。

法律理论中,对法律程序的认识,可以分为实体中心主义的和形式中心主义两种。

前者是站在实体正义的立场上,强调法律程序不过是用以实现法律实体规定的手段。因此,法律程序自身并不具有实体性价值,它只是实现法律实体规定的辅助性手段。如典型的比喻,说实体是树干,而程序是树皮;实体是动物,而程序是皮毛等。

后者则强调,程序本身记载、表达和反映着实体。因为程序作为人们公共交往行为的准则,它预设了人们公共交往的前提、阶段、过程、环节乃至目的。所以,法律程序绝不仅仅是象征着时间过程的步骤,而且其间还有更为重要的因素,即任何实体性的追求,只有在过程或程序中才真正具有可能。从这层意义上讲,在法律的世界,只存在着某种程序中的实体,而没有游离于程序之外的实体。以这种观点来看,法律程序不仅仅与诉讼活动相关联,它同时还深入到主体公共交往的一切领域,也就是说人们公共交往的一切都是程序性的活动,离开程序性的公共交往是不存在的。在法律领域,为了公共利益而进行的立法、行政和司法过程等等,都是一个程序性的过程。没有法律上的程序,也就没有最终能够经验和获取的实体。程序是法律之所以成为法律的基本因由。

长期以来,我国存在着"重实体轻程序"甚至"程序虚无主义"的严重倾向。这种观念和体制互为因果,成为国家法治建设的重要阻碍。近年来,随着法律程序理论探讨的深入展开,人们逐渐认识到程序的重要意义,同时,立法和法律的运作对法律程序的依赖性大大增强。本章也是基于程序的独立价值的视角阐述的。

二、法律程序的特征

通过上述对法律程序的价值解读,我们可以对法律程序的特征做一个归纳:

(一)法律程序是针对特定法律主体的特定行为而做出的要求

法律以人们的行为作为直接对象。那么,什么样的行为才是法律程序所针对的对象呢?一般说来,它是那些被立法者认为比较重要的法律行为,诸如立法行为、司法行为、行政行为等。它们都需要受到严格的程序的约束,相应的就发展出了立法程序、审判程序、行政程序和一般法律行为程序。

(二)法律程序是由时间要求和空间要求构成的

换言之,法律程序是以法定时间和法定空间方式作为基本要素的。法定时间要素包括时序和时限。时序是法律行为的先后顺序,时限是法律行为所占的时间的长短。法定空间方式包括两个方面:一是空间关系,即行为主体及其行为的确定性和相关性。比如,审判行为只能由法院来行使,这是确定性;"一切机关不得干预审判"则表明各主体在空间上的相关性。由此,把法律程序仅仅视为一种"法律手续"有失偏颇。二是行为方式,即法律行为采取何种表现方式的问题,如审判行为的公开形式或秘密形式。

(三)法律程序对具体的决定结果具有中立性

应该说,法律程序本身并不中立,它直接体现了立法者设立法律程序的意图与价值。这里所谓的中立性是指,法律程序只是为法律主体做具体决定规定相应的方式、条件与步骤,它与最终作出何种具体决定无关。法律程序的中立性特征正是程序价值的内在基础。还需要说明的是,程序的中立性并不意味着程序操作者和使用者的中立性,例如,选举程序中参与选举的选举人是不可能中立的。

（四）法律程序的象征性

法律程序一方面预设了其本身的内在价值,但另一方面在某种程度上逃避了对实体权利所要求的价值判断。比如说,法律程序规定了精致的诉讼程序,表现为对参与其中的主体规定了各自的权利与义务。但主体所享有的程序法上的权利与义务显然并不意味着主体一定享有实体法上的权利与义务。正是这一关键性的差别,使法律程序在持有基本价值的同时可以免于实体法的价值判断。它通过安排一种伴随时间而经过的活动过程和活动方式,使法律程序外在化,这就是程序所具有的某种仪式性、象征性。法律程序所具有的象征性特点从现代国家治理的角度上看,具有特别重要的功能。在一定程度上,它可以通过程序具有的象征性与仪式性化解社会上一定的价值冲突与利益冲突,整合各种社会力量,以求建立一种形式的政治合法性。正是这一原因所以有必要突出法律程序的象征性特点。而这一象征性特点也有助于人们重新认识程序法与实体法的关系,表明程序法所具有的独特价值。

以上四点特征把法律程序的几个面相展示了出来。另外需要指出的是,就法律程序的表现形式而言,它主要体现在程序法规范里,也就是一般集中在程序性的法典中,如诉讼法、仲裁法等,但也有一些散见于其他的实体性法律文件中。同时,程序法作为法律规范的一种自然也具有法律的基本特征,因而法律程序不像民俗习惯、宗教典礼、社团仪式那样任意、松散,它与法的实体规定一样具有国家意志性、强制性和规范性。它作为一种行为模式是被反复适用的,当违反这种行为模式时,也有相应的法律后果。即使一些程序性法律具有浓厚的形式色彩,仍然与实体法一样具有同等约束力。

【阅读材料】12.1　法律程序的价值

提示:法律程序是主体创造的产物,内含着主体对法律程序的价值追求。从法律的内部来看,法律实体和法律程序存在着目的和手段的关系,法律程序通过实现法律实体的目的来满足主体的价值需要。同时法律程序亦不简单是法律实体的辅助或附随,它与法律实体一样,也是主体需求的一部分,体现了主体对过程和过程相关价值的需求。从这一角度讲,法律程序的价值是指法律程序作为一个过程所具有的,不依赖其结果如何而存在的,能够满足人们需求的诸多因素。

最早对程序价值进行研究的是英国法学家边沁(1748—1832)。边沁第一次将法律从总体上分为实体法和程序法。实体法直接体现了主权者的意志,通过提供人们行为准则来调整社会关系,是最重要的法律。程序法则是为了实施实体法而设立的,是较次要的法律,其唯一正当的目的就是最大限度地实现实体法。显然,边沁是从工具性价值的角度来认识程序法的。

意大利法学家贝卡利亚(1738—1794)对程序法律内在的、独立的价值有了进一步的认识。他提出了无罪推定原则以及刑事程序的人道化要求。通过他的理论,刑事程序开始有了独立于实体法的价值追求。

在当代西方,美国法学家罗伯特·萨默斯(Robert S. Summers)是较早提出法律程序独立价值标准的学者。他在1974年发表了《对法律程序的评价与改进——关于"程序价值"的陈辩》的文章,对程序价值进行了较为系统的分析和论证。萨默斯认为程序价值包括参与性统治、程序正统性、程序和平性、人道性及尊重人的尊严、个人隐私的保护、程序性公平性、程序法治、程序理性、及时性和终极性等①。

20世纪90年代以后,国内学者基于对中国"重实体,轻程序"的法律传统的认识,特别是意识到法律程序价值对法治建设的重要意义,对程序、法律程序、正当程序等问题进行了广泛的探讨。其中,最有代表性的是季卫东的《法律程序的意义》一文。他在文章中指出,现代程序的价值包括:对于恣意的限制、理性选择的保证、"作茧自缚"的效应、反思性整合②。

【阅读材料】12.2 罗尔斯的程序正义理论

罗尔斯在《正义论》中将程序性正义分为三大类型:纯粹的程序性正义、完全的程序性正义和不完全的程序性正义。在纯粹的程序性正义的场合,一切取决于程序要件的满足,不存在关于结果正当与否的任何实体标准。其典型事例就是赌博,只要游戏规则不偏向某一赌客而且被严格遵守,那么无论结果如何都被认为是公正的。在完全的程序正义的场合,虽然存在关于结果正当与否的独立标准,但程序总是导致正当的结果,例如著名的蛋糕等分问题,只要设定切蛋糕的人只能最后一个领取自己应得的一份这一程序,就不必担心不能等分。在不完全的程序正义的场合,程序不一定每次都导致正当的结果,程序之外的评价标准便具有较重要的意义。例如在刑事审判中,无论程序要件如何完备也不能完全避免错案的问题。罗尔斯认为,这三种基本类型在各自的限定范围内都是符合正义的。为了弥补不完全正义的场合不能确保正当结果的问题,便需要借助程序正义的正当化作用,追加一种起拟制作用的所谓半纯粹的程序正义(例如陪审制度、当事人主义的参与保障措施等)。程序正义的实质就是排除恣意因素,保证决定的客观正确性。因此,

---

① 参见陈瑞华:"通过法律实现程序正义:萨默斯'程序价值'理论评析",载《北大法律评论》1998年第1卷第1辑。
② 参见季卫东:《法律程序的意义》,载季卫东著:《法治秩序的建构》,中国政法大学出版社1999年版。

罗尔斯把法律的程序正义和法治等同。他说:"形式正义的概念,即有规则地和无偏见地实施公开的规则,在适用于法律制度时就成为法治。"它包含下列律令:第一,"应当的行为意味着可能的行为";第二,"类似案件类似处理";第三,"法无明文规定不为罪";最后,还有维护司法活动完整性的方针,包括法官必须独立和公正、任何人不得审理他本人的案件以及审理必须公开但不受公众舆论所控制等等。

第二节　法律程序的类别

为了进一步理解法律程序,有必要从外延上对法律程序做一个分类。法律程序最基本的分类是按照法律行为的内容及其性质,把法律程序分为立法程序、审判程序(大致分为民事审判、刑事审判、行政审判和违宪审查程序四种)、行政程序等等。原来基本上属于政治活动的选举,在近代以来也成为法律程序的重要形态①。其实程序的类型还不限于此,诸如公共问题决策程序等法律程序类型在现代社会活动中具有普遍性。上述种种程序是与社会和法制发展的一定阶段相联系的。以下分析主要的程序类型。

一、立法程序

立法程序是指有权的国家机关在制定、认可、修改、补充和废止法律、法规的创制过程中所须遵循的法定步骤和方法。纵观人类社会发展史,可以发现立法程序经历了从无到有、从简单到复杂、从无序到有序、从专制到民主的发展过程。随着私有制、阶级和国家的出现,社会规范中逐渐渗入了统治阶级的意志,原来的习惯也逐渐演变为习惯法,随后习惯法又发展成为成文法。立法活动也正是在这一过程中产生并逐步发展起来的,即"在社会进一步发展过程中,法律便发展成或多或少广泛的立法"②。但是在古代,立法没有、也不可能有独立的地位和意义,不论是确立、认可不成文的习惯法,还是随后把习惯法作为规则用文字记载下来,还是发展到"自觉地和有意识地来创造"成文法的阶段,这一切并不需要公开、严谨、明确、有条不紊的法定程序。在绝大多数奴隶制国家和封建制国家,在君主之外无所谓单独的立法机关。君主言出法随、金科玉律,可以一言兴法、一言废法;即使形成了一些立法方面的常例,君主也可以随时打破。因此,这一时期的立法过程是随意的、专断的并具有神秘的政治色彩。立法过程只是统治者个别意志法律化的过程,是当权者用以实现其经济、政治利益的工具和手段,人们对立法程序也完全处于浑

---

① 参见季卫东著:《法治秩序的建构》,中国政法大学出版社1999年版,第27页。
② 《马克思恩格斯全集》第2卷,人民出版社1957年版,第539页。

然不觉的状态。

欧洲封建制社会中后期开始,随着等级代表机关的出现,使立法机关、立法程序及整个立法活动在人类历史上第一次有了相对独立的政治意义。从此,伴随着这个过程的发展,立法程序的政治神秘主义和专断色彩开始削弱,民主化因素逐渐增强。随着近代民主制度的确立,人类历史上出现了专门行使立法权的机关,人们也开始真正自觉地认识到了独立的立法机关、立法程序存在的价值与意义,认识到了立法必须在一个正式和理性的程序之中运行。从外在形式上看,立法过程在很大程度上被纳入了法定的轨道,立法议案从提出、审议、讨论到通过、公布都有一套明确、严格的程序规则。从内在形式看,立法的内容也在于保护人民的权利。

现代立法程序的功能与古代立法程序存在较大差异。古代立法程序的主要功能在于向民众宣示,以强化法律的权威。现代立法程序的功能主要表现在两方面:一是通过立法程序,使法律取得合法性;二是通过立法程序,提高法律的科学化、合理化程度,减少立法的任意性和非理性。基于此,现代立法程序一般必须遵守以下原则:

1. 公开原则

根据主权在民和代议制政治的原理,立论机关的立法权是人民委托产生的,立法活动必须置于人民的监督之下,因此,立法必须贯彻公开的原则。这包括立法的任何信息必须向民众公开,民众有权旁听立法会议,媒体可以对立法的过程进行详细的报道。

2. 辩论原则

这一原则是价值多元和利益主体多元在立法活动中的体现。为了防止部分人独揽立法权,使各种不同的意见和主张得到表达,同时也为了增强立法的科学性与合理性,立法必须经过充分的辩论。辩论应当在平等的规则下进行。

3. 多数裁决原则

多数裁决原则是民主的主要形式,它是指立法的决定最后必须由多数人作出,而不是个人或者少数人独裁。这是立法程序与其他程序区别的一个特点。对于有些重要立法,如立宪,这一原则的要求更为严格。

4. 公布原则

任何制定的法律必须公布,不允许存在秘密立法。这一原则的另外含义是指任何未经公布的文件不得被作为行使的依据,特别是不得作为司法裁判的依据。

二、审判程序

审判程序就是诉讼程序,指司法机关在各当事人和其他诉讼参与人的参加下解决案件争议所应遵循的程序。随着我国社会主义市场经济的发展,我国社会关系也呈现出多样性的特征。为了适应社会的发展和调处各种纠纷的需要,司法机关也必须介入市场化社会关系的调整过程之中。在一个追求法治的社会中,以法院为核心的司法体系的作用将越来越重要。主要表现为:

1. 法院将位居纠纷解决体系的中心

受到刑事追诉的公民最终是否构成犯罪,以及犯罪者应受怎样的刑事制裁要由法院做出最终的判决,民事纠纷中的相当一部分案件诉诸法院并由法院裁定。法院中所发生的各种诉讼活动构成了法律生活的典型图景。

2. 司法体系的存在以及运行过程体现了现代国家机关之间分工合作的关系,其目的在于保证国家权力的健康行使

国家的司法权只能由国家各级审判机关和检察机关统一行使,其他机关、团体和个人都无权行使此项权力。通过这种相互分工和合作的关系,司法机关构成国家权力之间平衡机制,以及与社会权利的沟通渠道。

3. 法院将成为正义的象征

在一个市场经济成功运作、法治日益完善的国家里,在民众的眼里,司法权往往具有比行政权等享有更高的合理性。这不仅因为司法具有严密的程序,而且司法还是整个权利救济的最后保障。如果法院无法匡扶正义,那么整个国家制度的合理性必将瓦解,民众的不满最终只能通过非制度化的渠道来宣泄。正是由于这个原因,人们对司法的腐败往往反应更为强烈。在一个法治的国家,民众对法院的敬畏感应该是最高的,因而法院必须严肃司法,依法处理案件。

为了能够使法官公正有效的适用法律,一般而言,各国司法程序在发展上具有以下趋势:

1. 审判模式趋向"当事人主义"

一般认为,"当事人主义"的审判模式,可以激发诉讼当事人的能动性,加强当事人双方在诉讼中的对抗性。与此同时,对抗制也提高了律师在整个诉讼中的作用,从而在一定程度上减少和限制法官在某些方面不必要的诉讼指挥权。从实际的审判经验来看,这一模式更有助于案件的公正处理和解决。

2. 判决书公开化与学理化

司法的正义很大程度上体现在判决的说理的过程中,理由越充分,当事人才能越相信裁判的公正性。在这个时代,如哈贝马斯所说,论证代替了叙述,"合理性"只有通过说理才能获得。故改革的方向就是要求法官在写判词时必须说理充分详尽,并公开化,以求做到以理服人。目前,最高人民法院开始有选择地把若干已经审结案件的判决书全文向社会公开,判决书一公开,社会也就能对它评判和监督。这样司法的权威性也会大大加强。

3. 完善证据制度

证据制度在整个司法制度中始终占据着极为重要的地位,对当事人而言,证据的充分与否直接关系到胜诉与败诉;而对法官而言,则关系到案件的公正与否。因

此有必要进一步完善证据出示的程序、证据采纳的条件与效力等。具体表现为,如建立庭前证据展示制度、证人出庭作证制度(对证人的作证义务进行实质上的约束)以及一定条件下的法院取证程序等。

4. 加强法官的独立性

无论在何种体制之下,法官的作用都是不可忽视的。因为从规则到案件之间存在着法律解释,而对法律的解释也始终是法官所表现出的解释。所以问题不在于法官是不是有无作用,而在于如何发挥法官的积极作用及法官自身有无素质来发挥积极作用。实证的调查研究发现,与其设立"错案追究制度"等这类弊大于利,且伤害法官独立的做法,不如让法官真正独立,具有真正的人格自主,从而更好地服务于司法的目的。实际上,司法独立的关键就是能否落实到法官独立上。

总之,伴随着当今社会技术力量的增强,市民社会的扩展,社会正变得越来越抽象化、形式化。在一个所有的问题最终都将成为法律问题的时代,司法在当代的国家治理中,将占有越来越重要的作用,而司法程序的公正与有效则直接关系到国家的稳定与正义的实现。

三、行政程序

行政程序一般是指国家行政机关及其公职人员依照法定职权和程序,贯彻、执行法律的活动。在现代社会中,行政权的内容日益扩大,因此其功能也日显重要。行政往往承担着比立法、司法更加普遍、更加日常性的事务,行政活动的每一领域,每一方面都事关国计民生和社会经济、政治、文化等的发展。行政权力的扩张是行政权的本能。以美国为例,早在19世纪前期,基本的社会秩序维持结构是"市场加法院,或者立法加法院,行政机关的作用不占主导地位"①。但到了19世纪末,伴随着经济发展出现了一系列社会问题,如不正当竞争、市场垄断、城市化进程加快以及贫富分化严重,这使得社会矛盾日益尖锐。为了有效解决这些问题,实现社会控制,行政权力的触角开始向经济和社会领域延伸,行政开始出现经济行政和社会行政的内容。20世纪以来,随着经济危机后的凯恩斯主义的盛行,特别是经历了罗斯福新政时期一系列政府成功干预经济和社会生活的事件之后,行政权力的扩张越发得到了人们的理性认同,扩张的速度不断地加快,扩张的规模也发展到涵盖社会关系的各个领域和层面。

正是在这个意义上,对行政程序的探讨也越来越重要。为了防止行政权的不断扩张和滥用,西方各国逐渐认识到以程序控制执法权的重要性。由此建立了行政程序法律制度。现代行政程序法源于英国,发展于美国,传播到世界各国。英美行政法的核心有两个,即司法审查和行政程序。大陆法系受英美法系的影响,亦开

---

① 王名扬著:《美国行政法》(上),中国法制出版社1995年版,第49页。

始注重行政程序的法治化。德国和日本均制定了行政程序法典,法国也制定了几个单行的行政程序法。"行政程序法的颁行,是法治国家法治行政的必不可少的基石之一,也是行政领域的重大事项。就世界而言,制定行政程序法的热潮正方兴未艾。"①纵观世界潮流,行政程序有几个发展趋势:

(一)加强对自由裁量权的司法审查

扩大自由裁量权是现代执法的要求,但与此伴随的是加强对行政执法的司法审查。法国为了有效地控制执法权的滥用,首先发展出了权力滥用理论。"法国行政法发展了滥用权力的概念,由国家委员会领导的法国行政法院一直复审滥用裁量权的行为。"②到20世纪80年代,法国又发展出了均衡原则,这一原则与英国的合理原则、德国的比例原则、日本的无瑕裁量请求权和裁量零收缩理论同属对行政自由裁量权的有效控制手段,但更体现了法国特色③。目前我国行政执法的主要问题是司法审查的缺失和不到位。

(二)完善执法后的救济制度

完善救济制度是依法行政的必然要求。西方国家为了推行依法行政,对因行政执法权的使用不当而遭受权益侵害的行政相对人提供了有效的权利救济途径。法国除了所提供的行政法院救济之外,还借鉴了瑞典的议会行政专员制度和英国的议会行政监察专员制度,对违法行政管理活动设立了调解专员制度。在这一方面,我国也已初步确立了救济体系,如现已颁布实施的《国家赔偿法》、《行政复议法》等法律法规。但是,由于我国在这方面起步较晚,所以在许多方面仍有不完善之处。事实上,对行政相对人的救济,不仅包括行政救济,也包括司法救济;不仅有事后的救济,也包括事中的救济。同时,在完善我国的正式程序的救济制度时,也应当规范具有我国特色的信访制度。

总而言之,除了上述对法律程序所做的主要分类之外,程序还可分为正当程序与非正当程序。正如法律存在善恶之分,程序也存在优与劣、善与恶的问题,这涉及法律程序的价值问题。

【阅读材料】12.3　田某诉北京科技大学案

提示:该案非常具有典型性,既涉及行政程序,也涉及诉讼程序。通过对案件争议事实和法院最后判决的材料的阅读,请从行政程序的角度就该高校对田某的处理的过程和结果进行评析,同时,进一步思考司法程序对于实体权利的意义。

1994年9月,田某考入北京科技大学,并取得本科生学籍。1996年2月29日,田某在参加电磁学课程补考过程中,随身携带写有电磁学公式的纸条,被监考

---

① 应松年著:《比较行政程序法》,中国法制出版社1999年版,第1页。
② [美]伯纳德·施瓦茨著:《行政法》,徐炳译,群众出版社1986年版,第568页。
③ 王桂源:"论法国行政法中的均衡原则",载《法学研究》1994年第3期。

教师发现。监考教师按照考场纪律,当即停止了田某的考试。该校于同年3月5日按照本校有关规定认定田某的行为是考试作弊,田某按退学处理,4月10日填发了学籍变动通知。但是,该校没有直接向田某宣布处分决定和送达变更学籍通知,没有给予田某提出申辩意见的机会,还未给田某办理退学手续。田某继续在该校以在校大学生的身份参加正常学习及学校组织的活动。在此期间,该校为田某补办过曾丢失的学生证,每学年均收取田某交纳的教育费,并为田某进行注册、发放大学生补助津贴,还安排田某参加了大学生毕业实习设计,并由论文指导教师领取了学校发放的毕业设计结业费。田某还以该校大学生的名义参加考试,先后取得了大学英语四级、计算机应用水平测试BASIC语言成绩合格证书。田某在该校学习的4年中,成绩全部合格,通过了毕业实习、设计及论文答辩,获得优秀毕业论文及毕业总成绩全班第九名。

1998年6月,北京科技大学的有关部门以田某不具有学籍为由,拒绝为其颁发毕业证,进而也未向教育行政部门呈报毕业派遣资格表。田某遂向北京海淀区人民法院提起行政诉讼,认为被告的这种做法违背了法律规定。请求判令被告:一、为其颁发毕业证、学位证;二、及时有效地为其办理毕业派遣手续;三、赔偿其经济损失3 000元;四、在校报上公开向其赔礼道歉,为其恢复名誉;五、承担本案诉讼费。

北京市海淀区人民法院于1999年2月14日判决:一、被告北京科技大学在本判决生效之日起30日内向原告田某颁发大学本科毕业证书;二、被告北京科技大学在本判决生效之日起60日内召集本校的学位评定委员会对原告田某的学士学位资格进行审核;三、被告北京科技大学于本判决生效之日起30日内履行向当地教育行政部门上报原告田某毕业派遣的有关手续的职责;四、驳回原告田某的其他诉讼请求。

第一审宣判后,北京科技大学提出上诉。请求二审撤销原判,驳回田某的诉讼请求。北京市第一中级人民法院经审理认为,原判认定事实清楚、证据充分,适用法律正确,审判程序合法,应当维持。上诉人北京科技大学认为被上诉人田某已不具有该校学籍,与事实不符,不予采纳。学校依照国家的授权,有权制定校规、校纪,并有权对在校学生进行教学管理和违纪处理。但是法院认为制定的校规、校纪和据此进行的教学管理和违纪处理,必须符合法律、法规和规章的规定,必须保护当事人的合法权益。北京科技大学对田某按退学处理,有违法律、法规和规章的规定,是无效的。据此,北京市第一中级人民法院依照《行政诉讼法》第61条第(一)项的规定,于1999年4月26日判决:驳回上诉,维持原判①。

① 参见最高人民法院网——典型案例,2003年4月1日发布 http://www.court.gov.cn/popular/200304010050.htm。

第三节 正当法律程序

我们今天主张要重视法律程序的话语语义,其实不是笼统地指一般的法律程序,而是指正当的法律程序。现代意义上的程序显然是一种有价值倾向的程序,其以法治为指向以示区别古代的法律程序和现实生活中的非正当程序。

一、正当法律程序的历史演变

在西方法律史上早就萌发了程序正当化的理念,形成了区分正当程序与非正当程序的要求。一般来说,人们都把 1215 年英国《大宪章》作为"正当程序"原则的源头。《大宪章》第 39 条规定:"除依据国内法律之外,任何自由民不受监禁人身、侵占财产、剥夺公民权、流放及其他任何形式的惩罚,也不受公众攻击和驱逐。"有学者评价道:《大宪章》并不是由于它篇幅巨大,而是由于它所包含的内容至关重要且崇高伟大。《大宪章》给全民带来福泽,这些福泽尤其是指普通法历史中形成的程序所带来的各种利益,诸如众所周知的普通法院的诉讼程序、大陪审团提起诉讼、"依照国王的法律"来审判、人身保护、免受垄断的侵害、非经议会同意不得征税等①。可见《大宪章》的历史地位多半是因为它对正当程序所作的规定。

英国 1215 年的规定与英国古老的自然公正原则有着密切的渊源上的关系。"自然公正"(natural justice)的内容包括两项最基本的程序规则:(1)任何人不能审理自己或与自己有利害关系的案件(nemo judex in parte sua),即任何人或团体不能作为自己案件的法官。(2)任何一方的诉词都要被听取(audi alteram partem),即今天所谓任何人或团体在行使权利可能使别人受到不利影响时,必须听取对方意见,每个人都有为自己辩护和防卫的权利。如果我们进一步追问其来源,那么,根据自然公正的概念常常与自然法、衡平法、最高法和其他类似概念通用的情况,我们可以推定,自然公正原则起源于自然法。

1354 年出现了现代所说的"正当程序"的正式条款。当时英国国会迫使英王爱德华二世接受了约束其言行的法律性文件,即爱德华三世第 28 号法令,其中第 3 章有"不依正当法律程序,不得对任何人(无论其财产或社会地位如何)加以驱逐出国境或住宅,不得逮捕、监禁、流放或者处以死刑"的规定,此条款首次以法令形式表达了英国著名的自然公正原则。后来经过历代国王的反复确认,到 14 世纪末成为英国立宪体制的基本标志。法国的《人权宣言》第 7 条也有类似的规定:"除依法判决和按法律规定的方式外,任何人都不应受到控告、逮捕或拘禁。"

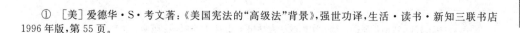

① [美]爱德华·S·考文著:《美国宪法的"高级法"背景》,强世功译,生活·读书·新知三联书店 1996 年版,第 55 页。

在美国法上,"正当法律程序"这个完整的法律术语最早见于1692年马萨诸塞州的一部制定法。麦迪逊在起草《权利法案》初稿时用了"正当法律程序",但是他对正当程序的理解是受了汉密尔顿在1787年就纽约州一项法律所述观点的影响。1791年美国宪法第5条修正案正式规定"非经正当法律程序,不得剥夺任何人的生命、自由或财产",其后美国联邦法院判例一再采用这个词。内战结束后,1868年宣布生效的第14条宪法修正案又采用"正当法律程序",以此规定用来直接针对政府、州政府官员和地方政府。美国宪法第5条修正案和第14条修正案是正当程序在现代的版本,也由它构成了"正当程序条款"(Due process clauses)这样一个特定的概念。

"正当法律程序"可以说是英美法律中程序的最高原则。就正当程序的最低标准而言,它要求:公民的权利义务将因为决定而受到影响时,在决定之前必须给予他知情和申辩的机会和权利。对于决定者而言,就是履行告知(notice)和举行听证(hearing)的义务。

二、正当法律程序的特征

为了更好地把握正当程序的内涵,我们拟从五方面来分析其基本特征。

(一) 角色分化

分化是"指一定的结构或者功能在进行过程中演变成两个以上的组织或角色作用的过程"①。在正当的法律程序中,决定权并不完全集中在程序的某一个参加者身上,也不集中于某一个环节,而是将其分解于程序的整个过程之中,即通过角色分派体系来完成决定。法官、原告、被告、公诉人、辩护人、代理人、陪审员、证人、鉴定人等等,组合成司法程序的角色体系,并在其中扮演着各自的角色,他们各司其职、互相配合、互相牵制。这些角色的定位和行为,体现在法律上,便是各种各样的程序性权利和义务。程序中的角色分化以后,每一个角色都是以一个符号的形式存在。从法官的角色要求来看,法官只应知道戴着原告、被告等"面具"的抽象当事人,而不需要认识"面具"里的具体个人。程序中的角色分化,对法官、律师等角色提出了更高的职业化和专业化的要求。

(二) 有意识地阻隔

程序的设置是为了有意识地阻隔对结果、对法律外的目标的过早的考虑和把握。其目的一是为了防止恣意,二是为了在结果未确定的情况下,保障程序中的选择自由。

程序的对立物是恣意。正当程序要求决定者有意识地暂时忘却真正关心的实质性问题。也就是,决定者需要有意识地避免自己先入为主的观点,有意识地忽略

---

① 季卫东著:《法治秩序的建构》,中国政法大学出版社1999年版,第16页。

案件当事人的实际身份,有意识地淡化对实体内容和结论的急切追求。正是这样,程序才具有克服任性和恣意的特性,从而把纠纷的解决和决定的作出,建立在"结构化"和"一般化"的制度之上。

在程序中,结果的未知性(不确定性)可以确保程序参加者的选择自由。基于利害关系,预期结果的未知性能够调动程序参与者角色活动的积极性,程序如同一个可供自由表演的舞台,在规定的程式中,容许参与者追求其最大利益。因此,程序其实是一个可变而又可控的行为结构。就如卢曼(Cf. N. Luhmann)所谓的"在某些容忍的界限内接受内容上尚未确定的决定"①。在众口难调的状况下,程序可以引起多数人的兴趣。

(三)直观的公正

通过直观的公正来间接地支持结果的妥当性。案件的事实与程序的事实,客观的真实与程序的真实是不同的概念。尽管检验客观的真实的方式与途径有许多,但时间本身也是客观的,过往的事件无法重复。所以一定意义上说,结果是否合乎客观真实是难以检验的。正当程序要求"公正必须首先是看得见的公正"。"看得见的公正"就是程序的公正。既然结果是否合乎客观真实是难以检验的,那就只能由程序的正确来间接地支持结果的妥当性。例如,进行诉讼而遭至败诉的一方虽然对判决不满,但因为自己已经被给予了充分机会表达观点和提出证据,并且由相信公正无私的法官进行慎重的审理,所以对结果的不满也就会失去客观的依据而只能接受。"这种效果并不是来自判决内容的'正确'或'没有错误'等实体性的理由,而是从程序过程本身的公正性、合理性产生出来的。"②

(四)意见交涉

当事者有权利进行意见的讨论、辩驳和说服,并且是直接参与、充分表达、平等对话,达到集思广益促进理性选择的效果。一般来说,程序起始于纠纷,而纠纷的本质是关于问题处理意见的矛盾。如果意见相同也就不存在纠纷。程序就是为了沟通意见并使意见达成一致。

西方古老的"自然正义"就包含着"任何一方的诉词都要被听取"的原则,后来发展成为在剥夺某种个人利益时必须保障他享有被告知(notice)和陈述自己意见并得到听证(hearing)的权利。现代法律程序中的知情权、辩论权和听证权等,也都来源于这一原则并被归结为"意见交涉"。这一特点与正当程序其他的特征是互相依赖的。如果程序并没有分化为对立面的设置,则交涉无从谈起。程序参加者如果缺乏立场上的对立性和竞争性,这种意见的发表也毫无意义。当然,程序中的对立竞争并不排斥协商解决问题的可能,对立的各方仍然具有统一性。所以,正当

---

① 转引自[德]赫费著:《政治的正义性》,庞学铨译,上海译文出版社1998年版,第147页。
② [日]谷口安平著:《程序的正义与诉讼》,王亚新等译,中国政法大学出版社1996年版,第11页。

程序也内含着制度性妥协的机制。总之,正当程序营造了一种特定的时空和气氛,用来保证程序参加者根据证据资料和预定规则进行直接、充分、平等的对话。其好处在于使各种不同的利益、观点和方案均得到充分比较和推敲,都能够得到充分考虑和斟酌,从而实现优化选择,使决定做得最为公正合理。

三、正当法律程序的要素

综观现代各种程序的运行,要达成其基本的目标、价值标准,就需要具备一些基本构成要素。就绝大多数程序类型来看,正当程序必须具备:对立面、决定者、信息、对话、结果①。

(一) 对立面

对立面是指存在复数的利益对立或竞争的主体。正当程序是高度制度化的程序,因此对于当事人的设置有严格要求,这就是当事人的相互对立或竞争关系。当事人在社会生活的相互行为和关系中产生意见分歧或利益冲突(程序开始于冲突一方的申请),程序是这种行为和关系的进一步延续,并且,程序通过当事人的相互行为和关系而得以实现。当事人的存在是必不可少的,但是当事人的利益或意见必须是相互对立或相互竞争的关系。这些利益和意见如果不是相互冲突或相互竞争的关系,则不符合正当的程序。也正是因为当事人之间存在利益冲突或竞争,才使得各方利益的协商和让步成为可能。对立的各方在程序中同时具有了妥协的机会。

(二) 决定者

决定者在多数情况下是指解决纠纷的第三者或程序的指挥者。正当程序对于决定者最重要的要求则是"中立性"。古老的"自然正义"两项要义之一就是强调决定者的中立问题,在正式制度中它表现为回避权的设置。按照戈尔丁的标准,包括"与自身有关的人不应该是法官、结果中不应含纠纷解决者个人利益、纠纷解决者不应有支持或反对某一方的偏见"三个方面②。此项要素的内容还包括决定者的选择(通常这同时意味着解决方式的确定)、资格认定等制度安排。

(三) 信息与证据

信息是指待决事项相关的事实、知识、资料和根据等。对于某一事项的决定者来说,足够的信息是十分重要的。这里的"足够"意味着信息的量和质两个方面。从质上来讲,信息必须是多样化、合法化、公开化的。首先,程序中的信息应该是多样化的,这就要求信息来源的多元化。否则信息来源于一个方面就容易造成偏听偏信。比如立法程序中由政府或政府职能部门单方面提供立法资料信息,显然不妥,还应当听取行政相对人一方的意见。其次,程序中的信息应该是合法的,也就

---

① 参见公丕祥主编:《法理学》,复旦大学出版社 2002 年版,第 226—229 页。
② [美]戈尔丁著:《法律哲学》,齐海滨译,生活·读书·新知三联书店 1987 年版,第 240 页。

是说有合法的来源。再次,信息的公开化是指在公开的程序中提交或传达的。程序的设置应当有利于当事者获得对方的证据信息,从而进行信息比较和估计。证据必须是双方在场的情况下提供和传达。信息的处理也是十分重要的。对于决定者来说,能否正确处理信息直接关系到他能否作出正确的决定。

（四）对话

对话是指程序主体之间为达成合意而针对争论点所开展的意见交涉方式。对话不仅是一方要设法说服对方,而且还要关注对方的观点。一般而言,人们在听到与自己观点相左的意见时,总是会反思一下自己的想法,尤其当有义务就自己的观点向对方进行合理的说明时,这种反省作用会更加明显。可见,对话意味着当事者必须向对方阐明自己主张的合理根据,如果对话的内容缺乏合理的根据,相应的一方将会承担不利的后果。正如日本学者棚濑孝雄所说,在程序中"说明义务被高度规范化,任何强词夺理或以各种借口避免说明的行为都不能被允许"①。

（五）结果

这里所谓的结果是指根据程序中确认的事实和正当理由而做出的最终决定。应该说,任何程序的目的都在于促成纠纷的解决,解决纠纷的结果是程序的最后环节。虽然结果往往是在强制方式下形成的,但正当程序要求决定者必须说明为什么如此决定的具体理由,包括事实和规范依据。而且,无论结果的形成是以合意抑或强制的方式,都要求在公布之时起具有强制力、既判力和自我约束力。除非依法进入另一程序,否则这个结果是不能撤回或变更的,这是程序的"不可逆性"的体现。

四、正当法律程序的意义

法律程序在西方近五百年的法治进程中起过重要作用,它与法律职业被称为具有重要意义的法治的两个推动力。从普遍意义上讲,法律程序是制度化的基石,是现代法律的特征之一;就中国法传统而言,法律程序是中国法走向形式化进而走向现代化的根本元素之一。如果从正当法律程序的具体意义来讲,主要表现为:

（一）正当的法律程序是权利平等的前提

现代法治原则要求"以相同的规则处理同类的人或事",即平等地适用法律,而公正的核心是平等。程序是如何保证平等的呢？现实生活的具体的人和事,与抽象的法律规则之间存在着差异和距离,这给法律适用带来难度。法律适用就是对抽象规则与具体行为的认同过程,这个认同过程的高度"同一性"有赖于法律程序的保证。倘若没有统一的步骤和方法,没有时间与空间上的向导,就难以实现"同一性",因而平等适用法律也就无从谈起。

---

① ［日］棚濑孝雄著:《纠纷的解决和审判制度》,王亚新译,中国政法大学出版社1994年版,第127页。

(二)正当的法律程序是权力制衡的机制

法治社会的国家权力应当受到法律的严格约束,而法律程序是其中不可或缺的一种约束机制。正当的程序通过抑制、分工等功能对权力进行制衡。在社会经济生活要求国家自由裁量权相对扩大的今天,实体法规则的控权功能有所缩减,因此程序控权的功能大大增长。法律程序以其特有的功能补充了实体法控制权力的不足,达到了权力与权利的平衡、效率与自由的协调、形式合理性与实体合理性的结合。

(三)正当的法律程序是纠纷解决的效率的保证

正当合理的法律程序总是能够使纠纷及时、有效、公正、合理地得到解决。相反,偏私或不合理的法律程序往往使纠纷的解决出现这样的情况:当事人在程序过程中就感到有不公正因素;当事人在程序过程中尚未消除暴力的直接冲突;当事人为纠纷的解决花费了不必要的或过高的时间、金钱、精力(诉讼成本过高);当事人在处理结果面前仍有遗留的纠纷或由处理结果引起的新的冲突和矛盾。因此正当合理的法律程序能够保证纠纷真正得到解决,从而实现实体公正。

(四)正当的法律程序是权利实现的手段

首先,法律程序是权利义务实现的合法方式或必要条件;正当的程序能促使权利被实际享受,义务得到切实履行。其次,法律程序通过对权力的约束和控制来保障人权;正当程序是以权力制约和权利本位为特征的,通过权力制约实现实体权利。此外,法律程序是解决纠纷的重要途径,正当程序对于权利又是一种有效的重要的补救手段。

(五)正当的法律程序是法律权威的保障

法律权威固然需要国家强制力来保证,但是这种强制力有可能使法律权威异化为粗暴的威力。正当程序的意义就在于通过法律执行的各种程序过程使人们体会到法律的公正和神圣的尊严。正当的程序给人以油然而生的对法律的敬意和信心;相反,不正当的程序却引起人们对法律的厌恶、轻蔑和怀疑。人们对公正的理解和对法律权威的体验往往是从这种"能够看得见的"正当程序中产生的。

【作业题】

1. 法律程序的特征是什么?
2. 当今各国的司法程序和行政程序呈现哪些发展趋势?
3. 如何理解法律程序的相对独立性?
4. 如何理解正当法律程序在中国的意义?

【进一步的思考】正义的蒙眼布:程序正义的再思考

提示:《正义的蒙眼布》是冯象先生发表于《读书》上的一篇文章,文章篇幅不长,既叙述了西方世界中程序的象征——正义的蒙眼布的来龙去脉,还就当下学界推崇备至的法律程序发表了自己的看法。他的思考是,我们不要光看到程序这个"正义的蒙眼布",在中国,还得看到"重实体,轻程序"的政治文化心理传统,从而如何用法律语言重构这些本不可在司法程序内解决的问题,不致使冲突和矛盾激化。他还认为必须在法律的技术层面和法律维护正义层面之间保持平衡,不能只顾及"程序"和"技术",而要适当向实质正义倾斜。以下摘录文章的部分内容,供读者进一步思考法律程序的意义。

正义蒙眼,象征"司法纯靠理智",更显出人文主义者对人的理性的推崇。这大写的理性,自然是不受王权、教廷辖制的。因此主张理性指导司法,既是关于正义的一种新的信念或理想,也是冷静的政治策略和行业伦理。法官有了崇高的理性做他的是非善恶之秤,便能名正言顺地反对外界干涉,要求独立司法。换言之,蒙眼不仅仅是司法技术的更新换代。程序之所以能够促进司法独立,帮助律师争取行业自治与业务垄断,成为正义的蒙眼布,是因为我们先已信了"司法纯靠理智",希望法治的正义来自"理性之光"。而程序标志着的,正是那理性之光的疆界。疆界之外,一切归上帝或国王;疆界之内,司法只服从理性。从此,蒙眼的正义不必事事求问神谕,也不必天天向国王鞠躬。一如犹太法典所言:我们不审判国王,但国王也不事审判。这才是现代法治意识形态的起点,形式平等海市蜃楼的成因所在。也只有这样"理性地"划定职权,信守"中立",法治才能打消冲突着的各社会阶级的疑虑,赢得他们的信任与合作,并最终把他们"一视同仁"收编为法治的对象。

这个道理,拿来衡量中国的司法改革,则可知道扭转"重实体,轻程序"的局面,还有一段长路要走。而且问题的根本,不在审判方式、法官学历等技术培训和资格证书的不足,甚至也不在一些部门的腐败风气;因为程序越是精巧繁复,贪官污吏越有可乘之机。事实上,从法院系统发布和大众传媒报道的案例来看,法官脱离程序调解判案,跟法律技术的难易似乎并无因果关系。诸如送法下乡、上门办案、"情理法并重"、"背对背"做当事人思想工作之类的传统做法,固然"轻"了程序,可也是"为民解难、为民办实事"。解难、办实事,亦即主持正义、实现人们普遍认可的正当权益。只不过那正义另有法律之外的渊源,例如国家的大政方针和民间惯例,故而司法不必受程序约束。这意味着什么呢?恐怕不单程序,连整个司法制度都用作蒙眼布了。因为就制度的设计而论,诉诸法律只是满足政治的程序要求,体现政策才是司法的程序目的。法律,让我再说一遍,是政治的晚礼服①。

---

① 摘自冯象:"正义的蒙眼布",载冯象著:《政法笔记》,江苏人民出版社 2004 年版。

【本章阅读篇目】

1. 季卫东著:《法治秩序的建构》,中国政法大学出版社 1999 年版。

2. [日] 谷口安平著:《程序的正义与诉讼》,王亚新等译,中国政法大学出版社 1996 年版。

3. [英] 丹宁勋爵著:《法律的正当程序》,李克强等译,法律出版社 1999 年版。

4. [美] 约翰·罗尔斯著:《正义论》,何怀宏等译,中国社会科学出版社 1988 年版。

第十三章 法律的起源和发展

本章导读

本章是从纵向的、历史的角度来考察法律现象。从历史上看,法律不是从来就有的。它的发展经历了一个从无到有、从低级到高级、从简单到复杂的漫长过程。法律的如此演进,既是一种时间的划分,也可以看作是法律的历史类型的更替。读者在学习本章时,需要分析法律起源和发展的动因是什么,不同国家法律发展的方式如何,我们能否从过去的法律演变中把握未来法律发展的轨迹。

第一节 法律的起源

法律的起源是法理学研究的一个最基本的问题。探究法律的起源在于要认识人类历史上在什么时候什么条件下,由于什么原因产生了法,目的是通过历史考察来了解什么是法。法学史上,对法律的起源从未达成统一而明确的结论。"关于法之起源学说,概括之有两大派:其一法为制作者,其二法为自然而成者。"前者即法律创造说,认为法律"或系神作之而与人者,或系君定之而布于民者,或系依人民之约束而定者";后者即法律进化说,"否认法为制作之物,谓法为自然发生者"①。在此问题上,中国学界的传统观点是,法律是随着社会经济的发展,私有制和阶级的出现,在氏族制度瓦解的基础上,经历了一个长期的渐进的过程,同国家一道产生的。

基于现有史料并总结各类理论,可以勾勒出法律起源的大致轮廓,概括出法律起源的一般理论。

---

① 参见[日]穗积陈重著:《法律进化论》,黄尊三等译,中国政法大学出版社1997年版,第401页。

一、早期的社会规范

人类文明的发展,经历了十分漫长的历史演变过程。在法律产生以前,也存在着规范人们行为的规范,一定意义上讲,这些规范正是法律的雏形。

(一)禁忌

"禁忌"一词,来自南太平洋波利尼西群岛中的汤加(Tonga)岛,是当地土语Taboo(或tabu)的汉译名称,它与古罗马语 Sacer(被诅咒的、神圣的)、希腊语 Oyos(神秘的灭顶之灾和不可接近性)和希伯来语 Kadesh(意思同 Oyos)的意义相似,主要包含两层意思:一指不可侵犯的神圣事物,二指不可接近的危险和不洁的事物。

在人类社会的蒙昧阶段,原始人无法理解日月星辰的明灭、春夏秋冬的交替、花草树木的枯荣以及自身的生老病死等自然现象,进而感到非常恐惧。在生存本能的驱使下,便产生了对超自然的神秘力量的笃信和敬畏,于是加上若干禁制以对其避讳,祈求通过自我的约束控制以避免可能遭至的厄运和惩罚,这样就形成了最早的禁忌。禁忌一方面表现了原始人对不可触犯的万物神灵的乞求和恐惧,另一方面则是原始人消极地为自己规定了行为的准则。

(二)图腾

"图腾"为印第安语 totem 的音译,源于奥季布瓦(Ojibwa)族方言 ototeman,意指"他的亲属"、"他的图腾"标志。图腾有血亲、祖先、保护神之意。原始先民囿于认识低下,对自然界充满敬畏,相信万物有灵,为了使自己的生存和发展得到保障,原始先民就认一些图腾物(如飞禽猛兽等)为自己的保护神,进而发展将这些图腾物作为自己族群的保护神,祈祷保护神保佑本族群的生存与发展。图腾崇拜的规范主要体现为原始人对图腾的行为、食用、称谓(语言)及婚配的禁忌规则。图腾禁忌规则在原始氏族生产和生活中具有惩戒和协调作用,一旦有人触犯氏族的图腾禁忌,则可能被处以忏悔、献祭或驱逐出氏族。这种伴随人类惩罚(而不是仅依赖自然惩罚)的规范,是后世一切惩罚性规范(包括惩罚性习惯和法律)的胚胎和萌芽。

(三)复仇

复仇是指被害人或其亲属对侵害他们的人所采取的一种报复行为。它是人的自卫本能的体现,因此最初也只是基于人的动物本能而自发抵抗侵害的个人行为。随着氏族社会的逐渐形成,复仇变成了受害者的整个家族或氏族的集体行动,成为整个家族或整个氏族成员的共同义务。这种集体行动后来演化为氏族社会的一项习惯。在原始社会氏族习惯中,复仇是氏族生成和发展过程中一种最为重要的习惯,具有广泛性和普遍性。复仇习惯的演变历史大体反映了氏族习惯由低级到高级、由简单到复杂、由非理性到相对理性的发展过程。这一过程经历了血族复仇、血亲复仇和同态复仇三个阶段。复仇习惯的演变过程体现了原始人类为避免血族（或血亲）复仇的毁灭性后果而作出的自然选择，也是人类从蒙昧、野蛮走向半开化半文明的标志。

（四）巫术

巫术是原始社会中人类在与自然和同类的交互行动中获得某种神秘力量的"一种具有实用目的的特殊仪式活动"①。巫术的发生是原始人类认识到在他们的生产和生活当中，依据经验和已有的技术，仍然不能确保获得足够的食物、消除疾病、抵挡死亡以及战胜敌人，于是行动之前或行动中的巫术仪式，就成为他们控制那些不确定的机遇、过程和结果的最好方式。巫术的力量是在巫术仪式中发生或造成的②，巫术的形式具有特殊的意义。巫术既不同于原始人的"科学"，也不同于原始人的"宗教"。巫术还具有某些特征：如部落中普遍的流行；标准化的仪式和语言（咒语）；专门的主持即法师③。巫术的这些要素，是法律的规范形式产生和发展的萌芽。

在原始社会，这些习惯规范的实施依靠氏族首领的道德感召力和威望，依靠每个人的自觉，依靠社会共同的道德信念和宗教观念。恩格斯曾对氏族社会的调控机制发出由衷的赞叹："这种十分单纯质朴的氏族制度是一种多么美好的制度啊！没有军队、宪兵和警察，没有贵族、国王、总督、地方官和法官，没有监狱，没有诉讼，而一切都是有条理的。一切争端和纠纷，都由当事人的全体即氏族或部落来解决，或者由各个氏族相互解决……一切问题，都由当事人自己解决，在大多数情况下，历来的习俗就把一切调整好了。"④但是，需要指出的是，原始社会的调整机制是由原始社会的生产方式决定的，随着生产力水平的提高，生产方式的改变，它必然也会被其他调整机制和方式所取代。

二、法律起源的原因

根据19世纪以来考古学、人类学的研究成果和马克思主义的基本原理，导致原始氏族制度解体和法的产生大体有三个方面的原因。

（一）原始社会末期社会经济的深刻变化

在原始社会末期，生产力水平的提高引起了三次社会大分工，每次大分工都大幅度地促进了生产力的发展，提高了劳动生产率，由此导致原始社会的秩序全面崩溃，国家与法律也应运而生。畜牧业和农业的第一次大分工以后，出现了剩余产品和产品交换。在产品交换的过程中，动产的私有化开始在一定范围内出

---

① ［英］马林诺夫斯基著：《文化论》，费孝通等译，中国民间文学出版社1987年版，第48页。
② 参见上书，第59页。
③ 参见上书，第55—63页。
④ 《马克思恩格斯选集》第4卷，人民出版社1995年版，第92—93页。

现;战争中的俘虏也不再被杀掉而沦为胜利者的家奴。第二次大分工是手工业和农业的分工。第二次大分工导致个体家庭开始出现并日渐代替氏族公社而成为社会最基本的经济单位。私有制正在形成。奴隶劳动成为有利可图的事情,奴隶制开始形成。同时为掠夺人口和财富而进行的战争增强了氏族军事首领的权力。随着劳动生产率的进一步提高和产品交换规模的不断扩大,以贸易为职业的商人阶级开始形成。第三次社会大分工是商业活动专门化了。分工使财富的集聚速度加快,贫富分化加剧,私有制、阶级分裂最终形成。由于新的经济关系的出现和私有制的产生,原始社会的氏族习惯已经不能充分执行其作为社会调整手段的职能,而法律作为新的社会调整手段就应运而生。

(二) 社会政治根源

政治组织、政治关系和政治活动是文明时代存在的社会现象,然而其渊源可以追溯至原始社会社会结构的变化。在父系氏族社会的后期,随着私有财产关系的产生和部落之间战争的加剧,就使氏族内部开始出现本族人与外族人、穷人与富人、主人与奴隶、债权人与债务人等多重身份等级的差别和矛盾。氏族成员原有的血缘亲属关系代之以奴役、剥削和压迫关系。随着这些关系和矛盾的发展,父系氏族公社逐渐解体,而形成以地域关系为基础的农村公社。农村公社的出现,不仅意味着土地公有制向私有制的过渡,而且意味着原始社会向阶级社会的过渡①。按照马克思主义的理论解释看,此时,社会上的集团已经不能依氏族组织来划分,而只能依阶级的利益来划分了。氏族制度已经过时,它为阶级之间的冲突所爆破。调整社会关系的职能由新的公共权力和新的社会规范来担任,这就是国家和法律。

(三) 社会文化根源

除了上述经济和政治的原因以外,法律的起源还取决于社会文化因素的成长,这表现在:(1)人类智力水平的提高和理性认知能力的增强,使人们不再自发适应传统的习惯力量,而是在认识自然法则的基础上主动选择或创造社会规范。特别是"随着推理能力的诞生,自我意识成为可能,人类意识到需要为合乎道德的目标而奋斗"。法律先是"建筑在宗族的责任之上,然后又建筑在个人对其自身行为负责任的基础上。没有这种责任,人类社会的秩序是不可能产生的。"②(2)艺术、文学、科学和哲学的产生和发展,丰富了人的精神世界,也同时强化了人的自主意识。调整氏族血缘亲属关系的带有一些非理性成分的氏族习惯已经不能适合人的这种精神状态的变化,而作为"免除一切情欲影响的神祇和理智的体现"的法律却可能是文明时代的文化精神所需要的③。(3)语言的逐渐发达和文字的发明,使人类能

① 参见周一良、吴于廑主编:《世界通史・上古部分》,人民出版社1962年版,第30—31页。
② 参见[美]约翰・麦・赞恩:《法律的故事》,刘昕、胡凝译,江苏人民出版社1998年版,第43—44页。
③ [古希腊]亚里士多德著:《政治学》,吴寿彭译,商务印书馆1983年版,第169页。

够用复杂而相对统一的表达方式来描述、传达和保存人定规则。尤其重要的是,原始社会末期文字的发明为法律的成文及法律的记忆、公布和流传提供了条件。正如美国学者威尔士所说,"文字的发明,对于人类社会的发展十分重要。它将契约、法律、命令等记录下来。它使政府的权力比以往的城市国家更大。它使延绵不断的历史成为知识。"①

三、法律起源的一般规律

法律从无到有,从最初萌芽到最终成为人类社会的一种基本制度,在不同的民族和社会经历了不同的具体进程。然而,在这些纷繁芜杂、千差万别的现象背后有一些共同规律可循。

（一）在调整方式上,从个别调整到一般调整

法律最初萌芽的时候,对行为的调整是针对个别行为分别进行的。例如,最初的产品交换只是偶然现象,对此关系的调整也就表现为个别调整。这种调整方式直接与具体情况相联系,有较强的针对性,但同时带有较大的不确定性和不可预见性的缺陷。我国古代文献上所谓的"议事以制,不为刑辟"和"临事制刑,不豫设法"就属于这种方式。在法律调整的实践中,随着偶尔的个别行为演变为比较常见的行为,个别调整所临时确定的规则便逐渐发展为经常性的、可反复适用的、针对同一类行为的共同规则。共同规则的形成把对行为的调整类型化、制度化为一般调整,即规范调整。一般调整方式的出现是社会调整方法的决定性进化,是法律形成过程中的关键性环节。因为它为某一类社会关系提供了相对稳定的调整机制,为处于特定社会关系中的人们提供了比较明确的行为模式,使人们摆脱了任意性和偶然性的左右,从而有利于社会秩序的形成和巩固。当然,由于具体情况是复杂多变的,所以在一般调整为基础的前提下,个别调整仍然有用武之地,起着填缺补漏的作用。不过,法律制度的最终形成主要是通过一般调整的普遍化而表现出来的。

（二）在规范形式上,从原始习惯到习惯法再到成文法

正如人类是由古代猿猴进化而来的一样,最初的法律规范也是由原始社会的禁忌、图腾等习惯演变而来的。进入阶级社会以后,为适应社会发展和维护社会秩序的需要,统治阶级对原有的习惯进行了甄别取舍:继承一部分原始习惯,如关于宗教祭祀和婚姻制度的禁忌习惯;取缔或保留一些可供选择的同类禁忌习惯,如有意识地改革和禁止血亲复仇和同态复仇,而保留赎罪以及根据当事人的身份来确定赎金的习惯。经过有选择的认可后,许多原始习惯被注入了阶级斗争和阶级利益的内容,成为统治阶级控制社会的工具,并由公共权力机构保障实施。这样一来,原始习惯就演变成了习惯法。后来由于社会生活愈加复杂,社会关系变化幅度

---
① [美]H·G·威尔士著:《文明的溪流》,袁杜译,江苏人民出版社1998年版,第67页。

加大,习惯法不足以调整新的社会生活和社会关系,于是产生了由国家机构有预见性地和有针对性地制定规则的必要,成文法由此而生。

(三)在与其他规范的关系上,从浑然一体到相对独立

原始社会的禁忌习惯是一个大杂烩,集各种社会规范于一体,兼有风俗、礼仪、道德和宗教等多重属性。在法律萌芽之初,法律与道德和宗教等社会规范并无明显界限,对社会的调整作用也难分伯仲。随着管理经验的积累和社会文明的进化,对类似或相异行为影响社会的性质和程度有了区分的必要和可能,于是出现了法律与道德和宗教等社会规范的区别,出现了不同调整规范的分化。虽然这种分化在不同的社会经历的过程和达致的程度不尽相同,但是法律与其他社会规范相对区分开来并发展为相对独立的规范系统却是一个共同的趋势。

【阅读材料】13.1 法律起源的具体形式

提示:恩格斯在《家庭、私有制和国家的起源》一书中认为,法律和国家是在同一历史条件下,基于同一根源和动因,并且始终相互作用,几乎是同步产生的。恩格斯以欧洲国家为考察范围,总结了法律起源的三种形式。

1. 雅典形式

雅典国家是在社会经济发展到阶级社会的条件下,经过一系列改革,直接从氏族结构中逐渐发展起来的。提修斯为解决氏族同族共居与不同氏族成员杂居的矛盾,在雅典设立中央管理机关,把从前由各部落处理的事务移交给这一机关管辖。这样便开创不以氏族组织和血缘关系,而以地区和财产来划分、管理居民及规定权利与义务的先例,显示出雅典国家的雏形。与此同时,也就产生了凌驾于各个部落和氏族的法权习惯之上的一般雅典民族法。提修斯改革后,国家已经不知不觉地发展起来了。为适应这种趋势,缓和社会内部阶级对立,梭伦又颁布《土地最大限度法》、《解负令》等一系列法令,核心内容是废除贵族所享有的特权,以财产的多寡划分公民的等级以及与之相应的权利义务。最后,克里斯梯尼又顺乎时势,实行旨在消灭氏族贵族残余的整套改革,这既促使雅典国家的最终形成,也促使《贝壳放逐法》等法律的制定和颁行。

雅典形式的特征就是法律是在社会内部阶级对立中特别是在氏族内部的平民和贵族的斗争过程中产生的。

2. 罗马形式

公元前7至前6世纪,在生产力发展、地区扩大和人口增加条件下,整个"罗马人民"分成三部分人,即出身于氏族上层的"贵族阶层",他们拥有大量私有财产,属于"保护人";第二种人是广大氏族民众,他们日益贫困,依附贵族,平时为其劳役,战时出征,是贵族的"被保护人";第三种人是外族人,他们是自由人,可占有地产和

经商,但不能做官,不能参加人民大会等,没有权利也不受法律保护,他们是"平民阶层"。"被保护民"和"平民阶层"与贵族存在着阶级对立。平民与贵族的对立尤为严重,斗争激烈,平民最后战胜氏族贵族,建起罗马国家。可见罗马氏族解体的决定因素是罗马的对外扩张和征服,以及由此引起的阶级对立。

罗马共和国建立后,贵族和平民的矛盾更加尖锐,终于达成妥协,以原有习惯法为基础,制定了最早的罗马成文法——《十二铜表法》。罗马形式的特征是,通过氏族外部的平民和旧氏族之间的斗争,导致两种社会势力以习惯法为基础共同制定成文法。

3. 日耳曼形式

民族大迁徙时代,日耳曼人曾是父系氏族社会,有部落和部落联盟组织,但还未发展成国家。而是在征服了罗马帝国之后,在其"废墟"上改造自己原有氏族机关并设置一部分新的机关的基础上建起国家的。在征服罗马之后,各日耳曼王国就将各自部落的习惯,借助于罗马法的某些术语,并吸收罗马法的一些原则,编纂为成文法典。

日耳曼形式的特征是,被征服民族在文化上战胜了征服民族,先进民族的法律文明促进和催发了落后民族的法律的产生。

第二节 法律发展的历史类型

一、法律的历史类型的一般理论

法律的历史类型是指依据法律制度所赖以建立的社会经济结构以及在其基础上所形成的人与人之间关系的特定模式而对法律发展过程中的历史阶段所作的一种基本划分。凡经济基础相同,反映的主体意志相同的法,就属于同一类型。与人类进入文明社会之后的社会形态的划分相一致,法律发展史上先后产生四种类型的法律制度:奴隶制法、封建制法、资本主义法和社会主义法。

在法律发展过程中,法律的历史类型呈现出一个由低级到高级的更替趋势,随着社会形态的更迭而发生质的改变。之所以会发生更替,其根本原因就在于社会基本矛盾即生产力和生产关系、经济基础和上层建筑之间的矛盾运动。"物质生活的生产方式制约着整个社会生活、政治生活和精神生活过程。不是人们的意识决定人们的存在,相反,是人们的社会存在决定人们的意识。社会的物质生产力发展到一定阶段,便同它们一直在其中活动的现存生产关系或财产关系(这只是生产关系的法律用语)发生矛盾。于是这些关系便由生产力的发展形式变成生产力的桎梏。那时社会革命的时代就到来了。随着经济基础的变革,全部庞大的上层建筑也或快或慢地发生变革。"①因此,当生产关系阻碍了生产力的发展,为生产力的发展所否定时,旧的类型的法迟早会被新的类型的法代替。

一般而言,法律的历史类型的更替是通过社会革命实现的。在先进的法律制度取代落后的法律制度的过程中,大都会受到旧有的生产关系代表的千方百计地阻挠,他们不仅不会自动退出历史舞台,而且还会凭借国家暴力竭力维护腐朽的社会制度,因此有必要借助于社会革命。社会革命的典型形式是自下而上的大规模的暴力革命。在近代史上,法国的大革命和俄国的十月革命就是著名的实例。革命就是一个破旧立新的过程,反映在法律上就是旧的法律制度被废除,新的法律制度得以建立。不过,某些社会由于受当时具体历史条件的影响,也可能以自上而下的渐进式的社会改良来实现新旧类型的法律更替,如日本的明治维新。

二、奴隶制法

奴隶制法是人类历史上最早出现的法律形式,是随着原始社会的解体和私有制、奴隶制、阶级和国家的出现,在氏族制度的废墟上建立起来的。世界上大多数民族都经历了奴隶制社会这一历史阶段,也都存在着奴隶制法。奴隶制法具有以下一些特征:

(一)确认奴隶主对生产资料和奴隶的占有,维护奴隶制生产关系

奴隶主不仅占有生产资料,而且占有奴隶,是奴隶制生产方式最突出的特征。奴隶制法的基本职能,在于严格维护奴隶主阶级的财产所有权,特别是维护奴隶主对奴隶的人身占有权。在奴隶制法中,有很多关于严格保护奴隶主财产不受侵犯的规定。如《十二铜表法》规定,债务人如果不能偿还债务,便要以身抵债,沦为奴隶,有的甚至被处死。在奴隶制法中,奴隶只是权利客体,是"会说话的工具",没有法律意义上的人格。奴隶主可以任意买卖、赠与奴隶,或将奴隶作为自己的娱乐品、殉葬品,可以随意处置直至杀死奴隶而无须承担法律责任。另外,奴隶制法将盗窃、藏匿、杀伤他人奴隶、帮助奴隶逃跑或破坏标志奴隶身份的印记等侵犯奴隶主占有奴隶权益的行为,视为动摇奴隶制的犯罪行为,要处以包括死刑在内的严厉的刑罚。

(二)公开确认自由民身份的不平等

为了维护奴隶制社会关系,奴隶制法不仅明确规定奴隶主对奴隶的不平等关系,而且在自由民之间实行等级划分。在奴隶社会,自由民的构成十分复杂,在广义上包括奴隶以外的奴隶主、商人、高利贷者、个体农民和手工业者等一切具有人身自由的人。不同等级的自由民有不同的权利和义务,在服役进贡、惩罚行赏、制

---

① 《马克思恩格斯选集》第2卷,人民出版社1972年版,第83页。

礼作乐等方面都有严格的差别。如古代印度的《摩奴法论》确立了种姓制度,婆罗门(僧侣贵族)为最高等级;刹帝利(武士贵族)次之;吠舍(农民、手工业者和商人)又次之;首陀罗(奴隶和杂工)为最低种姓,属于"不可接触的"贱民。前两个种姓享有特权,第三个种姓是没有任何特权的平民百姓,第四个种姓是备受歧视的社会最底层。为了维护等级间的森严界限,不同种族间严禁通婚,与低种姓通婚者丧失其原有的等级身份。

(三)惩罚方式野蛮残酷且带有极大的任意性

由于奴隶社会刚刚脱离了蒙昧状态,奴隶制法必然带有野蛮残酷的特点,不仅充斥着大量的以侮辱人格、增加肉体痛苦和精神恐怖为特点的刑罚,而且滥施刑罚,带有极大的任意性。在古代中国的奴隶社会,光死刑就有族诛(一人犯罪,诛及亲属)、斩戮(生杀为斩,死斩为戮)、炮烙(在烧红的铜柱上行走)、剖心(破腹挖心)、焚(用火烧)、烹(用鼎煮)、磔(分裂肢体)、蹯(杀之于市后曝尸三日)、醢(剁成肉酱)、脯(晒成肉干)等种种残忍形式。西周时期死刑不仅适用于杀人罪,也适用于盗窃、诬告或过失犯罪,甚至适用于"群饮",按照周公发布的《酒诰》规定,周人"群饮"酗酒者要处以死刑。奴隶制法是"野蛮法"也表现为其神权法特点。如古代巴比伦王国的《汉穆拉比法典》规定对下列案件进行神明裁判:经告发,做妻子的与人通奸,或者经告发,某人是妖魔,即把被告丢在水中,淹死就宣布其有罪,淹不死就宣布其无罪。

(四)长期保留原始社会的某些习惯残余

奴隶社会是从原始社会脱胎出来的,不可能不带有原始社会的某些痕迹。奴隶制法有不少是对原始社会禁忌习惯的认可和改造,也不可能不带有原始习惯的残余。在雅典法那里,民法中的有关私有权的内容,刑法中的血亲复仇原则,都留有原始习惯的痕迹;在《十二铜表法》里,有关毁伤他人肢体可同态复仇等规定,也都具有原始习惯的特征;再有在土地所有制方面,土地归国家所有或村社所有的习惯曾在奴隶制法中保留了很长的时期,这在几个东方文明古国中尤为突出,如古代中国的西周时期就是土地国有制,"溥(pǔ普)天之下,莫非王土。"

二、封建制法

封建制法是继奴隶制法之后出现的第二种类型的法。它的形成大致有两个途径:一是随着生产方式的转变,原有的奴隶制法崩溃,封建制法得以建立,如印度、日本等;二是因封建制度兴起,在先进民族的影响下或主动或被动地直接从原始公社的习惯发展为封建制法,如日耳曼法、斯拉夫法等。

由于自然地理环境和政治经济文化发展状况的差异,在封建制法的发展过程中,各国经历了不同的道路,具有各自的特色。但是,封建制法作为法的一种历史类型,内含着封建制的本质规定,存在着一些普遍特征:

(一)严格保护封建土地所有制

封建土地所有制是封建制度的基础,是封建地主阶级赖以统治的经济前提,因而严格保护封建土地所有制是封建制法的根本内容和主要任务。西欧各国封建制法普遍规定了封建领主阶级对土地的完全占有权和"土地所有制的等级结构";各国封建制法大都规定了长子继承制,以防止土地分散、任意转让土地而引起封建门庭衰落;各国封建制法对于破坏封建土地所有制及私有财产的行为都予以严惩,如中国秦朝法律就规定,擅自移动田界标志要判4年徒刑。

(二)维护人身依附关系

中世纪的欧洲广泛实行农奴制和庄园制,它是封建制下农民对封建领主的人身依附关系的集中体现。在庄园中劳动的农民大都具有农奴身份,被束缚在土地上,不仅经济上受封建领主剥削,而且人身也由封建领主不完全占有,没有独立的法律地位和完全的法律人格。虽然农奴不能像奴隶那样被任意体罚或杀害,但属于封建领主的财产,没有人身自由,可以连同土地一起被抵押、转让和买卖。

在中国的封建时代,少地的农民也会因租种地主的土地而会产生一定的依附关系。在个别阶段,也有过农奴化的趋势,如汉末的部曲和宋代的庄客,还有一些人身被部分占有的奴婢。此外臣子依附于皇帝、儿子依附于父亲、妻子依附于丈夫等依附关系也被当时的法律所肯定和认可。

(三)确认封建等级特权

任何封建社会都是一个等级社会,不同身份的人在法律上的地位是不平等的,等级越高特权越多,等级越低义务越多。首先,封建地主阶级内部有严格的封建等级,不同等级享有不同的特权。皇帝是全国土地的最高所有者,是政治上的最大特权者,享有至高无上的权威。皇帝以下的大小贵族,因封地的大小和爵位的高低,分别享有不同的特权,他们在经济上享有豁免赋税和劳役的特权,在政治上享有充任官职的特权,在司法上享有减免刑罚的特权。如根据中国封建社会的"八议"规定,亲、故、贤、能、功、贵、勤、宾等八种人犯罪,除"十恶"外,流罪以下减一等,死罪则根据其身份和犯罪情节,由官吏集议,报请皇帝批准减刑。

(四)刑罚严酷、野蛮擅断

封建制法规定的刑罚虽然在严酷程度上逊于奴隶制法,但依然非常残酷、野蛮,如德国的《加洛林法典》就设置了割耳、割鼻、割舌、挖眼、断指、断手、斩首、绞首、火焚和五马分尸等多种残酷刑罚。中国封建制法还规定了族诛和连坐制度,一人犯罪,满门抄斩,甚至祸及亲朋邻里。另外,出入人罪、有罪推定、轻过重罚、秘密审判和刑讯逼供等现象在各国封建制法中亦是司空见惯。封建制法规定一切触犯封建统治利益的行为都是犯罪,同时把言论、思想、文字等作为治罪的根据,不仅惩罚行为,而且惩罚思想。中世纪的欧洲设立了许多宗教裁判所,将异教徒和违背教义的人视为"异端",均要加以严惩。中国封建制法对思想犯的处理更是名目繁多,如腹诽、非所宜言、文字狱等，令人防不胜防。

四、资本主义法

资本主义法是人类历史上第三种类型的法。资本主义从其产生至今，大致经历了两个发展阶段，即自由资本主义时期和垄断资本主义时期，因此资本主义法也相应划分为近代资本主义法和现代资本主义法。

（一）近代资本主义法

近代资本主义法即自由资本主义时期的法是在封建时代中后期孕育、萌发的。当时，随着资本主义经济关系的出现和逐步成长，在西欧（约自11世纪至17世纪上半期）出现了一些带有资本主义因素的法：首先是商法的兴起；其次是罗马法的复兴；再次是资本原始积累法律的出现。但是，完全意义上的近代资本主义法是资产阶级通过革命取得政权后产生的。从17世纪到19世纪，荷兰、英国、美国、法国、德国、意大利、西班牙、葡萄牙等西方主要国家相继通过资产阶级革命建立政权，进而使近代资本主义法最终得以确立。

近代资本主义生产方式虽然仍以私有制为基础，但与奴隶社会和封建社会相比，带有明显的"自由"特征：第一，生产资料如土地、劳动工具等成为可以自由买卖的财产；第二，劳动者不再对生产资料所有者具有人身依附关系，而具有独立的人格，能够自由出卖自己的劳动。这种"自由"资本主义生产方式，决定了近代资本主义法具有以下基本特征：

1. 确认"私有财产神圣不可侵犯"

近代资本主义处于一个自由竞争时期。为了维护自由竞争，国家的任务就是充当一个"守夜人"的角色：一是保障私有财产不受其他任何人的侵犯，二是对于资产阶级的自由经营采取"不干预主义"。反映在法律上就是近代各主要资本主义国家的宪法和法律都确认了"私有财产神圣不可侵犯"的原则。"财产是神圣不可侵犯的权利。除非当合法认定的公共需要所显然必需时，且在公平而预先赔偿的条件下，任何人的财产不得受到剥夺。"①

2. 保障契约自由

随着前资本主义社会人身依附关系的解体，人们之间的关系日益建立在自由订立的契约基础之上。资本主义经济是市场经济，也是契约经济。因为市场经济的关键在于市场，而市场的关键在于契约，市场经济条件的生产和交换表现为一系列的契约订立和履行过程。因此，就法律形式的特征而言，也自然经历了"从身份到契约"的运动②。

---

① 1789年法国《人权和公民权宣言》。
② 参见[英] 梅因著：《古代法》，沈景一译，商务印书馆1959年版，第65—97页。

近代资本主义法反映近代市场经济的特征和要求,确认和保障契约自由。这种契约自由具有绝对性,就是说,一切人都具有独立的法律人格,具有平等的法律地位,可以在法律界定的广阔领域内自主地缔结或不缔结契约。选择缔约对象,缔结任何形式的契约,而且契约完全建立在缔约各方意思表示一致的基础上,国家对此不加干涉。

3. 坚持法律面前人人平等

在资产阶级革命过程中,启蒙思想家提出了"法律面前人人平等"的思想,用以反对封建人身依附、等级特权和专制独裁。这一思想反映了资本主义商品经济的发展要求,成为资产阶级革命的有力武器。资产阶级不仅在革命时期的政治宣言中纳入平等思想,而且在建立国家政权后,将"平等"思想宪法化、法律化。如美国《独立宣言》明确宣布:"我们认为这些真理是不言而喻的:人人生而平等……"1791年美国宪法的10条修正案(权利法案)和1791年法国宪法是最早确认法律平等原则的资产阶级宪法。后来的资产阶级宪法和法律一般都对此原则加以确认,从而使它成为近代资本主义法坚持和维护的重要原则。

法律面前人人平等原则包含了丰富的内容,其中最基本的精神有三点:一是所有自然人的法律人格(权利能力)一律平等,二是所有公民都具有平等的基本法律地位,三是法律平等地对待同样的行为。

除了上述特征,近代资本主义法还有人民主权、法律至上、有限政府、分权制衡等许多古代法所没有的内容和原则。但这些规定最终目的都是为了保障私有财产不受侵犯、保障契约自由、保证人们平等的法律地位。

(二) 现代资本主义法

随着资本主义从自由竞争阶段发展到垄断阶段,特别是两次世界大战以来,资本主义法发生了很大变化。总体上来说,现代资本主义法在发展趋势上是不断进步的,与近代资本主义法相比,具有下列一些特征:

1. 法律体系日趋完备

垄断资本主义时期,随着国内外矛盾加剧,资产阶级要求利用国家权力和法律手段来缓和矛盾;同时,社会、经济和科技日益发展,客观上也要求以法律手段扩大对社会公共事务的调整。为此,资本主义国家纷纷加强了立法,使得法律数量增多,新的法律部门形成,法律体系日趋完备。如适应国家对经济干预的需要,形成了经济法这一新兴的法律部门;随着现代科技的进步,出现了科技进步法、航空航天法、知识产权法等新的法律领域;随着国际间经济贸易的发展,在传统的国际经济法领域出现了国际贸易法、国际金融法、国际投资法等新的分支。此外,随着国家行政事务的增多和管理领域的扩大,政府的权力日益膨胀,为了理顺行政活动中方方面面的关系,限制政府权力的滥用,保护公民免受行政权力的侵害,现代资本主义国家的行政法也得到了迅速发展,行政立法的作用日益增大。

2. 法律对经济的作用大大加强

垄断资本主义时期,资产阶级国家不再只是充当"守夜人"这一消极角色,而是积极参与社会财富的再分配,大力加强对社会生活的干预,采取了诸多旨在干预经济的法律手段。如以法律手段支持私人企业的活动,调节经济集团之间的矛盾,加强对自然资源的保护,规定各种社会福利。因此,与自由资本主义时期相比,法律对经济的作用大大加强了。

3. 法律社会化成为发展主流

自由资本主义时期的法律,不论是对私有财产权的确认,还是对契约自由的保护,都体现了旨在保护个人权利的"权利本位"倾向。资本主义进入垄断阶段以后,为了缓和社会矛盾,资本主义国家在政治上采取改良主义和在经济上采取福利政策,在住房、医药卫生、失业救济和最低工资标准等方面采取了一系列福利措施,使得一般民众的政治地位和经济地位有所提高。与此相对应,个人权利不再具有绝对性,社会利益日益受到关注,法律的社会化倾向越来越明显。如在民商法领域,为了维护社会公共利益,对私人财产所有权和契约自由的限制不断加强。此外,各种社会立法纷纷出现,如劳动法作为一个独立的部门法在20世纪初就已形成。

4. 法律民主化程度日益提高

自由资本主义时期,法律对民主的规定在实质上和形式上都是比较原始且粗糙的。如1787年制定的美国联邦宪法中,虽然没有公开提出"奴隶"一词,却确认了黑人奴隶制的合法地位,并有一个针对黑人的臭名昭著的"五分之三"条款。即对黑人人权只计算其总人口的五分之三,就是说,一个黑人的权利只有白人的五分之三。进入垄断时期以后,特别是二战结束后,资本主义国家对民主日益重视,法律的民主内容日益丰富,民主化程度日益提高。如英国通过制定一系列关于婚姻、家庭、选举、财产等单行法规以及许多重大判例,确认公民的民主和自由;德国和日本等法西斯国家,在二战后都制定了比较民主的新宪法,对公民的财产权、劳动权、居住权、迁徙权,以及言论、出版、集会、结社等各项政治自由作了明确规定。

5. 法律全球化趋势日渐加强

进入垄断时期,资本主义呈现出新的发展态势。跨国公司的日益增强,全球和区域统一市场的形成,国家政治交往日益频繁,通信技术的飞速发展,特别是20世纪80年代以来,在经济全球化的推动下,法律全球化成为引人注目的趋势。各国法律制度共享基本的准则,相互接近、渗透、吸收乃至融合。法律全球化最典型的表现有三个:一是两大法系相互靠拢,差别缩小,英美法系国家的成文立法不断增多,大陆法系各国则开始注重判例的作用;二是欧盟法的出现,欧盟成员国之间立法和司法趋向统一;三是世界贸易组织法的产生。由于世界贸易组织涉及国家众多,在国际交往中影响巨大,有"经济联合国"之称,因而大大加强了法律全球化的发展趋势。

五、社会主义法

根据马克思主义的理论,社会主义法是继资本主义法之后人类历史上最高类型的法。社会主义法建立在公有制经济基础之上,是无产阶级及其领导下的广大人民群众共同意志和根本利益的体现。与以往各种历史类型的法相比较,社会主义法具有这样一些特征:

(一)阶级性和人民性的统一

社会主义法首先反映无产阶级的意志,具有鲜明的阶级性;其次也体现工人、农民、知识分子以及其他一切属于社会主义建设者和爱国者的意志,具有广泛的人民性。

(二)意志性和规律性的统一

社会主义法反映的是全体人民的共同意志,由于超越了阶级私利和认识狭隘的局限,这种共同意志的具体内容会随着社会的发展变化而相应发展变化,在最大程度上与历史发展的基本方向和基本规律相一致。

(三)权利与义务的统一

社会主义的本质是解放生产力,发展生产力,消灭剥削,消除两极分化,最终实现共同富裕,因此广大人民在根本利益上是一致的。因此从权利义务角度而言,任何人必然既是权利主体,又是义务主体,能真正实现"没有无义务的权利,也没有无权利的义务"。

(四)自觉遵守和强制实施的统一

任何社会法律的实现都需要国家强制力的保证和人们的自觉遵守。但是以往社会的法都是剥削阶级类型的法,统治阶级与被统治阶级之间存在难以调和的利益冲突,因此法的实现主要依靠国家强制力保障,依靠国家机关的暴力威胁。而社会主义法反映的是全体人民的共同意志,广大人民在根本利益上是一致的,因此法的实现主要依靠法律自身的教育力量,依靠人民群众的自觉遵守。

(五)不断完善和自行消亡的统一

任何社会的法律都有一个产生、发展和消亡的过程。所不同的是,以往社会的法的最终命运是被一种新的历史类型的法所取代,而社会主义法的未来命运是法的自行消亡。

【阅读材料】13.2 古巴比伦王国的《汉谟拉比法典》

提示:为了使读者对奴隶制法的特征有一个直观的认识,我们这里对《汉谟拉比法典》这一迄今世界上最古老、最完整的奴隶制法典做一简要介绍。

《汉谟拉比法典》是公元前18世纪古巴比伦王国国王汉谟拉比颁布的法典,它是用楔形文字刻在一个高2.25米的黑色玄武岩石柱上。石柱的上方刻着两个浮雕人像：坐着的是太阳神沙马什，右手握着一根短棍，叫作"权杖"，是统治权力的标志。站着的是汉谟拉比，他双手打拱作朝拜状。该石柱于1901年12月至1902年1月由J·摩尔根指导的法国考古队在伊朗的埃兰古都苏撒遗址发现，现藏于法国巴黎卢浮博物馆。

《法典》分前言、正文、结语三部分。前言和结语宣扬他的权力来自神授，赞颂他统一两河流域的文治武功，是当之无愧的"宇宙四方之王"，制定法典是为了"在世界上发扬正义"，同时对破坏法典的人进行了神的诅咒。

《法典》正文凡282条，内容有如下部分：

一、关于诉讼审判的规定(1—5条)。

其中第2条规定了水审：在法庭上，当一方控告另一方犯有某种罪行，然而提不出证据，被告一方也拿不出反驳的证据。这时，法官便会宣布把被告一方扔进幼发拉底河中，如果沉溺了，证明被告一方有罪，没收其全部家产归原告一方；假如不被淹死，则证明无罪，那就处死原告一方，同时把原告一方的财产没收归被告一方所有。

二、关于保护私有财产的规定(6—126条)。

其中规定盗窃或隐藏他人奴隶的人处以死刑；欠债到期不还的人，责令其妻子和儿子两人到债主家里充当奴隶3年，第4年恢复自由。其中的许多规定使得佃户随时有破产沦为债务奴隶的危险。如第42条规定，当租佃的土地无收获时，不问其具体原因，一律以未尽力耕耘论，按邻人之例纳租。

三、关于婚姻、家庭与财产继承(127—195条)。

其中规定在夫妻关系中，夫权占支配地位，如果自由民之妻与其他男子发生性关系，则应投于河中。妻子不得任意提出解除婚约，而丈夫可控其妻不忠或因其妻不育而离弃她，或纳妾，甚至可将其妻贬为女奴。

四、关于人身保护和"同态复仇法"(196—214条)。

其中规定以眼还眼，以牙还牙。打瞎奴隶的眼睛同打瞎耕牛的眼睛一样处理，杀死奴隶同杀死耕牛一样不偿命，只赔偿经济损失。建筑设计师设计的房屋倒塌，若压死了屋主，把建筑师处死，若压死的是房主的妻子或儿子，就把建筑师的妻子或儿子处死。

五、关于劳动、报酬、工具和责任事故的追究(215—241条)。

其中规定自由民医生所得的酬金是根据患者的社会地位高低而定。

六、租赁牲畜、船只以及佣工和报酬(242—277条)。

其中规定自由民的雇佣关系不是受雇者本人而是其家族长与雇主之间缔结契约来实现的。而对于奴隶的雇佣是由雇主与奴隶主之间缔结契约，收益归奴隶主所有。

七、关于奴隶的规定(278—282条)。

其中明确规定：奴隶是不受法律保护的工具和财产,奴隶不属于人的范畴。

另外还规定：在自由民中间也有严格的等级贵贱的区别。有公民权的自由民称"阿未路",无公民权的自由民称"木什京路"。

第三节 法律发展的方式：继承和移植

一、法律继承

(一) 法律继承的概念

法律继承,是指在法律的发展过程中,新法有选择地、批判地吸收或沿用旧法中的合理的、适当的因素,使之成为新法的有机组成部分的一种法律发展方式。它反映了具有时间先后关系的新法和旧法之间的某种联系,表明了法律发展过程中的连续性。

根据新旧法律是否属于同一法律历史类型,可以将法律继承分为两类：同质的法律继承和异质的法律继承。同质的法律继承是指某一法律在创制时对相同性质的旧法的批判的吸收和沿用,也就是相同历史类型的法律之间的继承。异质的法律继承是指某一法律在创制时对不同性质的旧法的批判的吸收和沿用,也就是不同历史类型的法律之间的继承。

(二) 法律继承的缘由

新法对旧法的继承是法律发展的普遍规律和重要形式。如何理解新法的产生和发展离不开对旧法的继承,理由有如下几点：

1. 社会生活条件的历史延续性

从根本上说,法律继承的缘由在于社会生活条件的延续性和承接性。社会生活条件包括社会物质生活条件和社会精神生活条件。首先,社会物质生活条件的历史延续性决定了法律的继承性。自然环境、人口状况和生产力水平等社会物质生活条件的前后相继性是非常明显的,新的社会制度只能在此基础上发展起来。现实生活中的人们只能在历史留给他们的既定条件所允许的范围内重塑社会形象和设置社会制度。法律是社会生活的反映,也是人们意志的反映,而且立法者在表现社会物质生活条件时也有一定范围内和一定程度上的选择自由,但是只要那些延续下来的社会物质生活条件在现实社会中具有普遍意义,那么反映这些条件的既有法律就会或多或少地被继承下来并被纳入新的法律体系之中。其次,社会精神生活条件的历史延续性也决定了法律的继承性。任何法律的产生都离不开一定的文化背景和人文基础。而人类文化的发展也具有连续性。任何文化的产生发展都无法割断自己的历史,都离不开对传统文化的借鉴和吸收,在一定意义上都是对过去文化的继承和创新。因此社会文化和人文精神的继承关系,就决定了在一定文化背景和人文精神指导下的法律必然存在一定程度上的继承性。

2. 法律的相对独立性

法律作为社会意识和上层建筑的组成部分,一方面它的产生和发展受制于社会存在和经济基础,服从社会发展的根本规律;另一方面它也有相对独立性,也有自身的能动性和独特的发展规律。法律的相对独立性决定了它必然要有选择地吸收先前法律实践的成果,有批判地继承先前法律思维的经验,推动自己向更高阶段发展。每一个民族和每一个时代都有其特殊的法制建设的重大课题,人们在解决自己时代课题的同时,也积累了调整社会关系的经验,并丰富了法律文化的内容。这些经验和成就对于后来者的法制建设来说都是宝贵的历史遗产和文化财富。此外,法律作为调控社会的技术是人类对于自身社会的性质、经济、政治、文化以及其他社会现象及其客观规律的认识结果。其中那些正确反映了客观事物本质和社会发展规律的法律规范、制度和思想不管形成于何种社会,具有何等程度的特定时代性、阶级性和社会性,都是人类文明的标识和人类认识的结晶,具有超越时空的科学性、真理性和实践价值。因此,旧有法律中的这些精华部分完全可以为后继法律所继承。

(三)法律继承的内容

法律继承的内容可以从法律的内容和形式两个方面来考察。

1. 法律内容的继承

法律内容既包括抽象的精神和原则,也包括具体的制度和规则。从法律内容的角度来看,主要有下列三种情况:(1)就同质的法律继承而言,新法和旧法都以同一种社会经济结构为基础,服务于同一类生产方式,具有内在的一致性。因此无论旧法的抽象内容还是具体内容,新法都可以继承。(2)就异质的法律继承而言,新法和旧法服务的是不同的生产方式和政治体制,两者具有本质的区别,因此对于旧法的精神和原则之类的抽象内容,新法一般不予继承。但是旧法的具体制度和规则或多或少会体现一个民族和国家在调控社会关系方面的一般规律,因此对于旧法的这些具体内容,新法可以继承。如我国封建时代的调解制度就可以为现代法制所借鉴、吸收和继承。(3)不论是同质的法律继承,还是异质的法律继承,对于旧法中有关社会公共事务的规定,新法都可以继承。因为公共事务中的许多法律规定,如有关交通、环保、卫生、资源、水利、人口、城建等方面的规定,要么多属于技术性规范,要么多反映社会整体利益。这些规定是国家"执行由一切社会的性质产生的各种公共事务"职能的法律表现,具有一定普适性。

2. 法律形式的继承

法律形式作为法律制度的外部结构和调控社会的工具系统,较之法律的内容来说,与法律的阶级本质关系更远,更加超然于生产方式和政治体制,更加具有超越时空的适应性,因此在继承上所受到的限制更小,可继承的内容更多。(1)法律的概念、范畴和术语。一个国家在建立自己的法律制度时,总是有选择地利用原有法律制度中的这些概念和范畴。没有这些概念和范畴,法律制度就无法构建,法律文化就无法传播。(2)法律技术。法律技术是指制定、执行、监督、解释、适用法律规范的方法、技巧的总称。法律技术充分体现了法律调控社会关系的工具性特质,体现了法律对于人们行为的制度性安排,也体现了法律调控过程中的一般规律,是人类长期的法律智慧的积淀和法律经验的积累。因此,对于旧法中的法律技术,新法完全可以继承。

二、法律移植

（一）法律移植的概念

法律移植就是指在法律发展的过程中,一个国家或地区有选择地引进、吸收或摄取同时代其他国家或地区的法律,作为自己法律有机体的组成部分的一种法律发展方式。亦即"在鉴别、认同、调适、整合的基础上,引进、吸收、采纳、摄取、同化外国法律(包括法律概念、技术、规范、原则、制度和法律观念等),使之成为本国法律体系的有机组成部分,为本国所用"①。法律移植的对象,一是外国法,即其他国家或地区的法律,二是国际法,即国际条约和惯例,两者统称为国外法。

法律移植与法律继承都是法律发展的重要方式,但两者的侧重点不同：(1)两者反映的关系不同。法律继承反映的是不同法律在时间上的纵向关系;法律移植反映的是不同法律在地域上的横向关系。(2)两者侧重的对象不同。法律继承侧重的是国内法;法律移植侧重的是国外法。(3)两者所起的作用不同。法律继承可以使一国现行法律制度保持与本民族法制文明的历史连续性,使新法在旧法的基础上高起点进步。法律移植可以使一国法律体系在引进国外法,吸收国外先进法律经验和技术的基础上与世界法制文明同步发展。概括为一句话,如果说法律继承是"古为今用"的话,那么法律移植就是"洋为中用"。

（二）法律移植的原因

与法律继承一样,法律进行移植也是法律发展的普遍规律和重要形式。法律移植的原因有下列几点。

1. 社会和法律发展的不平衡性

同一时期不同国家的社会发展水平是不平衡的,它们或者处于不同的社会形态,或者处于同一社会形态的不同发展阶段。落后国家在发展过程中会遇到先进国家曾经遇到过的一些问题,而后者已解决了这些问题,积累了丰富的经验,并形成一些行之有效、高度发达的法律制度。这就为落后国家移植先进国家的法律制

---

① 张文显主编:《法理学》,高等教育出版社 1999 年版,第 160 页。

度创造了前提,落后国家可以借此大大加快现代法治建设的步伐。世界法律的发展史已经表明,这是落后国家加速发展的一大捷径。如在封建时期,日本曾经全面引进中国盛唐时期的法律制度,建立了自己的"法令制度",从而使它的法律制度和经济文化向前迈进了几个世纪,史称"大化革新"。

此外,即使同一时期某些国家的社会发展水平是平衡的,但它们的法律发展水平也是不平衡的。有的可能这个方面的法律制度先进一些,有的可能那个方面的法律制度发达一些。这样一来,为了节约立法成本,更好更快地解决社会问题,处于同一社会发展水平的国家也可以相互移植对方的法律以互通有无,取长补短。如20世纪以来,英美法系国家就大量采纳大陆法系国家的立法技术和法律概念,制定成文法典和法规;而大陆法系国家亦大量引进英美法系国家的判例方法,对典型案例进行整理、编纂以及规则或规则的抽象。

2. 外力强加和法律声望

所谓的外力强加,一般以霸权为前提,以军事入侵为主因,入侵国在占领或征服另一国家或地区后,把本国的法律强加给后者,使其在后者的领域内强行实施。如在政治强制力的驱动下,法国人在非洲每侵夺一块殖民地即不失时机地输入法兰西法典,特别是《法国民法典》和《法国商法典》,将法国法直接移植到非洲传统法律文化中去。

所谓法律声望,是指某一国家的法律凭借其良好的声望,亦即法律具有较高的质量和优秀的品质,而为其他国家或地区见贤思齐,自愿实施。多表现为法律文化影响引起的法律移植,一般以落后文化对先进文化的主动接受为特征。

(三) 法律移植的模式

每一个国家都有自己的国情,每一部法律都有自己的个性,法律移植的具体模式也多种多样。但是从移植的技术含量上可以将法律移植的模式分为两大类:机械性的法律移植和批判性的法律移植。

1. 机械性的法律移植

机械性的法律移植是指某一国的法律制度被其他国家或地区照搬照抄,几乎不做任何改变而被整体引进。如土耳其于1922年全面移植了法国法典;摩洛哥于1913年颁布的《债与契约法典》实际上就是照搬了《法国民法典》中的债权部分。之所以出现这种移植方式,主要有以下原因:一是国家被殖民化。这种情况下,伴随着军事入侵,宗主国一般会强行将其法律全部搬到被占领国,而不考虑被占领国原有的法律和习惯。二是国家法律基础薄弱,某一方面的法律制度严重匮乏或者因进行法律改革而出现某一方面的法律真空。这种情况下,为了解决法律供给的燃眉之急,也会照搬照抄他国法律。三是一国对于另一国的法律制度极度崇尚和羡慕,也会不假思索地加以输入。这种模式由于不注重外国法律制度与本土资源的衔接和互动,因而成功的少,失败的多。

2. 批判性的法律移植

批判性的法律移植是指立足于本国国情,对其他国家或地区的法律制度进行加工、选择或取舍之后才加以引进。如日本明治维新时期对西方法律制度的移植就不是照搬照抄,而是经过了一个加工、调试与整合的过程。"日本法律融合了外国法,如英国法、法国法、德国法,形成了一个统一的法律制度。"①与机械性的法律移植相比,批判性的法律移植更加注重国外法和国内法之间的同构性和兼容性,更加注重国外法的本土化,即用国内法去同化或整合国外法,因而成功的几率更大。"必须记住法律是特定民族的历史、文化、社会的价值和一般意识与观念的集中体现,任何两个国家的法律制度都不可能完全一样,法律是一种文化的表现形式,如果不经过某种本土化的过程,它便不可能轻易地从一种文化移植到另一种文化。"②

【阅读材料】13.3 《法律的阶级性和继承性》及其作者的命运

提示:今天,几乎没有人会怀疑法律的继承性,而且就这一问题的讨论来说,禁区也不复存在,但在半个世纪前的中国,情况却并非如此。尽管历史已经翻过一页,但教训仍然需要认真汲取。

建国初期,《共同纲领》便提出"制定保护人民的法律、法令,建立人民司法制度"。差不多与此同时设立的《法制委员会》随即着手中国的民、刑法典及民、刑事诉讼法典的起草工作。可是由于当时人治思想占主导地位,法律界习惯于迷信教条盲从权威。法学理论上片面地强调法律的阶级性,简单地否定社会主义法律对旧法的继承性。要求"经常拿蔑视和批判"的态度,对待"国民党六法全书及欧美、日本资本主义国家一切反人民的法律","彻底粉碎"旧法思想。于是,不仅使人们把中外法律统统看成一堆精神垃圾,而且还对熟悉旧法的司法人员乃至造诣很深的法学家采取歧视和排斥的态度。其结果便是:建国虽已七八年,各种急需制定的法典始终处于难产之中,法制建设严重滞后,同时也给司法工作带来了困难,造成了混乱。

鉴于此,1956年12月,复旦大学法律系教授杨兆龙发表了引起学术界巨大反响的,同时也决定他日后命运的《法律的阶级性和继承性》③一文。

关于"法律的继承性",作者指出:"过去由于对法律的阶级性缺乏全面的正确的认识,有些人曾否认法律中有遗产可以继承。"根据他关于法律的阶级性的分析,他认为:"法律中有许多规范的阶级性不表现在规范本身,而表现在谁运用它们或用它们来对付谁。尤其在国际法里面有许多一般公认的规范或具有国际共同性的

---

① [日] 小岛武司:"比较法在移植法律中的第二任务",载沈宗灵等编:《比较法学的新动向》,北京大学出版社1993年版,第52页。
② [美] 格林顿等著:《比较法律传统》,高鸿钧等译,中国政法大学出版社1993年版,第6—7页。
③ 该文发表在《华东政法学院学报》1956年第3期,现已收录于杨兆龙纪念文集——《杨兆龙法学文集》,法律出版社2005年版。

规范。它们或是人类正义感的表现,或是被人类长期的经验证明为有益于共同生活的规范。"对此,"不但不应该将它们摒弃,而相反的对于其中某些部分是有必要更好地发挥其作用的。这一切的法律规范,虽然被旧的或剥削统治阶级利用过,但在新社会的各种新的条件下是可以取得新的内容,发生新的作用的"。"任何一种新的东西决不能从无中产生出来,它必须在不同的程度上利用一些旧的或原有的东西作为根据、起点、资料或参考,法律当然也不可能例外。"作者以罗马法、拿破仑法典及英国宪法为例,论证了它们对各个不同时期和各种不同类型的国家立法所产生的广泛而深远的影响,"在私法方面,罗马法统治了世界;在公法方面,英国的宪法统治了世界",即使在社会主义国家,法律的继承性也概莫能外。如苏联、东德和波兰都曾经利用本国的旧法为社会主义国家服务。杨兆龙在文章中进一步指出:"新的法律或后产生的法律吸收旧的或先产生的法律"这种经常发生的事实,"不是偶然的,而是必然的。因为在任何一个新政权建立后,不可能创出一套形式与内容都是新的法律及法律制度。这不但在新政权刚建立时是如此,就是在新政权建立很久以后也是如此","法律的继承性和任何法律体系的形成发展以及任何阶级统治的成功,有着永远不可分割的关系"。

以上这些理论,在现在看来可能都已经是异常平凡的"真理",然而在1957年的反右斗争期间,却遭到了法学界的口诛笔伐。1957年6月8日,《人民日报》刊发了《组织力量反击右派分子的猖狂进攻》,由此揭开了全国反右运动的序幕。在法学界,杨兆龙教授首当其冲,成为资产阶级"右派"分子的代表人物。不仅如此,在成为"极右"分子改造多年后,1963年杨兆龙又以"现行反革命"被逮捕入狱,关押8年后又以"历史反革命及叛国投敌罪"被判处无期徒刑。一直到1975年,中共中央对国民党县团级以上人员进行特赦,71岁的杨兆龙才得以获释出狱,4年后病逝于浙江海宁①。

【作业题】

1. 原始社会的规范与法的联系和区别是什么?
2. 如何理解经济因素在法律的起源和发展中的作用?
3. 法律继承和法律移植有何区别?
4. 美国学者吉尔兹说过:"法律就是地方性知识;地方在此处不只是指空间、时间、阶级和各种问题,而且也指特色(accent),即把对所发生的事件的本地认识与对可能发生的事件的本地想象联系在一起。"而法律继承或法律移植在某种意义上

---

① 摘编自铁犁、陆锦碧、杨黎明:"1957年错批杨兆龙的'法律继承论'纪实——建国以来法学界重大事件研究(八)",载《法学》1998年第1期。

就是将不属于本地时间或本土空间的别人的法律为己所用,这就涉及一个彼时彼地与此时此地是否适合或兼容与否的问题。为了尽量避免不适合或不兼容的情况的出现,你认为在法律继承和法律移植过程中应该注意哪些问题?

5. 不定项选择题(2004年司法考试试题):

在讨论"法的起源、法的历史发展"这部分内容时,法学院同学甲、乙、丙各抒己见。甲认为:(1)马克思主义法学认为法产生的根本原因是私有制的出现和阶级的形成;(2)在古罗马学者西塞罗看来,人定法源于自然法。乙认为:(1)法的移植对象只能是本国或本民族以外的法律,法的继承对象则主要是本国或本民族的法律;(2)德国学者马克斯·韦伯将历史上存在的法分为形式不合理的法、实质不合理的法、实质合理的法、形式合理的法。丙认为:(1)与原始社会规范的适用相比较,法的适用范围主要是根据居民的血缘关系来确定的;(2)不同历史类型的法之间存在着继承关系。下列选项何者为正确?(   )

A. 甲的观点(1)、乙的观点(1)和丙的观点(2)
B. 甲的观点(2)、乙的观点(2)和丙的观点(1)
C. 甲的观点(1)、乙的观点(1)和丙的观点(1)
D. 甲的观点(2)、乙的观点(2)和丙的观点(2)

【进一步的研讨】萨维尼及其历史法学

提示:法学史上,如同人类致力于自然规律的探索,大部分的法学家孜孜不倦地在探寻不同国家、不同历史时期,是否存在人类共同遵循的行为标准(法律)。而另一部分学者侧重于人类行为的差异性及其根据的研究,认为法律与历史、文化有着十分密切的关系,不同国家、不同民族存在不同的法律有其合理性,他们进而怀疑甚至反对法律的移植。以下介绍的德国法学家萨维尼就属于后者。

弗里德里希·卡尔·冯·萨维尼于1779年2月21日出生于法兰克福。他的家族富有,父亲担任重要公职,母亲也出身公职家庭。在11岁的时候,因父母双亡,他开始寄居在其监护人Constantin von Neurath(他父亲的好友,同时也是帝国最高法院的陪审法官)家中。由于这位监护人的培养,他在进大学之前就已经习得法学的基本概念。同时由于继承了家族的巨额财富,他可以独立地依其精神特质往任何方向发展。萨维尼自幼沉默寡言、性格内向,在少年时期就已经显现出特有的容忍性格和冷静风度。

从1795年起他开始就读于马堡(Marburg)大学,其间转往哥廷根大学,1800年10月31日获得马堡大学的博士学位。1801年任教于马堡大学,1808年受聘于兰茨胡特(Landshut)大学,1810年转往新建的柏林大学讲授罗马法,并当选为首任校长,在柏林大学一直待到1842年退休为止。1842年至1848年出任普鲁士政府的立法部长,最重要的任务是检讨普鲁士一般邦法典的修正,之后则专门从事著书立说。其主要著作有:《论所有权》(1803年)、《论立法与法学的当代使命》(1814年)、《中世纪罗马法史》六卷本(1815—1831年)、《现代罗马法体系》八卷本(1840—1849年)等。

萨维尼在1814年创立了"历史学派"。这是一个由法律家、历史学家和语言学者共同组成的,以研究古典罗马法、较古老的德意志法为目标的团体。这个理念共同者的结合,自始就不是一个党派,每个参与者无论在学术上或政治上都保有其独立的人格特质。他们共通之处在于对历史的理解,相信透过历史可以理解现代。相信今天的法律"素材"是由整个先前的历史所生的,因此也只能透过历史学的方式来理解。

在《论立法与法学的当代使命》和《现代罗马法体系》等著作中,萨维尼系统论述了历史法学派的基本观点。他通过对法的产生与发展、法的本质和法的基础三个问题的阐述,表达了该学派的代表性理论。

关于法的产生与发展,在《论立法与法学的当代使命》中,萨维尼认为,法是自发的不知不觉地逐渐产生的,其中没有斗争,没有飞跃,也没有新陈代谢。"法律只能是土生土长和几乎是盲目地发展,不能通过正式理性的立法手段来创建。""一个民族的法律制度,像艺术和音乐一样,都是它们的文化的自然体现,不能从外部强加给它们。""在任何地方,法律都是由内部的力量推动的,而不是由立法者的专断意志推动。"法律如同语言一样,没有绝对停息的时候,它同其他的民族意识一样,总是在运动和发展中。"法律随着民族的成长而成长,随着民族的壮大而壮大,当这一民族丧失其个性时,法便趋于消逝。"他认为法的发展有渐次呈现的三个阶段:第一阶段,法直接存在于民族的共同意识之中,并表现为习惯法。第二阶段,法表现在法学家的意识中,出现了学术法。此时,法具有两重性质:一方面是民族生活的一部分,另一方面,又是法学家手中一门特殊的科学。第三阶段就是编纂法典。但即使是到了此阶段,也要谨慎立法。

对法的本质,萨维尼认为,法并不是立法者有意创制的,而是世代相传的"民族精神"的体现;只有"民族精神"或"民族共同意识",才是实在法的真正创造者。在《现代罗马法的体系》中,他指出,法律的存在与民族的存在以及民族的特征是有机联系在一起的。在人类的早期阶段,法就已经有了其固有的特征,就如同他们的语言、风俗和建筑有自己的特征一样。"在所有每个人中同样地、生气勃勃地活动着的民族精神(volksgeist),是产生实定法的土壤。因此,对各个人的意识而言,实定法并不是偶然的,而是必然的,是一种同一的法。"这种同一的法,反映的是一个民族的共同意识和信念。因此,立法者不能修改法律,正如他们不能修改语言和文法一样。立法者的任务只是帮助人们揭示了"民族精神",帮助发现了"民族意识"中已经存在的东西。

对法的基础,萨维尼指出,法的最好来源不是立法,而是习惯,只有在人民中活着的法才是唯一合理的法;习惯法是最有生命力的,其地位远远超过立法;只有习惯法最容易达到法律规范的固定性和明确性。它是体现民族意识的最好的法律①。

【本章阅读篇目】

1.〔日〕穗积陈重著:《法律进化论》,黄尊三等译,中国政法大学出版社1997年版。

2.〔奥〕弗洛伊德著:《图腾与禁忌》,文良文化译,中央编译出版社2005年版。

3.〔美〕格林顿等著:《比较法律传统》,高鸿钧等译,中国政法大学出版社1993年版。

4.杨兆龙:"法律的阶级性和继承性",载《杨兆龙法学文集》,法律出版社2005年版。

5.〔英〕阿兰·沃森:"法律移植论",贺卫方译,载《比较法研究》1989年第1期。

① 参阅何勤华:"历史法学派述评",以及陈爱娥:"萨维尼"等文章,前者见于http://www.eqlw.com/content/326/337/8682.htm,后者见于http://zmqcommonlaw.bokee.com/852775.html。

第十四章 世界主要法系

本章导读

严格来讲,法系不属于法理学研究的范畴,它是一个比较法的领域。中国法理学将其纳入本学科的框架,大概是受苏联法学的影响,是将其从法律的历史发展中剥离出来,并作为批评对象的结果。然而颇具意味的是,当代的法理学越来越需要有一种全球性的视野,需要从形式和文化的角度去探求法律的发展和变化。因此,本章的学习,不能说不重要。我们应当辨别两大法系的差异性,同时关注其相互融合的趋势。第四节中有关中华法系问题的阐述,是我们认为法理学应当关注本国法律的一个尝试和姿态。

第一节 法系概述

一、法系的概念

为了便于对世界上现存的林林总总的法律秩序的把握,人们试图在一定程度上将这些法律秩序归入为数较少的几个集团,于是就有了法系的概念。尽管在西方世界中,表达这一概念的语词并不统一,比如德语中的 rechsreise、rechtsfamilien,英语中的 legal genealogy、legal system、legal tradition 等等,但是在汉语世界中,"法系"具有一个相对稳定的内涵和外延。

法系是指具有某种共性或者共同历史传统的法律秩序的总称。在英语世界中,法律体系和法系往往是同一术语(legal system),但是我们却要注意在汉语法学界两者并不相同。法律体系是一个法域的部门法的总称,它是由宪法、民法、刑法、行政法、诉讼法等等法律部门构成的,法律体系所囊括的只是一个法域的现行法律;而法系往往是超越国家的,超越实在法的,它往往涵盖了许多不同的主权国家的法律,同时又包含了诸多法域历史上的法律。

二、法系的划分

尽管近代比较法学发源于西方,但是最早系统探讨法系的划分问题的是日本学者穗积陈重(1856—1926)。穗积陈重是第一个正式使用类型学划分法系的人,1884年,他以文化和民族差异为标准,提出五大法系之说,即印度法系、支那法系、回回法系、英国法系、罗马法系。20年后,他又进一步完善他的理论,认为法律制度的谱系和亲缘关系是法系划分的标准。在上述五大法系以外,他又加入了日耳曼法系、斯堪的纳维亚法系。

1905年,法国法学家埃斯曼(A. Esmein)以种族和语言以及法系形成的过程为标准划分五大法系:罗马法系、日耳曼法系、盎格鲁撒克逊法系、斯拉夫法系和斯堪的纳维亚法系。美国比较法学者威格摩尔于1923年提出将世界法系分为十六类:埃及法系、巴比伦法系、中国法系、希伯来法系、印度法系、希腊法系、罗马法系、日本法系、日耳曼法系、凯尔特法系、斯拉夫法系、阿拉伯法系、海洋法系、欧洲大陆法系、教会法系、英国法系。1928年,他又把巴比伦法系和阿拉伯法系分别更名为美索不达尼亚法系和穆罕默德法系①。

二战以后,法系的划分又有了新的变化。其中最受人重视的是法国学者达维德和德国学者茨威格特的分类方法。达维德于1964年提出了对法系的多元划分标准。这个标准首先是要考虑意识形态特色,即正义的观念、宗教信仰及哲学信条、政治、经济以及社会结构;其次应当考虑法律技术因素。据此,他认为世界主要法系有三个:罗马—日耳曼法系、普通法法系和社会主义法系。另外,世界上还有一些次要的法系,即哲学的或传统的各种法系,包括伊斯兰法、印度法、犹太法、远东法(包括中国法和日本法)、非洲和马达加斯加的法律②。

德国学者茨威格特和可茨提出了自己的划分标准,这个标准就是要考虑"法律样式"。其内容包括:法律秩序的历史由来和发展(历史连续性);法律秩序内处于支配地位的法学思考方法;标志性的法律技术、法律制度;法律渊源的性质和解释以及意识形态的各种因素。由此划分的结果是:罗马法系、德国法系、北欧法系、普通法系、社会主义法系、远东法系、伊斯兰法系、印度法系。可见,这种分类虽然也重视意识形态的因素,但是总体上还是从法律技术角度出发来比较世界各国法律制度的。

综上所述,尽管有这些不同的学术上的分类,而且学者也就划分标准进行了深入的探讨,但是并没有在理论上取得一个圆满的结果。然而在经验层面,人们并没

---

① 转引自高鸿钧:"论划分法系的方法与标准",载《外国法译评》1993年第2期。
② 参见[法]勒内·达维德著:《当代主要法律体系》,漆竹生译,上海译文出版社1984年版,第24页。

有过多地顾及理论争论,而是将世界主要法系分为民法法系和普通法法系。这两个法系几乎涵盖了地球上最主要的一些国家和地区。

【阅读材料】14.1 法系的分类和比较法

提示:针对法系本身的研究往往是由比较法学者做出的,因此,有关法系的理论和分类是与比较法学者的著述分不开的。

"在比较法理论中阐述的法系论(lehre von den rechtskreisen)要回答根本上的几个问题。这就是:是否可能将世界上为数众多的法律秩序加以分类,归入少数的几个大集团,即'法的家族'(rechtsfamilien)或法圈(rechtsreise)?这样一种分类应当依照什么标准?如果确信这样分类是可行的,我们应当依照什么标准决定某一法律秩序是归于这一集团而不是另一集团?这种分类首先是为了进行在理论上的分类整理工作,以便把漫无头绪的大量法律体系加以划分、归类,从而可以获得概观。"①

在西方19世纪以前,人们对法律有不同程度的比较研究。但比较法作为一门学科是在19世纪中期开始兴起的,第二次世界大战后则取得了巨大的进展。

古希腊,大小城邦林立,不同政治制度并存,这为法律的比较研究提供了有利条件。公元前6世纪,雅典执政官梭伦在制定法律时就对各城邦的法律进行了比较研究,亚里士多德的《政治学》《雅典政制》记录了他比较研究古希腊城邦政制的成果。古罗马帝国在制定《十二铜表法》时,曾派人去希腊考察法律。在中世纪的西欧,能列为法律的比较研究的有罗马法和教会法的比较研究,以及在英国的关于罗马法和英国普通法的比较研究等。例如,英国人福特斯丘在自己的著作中比较了英国法与法国法的规定和渊源。

近代以来,比较法有了长足的发展。英国学者培根、德国学者莱布尼兹等人分别指出了关于比较法律研究的方向。法国学者孟德斯鸠在其著名的《论法的精神》一书中,将法律放在更广的政治、经济、文化甚至气候等背景下进行比较考察,以探求法律发展的规律,因此对比较法做出了突出的贡献。

19世纪中叶,人们对于比较不同国家、民族、时期的法律有了更为强烈的兴趣。比较法律研究开始在大学正式出现,专业的比较法律期刊开始正式问世。各国为了回应法典化的需要,比较不同法律制度成为一项必不可少的工作。

到了20世纪,比较法学开始了全面发展。比较法律研究有了统一的国际组织,1900年,第一届国际比较法大会在巴黎召开。比较法研究涉及的领域越来越广泛,比较的方法和技术越来越成熟,对各国法律之间的了解越来越深入。

---

① [德]K·茨威格特、H·克茨著:《比较法总论》,潘汉典等译,法律出版社2003年版,第99页。

第二节 民法法系

一、民法法系释义

民法法系,又称大陆法系、罗马法系、罗马德意志法系、法典法系、成文法法系等,是指法国、德国等欧洲大陆国家在罗马法基础上,以1804年《法国民法典》和1896年《德国民法典》为代表的法律,以及在其法律传统影响下仿照它们而形成、发展起来的西方各国法律体系的总称。

民法法系的分布地区非常广,欧洲大陆大多数国家,欧洲一些国家的前殖民地,拉丁美洲等许多国家和地区都属于民法法系。此外,由于历史的原因,日本、土耳其、埃塞俄比亚、南非、英国的苏格兰、美国的路易斯安那州、加拿大的魁北克省、中国的澳门等也基本上属于民法法系。

二、民法法系的历史演变

作为民法法系中坚力量的罗马法,从《十二铜表法》算起也有将近两千五百年的历史。通常而言,罗马法是指罗马奴隶制国家的全部法律,存在于罗马奴隶制国家的整个历史时期。它既包括自罗马国家产生至公元476年西罗马帝国灭亡这个时期的法律,也包括优士丁尼时期东罗马帝国的法律。罗马法对后世民法法系的法律制度产生了极其深远的影响。

公元前451—前450年,《十二铜表法》由贵族与平民共同组成的十人委员会在以前的习惯法基础上制定。这标志着罗马进入到成文法或者说制定法时期。从此以后,罗马法的主要渊源就是成文法了,主要包括:(1)具有立法权的会议的决议;(2)元老院决议;(3)皇帝敕令;(4)长官告示。在这一时期,罗马法形成了适用于罗马市民的"市民法"和适用于异邦人的"万民法"。随着公元212年卡拉卡拉皇帝颁布敕令,将罗马公民权授予帝国境内全体自由民,这两种法律才宣告统一。在罗马共和国进入帝制时代以后,罗马法迅速成熟起来,产生了一个法学家阶层。其中为世人所熟知的有五大法学家:伯比尼安、保罗、盖尤斯、乌尔比安和莫德斯汀等。公元426年,狄奥多西二世颁布的《引证法》规定他们五人的著作具有法律权威性,也就是说,法学家的解答也成为正式法律渊源。其中比较著名的便是盖尤斯为青年学习法律而写的入门读物《法学阶梯》,后来的优士丁尼的《法学阶梯》很大程度上就是在盖尤斯著作的基础上完成的。罗马法在东罗马帝国优士丁尼皇帝在位期间达到了一个顶峰。优士丁尼在位期间,颁布了《法典》、《法学阶梯》、《学说汇纂》,加上其死后颁布的《新律》,合称《国法大全》(Corpus Juris Civils)。

后来随着罗马帝国的衰亡,罗马法黯淡了下去。直到 11 世纪,罗马法才再度兴盛起来。意大利的波伦亚大学在罗马法复兴的过程中起到了关键作用。波伦亚大学也因法学而成为欧洲历史上享有盛誉的大学。在前注释法学派(或者称注释法学派)和后注释法学派(或者称评论法学派)的努力下,罗马法在西欧传播开来,成为通行欧洲的"共同法"。德国和法国逐渐接受了罗马法,并产生了民法法系两部代表性的法典:1804 年的《拿破仑民法典》(即《法国民法典》)与 1896 年颁布、1900 年生效的《德国民法典》。最后,在 19 世纪,民法法系最终发展成一个世界性的法系,甚至影响到远在东方的中国和日本。其中,《法国民法典》对民法法系的形成起了重要的作用。

除了罗马法对民法法系产生基础性影响之外,日耳曼法和教会法也对民法法系的发展产生了重要影响。

三、民法法系的特点

(一)法律成文化和法典化

从法律渊源上来看,民法法系国家的正式法律渊源就是制定法。当然这也是长期发展的结果,在德国和法国的历史上都曾经有相当长的一段时间受到了习惯的影响。德国固有的法律便是日耳曼习惯法,而法国更是有北部习惯法区和南部成文法区的划分。但是,随着现代民族国家的建立,这些国家的习惯法要么消失在正式法律渊源之外,要么融入正式法律渊源中来了。

(二)不承认法官有创制法律的权力,否认判例具有法律效力

由于上面所说的成文法的传统,也由于三权分立学说的影响,同时,受到近代欧洲大陆启蒙思想的影响,民法法系的法官被严格限制在法律之下。在理想状态下,议会等立法机关所制定的法典已经能够包含所有法律细节了,法官所要作的只是将意义澄澈如水的法律适用到摆在自己面前的事实清楚的案件中,无须考虑其他因素,法官也不应该考虑其他因素。因此,法官没有创制法律的权力,否则就会被认为超出了自己的职权范围,侵蚀了立法权,法官借以创造法律的途径——判例在民法法系中也就无从具有拘束力。

(三)在法律分类上,有公法与私法之分

公法和私法的区分最早是由乌尔比安提出来的。他认为以保护国家公益为目的的法律属于公法,以保护私人利益为目的的法律属于私法。这一法律分类一直影响到今天的民法法系各个国家,甚至在某种程度上也影响到了普通法国家。在我们今天的法律分类中,宪法、行政法、刑法等属于公法,而民法和商法则被认为是私法。

(四)在诉讼中,民法法系坚持法官的主导地位,奉行职权主义

在这种制度下,法官不但得解决法律问题,还负有一定的查明案件事实的职

责。与这种职权主义相适应,民法法系的诉讼制度和审判制度还往往具有以下特点:官方诉讼参加者的主导地位、非官方诉讼参加者的陪衬角色以及判决的可更改性等,这与普通法法系的某些特征形成鲜明对比。

(五)在哲学基础上,民法法系倾向于理性主义

理性主义传统一直是欧洲大陆重要的哲学传统。它形塑了欧洲生活的方方面面,法律生活当然亦不例外。通常说来,理性主义是建立在承认人的推理可以作为知识的可靠来源的基础上的一种哲学方法。这导致了理论研究(法学)和理论研究者(法学家)在推动欧洲大陆法律发展过程中扮演着非常重要的角色。同时,也让欧洲大陆的法律规范呈现出高度抽象化和概括化的特征,而且法律规范往往以讲究系统性、确定性和逻辑性的法典的形式呈现于世。

(六)在法律教育和法律职业上,与其理性主义的哲学基础相一致,民法法系往往把法学作为一门科学讲授

法学教授在法律教育和法律发展中占据着主导地位。《德国民法典》的制定清楚地表明了这一点。民法法系国家的法律毕业生往往在毕业之际便选定了未来的职业——或者法学家,或者法官,或者检察官,或者律师,转化职业是一件非常困难的事情,而且成本非常昂贵。

【阅读材料】14.2 民法法系的代表性制度——"抽象物权契约"理论

曾经有人说,"如果要指出'典型的'德意志法系的特征,我们会选择物权法,更确切些说是'抽象物权契约'理论。"①尽管这话说的是德意志法系的特征,但是它更是在一个极端上表明了整个民法法系的一个特征:注重概念和抽象。

"抽象物权契约"理论所关注的是对一个出卖物上的所有权依什么前提条件转移给买受人的问题。在多数场合下,合同是导致所有权变动的原因,这一点并不难理解。但是,德国法进一步梳理了物权变动中的作为原因的债权合同和独立的物权合同区分开来。以动产为例,有的国家的法律规定买受人在有效买卖合同缔结之时获得所有权;有的国家的法律则进一步规定必须以交付为要件,德国法律则规定,在买卖合同缔结之后即便在交付以后还必须加上双方当事人的一个特别的契约性的同意——物权合意。这样一个一般的买卖合同在抽象中被分解为两部分:债权行为与物权行为。

尽管这样一个制度以及背后的思想即便在民法法系也并不普遍,而且对这样一个制度一直存在着不同看法,但它的确极端表现出罗马法以来的大陆法系的一个显著特征:注重抽象的统一性。这也是法学教授在法律发展中占主导地位的一个结果。

---

① [德]K·茨威格特、H·克茨:"'抽象物权契约'理论——德意志法系的特征",孙宪忠译,载《外国法译评》1995年第2期。

第三节 普通法法系

一、普通法法系释义

普通法法系,又称英美法系、判例法系、不成文法系、英吉利法系,是以英国中世纪法律,特别是英格兰的普通法为传统和基础形成、发展的一些国家和地区法律的总称。

其范围包括英国、美国、爱尔兰、加拿大、澳大利亚、新西兰,以及亚洲、非洲某些英语国家和地区,比如印度、巴基斯坦等。

二、普通法法系的历史演变

英国普通法发展的主线是封建王权的强大。自从1066年诺曼征服以来,威廉一世及其后继者建立起了一套等级森严、整齐划一且组织结构比较简单的封建制度,国王是最高的封建领主。这样一套体制建立起来之后,为了保证王国的安宁,国王就四处委派司法官吏,结果王权所到之处,亦即王法所到之处,渐渐地盛行于英格兰全境的法律就出现了,这就是"普通法"。这里的普通法不同于汉语法学界习惯上所说的与根本法相对应的普通法。到了14世纪,普通法的僵化产生了诸多问题。当时的普通法只能给予金钱救济以及恢复对土地和动产的占有。这样,许多损害在普通法之下得不到救济,于是大法官法院即衡平法院应运而生。大法官不是根据普通法而是依据"国王的良心",也就是所谓的衡平原则处理案件。衡平法院处理的主要是普通法不予管辖或者虽予管辖但却不能给予公正救济的民商事案件。比如信托、遗嘱等事项。衡平法院在长期的审判实践中也积累了一些先例,同样成为法律渊源的一部分。后来,在19世纪的英国司法改革中,取消了普通法法院和衡平法院之分。但是普通法与衡平法之间的差别在英国的实际生活中以及在美国的某些地区仍然留有一些痕迹。

在英国之外,普通法还传播到了北美大陆以及其他英国的殖民地,终成一个世界性的法系,其中最有代表性的两个国家是英国和美国。

三、普通法法系的特点

（一）判例法和制定法并存,且以判例法为主要法律渊源

普通法法系区别于民法法系最突出的特征便是将判例法奉为主要法律渊源。并不是任何案例都可以成为判例法,也并不是任何法院的判例都可以成为判例法。与这种实践相联系的是遵循先例(stare decisis)的原则。这一原则保证了法院审理

案件的前后一致,也排除了国王发布专横命令的干涉。由于议会在现代三权分立政体中的地位,制定法也成为普通法系国家的正式法律渊源。而且19世纪末以来,制定法的数量急遽增长,很多重要的领域逐渐由制定法予以规制。即便如此,制定法在普通法法系国家中依然未曾达到在大陆法系国家中的地位。

(二)法官具有创制法律的权力

尽管在普通法法系国家中,有一些理论宣称法官在司法活动中并不创制法律,只是"发现"法律,但实际上法官的作用却不可小觑。法官既可以通过遵循先例适用既有规则,也可以通过区别技术等手段发展既有规则或者创造新规则。普通法如此,衡平法亦是如此。鉴于法官事实上造法的权力,判例法也称为"法官法"。即便存在制定法,普通法法系的法官也不会像民法法系的法官那样奉之为"圣经"。他们往往对制定法抱着排斥的态度,认为制定法是一种必要之害,在适用制定法时,必须加以限制解释。

(三)在法律分类上,普通法系通常的分类是普通法与衡平法

普通法涵盖了各个领域,而衡平法主要管辖民事案件。衡平法的主要内容是一些格言或者说法谚。比如"衡平不允许有不法行为而无救济"、"衡平遵循法律"、"平等即为衡平"、"衡平法注重意图而不重形式"、"求助于衡平法者自身必须公正行事"等等。普通法系国家还存在着另外一些并没有系统化或者说并不追求系统化的分类,诸如财产法、合同法、侵权法、继承法等。

(四)在诉讼程序上,普通法一般采用对抗制诉讼,有一套独特的概念术语

普通法在某种程度上继承了古典罗马法重视程序的特征。"无救济,无权利"这一格言表达了普通法在程序和权利之间的权衡:程序优先于权利。这种观念与普通法所尊崇的"法律的正当程序"一脉相承。与民法法系纠问式诉讼不同,普通法诉讼采用对抗制的形式。这种诉讼制度以当事人为中心,又称当事人主义。与民法法系国家的法官相比,普通法法系法官在审判过程中极为消极,但是在适用法律时却享有较大的自由裁量权。与这一制度同时存在的还有陪审团制度。陪审团主要负责审理事实。这一制度下产生的判决结果相对稳定。

(五)在哲学基础上,普通法法系更倾向于经验主义

在普通法法系国家的法律生活中,先例和习惯构成了支撑整个法律制度的背景和材料。美国著名的大法官霍姆斯曾经说过,法律的生命在于经验而非逻辑。

(六)在法律教育和法律职业上,与其经验主义的哲学基础相适应,法律人的培养不是靠学术化的大学,而是靠职业化的律师公会或者走职业路线的法学院

法学家在这里并不像在民法法系国家那样具有崇高的地位,享有盛誉的往往是从事律师业务多年后被遴选为法官的人。也就是说,普通法法系的法律职业更为灵活一些,法官、律师、检察官之间的转换是可能的,而且是经常发生的。在这里,远离生活现实的理论原则和寻求概念之间的统一性的做法并不能引起人们的

兴趣。

虽然普通法法系具有以上共同特征,但是美国法和英国法还存在着一些差异:美国实行联邦制,法律有州法和联邦法之分;英国法是单一制国家的法律。美国有成文的联邦宪法,很多州也有成文宪法;英国的宪法只是一些宪法惯例。美国联邦最高法院对国会立法具有违宪审查的权力,即联邦最高法院可以宣布国会立法违宪而归于无效;英国的则由于"议会至上"或者说"议会主权"观念的存在,法院不能审查议会的立法。

【阅读材料】14.3 普通法法系代表性制度——信托

在英国给世界贡献的诸多制度中,最有特色也最辉煌的非信托(trust)莫属。梅特兰曾经说过,"如果有人要问,英国人在法学领域取得的最伟大、最独特的成就是什么?那就是历经数百年发展起来的信托理念,我相信再没有比这更好的答案了。这不是因为信托体现了基本的道德原则,而是因为它的灵活性,它是一种具有极大弹性和普遍性的制度。"在中古时期的英国,为了规避赋税、规避法律对不动产处分权的限制,以及出于其他便利,用益(use)制度产生了。根据这一制度,土地持有人将土地转移给受托人,受托人按照委托人的意思或者受益人的利益管理土地。只是当时英国的普通法院并不承认用益制度。因此在委托人或者受益人的利益受到损害时并不能得到救济。自15世纪中叶开始,衡平法院基于良心、公平、正义、衡平等原则强迫受托人按照委托人的意愿或者受益人的利益管理利用土地。自此用益制度在衡平法院的救济途径下获得承认。

用益制度的发达严重侵害了国王以及其他封建贵族的利益,1535年,国王亨利八世不顾国会反对,强行颁布了《用益条例》,限制用益制度,以期重新获得民间借用益所规避的税收。该条例规定当事人一旦将"法律上所有权"转移给受托人,而指定受益人享有"用益权"时,该法即自动由委托人处将"法律上所有权"转移给受益人,视受益人为法律上所有权人。这叫作执行用益。但是由于该条例本身的用语问题以及在普通法语境下法律人对制定法的态度等原因,人们认为它仅限于不动产,因此在动产上设立用益不归该条例管辖。针对受托人负有积极管理处分信托财产之任务的情况,法院表现出对制定法的一贯态度,将这种情况限制解释为不在用益条例规定之内;在对待用益之上再设立一项用益(第二层用益)的问题上,法院依然如故。这些情况既然不受用益条例规制,自然也就不能被执行。自此以后,法院开始统称那些未被执行的用益(尤其是双重用益)为"信托"。

信托制度在英国奠基之后,自19世纪开始在欧美各国迅速发展。时至今日,不论普通法法系还是民法法系的国家,至少在表面上信托制度均已成为一项重要的财产制度。我国也于2001年颁布了《信托法》,该法第2条规定,"本法所称信托,是指委托人基于对受托人的信任,将其财产权委托给受托人,由受托人按委托人的意愿以自己的名义,为受益人的利益或者特定目的,进行管理或者处分的行为。"

从信托制度曲折的发展历史中,人们可以看出普通法法系的某些典型特征,比如法院对制定法的态度等。但是最突出的特征或许是普通法对抽象概念的模式,对系统化、体系化的排斥。在民法法系国家,"一物一权",也就是一个物上只有一个所有权的观念是根深蒂固的,也是概念清晰的必然要求。然而在普通法的信托制度下,一项财产事实上区分为法定所有权即普通法上的所有权和衡平法所有权,人们不太在乎概念之间的和谐与否,一切以经验和实际应用为重。信托与民法法系概念的冲突一直存在于民法法系对信托制度的移植中。

第四节 中华法系

一、中华法系释义

中国古代法律体系源远流长,上下承继数千年,并影响了周边的日本、朝鲜、越南、蒙古等国的法律建构,形成了一个具有鲜明特征的法文化圈,故在 19 世纪末被国外学界誉为"中华法系"。但是关于中华法系的具体概念,学界的论述并不完全一致。20 世纪 80 年代,中国法学界比较普遍的看法是:"中国的封建法律由战国至清经过两千多年的发展,形成了沿革清晰、特点鲜明的法律体系,被世界上推崇为五大法系之一———中华法系。"① 进入 20 世纪 90 年代,国内学界对"中华法系"又提出了一些新看法,其中有两种典型表述。其一,中华法系"是指一个发源于夏,解体于清,以唐律为代表,以礼法结合为根本特征,其影响及于东亚诸国的法律体系"②。其二,"所谓中华法系(又称中国法系),是指中国古代产生的以礼法结合为基本特点的中国封建社会的法律制度,以及受其影响而制定的日本、朝鲜、越南等国封建法律的总称"③。至于其他学者的论述,与此也都大同小异。可见,所谓中华法系,一般而言,在时间上是指自战国到清末的中国封建社会时期。当然也有学者将此一时限做了一定程度的提前或延后。在空间上,不光包括中国,也包括受到中国古代法律影响的朝鲜、日本、蒙古、越南等东亚和东南亚国家。

二、中华法系的特征

由于中华法系博大精深以及研究视角的差异,学界对于中华法系特征的表述也是不尽相同。如日本学者浅井虎夫认为中华法系有三个特点:首先,私法规定

---

① 《中国大百科全书·法学》,中国大百科全书出版社 1984 年版,第 764 页。
② 张中秋、金眉:"中华法系封闭性释证",载《南京大学学报》1991 年第 3 期。
③ 张耀明:"略论中华法系的解体",载《中南政法学院学报》1991 年第 3 期。

少而公法规定多;其次,法典所规定者,非必行法也;最后,中国法多含道德的分子①。台湾学者陈顾远认为,中华法系具有八个特征:一是礼教中心,二是义务本位,三是家族观点,四是保育设施,五是崇尚仁恕,六是减轻讼累,七是灵活其法,八是审断有责②。当代学者张晋藩提出中华法系具有下列特征:一是以儒家学说为指导,兼融道释两家;二是出礼入刑,礼刑结合;三是家族伦理占据重要地位;四是中央政府独占立法权与司法权,司法与行政合一;五是民刑不分、诸法合体与民刑有分、诸法并用;六是以汉族为主体,兼融其他民族的法律意识和法律原则③。

可见关于中华法系的特征问题,可谓百家异说,但在一些主要问题上,学界已基本达成一致。如在法律与道德的关系问题上,都认为存在"德刑并用,礼法合一"的特点,具有法律道德化和道德法律化的倾向。在法律与亲情的关系问题上,崇尚家族本位,偏重维护亲情伦理和宗法血缘关系,形成了亲亲相隐、血亲复仇、同财共居、存留养亲、不孝为罪、代亲受刑、内乱罪化、父债子偿等一系列别具特色的亲情法律制度设计。在法律规范体系问题上,比较流行的表述是"诸法合体,民刑不分"。在指导思想上,大多学者认为儒家思想占据了主流地位,指导的结果便是中国古代法律经历了一个孕育于两汉,发展于魏晋,完成于北朝,定型于隋唐的儒家化历程。在立法问题上,莫不承认"法权出一"、"法自君出",皇帝的诏令为国家最基本的法律渊源。在司法问题上,司法、行政合一是几千年不变的一贯特征。在法源问题上,大都觉察到了官方对民间习惯的包容态度以及国家法和民间法相得益彰的法律多元局面。

三、中华法系的发展轨迹

中华法系的发展轨迹也就是中华法系的产生、发展和消亡的各个阶段。对于这些阶段的划分,学界的观点也是纷然杂陈、各不相同。如台湾学者丁元普认为中华法系的发展可分为五个时期:(1)唐尧虞舜至三代为创立时期;(2)春秋战国迄秦为演进时期;(3)汉唐时代为昌盛时期;(4)自五代赵宋以后即进入中衰时代;(5)至清末以后,中华法系即开始了复兴时代。台湾学者张天权也对中华法系作了五个分期:(1)法学萌芽时期:为上古神权思想时期;(2)法学全盛时期:礼治思想、礼法合治思想、法治思想各时期,时在春秋战国;(3)法学渐衰时期:儒家思想独霸,指汉至清代中叶时代;(4)法学中断时期:外来思想侵入,固有之法系精神消失,时在清末民初时代;(5)法学复兴时期。当代学者李钟声将中华法系的历史分为四个时期:(1)黎明时期,指上古、中古和五帝时代;(2)光辉时期,指夏、

---

① 参见[日]浅井虎夫著:《中国法典编纂沿革史》,陈重民译,内务部编译处1915年版。
② 参见陈顾远著:《中国法制史概要》,中国台湾三民书局股份有限公司1977年版,第53—59页。
③ 参见张晋藩著:《求索集》,南京大学出版社1996年版,第200—251页。

商、周三代,并将春秋、战国时期的法律制度全部纳入周朝的时限之中;(3)发达时期,指秦、汉、三国、两晋、南北朝、隋、唐、五代时期;(4)沿袭时期,指宋、元、明、清以至当代的法律制度①。

我们认为,与中华法系的时间跨度和空间范围相对应,其发展轨迹大致可以分为以下三个阶段②:

(一)中华法系的初步形成——中国封建法的形成与完善

在该阶段,中国封建法以律令格式为渊源,构成一整套以伦理法为基础的完备的封建法律体系。这一阶段又大致经历了以下四个时期:从周公到孔子——中国封建法的奠基时期;春秋决狱——中国封建法形成的第一步;引礼入律——中国封建法形成的第二步;唐律颁布——中国封建法的最终形成。

(二)中华法系的最终形成——唐律的广泛传播及影响

在该阶段,随着盛唐影响的扩大,唐律也广泛传播并影响到中国周边即东亚、东南亚的一些国家和地区,形成以中国封建法为主体,并波及东亚、东南亚地区的世界性法系。据学者考证,中国古代法的影响,东到日本,南至安南(越南),北达蒙古。尤其是朝鲜、日本、越南等国的古代立法,大半是模仿唐律而来。这一系列国家的法律,如日本的《大宝律令》和《近江令》、朝鲜的《高黎律》、越南的《国朝刑律》和《黎朝法典》,其篇章结构和内容原则都以唐律为蓝本。

(三)中华法系的衰微——西方列强的入侵和民主运动的兴起

唐朝以后,中国封建社会的鼎盛时期就过去了。虽然明清两代也曾出现过太平盛世,但在法律制度上却无大的建树。至清末1840年鸦片战争以后,中国相继遭受了诸多西方列强的侵略,继而发生了一系列民主运动,如百日维新和五四运动。结果使中国的社会性质逐渐发生变化,封建社会解体,中华法系也丧失了独立存在的基础。同中国一样,东方其他国家,如越南、朝鲜、日本在西方列强的武力侵略和国内民主运动促使下也被迫走上了不同的发展道路。清末政府变法修律,开始输入资本主义法律,特别是经过日本输入的大陆法系的体例在中国逐渐占据主导地位,中华法系终于解体了。

四、后中华法系时代——中华法系与当代中国

自清末改制以来,中华法系的传统就被逐步怀疑、漠视直至在立法者的作用下渐渐退出历史舞台。不可否认,传统中既存在不少封建专制糟粕,但是同样也存在不少可以穿越时空的精华,对于前者应该加以批判抛弃,对于后者则应该继承发

---

① 参见俞荣根、龙大轩:"中华法系学述论",载《法治论丛》2005年第4期。
② 参见饶艾:"中华法系新论——兼与西方两大法系比较",载《西南交通大学学报》(社会科学版)2000年第1期。

扬。遗憾的是法制现代化的践行者们并没有耐下心来对于两者进行仔细区分和梳理,而是采取了"快刀斩乱麻"的策略,不分青红皂白就将"洗脚水和婴儿"一起倒掉了。特别是从共和国成立到 20 世纪 70 年代末那段特殊的时期,在"全盘否定"的激进思想指导下对于传统法律进行了彻底的革命。殊不知"现代化并不排斥传统,只是改变了传统在结构中的位置"①,"历史,即便是一个民族的幼年,都永远是一位值得敬重的导师"②。不可否认,中华法系虽然在清末就基本上解体了,但它作为世界五大法系之一,是中华文明的灿烂瑰宝,是宝贵的本土资源,它数千年积淀下来的法律传统和观念,对中国民众的影响仍是深刻的,其中的精华对于当代法制建设仍具有相当程度的借鉴作用。如发端于三千多年前的周朝至今仍生生不息的调解制度就是一个鲜活的例子。再如与古代充满亲情味的法律制度(如亲亲必须或可以相隐)相比,现有法律制度的无情规定(如亲亲不能相隐)或许也该引起人们的深刻反思。

此外,也有学者类比于历史上的中华法系,提出了"新中华法系"的概念③。认为在新的时代背景下,东亚诸国既模仿大陆法系模式,借鉴英美法系经验,又承袭中华法系传统,三大法系之间发生竞合,形成了独特的"混合法"形态。在此基础上,既反映西方法律传统,又符合东亚诸国利益及其历史文化传统的东亚共同体法开始形成。它是一种全新的法律体系,不能将其简单地看作是中华法系的复兴。它是中华法系死亡之后,在更高层面上的一种再生,在某种意义上,可以将其称为新中华法系。

【阅读材料】14.4 亲情化的中国古代法律

提示:在日常生活中,我们或许可以听到诸如"法律的无情"、"无情的法律"之类的话语,但中国古代的法律却有浓郁的亲情味。任何一种事物都会以它独有的特征区别于另一种事物,从而存在于这个世界上。与其他法系相比,中华法系的一个显著特征就是有许多与亲情相关的独具特色的法律制度。

1. 亲亲相隐,又称亲亲容隐,是指亲属之间有罪应当互相隐瞒,不告发和不作证的不论罪,反之要论罪;

2. 血亲复仇,又称血族复仇或血属复仇,为具有血缘关系的亲属受到的伤害而进行的复仇;

3. 同财共居,又称同居共财,与其相对的就是"别籍异财",亦即一定血缘关系的亲属拥有共同财产,居住一处。换句话说,就是一个大家庭的人住在一起并在同

---

① 李楯编:《法律社会学》,中国政法大学出版社 1999 年版,代序,第 3 页。
② [德] 萨维尼著:《论立法与法学的当代使命》,许章润译,中国法制出版社 2001 年版,第 86 页。
③ 参见何勤华、孔晶:"新中华法系的诞生——从三大法系到东亚共同体法",载《法学论坛》2005 年第 4 期。

一个"银行账户"下生活;

4. 存留养亲,对于被判处死刑、流刑和徒刑的人,因父母或祖父母年老,更无成人子孙,又无期亲可以照料生活,而将犯人有条件地暂不执行原判刑罚,准其奉养尊亲属,待其尊亲属终老后再执行或改判;

5. 不孝为罪,孝敬父母尊长,在现代我们更多是从道德的意义上来说的,但是在中国古代这可是强制的法律义务,对于不孝的行为是作为犯罪来严厉惩罚的;

6. 代亲受刑,亦即对于犯人所处的刑罚,其亲属可以代为受过,而犯人的罪行一般会被加以赦免或减轻;

7. 内乱罪化,亦即乱伦犯罪,是指男女双方明知有血缘关系,在一定的亲等之内,进行不法性交的行为;

8. 父债子偿,在借贷关系中,古代民间习惯有"父债子偿"的家属无限责任原则,并得到官方的认可和支持;

……

由前面的制度列举可以看出,中国古代法律与亲情的关系有以下特点:

第一,中国古代的法律制度是非常具有"亲情味"的,许多制度更是以维护亲情为圭臬,与亲情有着千丝万缕的联系。

第二,这个亲情法律网大体上是由三方面组成的:一是严惩危害亲情的行为,如不孝为罪;二是设定严格的亲情义务,如同财共居;三是宽容基于亲情的违法行为,如血亲复仇。其中前两个方面主要是规制亲属之间的行为,第三个方面则主要涉及亲属与亲属之外的人之间的行为。

第三,法律维护的亲情一般具有单向性,亦即主要维护的是晚辈对于长辈的亲情,对晚辈大多课以义务,对长辈大都赋以权利。因此这里的亲情实际上是中国传统意义上的"伦理亲情"(与"自然亲情"相对应,两者的主要区别在于前者更多地考虑了身份的因素,而后者更多的是基于人性的自然流露),附着于纲常名教之上,伴随在家族制度之中。它包括三个方面的内容:首先是"爱",即基于血缘、婚姻而产生的人类特殊之爱。其外在表现主要是供给和保护,其内在本质则是一种情感和天性。其次是"别",即为社会化地体现此种爱而人为设定的秩序,或者说,"别"即是为亲属圈内特定亲属之间的特定关系而设定的特殊内涵的"爱"及"爱"的差等。如兄弟之爱、夫妇之爱、姐妹之爱、父子之爱、叔嫂之爱等均有特定内涵及明显界限,不可混同。最后就是"从",即一定范围内的亲属圈在人格或权利义务上被视为一个整体,一损俱损,一荣俱荣,权利义务可以相互替代行使,甚至可以自主地为亲属行使。此三者之间,"爱"是最根本的、基础的、核心的;"别"和"从"是从属的和派生的①。

但是反观这些亲情制度在现代的命运,可以发现在中国现代法律中,这些制度

---

① 参见范忠信著:《中国法律传统的基本精神》,山东人民出版社2001年版,第404—405页。

基本上都被抛弃了,或者禁止或者废除或者置换。亲亲由古代必须或可以相隐到了现代不能相隐,血亲复仇被禁止,同财共居淡出法律的规制范围,存留养亲被废除,一般的不孝行为法律也不再处罚,代亲受刑被抛弃,乱伦通奸已不再是犯罪,父债子偿也已得不到官方法律的支持。据此,我们或许可以得出一个有些肤浅却十分直观的结论:与古代法律的异常"有情"相比,现代法律显得非常"无情",在古代法律中占据显赫地位的亲情,在现代法律中已是寒酸落魄,不禁让人有"三十年河东,三十年河西"之叹。

其实,关于法律和亲情的关系,还有许多问题值得读者去认真考察和仔细思索:如古代中国为什么会对亲情这么重视?现代法律为何难以接纳亲情?为什么会有这样的转变?这样转变的意义(包括消极意义和积极意义)何在?失去了法律维护的亲情会情归何处?转型社会如何解决这些问题?

【作业题】

1. 民法法系具有哪些特点?
2. 普通法法系具有哪些特点?
3. 试论中国法律传统的现代意义。
4. 单项选择题(2004年司法考试试题):

衡平法是判例法的一种形式。下列有关衡平法的表述哪一项是不正确的?( )

A. 衡平法是通过大法官法院的审判活动,以法官的"良心"和"正义"为基础发展起来的

B. 英国15世纪正式形成了衡平法院,并逐渐发展为一个独立于普通法的衡平法体系

C. 衡平法程序简便、灵活,法官判案有很大的自由裁量权

D. 衡平法对普通法来说是一种"补偿性"的制度,所以当两者的规则发生冲突时,普通法优先

【进一步的思考】两大法系的发展趋势

提示:二战以后,大陆法系和英美法系的发展出现了某些融合的趋势,特别是当代,由于经济、政治一体化进程的加速,两大法系在法律技术、法律方法、法律分类、法律教育等方面互相借鉴,呈现出一定的趋同特征。以下引述两个例证,读者可列举更多的现象,并分析其成因。

1. **债的概念在美国判例中的引用**

在美国最高法院审理的"格林斯潘诉斯利特"一案中,某女学生不慎使自己的

脚骨折,但她的家长不认为有多大的危险,直到该女生被第三方施救。第三方因此要求女生家长支付救助费用,但该家长拒绝。该第三方将女生家长诉诸法院。经数审后,美国最高法院裁决支持原告的要求。

在该案中,最高法院的法官直接援引了包括奥地利、法国、联邦德国、意大利和瑞士五个国家在内的有关法律规定。所有这些法律规定的意义在于,它们表明了来自罗马法的一条规则,即第三方对于有过失的家长享有一种准契约的追索权。

2. 产品严格责任制度在大陆法的推广

美国对有缺陷产品建立严格责任制,即虽无过错仍应承担责任的制度。这种制度以后又通称"消费者保护"。"它获得了举世同情……在这种广泛政治意义的影响下,无数国家采用了类似美国较早作出的规定。"法国和德国联邦最高法院对有缺陷产品都采用严格责任制,欧洲共同体委员会指令中也要求其成员国在产品责任领域中引进严格责任制。在这里,更值得注意的是美国的有关法律思想对其他国家的影响。这些新的法律思想代替了私法中的传统观念。例如以国家干预代替私法自治;以保护弱者(如消费者)代替平等保护;以实施法律代替对不公平行为的预防,以严格责任代替过错责任,等等。严格责任的适用范围也从产业部门发展到服务行业,扩大到医疗事故、汽车事故等①。

【本章阅读篇目】

1. [法]勒内·达维德著:《当代主要法律体系》,漆竹生译,上海译文出版社1984年版。

2. [德]K·茨威格特、H·克茨著:《比较法总论》,潘汉典等译,法律出版社2003年版。

3. [美]约翰·H·威格摩尔著:《世界法系概览》,何勤华译,上海人民出版社2004年版。

4. 沈宗灵著:《比较法研究》,北京大学出版社1998年版。

① 摘自沈宗灵:"二战后美国法律对民法法系法律的影响",美国政治与法律网(www.ciapl.com),2005年8月4日发布。

第十五章　法治及其在中国的生成

本章导读

法治是人类制度文明的光辉结晶。法治理想引导人们崇尚自尊自主的人文生活、理性规范的社会合作、有效节制的政府权力。法治不容否认的历史成就为它的普遍有效性提供了证明，并成为社会发展的一种必然要求。康德曾说道："大自然迫使人类去加以解决的最大问题，就是建立一个普遍法治的公民社会。"在现代，法治已经是市场经济和民主政治的一个核心特征，是一切向市场经济与民主政治过渡的国家必须尽快解决的重大现实课题。无疑，本章的内容是十分重要的，我们不仅要把握法治的基本原理，而且还需要运用这些原理认真思考法治能否为中国社会所接受以及中国法治化道路的走向。

第一节　法治的概念

一、法治的含义

法治是一个争议性很大的概念。《牛津法律大辞典》认为"法治"是"一个无比重要的，但未被定义，也不是随便定义的概念"[1]。法治并不是一个可以被随便定义的概念，它有它的核心内涵。为了理解法治的核心内涵，我们应当回溯法治观念的源头。

回溯法治观念的源头，可以从古希腊哲学家亚里士多德说起。亚里士多德认为："法治应包含两重意义：已成立的法律获得普遍的服从，而大家所服从的法律

---

[1] ［英］戴维·沃克主编：《牛津法律大辞典》，北京社会与科技发展研究院组织翻译，光明日报出版社1989年版，第790页。

又应该本身是制定得良好的法律。"①这句话对法治的内涵作了简洁的概括,但是他的法治观还包含在一些分散的论述中。萨拜因作了很好的归纳:"亚里士多德所理解的法治一词具有三项要素:第一,它是为了公众利益或普遍的利益而实行的统治,以区别于为了某一阶级的利益或个人的宗派统治或专横统治。第二,它是守法的统治,即统治的实施须根据普遍的法规而不是根据专断的命令,而且也含有这样一个比较不明确的观念,即统治不应轻视法律所确认的惯例和常规。第三,法治意味着对自愿的臣民的统治,以区别于仅仅根据武力支持的专制统治。"②

亚里士多德还认为,法治并不排斥人的智虑的作用,但是"只在法律所不能包括而失其权威的问题上才可让个人运用其理智"③;人的智虑只能在法律不周详的地方发挥作用,而且须根据法律的精神来弥补这种缺漏或不周详之处。

近代法治的原则和制度萌芽于1215年英国的《大宪章》。《大宪章》是联合起来的贵族强迫当时的英国国王约翰签署的法律文献,反映了贵族与国王之间的斗争。它确定了国王与贵族在人身自由、收益、纳贡、婚姻、债务、土地、继承、交通、犯罪、诉讼等方面的权利与义务。"虽然这份文件的目的在于捍卫贵族的自由,但是,不了解贵族而只惧怕国王的后代人却把它看成是对人民自由的保障。"④尤其是《大宪章》的第39条和第40条被一些学者认为是法治的重要内容,即罪行法定和近代人权的雏形:"任何自由人,如未经其同级贵族之依法裁判,或经国法判决,皆不得被逮捕、监禁、没收财产、剥夺法律保护权、流放,或加以任何其他损害";"余等不得向任何人出售、拒绝,或延搁其应享之权利与公正裁判"。英国在革命过程中和革命之后通过的一系列法律文献确立近代法治的诸多原则和制度。这些法律文献主要有《人身保护法》(1640年)、《威斯敏斯特议会宣言》(1660年)、《人身保护法修正案》(1679年)、《权利宣言》(1688年)、《权利法案》(1689年)、《王位继承法》(1689年)。它们规定了人身自由、恪守程序、司法独立、三权分立等原则和制度。洛克总结了英国资产阶级所倡导和实行的法治原则。洛克指出:"无论国家采取什么形式,统治者应该以正式公布的和被接受的法律,而不是以临时的命令和未定的决议来进行统治。"⑤洛克把分权和制衡的原则看作是实行法治的前提和基础。法律的公正性和适用对象的普遍性是实行法治的一个重要原则。洛克说:"法律一经制定,任何人也不能凭他自己的权威逃避法律的制裁;也不能以地位优越为借口,放任自己或下属胡作非为而要求免受法律的制裁。公民社会中的任何人都是不能

① [古希腊]亚里士多德著:《政治学》,吴寿彭译,商务印书馆1965年版,第199页。
② [美]萨拜因著:《政治学说史》,盛葵阳、崔妙因译,商务印书馆1990年版,第127页。
③ [古希腊]亚里士多德著:《政治学》,吴寿彭译,商务印书馆1965年版,第169页。
④ [英]詹宁斯著:《法与宪法》,龚祥瑞、侯健译,生活·读书·新知三联书店1997年版,第33页。
⑤ [英]洛克著:《政府论》(下),叶启芳、瞿菊农译,商务印书馆1993年版,第85页。

免受它的法律的制裁的。"①洛克还把法律面前人人平等的原则看作是实行法治的重要内容之一。洛克曾强调指出,立法机关"应该以正式公布的既定的法律来进行统治,这些法律不论贫富、不论权贵和庄稼人都一视同仁,并不因特殊情况而有出入"②。

近代美洲和欧洲大陆的资产阶级革命以及资本主义国家也陆续地借鉴了源自英国的法治制度,并加以发展和创新。此后,法治的观念和制度逐步推行开来,并在19世纪末20世纪初传播到世界大部分地方。

总结法治观念和制度的历史,可以认为,法治的核心内涵是指政府依照既定的、公开的普遍性法律行使权力与管理公共事务,政府权力受到法律制约,公民的自由和权利受到法律的保障。法治意味着,对于政府而言,法律未允许的就是被禁止的,在这种情况下,政府不能行使没有法律根据或者不受法律限制的权力;对于公民而言,法律未禁止的就是允许的,在这种情况下,公民就自己的行为可以接受社会的道德评价,但是不接受政府的强制性惩罚。

将法治的核心内涵展开,它包括以下这些方面:(1) 法治是一种治国方略。法治作为一种治国方略,意指按照法律来建构国家机关及其相互关系,并要求它们依据法律行使公共权力。法治与人治相对立。(2) 法治是一种宪政层面的制度。意指按照宪法运作的分权制衡的制度,特别是中央权力之间的分权制衡制度。(3) 法治是一种依照法律进行的有条不紊的社会秩序或社会状态。(4) 法治是一套保证公民基本权利的价值体系。

二、法治与相关概念的辨析

(一)法治(rule of law)与依法而治(rule by law)

法治即法律的统治。它意味着任何一个人或组织都应接受法律的统治,无人可凌驾于法律之上,法律具有最高的权威。依法而治即中国古代法家所称的"缘法而治",借助或依靠法律来规制社会生活,达到某种个人的或集体的目的。这是一种法律工具主义。它意味着有一个权威凌驾于法律之上,法律并不是最高的权威。

(二)法治国家与法治社会

这两个概念涉及对法治对象的不同界定。法治国家或依法治国,意味着法治的对象主要指国家机关和国家官员,而不是国民。法治社会意味着将社会生活的主要方面纳入法制的轨道,人们之间的主要关系都用法律来规范。法治的定位是法治国家,而不是法治社会。法治主要指用法律来规制国家的政治生活、权力的赋予和行使,主要不是指用法律来规制社会生活。法治社会的概念可能将导致法治

① [英]洛克著:《政府论》(下),叶启芳、瞿菊农译,商务印书馆1993年版,第85—86页。
② 同上。

建设的重心的偏离,容易造成权力的扩张,造成权力对于社会生活特别是人们的自由和权利的过多干预。

(三)法治与法制

"法制"与"法治"具有不同的含义。"法制"有相互联系的两层含义:(1)静态意义上的法律制度,其含义与"法律"相当;(2)立法、执法、司法、守法和法律监督的动态过程。通常所说的"加强社会主义法制",意思是说一要做到有法可依,健全国家的法律制度;二要强化立法、执法、司法、守法和法律监督这一动态过程中的各个环节。这两方面的意思综合起来,就是"有法可依,有法必依,执法必严,违法必究"。仅仅强调"法制",容易使人产生一种法律工具论。这种工具论虽接受"加强法制"的方针,但往往只是把法制看作统治国家和控制社会的手段,并没有确立法律是国家政治生活、社会生活的基本准则的地位。

法治意味着把法律作为基本的生活准则,法律具有崇高的权威。法治不仅强调有法可依,而且强调要制定良好的法律,亦即保障人民自由和权利的法律。法治不仅强调强化立法、执法、司法、守法和法律监督等方面的过程或环节,而且特别强调对于各种国家权力的制约。法治不仅强调依法办事,而且强调树立法律的崇高权威。法治这一概念包含着一种法律价值论,要求法律制度得到高度的尊重,要求法律制度以及运行应当以实现人的自由、安全、获得社会合作好处的权利、平等等利益为价值目标。

(四)法治与人治

人治的含义有两种不同情况。在理论领域,有一些思想家主张人治,这就是"人治论"。中国传统的人治论主要指由某个或某些具有高尚品德的人主要依靠道德教化而非法律强制的方式控制社会秩序。在西方,人治论一般主张由某个或某些智慧的人主要运用具体指引而非普遍规则的方式管理社会事务。在历史和现实社会中,"人治"主要指掌握权力的人依照专横的意志和变化的情绪行使权力,进行统治。人们普遍地反对现实形态的人治。我们这里主要讨论人治的理论形态。

法治与一些思想家所主张的人治的差异主要体现在以下几个方面:(1)权力观不同。法治要求约束权力,要求权力服从法律。人治则相反。法治与人治的差异并不在于有没有法律,也不在于是否承认人在法律运行中的作用,而在于权力与法律之间的不同关系。(2)权利观不同。法治论把保障公民的权利作为实行法治的目的,认为权利是权力和法律的来源。人治论一般忽视保障个人的权利,强调集体的目标或整体的福利。(3)义务观不同。在法治之下,公民向国家承担的义务在法律上是有限的,而不是无限的;公民的权利与义务是对等的。在人治之下,人们向国家承担的义务可能是无限的,而且权利与义务是不对等的。

(五)法治与德治

人们主要是在以下两种含义上使用德治这一概念:一种是弱意义上的德治概

念。这个意义上的德治主要是相对于法律强制而言的,德治是指以说服、教育的方式而不是以威胁、强制的方式培养人们良好的道德品质,维护社会秩序。这种德治并不排除法治作为相对独立的治国方略。另一种是强意义上的德治概念。它侧重于灌输某种道德观念,对手段或方式不作限定,可能兼采说服和强制的手段。这种德治概念强调道德至上,强调建立一个道德理想国,而法律不过是纯粹的推行道德的工具。法治可以与第一种含义的德治相并存,但是与第二种含义的德治相对立。

在确定了法治作为基本的治国方略的情况下,不能以德治来取消法治,或者把德治看作是法外之治。德治不能突破法治的原则和规范。这样一些原则,比如法律面前人人平等、尊重人权等,应当受到维护。政府官员对社会成员进行道德建设工作,必须按照法定的内容、条件和方式进行。司法和行政人员更不能以道德规范代替法律规范,把"违法"和"缺德"混为一谈。

【阅读材料】15.1 《大宪章》(The Magna Carta)(节录)

受命于天的英格兰国王兼领爱尔兰宗主、诺曼底与阿奎丹公爵、安茹伯爵约翰,谨向大主教、主教、住持、伯爵、男爵、法官、森林官、执行吏、典狱官、差人,及其管家吏与忠顺的人民致意。

……

(1) 首先,余等及余等之后嗣坚决应许上帝,根据本宪章,英国教会当享有自由,其权利将不受干扰,其自由将不受侵犯……

(2) 任何伯爵或男爵,或因军役而自余等直接领有采地之人身故时,如有已达成年之继承者,于按照旧时数额缴纳承继税后,即可享有其遗产。计伯爵继承人于缴纳一百镑后,即可享受伯爵全部遗产;男爵继承人于缴纳一百镑后,即可享受男爵全部遗产;武士继承人于最多缴纳一百先令后,即可享受全部武士封地。其他均应按照采地旧有习惯,应少交者须少交。

(3) 上述诸人之继承人如未达成年,须受监护者,应于成年后以其遗产交付之,不得收取任何继承税或产业转移税。

……

(12) 除下列三项税金外,设无全国公意许可,将不征收任何免役税与贡金。即(一)赎回余等身体时之赎金(指被俘时)。(二)册封余等之长子为武士时之费用。(三)余等之长女出嫁时之费用——但以一次为限。且为此三项目的征收之贡金亦务求适当。关于伦敦城之贡金,按同样规定办理。

(13) 伦敦城,无论水上或陆上,俱应享有其旧有之自由与自由习惯。其他城市、州、市镇、港口,余等亦承认或赐予彼等以保有自由与自由习惯之权。

(14) 凡在上述征收范围之外,余等如欲征收贡金与免役税,应用加盖印信之诏书致送各大主教、主教、住持、伯爵与男爵指明时间与地点召集会议,以期获得全国公意。此项诏书之送达,至少应在开会以前四十日,此外,余等仍应通过执行吏与管家吏普遍召集凡直接领有余等之土地者。召集之缘由应于诏书内载明。召集之后，前项事件应在指定日期依出席者之公意进行，不以缺席人数阻延之。

……

（20）自由人犯轻罪者，应按犯罪之程度科以罚金；犯重罪者应按其犯罪之大小没收其土地，与居室以外之财产；对于商人适用同样规定，但不得没收其货物。凡余等所辖之农奴犯罪时，亦应同样科以罚金，但不得没收其农具。上述罚金，须凭邻居正直之人宣誓证明，始得科罚。

……

（39）任何自由人，如未经其同级贵族之依法裁判，或经国法判决，皆不得被逮捕、监禁、没收财产、剥夺法律保护权、流放，或加以任何其他损害。

（40）余等不得向任何人出售，拒绝，或延搁其应享之权利与公正裁判。

……

（63）余等即以此敕令欣然而坚决昭告全国：英国教会应享自由，英国臣民及其子孙后代，将如前述，自余等及余等之后嗣在任何事件与任何时期中，永远适当而和平，自由而安静，充分而全然享受上述各项自由，权利与让与，余等与诸男爵俱已宣誓，将以忠信与善意遵守上述各条款。上列诸人及其他多人当可为证。

第二节　法治的基本要求

法治的基本要求是指实行法治所应当符合的原则，或者应当具备的条件。法治的基本要求可以分为四个方面：实质性要求、形式性要求、制度性要求和精神性要求。

一、实质性要求

法治的实质性要求是法律的内容应当符合的一些价值准则，法律应当成为"良法"。亚里士多德认为，"法治应包含两重意义：已成立的法律获得普遍的服从，而大家所服从的法律又应该本身是制定得良好的法律。"[①]这实际上提出了"良法"是实行法治的要求。但是，对于什么是"良法"，亚里士多德并没有作清晰的阐述。

的确，对于什么是良法这个问题，不同的人可能有不同的看法。有人认为良法是保障个人自由和权利的法律；有人认为良法是满足最大多数人最大幸福的法律；有人认为良法是维护社会公平和正义的法律，等等。尽管意见分歧是在所难免的，

---

① ［古希腊］亚里士多德：《政治学》，吴寿彭译，商务印书馆1994年版，第199页。

但是在任何一个国家都存在着通行的有关良法的评价标准,人们会形成一些比较一致的基本看法。可以说,良法就是得到人们较普遍认可和接受的法律。一种法律制度如果得不到人们的认可和接受,就很难说是良法,实施起来也会遇到很大的困难。如果实行法治就是要将这种不能够为人们认可和接受的法律制度严格地施加在人们身上,就会遭遇到反对、抵触和规避,法治将很难实行,也无法形成稳固的法律秩序。即使国家加大强制力的力度来推行法治,但是这种强制力能够维系多久也是问题。

1959年国际法学家会议通过了关于法治问题的《德里宣言》,集中地阐述了现代国家中实行法治的要求。《宣言》把法治界定为"不仅被用来保障和促进公民个人的民事和政治权利,而且要创造社会的、经济的、教育的和文化的条件,使个人的合法愿望和尊严能够在这样的条件下实现"①。《宣言》宣布了法治的如下原则:(1)立法机关的职能在于创设和维持保障个人尊严的各种条件;(2)法治原则不仅要防范行政权力的滥用,而且需要一个有效的政府来维持法律秩序;(3)法治要求正当的刑事程序;(4)司法独立和律师业自治。这些主要是实质性的要求。

总的来说,良法应当有助于实现人的安全、自由和获得社会合作的好处的权利,有助于实现人与人之间的平等,有助于维护社会秩序、促进社会效益和社会和谐。

二、形式性要求

法治的形式性要求主要指为实行法治所必需的法律制度及其运行的程序要件。法学界提出过很多的法治原则。其中,英国法学家拉兹提出的原则颇具有代表性。他提出的原则包括:(1)所有的法律都应是不溯及既往的、公开的和明晰的;(2)法律应当是相对稳定的;(3)特别法(特别法律命令)的制定应依靠公开、稳定、明晰和一般的规则为指导;(4)司法独立必须予以保证;(5)自然正义原则应予遵守;(6)法院应当具有审查权力以保证其他原则的实施;(7)法院应当是容易接近的;(8)不应允许预防犯罪的机构利用自由裁量权歪曲法律②。

借鉴这些原则,可以把法治的形式性要求归纳为以下几个方面:(1)明示性。法律必须公布,晓之于民众。(2)普遍性。法律具有普遍性,法律适用的对象和行为要尽可能地宽泛。(3)可行性。法律要求人们做的事情必须是人们可能做到的事情。(4)明确性。法律必须明确,尽可能避免含混不清。(5)稳定性。法律应当具有一定的稳定性,不能变动过于频繁。(6)依法阐释。国家机关在实施法律的

---
① 1959年新德里国际法学家大会第一委员会报告第一条。
② Joseph Raz, *The Authority of Law-Essays on Law and Morality*, Oxford: Clarendon Press, 1979, p. 218.

过程中必须根据法律的原则和精神阐释法律。(7)有法必依。国家机关的行为必须和法律规定相一致。(8)内在和谐。法律应当尽量减少内在矛盾或冲突。(9)不溯及既往。法律一般不应适用到生效前的事件和行为。

三、制度性要求

法治的制度性要求是指为实行法治所必需的政治体制和权力结构。这些要求主要包括：(1)推进民主制度，切实保障人们享有充分的民主权利。在中国就是要完善人民代表大会制度，发挥人民代表大会的作用，保障人民可以通过多种方式和途径参与"管理国家事务，管理经济和文化事业，管理社会事务"。(2)建立分权制衡的政府权力结构，完善权力制约和监督的机制。(3)建立司法独立与司法审查制度。设立司法机构负责在案件中适用法律，并且对案件在法律上的是非曲直独立地做出最终判断和结论。法院应该有权通过司法程序审查政府其他部门的行为，以判定其是否合乎法律。(4)充分发挥律师制度的作用，切实保障律师的合法权利。

四、精神性要求

这主要包括社会公众和国家机关工作人员普遍地树立对法律的尊重和信仰，依法办事的观念深入人心，权利的观念比较普及，权力应受到制约的观念比较流行等等。

【阅读材料】15.2　孙志刚事件和"良法"之治

提示：2003年春天，当中国人民在努力与自然界的病魔——SARS抗争之时，广州发生了一起经媒体披露后引起全国强烈反响的孙志刚事件。在当时特殊的背景下，该事件很快得到了处理。但在中国的法律领域，由此引起的对相关制度的反思，即"良法之治"的讨论未曾停止过。

2003年3月17日晚上，毕业于武汉科技学院艺术设计专业的大学生孙志刚，在前往网吧的路上，因未携带任何证件，被广州市天河区黄村街派出所民警李某带回派出所，对其是否"三无"人员进行甄别。孙志刚被带回后，辩解自己有正当职业、固定住所和身份证，并打电话叫朋友把他的身份证带到派出所来，但李某没有对孙的说法进行核实，也未同意孙的朋友"保领"孙志刚，而是依《收容遣送办法》和相关地方立法，将孙志刚作为拟收容人员送至广州市公安局天河区公安分局待遣所。3月18日晚，孙志刚称有病被送往市卫生部门负责的收容人员救治站诊治。3月19日晚至3月20日凌晨，孙志刚在该救治站有关工作人员的指使下遭连续殴打致重伤，尽管其间他曾多次请求保护和救治，但都被拒绝。当晚值班护士甚至在值班护理记录上还作了孙志刚"本班睡眠六小时"的虚假记录。3月20日，孙志刚"因大面积软组织损伤致创伤性休克死亡"(司法鉴定结论)。

该事件经媒体披露后在社会上引起了巨大波澜。2003年5月14日,许志永、俞江、滕彪三位法学博士以普通公民身份向全国人民代表大会常务委员会提出审查《城市流浪乞讨人员收容遣送办法》的建议,其内容有三点:一是收容遣送制度有违法治精神,应予废除;二是《收容遣送办法》违反了宪法和《立法法》的有关规定,应予改变或撤销;三是全国人民代表大会常务委员会应尽快启动违宪审查机制。另外,有全国人民代表大会代表建议修改收容遣送办法,增加错误收容赔偿机制;同时,还有五位法学家也提请人大启动特别程序调查孙志刚案。

2003年6月20日,国务院总理温家宝签署国务院第381号令,《城市流浪乞讨人员收容遣送办法》被废止,取而代之的是《城市生活无着的流浪乞讨人员救助管理办法》。数个月以后,相关责任人员也依法分别得到了惩处。

尽管孙志刚事件未被选入当年"中国十大法治新闻",但人们普遍认为,"孙志刚事件"和三博士上书全国人民代表大会常务委员会事件,将被记入中国法治化道路的历史之中。

第三节 法治的社会基础

法治是生长于一定的社会基础之上的。正如马克思所说:"法的关系正像国家的形式一样,既不能从它们本身来理解,也不能从所谓人类精神的一般发展来理解,相反,它们根源于物质的生活关系"①。哲学家斯宾格勒说过的一句话对于我们从社会和时代的背景来理解法治也具有一定的启发意义,他说:"在微积分和路易十四时期的政治的朝代原则之间,在古典的城邦和欧几里得几何学之间,在西方油画的空间透视和以铁路、电话、远距离制胜武器之间,在对位音乐和信用经济之间,原有深刻的一致关系。"②法治的社会基础主要包括政治背景、经济背景、社会背景和文化背景等。

一、政治背景

政治背景涉及不同的统治类型下不同的治理形式问题。德国社会学家马克斯·韦伯曾根据合法性基础的不同,将统治形式分为三种理想类型:即传统型统治、个人魅力型统治和法理型统治。在传统型统治中,统治者的权力源于传统,并受传统的约束,统治者与被统治者之间的关系被看作是主人和奴仆之间的关系。

---

① 马克思:"〈政治经济学批判〉序言",载《马克思恩格斯选集》第2卷,人民出版社1995年版,第82页。

② [德]斯宾格勒著:《西方的没落》(上),陈晓林译,商务印书馆1995年版,第18页。

个人魅力型统治的基础在于领袖被认为具有超凡的智慧、经验、力量和品质。基于对这种能力的信仰,人们团结在领袖的周围,受其指挥。在法理型统治中,统治者的权力来源于法律,并根据法律进行统治。法律是专门国家机关有意识制定的、向全社会公布的普遍性规范①。

很显然,在韦伯所划分的三种统治类型中,对于民主和法治具有不同的需求。传统型和个人魅力型统治比较排斥民主和法治,而法理型统治则以民主和法治作为构成要素。在中国两千多年的封建社会中,统治形态类似于韦伯所说的传统型统治。封建君主与广大民众之间的关系被看成是主人和奴仆之间的关系,广大民众对于统治事务没有参与的权利。当沉重的压迫逼使人们揭竿起义时,旧的主奴关系宣告终结,而新的主奴关系旋即开始。朝代的更替没有改变统治的本质,也没有在根本上改变统治的方式。统治者宣称以传统的伦理道德施行统治,在传统的范围内,统治者可以行使专断的意志。而支配日常的政治生活和普通民众的社会生活的主要是代代相传的习惯和成规。正如邓小平所指出的,旧中国留给我们的,"封建主义传统较多,民主法制传统较少"②。

民主与法治存在着密切的内在关系。民主建设为依法治国的提出和实行提供了一定的基础和条件。历史表明,只有具有民主性的政体才有可能对一切权力实行法律制约,才有可能真正地将法治理想付诸实施。一个民意立法机构集中众人的智慧有更多的可能提高立法的质量。权力的分立与制约是民主政体通常采取的制度设置,司法独立、司法审查是民主政体的基本原理。民主对国家权力的最终控制,民众对立法和法律实施的监督,是法治的最终保障力量。法治之于民主的必然联系表现在它以民主作为直接或间接的倚赖。

二、经济背景

马克思主义的唯物史观认为,社会存在决定社会意识,经济基础决定上层建筑。这是马克思有关唯物史观的一段经典论述。他说:"人们在自己生活的社会生产中发生一定的、必然的、不以他们的意志为转移的关系,即同他们的物质关系的一定发展阶段相适用的生产关系。这些生产关系的总和构成社会的经济结构,即有法律的和政治的上层建筑竖立其上并有一定的社会意识形式与之相适应的现实基础。物质生活的生产方式制约着整个社会生活、政治生活和精神生活的过程。不是人们的意识决定人们的存在,相反,是人们的社会存在决定人们的意识。"③实

---

① 韦伯划分的统治类型是"理想类型"(ideal types),现实的各种统治形态不是纯粹的某一种类型,而是以某种类型为主结合其他类型,或者是几种类型的混合。见[德]马克斯·韦伯著:《经济与社会》(上),林荣远译,商务印书馆1997年版,第三章"统治的类型"。
② 《邓小平文选》第2卷,人民出版社1994年版,第332页。
③ 《马克思恩格斯选集》第2卷,人民出版社1995年版,第82页。

际上,采用或不采用某种治国方略,不是出于人们主观的任意选择,而是出于一定的经济形态的需要。一定的治国方略总是与一定的生产、生活的需要相适应,并努力满足这种需要的。

在自然经济形态下,社会分工和交换都很少,对国家正式法律的需求就很少。国家的法律主要是刑事法律,涉及民法的是有关婚姻田土等规定。国家的功能主要是维护社会治安,法律在一定程度上也成为推行道德教化的工具,法律与道德不分,司法与行政不分。在严格的计划经济之下,个人之间的经济活动很少,没有民商法产生的土壤,而法治与市场经济密切相关。

对于市场经济的主体即各种经营者来说,法治的优点在于:(1)法治使法律的运作具有很强的可预测性,使法律成为可以计算的法律。经营者在采取任何行动之前,他都可以预计到该行动在法律上的后果,一旦发生纠纷,他同样可以预计到法院的态度。这种预计对于他稳定的、有效率的生产经营是不可缺少的。如果他不能预计到他的行为的法律效力和法院的态度,势必不能进行有效的经营。(2)这种法律保证了他的经济活动的自由。由于判决必须根据法律、依照程序做出,因此,法律不禁止的事情皆在当事人自由处理的范围之内。(3)法治必然要求法律面前人人平等,这种平等与市场经济中各种主体的平等地位是相一致的,也是市场经济的健康发展所必需的。法治是一种法律的工作原理。这种工作原理"会使法的机构像一台合理的机器那样运作,它为有关法的利益者提供了相对而言最大的活动自由的回旋空间。它把法律过程看作是和平解决斗争的一种特殊形式,它让利益斗争者受固定的、信守不渝的游戏规则约束"①。

三、社会背景

社会结构可以大致分为两种类型,即熟人社会和生人社会。熟人社会是历史形成的联合体(村庄、城市街坊等)以及在思想的联合体(友谊、师徒关系等)。在那里,多数人都彼此相识,人际关系亲密,人们注重整个群体的利益和活动,并有一种强烈的认同感,持有相同的价值标准。生人社会是一种目的联合体,这个联合体由许多人组成,其中大多数人彼此素不相识。人与人之间的结合时常是基于人们彼此间在功能上的需要而不是基于任何感情上的义务;人们注重个人的目标,而不是群体的目标;并且不一定持有同样的价值标准;传统和风俗对个人行为已不再具有强有力的影响;亲属关系也不再是社会组织最重要的基础。

中国自改革开放以来,社会变迁比较剧烈,其中两种过程比较明显,即从被严格控制的熟人社会向组织比较松散的生人社会转变,从国家与社会一体化向国家与社会适当分离转变。

---

① [德] 马克斯·韦伯著:《经济与社会》(下),林荣远译,商务印书馆1997年版,第141页。

首先,中国社会正从"熟人社会"向"生人社会"转变。在自然经济社会,人们生活在一个一个的村落中,不同村落的人很少来往。在计划经济社会,人们生活在一个一个的单位之中,不同单位的人员也很少流动。这样的村落和单位都是熟人社会。在熟人社会中,人们生活范围狭小,人与人之间长期共同生活,彼此关系密切,自我约束意识很强。这种社会环境里不需要太多的外在管束,社会的问题多由社会自己解决,对国家的正式法律没有很多的需求。改革开放以来,人员的流动也日益频繁,社会正在变成"生人社会",即市场经济社会。人的生活陌生化,固有的社会纽带和传统道德正在失去对于个人行为的控制力,使得人们自我约束减小,人的行为随意性增大。这样的社会环境容易让人做出"熟人社会"所不敢做的行为。这就需要新的规则来约束人们的行为,这就需要强大的国家权力和司法机制。

其次,在改革开放以前的中国,国家与社会一体化。国家全面介入社会,控制社会,管理社会的一切方面。改革开放以后,社会逐渐获得了自主意识,第三部门有了很大的发展,而国家也从过去所承担的全面职能中解脱出来,集中力量去做那些属于宏观调控和提供服务的事务。这样,社会与国家有了一定程度的分离。法律成为界定两者界限的标尺,法治被要求成为国家管理社会的方式。

四、文化背景

不同的治国方略有着不同的国民意识与之相适应。反之,不同的国民意识也要求实行不同的治国方略。

在中国漫长的封建社会,受到儒家思想灌输的广大民众养成了服从的意识。他们服从皇帝,服从官吏,逆来顺受,却抱着感恩的观念。他们养成了被人施仁施爱或者施残施暴的习性,以至积贫积弱。梁启超说:"吾中国人惟日望仁政于其君也,故遇仁者,则为之婴儿,遇不仁者,则为之鱼肉。古今仁君少而暴君多,故吾民自数千年来,祖宗遗传即以受人鱼肉为天经地义,而权利二字之识想,断绝于吾人脑质中者固已久矣。"①他认为,最要紧的是改变"治人者有权而治于人者无权"的状况。与服从意识相适应的是民众避讼厌讼,不愿通过法律争取自己的利益,法律意识甚为淡漠。

新中国社会主义改造完成以后,计划经济成为组织全国经济关系和经济活动的唯一方式。为了集中力量从事社会主义革命和建设,政府全面计划社会生活,计划每一个人的从出生到死亡的全部人生历程。各种形式的宣传和教育向人们倡导奉献和献身的精神,倡导"大公无私",狠斗"私字一闪念"。个人不能主张自己的利益,一切听从组织的安排。在农村,"进了公社门,便是集体人";在城市,"进了单位

① 梁启超:"新民说",载张枬、王忍之主编:《辛亥革命前十年间时论选集》第1卷(上),生活·读书·新知三联书店1960年版,第131页。

门,便是国家人"。人,被看作是一个庞大的机器上的螺丝钉,被拧在某个地方,少有自己的意志和选择余地。

改革开放以来,随着社会主义民主的发扬和社会主义法制的建设,公民的权利意识和法律意识逐渐增强。1982 年宪法突破以前宪法的结构,把"公民的基本权利和义务"放在"国家机构"之前加以规定,各种法律不断地赋予人们权利,加强对权利的保护。人们享受到了越来越多的自由和权利。普法运动、大众传媒在培养公民的法律意识和权利意识方面发挥了巨大的作用。公民权利意识和法律意识的增长要求政府依法办事,要求国家运用法律管理、保护公民的权利。法治作为一种通过法律制约权力、保障权利的治国方略和原则,就成为时代的要求和社会的需要。表 15.1 归纳了各种统治类型的社会基础。

表 15.1 各种统治类型的社会基础

统治类型	传统型统治	魅力型统治	法理型统治
经济形态	自然经济	计划经济	市场经济
社会结构	熟人社会(村落)	熟人社会(单位)	生人社会
意识特征	服从意识	螺丝钉意识	权利意识
主要治理形式	习惯	政策	法律
基本治国方略	传统约束下的人治	根据长官意志的人治	法治

【阅读材料】15.3 韦伯及其《新教伦理与资本主义精神》

马克斯·韦伯(Max Weber,1864—1920),德国人,是现代西方有广泛影响的社会学家。他一生致力于考察"世界诸宗教的经济伦理观",亦即从比较的角度,去探讨世界诸主要民族的精神文化气质与该民族的社会经济发展之间的内在关系。法律也在他探讨的范围之内。他试图解释为什么资本主义文明首先出现在西方,并力图证明不同的宗教伦理精神对于资本主义的发展起着不同的作用。其代表作有《新教伦理与资本主义精神》、《中国宗教——儒教与道教》、《印度宗教——印度教与佛教》、《经济与社会》等。以下片断摘自韦伯的《新教伦理与资本主义精神》[①]。

"在中国,有高度发达的史学,却不曾有过修昔底德的方法;在印度,固然有马基雅维里的前驱,但所有的印度政治思想都缺乏一种可与亚里士多德的方法相比拟的系统的方法,并且不具有各种理性的概念,——不管是在印度(弥曼差派)的所

[①] [德]马克斯·韦伯:《新教伦理与资本主义精神》,于晓、陈维纲等译,生活·读书·新知三联书店 1987 年版,第 5—15 页。

有预言中，还是在以近东最为突出的大规模法典编纂中，或是在印度和其他国家的法律书中，都不具有系统严密的思想形式，而这种系统严密的形式对于罗马法以及受其影响的西方法律这样一种理性的法学来说，却恰是必不可少的。像教会法规这样一种系统结构只有在西方才听说过。

"行政人员，即使是专业化的行政人员，乃是绝大多数不同的社会中久已有之的一个组成成分；但是，任何国家、任何时代都不曾像近代西方这样深切地体会到，国家生活的整个生存，它的政治、技术和经济的状况绝对地、完全地依赖于一个经过特殊训练的组织系统。社会日常生活的那些最重要功能已经逐渐掌握在那些在技术上、商业上，以及更重要的在法律上受过训练的政府行政人员手中。

"事实上，国家本身，如果指的是一个拥有理性的成文宪法和理性制定的法律、并具有一个受理性的规章法律所约束、由训练有素的行政人员所管理的政府这样一种政治联合体而言，那么具备所有这些基本性质的国家就只是在西方才有，尽管用所有其他的方式也可以组成国家。

"初看上去，资本主义的独特的近代西方形态一直受到各种技术可能性的发展的强烈影响。其理智性在今天从根本上依赖于最为重要的技术因素的可靠性。然而，这在根本上意味着它依赖于现代科学，特别是以数学和精确的理性实验为基础的自然科学的特点。另一方面，这些科学的和以这些科学为基础的技术的发展又在其实际经济应用中从资本主义利益那里获得重要的刺激。西方科学的起源确实不能归结于这些利益。计算，甚至十进位制的计算，以及代数在印度一直被使用着（十进位制就是在那里发明的）。但是，只有西方资本主义在其发展中利用了它，而在印度它却没有导致现代算术和簿记法。数学和机械学的起源也不是取决于资本主义利益的。但是，对人民大众生活条件至关重要的科学知识的技术应用，确实曾经受到经济考虑的鼓励，这些考虑在西方曾对科学知识的技术应用甚为有利。但是，这一鼓励是从西方的社会结构的特性中衍生出来的。那么，我们也就必须发问，既然这种社会结构中的所有方面并非都具有同等的重要性，这一鼓励又来自哪些方面呢？

"在这些方面中具有毋庸置疑的重要性的是法律和行政机关的理性结构。因为，近代的理性资本主义不仅需要生产的技术手段，而且需要一个可靠的法律制度和按照形式的规章办事的行政机关。没有它，可以有冒险性的和投机性的资本主义以及各种受政治制约的资本主义，但是，绝不可能有个人创办的、具有固定资本和确定核算的理性企业。这样一种法律制度和这样的行政机关只有在西方才处于一种相对来说合法的和形式上完善的状态，从而一直有利于经济活动。因此，我们必须发问，这种法律从何而来？如在其他情况下一样，资本主义利益毫无疑问也曾反过来有助于为一个在理性的法律方面受过专门训练的司法阶级在法律和行政机关中取得统治地位铺平道路,但是,资本主义利益绝非独自地促成了这一点,甚至在其中也没起主要作用。因为这些利益本身并没有创造出那种法律,各种全然不同的力量在这一发展过程中都曾发挥过作用。那么,为什么资本主义利益没有在印度、在中国也做出同样的事情呢?为什么科学的、艺术的、政治的,或经济的发展没有在印度、在中国也走上西方现今所特有的这条理性化道路呢?"

韦伯认为,"虽然经济理性主义的发展部分地依赖理性的技术和理性的法律,但与此同时,采取某些类型的实际的理性行为却要取决于人的能力和气质。"①韦伯探讨了经济形态和法律制度背后的民族精神气质或生活态度(ethos)。

昂格尔(Roberto Unger,1949—),美国哈佛大学法学院教授,批判法学的代表人物,著有《现代社会中的法律》、《知识与政治》等书。他的看法与韦伯的观点基本一致:"与官僚法相比,法律秩序则是一个非常罕见的历史现象。的确,在现代西方自由主义国家之外,人们不可能再发现一个有说服力的法律秩序存在的例子。当然,初看之下,其他文明似乎也具有一种法律秩序,但是,细看之后,人们就会发现并非如此。"②

昂格尔认为,法律秩序的形成和存在必须具备两个条件:(1)多元集团社会;(2)自然法观念。自然法观念和多元利益集团的事实相互结合产生近代欧洲的法律秩序("法治")。

在多元集团社会里,没有一个集团在社会生活中永恒地占支配地位,也没有一个集团被认为具有一种与生俱来的权利。统治集团不能赢得所有社会成员自发的效忠,而且易于受到批评。传统的界限分明的等级制已经解体,社会等级制度是不稳定的,各阶层之间的界限是模糊的。自然道德秩序感也瓦解了,人们认为社会是一个个人利益的竞技场,价值观选择是任意的事情。人们也希望法律制度能够防止一个阶级把专政施加在其他阶级之上。昂格尔认为,在欧洲封建社会后期,出现了多元利益集团。中央集权的君主与贵族和第三等级鼎足而立,并相互斗争。孤立地看,每一方都不会支持法治。但是彼此之间的势均力敌、相互妥协和平衡使他们不得不接受法治。

自然法是一种更高级的普遍的、超越性的法律,不同于特定社会集团的习惯和尘世统治者的命令。后者只有接近自然法,才能趋向完善。自然法观念有两个来源:(1)多元文化的经历;(2)超验宗教。前者指在一个地域内存在着多种文化,这使人们有可能超越不同的法律文化去设想一种共同的普遍性的法律。后者相信

---

① [德]马克斯·韦伯著:《新教伦理与资本主义精神》,于晓、陈维纲等译,生活·读书·新知三联书店1987年版,第15页。
② [美]昂格尔著:《现代社会中的法律》,吴玉章、周汉华译,中国政法大学出版社1994年版,第59页。

世界是由人格化的上帝依据自己的计划而创造和管理的,并设想了天堂与地狱的区别、灵魂与肉体的区别,以及得救和永生的可能性。自然界和社会生活中的规则观念是有关上帝依据其计划创造世界的观念的组成部分。多元文化的经历和超验宗教的结合产生了自然法观念。

昂格尔的观点说明,法治是西方社会的特有现象。其他文明社会的法治建设,总是直接或间接地、明显或隐晦地以西方社会的法治思想和实践作为参照系。

今天,我们国家确立法治作为基本的治国方略,努力从事法治建设,如何看待韦伯和昂格尔的观点呢?对我们的法治前途和法治模式应该有什么样的认识呢?

第四节　中国法治化的道路

一、传统中国的治国方略

中国古代的法律制度具有以下特征:以儒家思想为指导,引礼入法,体现"三纲五常"的精神;以家族为本位,重视家法族规,等级色彩浓厚;法律是以君主的名义发布的;法律实践追求自然秩序中的和谐,人们轻视法律的作用,避讼厌讼;在法律形式上,以律为主,以例为辅;在法律结构上,诸法合体,以刑为主;在法律实施的体制方面,地方机构中司法与行政不分;君主集立法、司法、行政大权于一身,权力高于法律。

中国古代推崇的治国方略是人治以及它的转化形式"德治"和"礼治",不强调法律的作用。这是儒家所珍视的传统:"先王议事以制,不为刑辟"①。儒家主张:"为政在人","其人存则政举,其人亡则政息"②,"有治人,无治法"③。儒家还相信道德教化的作用,认为国家治理应当主要依靠道德教化。"道(导)之以政,齐之以刑,民免而无耻。道之以德,齐之以礼,有耻且格。"④依靠道德教化比单纯地依靠法律强制具有更好的效果。"礼云,贵绝恶于未萌,而起敬于微渺,使民日徙善远罪,而不自知也"⑤。儒家还主张"别亲疏,殊贵贱"、"礼不下庶人,刑不上大夫"。

西方学者马克斯·韦伯把传统中国建立在儒教伦理基础之上的法律制度称为"家产制法律结构";家产制法律结构建立在家国一体的社会基础之上。他认为,这种法律结构蕴涵着一条破坏自身稳定性和可预测性的原理;这条原理就是"专制破

① 《左传·鲁昭公六年》。
② 《礼记·中庸》。
③ 《荀子·君道》。
④ 《论语·为政》。
⑤ 《大戴礼记·礼察》。

坏国法"①。用我们熟悉的话来说,就是"权力大于法律"。

二、1949 年至 1978 年的治国方略

(一)"政策+法制"模式

从建国初期到 1957 年反右倾运动,治国方略可以概括为"政策+法制"模式。建国前夕,废除了国民党的六法全书,主要以新民主主义政策来治理国家。法律不断增多,但是仍以政策为主导。

1949 年 2 月,中共中央颁布了《关于废除国民党的六法全书与确定解放区的司法原则的指示》。同年 4 月,华北人民政府发布了《废除国民党的六法全书及一切反动的法律的训令》。这两个文件的基本内容为以下三个方面:

1. 宣布废除旧法统

指出"国民党全部法律只能是保护地主与买办资产阶级反动统治的工具,是镇压与束缚广大人民群众的武器",因而宣布"在无产阶级领导下的工农联盟为主体的人民民主专政的政权下,国民党的六法全书应该废除,人民的司法工作,不能再以国民党的六法全书为依据。各级人民政府的司法审判不得再援引其条文"。

2. 确定新政府的人民司法原则

"在人民的法律还不完备的情况下,司法机关的办事原则应该是:有纲领、法律、命令、条例、决议规定者,从纲领、法律、命令、条例、决议之规定;无纲领、法律、命令、条例、决议规定者,从新民主主义的政策"。

3. 确定教育改造司法干部的指导原则

《指示》要求"司法机关应该经常以蔑视和批判六法全书及国民党其他一切反动的法律、法令的精神,以蔑视和批判欧、美、日本资产阶级国家一切反人民法律、法令的精神,以学习和掌握马列主义—毛泽东思想的国家观、法律观及新民主主义的政策纲领、法律、命令、条例、决议的办法来教育改造司法干部"②。

在新中国成立后的过渡时期,《中国人民政治协商会议共同纲领》作为临时宪法,中央人民政府委员会、各大行政区和省政府享有制定法律、法令的权力。在社会主义改造时期,1954 年《中华人民共和国宪法》出台,全国人民代表大会统一行使国家立法权;全国人民代表大会常务委员会经授权可以制定单行法规;国务院根据宪法、法律和法令,规定行政措施,发布决议和命令。这个时期,虽然也制定了一些法律,进行了一些重要法律的立法准备工作,但是没有一个重要法律出台,诸如刑法、民法、诉讼法付诸阙如。1956 年 9 月,中国共产党第八次全国代表大会召开,会议提出完备法制的

---

① [德]马克斯·韦伯著:《儒教与道教》,洪天富译,江苏人民出版社 1995 年版,第 121 页。
② 有关对这两个文件的比较详细的分析,参见蔡定剑著:《历史与变革——新中国法制建设的历程》,中国政法大学出版社 1999 年版,第 2 页以下。

任务,但是这个任务还未来得及付诸实施就被反右倾运动取消了。

(二)"人治+政策"模式

从1957年反右倾运动到"文化大革命"结束、1978年中共十一届三中全会这段时间内,治国方略可以概括为"人治+政策"的模式。人治包括"个人崇拜"和"群众运动"这同一个事物的两个方面。政策是领袖以及少数人发动和指挥群众运动的手段。尤其在"文化大革命"期间法制荡然无存,法律虚无主义盛行。这种模式给国家和人民造成极大的灾难和伤害。

1957年的反右倾运动的扩大化是新中国法制建设遭受破坏的起点。虽然在1960年代初期,有过短暂的重视法制、反思教训的时期,但是极"左"思想和法律虚无主义仍然是主流思想。不久,"文化大革命"开始,全面地摧毁法制。法制建设陷于停滞,新中国的一点法制建设成就也尽遭毁灭。这主要表现在:建国初期制定的宪法和其他法律被弃置不顾,成为具文;人民代表大会及其常务委员会的活动基本停止;各地合法政府被非法成立的革命委员会取代;公民的合法、正当权利遭到严重践踏;司法机关被逐步取消,最终被彻底"砸烂"。

与此同时,人治与政策相结合,成为治理国家的方针和手段。

"以党代法"形成。1957年以后,中国共产党采取一系列高度集中的"一元化"领导的措施。是年9月,最高人民法院和司法部召开司法工作座谈会,在会后由中共中央批转的最高人民法院、司法部党组的报告中提出,地方政法文教部门受命于地方党委和人民委员会;全部审判活动,必须坚决服从党委的领导与监督,党委有权过问一切案件,凡是党委规定审批范围的案件和与兄弟部门意见不一致的案件,都应当在审理后宣判前,报请党委审批;任何借审判"独立",抗拒党委对具体案件审批的想法和做法都是错误的,必须坚决给予纠正①。

"要人治,不要法治"。1958年8月,在北戴河中央政治局扩大会议上,当时的中央最高领导人在谈到上层建筑问题时说,法律这个东西没有也不行,但我们有我们这一套。……民法、刑法那么多条文谁记得了,宪法是我参加制定的,我也记不得。韩非子是讲法制的,后来儒家是讲人治的。我们的各种规章制度,大多数、90%是司局搞的,我们基本上不靠那些,主要靠决议、开会,一年搞四次,不靠民法、刑法来维持秩序。我们每个决议都是法,开会也是法,治安条例也要靠养成习惯才能遵守。人民代表大会、国务院开会有他们那一套,我们还是靠我们这一套。② 在这种思想的指导下,1958年中央政法小组在报告中得出结论说:"刑法、民法、诉讼法根据中国实际情况看来,已经没有必要制定了。"③

① 参见蔡定剑:《历史与变革——新中国法制建设的历程》,中国政法大学出版社1999年版,第91页。
② 同上书,第92—93页。
③ 转引自徐付群:"五十年代末法制建设滑坡原因新探",载《中共党史研究》1998年第5期。

应该说,中国共产党的领导是中国人民的自主选择,但党领导人民管理国家,不是党替代人民当家做主;党领导人民制定宪法和法律,但党并不能自居于宪法和法律之上,而应严格遵守和执行宪法和法律。尽管现在看来,这一时期的"人治+政策"模式的产生有着政治、经济、传统文化等诸多的客观原因,但这种治理方式所产生的危害和教训是需要我们认真加以总结的。

三、1978 年以来的治国方略

1978 年以后,中国根本上否定了此前实行的人治方针,开始了中国历史上治国方略的新阶段。以 1997 年"依法治国"方略的明确提出为标志,这个新阶段又可以分为"法制+政策"模式时期和"法治"方略确立时期。后一时期是前一时期的继承和发展。

(一)"法制+政策"模式

从 1978 年中共十一届三中全会到 1997 年中共十五大这段时期内,治国方略可以概括为"法制+政策"模式。以政策来探索改革开放,以法律来巩固其成果,法律的重要性日益得到肯定。

1978 年,中共十一届三中全会确立了"为了保障人民民主,必须加强社会主义法制,使民主制度化、法律化"的方针,提出"从现在起,应当把立法工作摆到全国人民代表大会及其常务委员会的重要议事日程上来"。邓小平指示"集中力量制定刑法、民法、诉讼法和其他各种必要的法律"。1979 年掀起了第一次立法的高潮,该年 6 月召开的第五届全国人民代表大会第二次会议通过了重新修正的《地方各级人民代表大会和地方各级人民政府组织法》、《全国人民代表大会和地方各级人民代表大会选举法》、《人民法院组织法》、《人民检察院组织法》,新制定了《刑法》、《刑事诉讼法》以及《中外合资经营企业法》等法律。此后,随着改革开放和现代化建设的形势的需要,1982 年通过了现行宪法,陆续制定了一系列的法律法规。其中较为重要的有《民法通则》、三部分别规范不同合同关系的"合同法"、《民事诉讼法》、《行政诉讼法》等。

1992 年,邓小平提出发展社会主义市场经济。次年 11 月,中共中央十四届三中全会曾经指出要建立"适应社会主义市场经济的法律体系"。立法工作走上快车道,尤其是经济立法。经济立法即制定与经济生活有直接关系的法律,被看作是建立和完善社会主义市场经济体制的重要内容。因此,建设完备的、有中国特色的社会主义市场经济法律体系,是 1992 年以后历届全国人民代表大会及其常务委员会的工作重点。

在这段时期内,政策依然发挥着调整国民生活和经济生活的重大作用。改革开放的措施基本上是以国家政策和党的政策的形式出台的。特别是在一些地方,一些政策是突破既有的法律加以推行的。法律具有较强的稳定性,不如政策那样灵活、可以随着形势和需要的变化而变化。这就在短时期造成了政策与法律相冲突、政策高于法律并代替法律的现象。等到政策的推行获得了成熟的成果,再把政策通过立法程序制定为法律。而对于一些民事和经济的法律,由于成熟的改革政策迟迟不能定型,因此也无法得到系统的编纂。在这段时期内,中国立法工作强调及时反映政策、形势和社会需要的变化,其立法原则是"宜粗不宜细",并出现了很多"试行法"。这段时期的中国法制建设贯穿了这样一种指导思想,即以法制建设来推动社会发展和改革开放。实际上,在中国,法制建设不仅是推动改革开放的工具,而且是推动社会现代化的工具。

当然,随着改革开放的深化以及有关目标、措施和政策的确定,法律对于社会生活和经济生活的指导作用渐渐增大,成为主要的社会关系调整器。依法办事的意识和程度也逐渐增强了。总的来说,与新中国成立后的"政策+法制"的治国模式相比,这段时期不仅制定了很多的法律,而且法律的作用也日益得到重视,可以认为是实行"法制+政策"的治国模式。

(二) 法治方略的确立

依法治国或者说法治方略的确立,是一个渐进的过程。改革开放以来的法制建设取得了很大的成绩,有关法治的一些观念也被提出并加以实践。这些工作为实行法治方针、推行法治建设奠定了良好的基础。这样,在 20 世纪 90 年代中后期明确提出依法治国的基本方略是水到渠成的。

在中国共产党和国家的正式文件中最早明确提出依法治国这一概念是在 1996 年。这年 2 月 8 日在中共中央举办的法制讲座会上,江泽民在题为《依法治国,保障国家长治久安》的讲话中指出:"实行和坚持依法治国,就是使国家各项工作逐步走上法制化和规范化;就是广大人民群众在党的领导下,依照宪法和法律的规定,通过各种途径和形式参与管理国家、管理经济文化事业、管理社会事务;就是逐步实现社会主义民主的法制化、法律化。"在此之后,中共十四届五中全会提出的、由第八届全国人民代表大会第四次会议通过的《经济和社会发展"九五"计划和 2010 年远景目标纲要》,规定了"依法治国,建设社会主义法制国家"的治国方针,并且提出了具体的任务和要求。但是,这时仍旧把目标界定为"社会主义法制国家"。

1997 年中国共产党第十五次全国代表大会报告准确地、完整地提出了"依法治国,建设社会主义法治国家",将"社会主义法制国家"改为"社会主义法治国家"。从"法制"到"法治"的变化,并不仅仅是对于治国方略的提法的变化,而是治国观念的变化。1999 年第九届全国人民代表大会第二次会议通过宪法修正案,规定"中华人民共和国实行依法治国,建设社会主义法治国家"。2002 年中国共产党第十六次全国代表大会的报告又重申了这一治国方略,并确立"依法治国"的目标是建设社会主义法治国家。2014 年 10 月 23 日,为贯彻落实党的十八大作出的战略部署,加快建设社会主义法治国家,中共十八届四中全会通过《关于推进依法治国若干重大问题的决定》,这是中国法治进程的新的里程碑。

当然法治建设任重道远,还必须处理好一系列重大的问题。例如如何建设公正而稳健的宪政制度,以制约国家权力和任何一种社会势力的权力,使中国走向健康发展的道路;如何建设一种合作主义的民主法治框架,使社会各个阶层和集团都有合法的利益表达机制和利益代表机制,减弱社会不同阶层之间的对抗和抵触,实现在社会发展中的合作和共赢;如何增强社会成员的权利意识和法治意识,培养一种为法治所要求的最低程度的对法律体系的信赖;如何理顺党的领导与人大、政府和司法之间的关系,理顺法治建设所依存的政治环境中的各种关系;如何改革税法和社会保障法,确立合理税种和税率,完善社会保障体系;如何处理好法律的全球化与本土化之间的关系、法律的一元性与中国社会结构的二元性之间的关系、法律的统一性与中国各地情况的多样性之间的关系、国家法律与民间的传统和习惯之间的关系;如何培养具有职业良知和专业技能的法律人阶层,形成一种不依附其他阶层的独立的社会势力,作为社会公正的代言人和维护者;在日益趋向陌生人社会形态的社会中,如何建立社会诚信体系,为法律的实施提供保障。这些问题解决的结果决定着中国法治建设的成败。

【阅读材料】15.4 法治:中国社会转型时期的制度建构

提示:近年来,国内法学界有关法治的著述可谓汗牛充栋,有论述法治原理的,有相关制度比较的,更有许多政策阐释的。梁治平先生的《法治:社会转型时期的制度建构——对中国法律现代化运动的一个内在观察》一文,不仅精辟阐明了法治的概念,而且对法治在中国接受的过程、矛盾以及发展趋势作了深入分析。以下摘录的是文章的"结语"部分,可见一斑。

把中国的法律现代化运动置于这样一个所谓社会转型的宏大图景之中,我们将得到什么样的印象呢?

首先,作为现代性方案的一部分,宪政、法治以及现代法律制度的建立和完善,已为近代以来的历史证明是必要的,不但有历史的依据,而且,更重要的是,反映了这个社会的现实需要。尽管如此,在中国实现法治仍需要付出艰苦的努力,因为它本身也是一项复杂的事业,不仅涉及原则和制度,而且涉及认知方式和生活经验。

其次,虽然当代的中国社会迫切地需要法治,而法治的逐步实现也可能为人们带来巨大的好处,但它不可能包罗所有的社会领域,也不能够解决所有的社会问题。对一个公正的社会来说,法治只是其必要条件而非充分条件。而在今天的中国,法治的目标本身也要借助于法律以外的其他社会制度和社会实践的发展才可能达到。意识到这一点,我们在讨论法治问题时就会一方面把注意力集中于法治的基本原则、制度结构和作用机制,一方面考虑法治在整个社会转型、文化重建过程中的位置,考虑法治与社会发展和制度变革其他方面的相互联系。

再次，尽管中国的宪政运动已有将近百年的历史，而且今天正在进行的法律改革有可能把我们带入一个法治事业的新阶段，中国的法治仍然面临严重的挑战。这种挑战部分来自现实生活中的利益冲突，部分来自社会变迁本身，部分来自心灵的积习，但不管怎样，它们都不是不可克服的。本文力图证明，一个多元的、理性的、能自我调节的社会的存在和广泛的政治参与，是推动法治事业、确立法治正当性的一条重要途径。

最后，本文还试图说明，中国的社会不仅需要通过民主实现的法治，而且需要法治保障之下的民主。法治与民主的相互支持有可能通过保持其内在紧张的办法获得实现。所谓的"当事人原则"，就是为了达成国家、社会与个人之间的健康互动关系和适度平衡。笔者无意否认国家在现代社会生活中的重要性，但国家应当扮演恰当的角色，否则就可能造成灾难性的后果。因此，如何创造一种必要的条件、一种有效的制度安排与社会结构，实现国家、社会与个人之间的适度平衡，应当是未来几十年内中国政治、法律与社会的理论和实践的主要任务①。

【作业题】

1. 什么是法治？
2. 法治与人治有什么区别？
3. 法治的形式性要求（或形式性原则）有哪些？
4. 联系实际，说明中国法治建设的障碍是什么，并谈谈如何克服这些障碍。
5. 多项选择题（2004年司法考试试题）：
下列关于法治与法制的表述哪些是不适当的？（   ）
    A. 法治要求法律全面地、全方位地介入社会生活，这意味着法律取代了其他社会调整手段
    B. 法治与法制的根本区别在于社会对法律的重视程度不同
    C. 实现了法制，就不会出现牺牲个案实体正义的情况
    D. 法治的核心是权利保障与权力制约

【进一步的思考】中国共产党领导下的中国法治建设：目标和特点

提示：2014年10月23日，中国共产党第十八届四中全会通过了《关于全面推进依法治国若干重大问题的决定》。该决定不仅反映了中国共产党对"法治"的认识，而且成为指导未来中国法治实践的纲领性文件。以下节录相关的部分内容，请根据这一权威性文件，思考中国法治建设的内涵、目标和原则。

---

① 摘自梁治平："法治：社会转型时期的制度建构"，引自法律思想网，http://law-thinker.com/show.asp? id=136。

坚持走中国特色社会主义法治道路,建设中国特色社会主义法治体系

依法治国,是坚持和发展中国特色社会主义的本质要求和重要保障,是实现国家治理体系和治理能力现代化的必然要求,事关我们党执政兴国,事关人民幸福安康,事关党和国家长治久安。

全面推进依法治国,必须贯彻落实党的十八大和十八届三中全会精神,高举中国特色社会主义伟大旗帜,以马克思列宁主义、毛泽东思想、邓小平理论、"三个代表"重要思想、科学发展观为指导,深入贯彻习近平总书记系列重要讲话精神,坚持党的领导、人民当家做主、依法治国有机统一,坚定不移走中国特色社会主义法治道路,坚决维护宪法法律权威,依法维护人民权益、维护社会公平正义、维护国家安全稳定,为实现"两个一百年"奋斗目标、实现中华民族伟大复兴的中国梦提供有力法治保障。

全面推进依法治国,总目标是建设中国特色社会主义法治体系,建设社会主义法治国家。这就是,在中国共产党领导下,坚持中国特色社会主义制度,贯彻中国特色社会主义法治理论,形成完备的法律规范体系、高效的法治实施体系、严密的法治监督体系、有力的法治保障体系,形成完善的党内法规体系,坚持依法治国、依法执政、依法行政共同推进,坚持法治国家、法治政府、法治社会一体建设,实现科学立法、严格执法、公正司法、全民守法,促进国家治理体系和治理能力现代化。

实现这个总目标,必须坚持以下原则。

——坚持中国共产党的领导。党的领导是中国特色社会主义最本质的特征,是社会主义法治最根本的保证。把党的领导贯彻到依法治国全过程和各方面,是我国社会主义法治建设的一条基本经验。我国宪法确立了中国共产党的领导地位。坚持党的领导,是社会主义法治的根本要求,是党和国家的根本所在、命脉所在,是全国各族人民的利益所系、幸福所系,是全面推进依法治国的题中应有之义。党的领导和社会主义法治是一致的,社会主义法治必须坚持党的领导,党的领导必须依靠社会主义法治。只有在党的领导下依法治国、厉行法治,人民当家做主才能充分实现,国家和社会生活法治化才能有序推进。依法执政,既要求党依据宪法法律治国理政,也要求党依据党内法规管党治党。必须坚持党领导立法、保证执法、支持司法、带头守法,把依法治国基本方略同依法执政基本方式统一起来,把党总揽全局、协调各方同人大、政府、政协、审判机关、检察机关依法依章程履行职能、开展工作统一起来,把党领导人民制定和实施宪法法律同党坚持在宪法法律范围内活动统一起来,善于使党的主张通过法定程序成为国家意志,善于使党组织推荐的人选通过法定程序成为国家政权机关的领导人员,善于通过国家政权机关实施党对国家和社会的领导,善于运用民主集中制原则维护中央权威、维护全党全国团结统一。

——坚持人民主体地位。人民是依法治国的主体和力量源泉,人民代表大会制度是保证人民当家做主的根本政治制度。必须坚持法治建设为了人民、依靠人民、造福人民、保护人民,以保障人民根本权益为出发点和落脚点,保证人民依法享有广泛的权利和自由、承担应尽的义务,维护社会公平正义,促进共同富裕。必须保证人民在党的领导下,依照法律规定,通过各种途径和形式管理国家事务,管理经济文化事业,管理社会事务。必须使人民认识到法律既是保障自身权利的有力武器,也是必须遵守的行为规范,增强全社会学法尊法守法用法意识,使法律为人民所掌握、所遵守、所运用。

——坚持法律面前人人平等。平等是社会主义法律的基本属性。任何组织和个人都必须尊重宪法法律权威,都必须在宪法法律范围内活动,都必须依照宪法法律行使权力或权利、履行职责或义务,都不得有超越宪法法律的特权。必须维护国家法制统一、尊严、权威,切实保证宪法法律有效实施,绝不允许任何人以任何借口任何形式以言代法、以权压法、徇私枉法。必须以规范和约束公权力为重点,加大监督力度,做到有权必有责、用权受监督、违法必追究,坚决纠正有法不依、执法不严、违法不究行为。

——坚持依法治国和以德治国相结合。国家和社会治理需要法律和道德共同发挥作用。必须坚持一手抓法治、一手抓德治,大力弘扬社会主义核心价值观,弘扬中华传统美德,培育社会公德、职业道德、家庭美德、个人品德,既重视发挥法律的规范作用,又重视发挥道德的教化作用,以法治体现道德理念、强化法律对道德建设的促进作用,以道德滋养法治精神、强化道德对法治文化的支撑作用,实现法律和道德相辅相成、法治和德治相得益彰。

——坚持从中国实际出发。中国特色社会主义道路、理论体系、制度是全面推进依法治国的根本遵循。必须从我国基本国情出发,同改革开放不断深化相适应,总结和运用党领导人民实行法治的成功经验,围绕社会主义法治建设重大理论和实践问题,推进法治理论创新,发展符合中国实际、具有中国特色、体现社会发展规律的社会主义法治理论,为依法治国提供理论指导和学理支撑。汲取中华法律文化精华,借鉴国外法治有益经验,但绝不照搬外国法治理念和模式。

【本章阅读篇目】

1. 沈宗灵著:《现代西方法理学》,北京大学出版社1992年版,第五、六、十三、二十七、二十八章。

2. [德] 马克斯·韦伯著:《新教伦理与资本主义精神》,于晓、陈维纲等译,生活·读书·新知三联书店1987年版。

3. 夏勇:"法治是什么? 渊源、规诫与价值",载《中国社会科学》1999年第4期。

4. [美] 昂格尔著:《现代社会中的法律》,吴玉章、周汉华译,中国政法大学出版社1994年版。

第十六章　法律与社会

> **本章导读**
>
> 法律不是孤立存在的封闭体系,而是社会结构的组成部分。社会是由各种相互联系、相互作用的因素的复合体,法律作为这一复合体的组成部分,必然与社会及社会诸因素处于密切的关联之中,这种关联即为法律的社会存在形态,或用一个时尚的表述即法律环境。深入研究法律与社会的一般关系及法律与经济、政治、道德、宗教诸联系、区别、相互作用等,才能进一步理解法律演变的社会根源,同时也有助于认清全书阐述的其他各种法律问题。

第一节　法律与经济

一、经济释义

无论是在日常语言中,还是在专业语言中,经济一词都具有多种意义。在法学上,经济有狭义和广义之分。从狭义上说,经济或者指生产力,即生产的物质技术基础和劳动过程,或者指生产关系,即经济制度、经济基础。也就是马克思主义政治经济学中所言的人类改造自然的能力以及人们在生产、分配、交换、消费过程中所形成的人与人之间的关系。从广义上说,经济既反映人与自然界的全部关系的总和,包括了生产力、科学技术、地理基础、外部环境等,也反映了人们在生产、交换、分配和消费方面全部关系的总和。这也符合马克思主义的观点,因为恩格斯在晚年的时候扩大了经济概念的外延,在原有外延的基础上,将科学技术、地理基础、外部环境也纳入了经济的范畴。

二、马克思主义的法律经济观

关于法律和经济的关系,马克思主义的基本观点可概括为两点:一是经济对法律具有决定作用,二是法律对经济具有反作用。即经济关系始终是决定法律关系的第一性的因素,法律关系是建立在经济基础之上的第二性的因素。法律是由生产方式为主要内容的社会物质生活条件所决定的,这是不以人的意志为转移的社会发展规律。同时在经济基础决定法律上层建筑的前提下,法律对于经济和其他社会因素也具有积极的反作用,此外法律还受社会其他上层建筑因素的影响。

(一)经济对法律具有决定作用

经济条件是客观的,是不以人的意志为转移的;法律必须反映经济条件的要求,统治者在进行立法的时候,不能背离经济条件。"只有毫无历史知识的人才不知道:君主们在任何时候都不得不服从经济条件,并且从来不能向经济条件发号施令。无论是政治的立法或市民的立法,都只是表明和记载经济关系的要求而已。"①一定的经济基础既是法律的出发点,也是法律的归宿。任何法律观念、制度以及内容都受到经济基础的制约。法律是经济的集中反映和体现,所有的法律关系、法律现象、法律事实都体现出社会的经济机制、经济结构和经济关系。

这不是空洞的说教,不是悬空的理性,而是可以被人类发展历史证明的真理。在以人对人的依赖关系为基础的自然经济时代,由于生产力发展水平较低,人们尚未摆脱自然血缘关系的脐带和身份等级的藩篱,人的权利和义务的配置具有浓厚的血缘、宗族、种族、身份和等级色彩。法律形态所注重的是人身依附和社会等级;法律关系的核心要素是义务本位;法律调整以确认等级依附关系为基本价值目标;法律欠缺独立的品位;在社会调整体系中的地位较低,法律的形式化程度较低,还没有与其他社会调整方式相分离,呈现出"混合法"的特质;法律的具体实施、运作过程也欠发达。后来发展到以人对物的依赖关系为基础的市场(商品)经济时代,商品交换关系成为最深刻的社会基础。伴随着社会大量的经济现象的出现,人们就寻求通过法律的方式来解决人的权利与义务的配置。适应市场(商品)经济的要求,法律公开宣称私有财产神圣不可侵犯,维护契约自由,确认法律面前人人平等;同时法律形式化运动蓬勃发展,形式化程度愈来愈高。因而,法律逐步上升为社会调控的最有效的手段,法治成为保护人们权利的最完备的方式。世界文化史表明,正是市场经济的发展和繁荣,导致了法律的系统化、法典化和制度化。同样的,法律的不断深化和完善,也体现了社会生活,特别是经济生活的繁荣兴旺。

为了正确的理解经济对法律的决定作用,需要注意以下两点:

1. 经济对法律的决定作用是从"归根到底"、"原始的"、"最终的"意义上来说的

这就是说,一方面经济的决定性作用不是简单的直接的决定;另一方面,经济因素不是"唯一决定性的因素"。恩格斯在其晚年的一些书信中对"法律是经济情

① 《马克思恩格斯全集》第4卷,人民出版社1958年版,第121—122页。

况的反映"这一观点进行了发展和完善,认为经济因素并不是社会发展唯一的和全部的因素,上层建筑的各个部分(包括法律和制度)与经济基础相互作用,并且在一定的限度内可以更改经济基础①。同时认为经济的决定作用是有条件的,是在一定范围内的,"经济发展对这些领域的最终的支配作用,在我看来是无疑的,但是这种支配作用是发生在各该领域本身所限定的那些条件的范围内。"②但是他依旧宣称:"我们是在十分确定的前提和条件下进行创造的。其中经济的前提和条件归根到底是决定性的。"③为了避免曲解,恩格斯还在"归根到底"的四个字下面加上了着重号,以突出这个状语的含义。

2. 经济对法律的决定作用,是在必然性的意义上说的

历史的运动是经济因素和上层建筑的诸因素之间的相互作用,在这种交互作用中归根到底是经济运动作为必然的东西通过无穷无尽的偶然的事情向前发展。经济对法律的决定作用也是通过无数的偶然事件表现出来的,是必然性和偶然性的统一。这种统一又不是简单的、赤裸裸的,而是曲折的和多变的。法律上层建筑离经济基础愈远,与经济基础的联系就愈间接,愈能表现出它的多样性和独立性。但从历史发展的总趋势看,法律上层建筑不管有多大的多样性和独立性,归根到底总是体现经济决定作用的必然性。

(二)法律对经济具有反作用

法律虽然决定于经济,但法律并非只是被动消极地去适应经济,而是以积极主动的姿态对经济发生反作用。

1. 法律对于其赖以存在和发展的经济基础起着引导、促进和保障的作用

特别是新的经济基础刚刚形成的时候,新法对于新的经济基础的这种作用更为明显。"显然,法律保障在很大程度上直接服务于经济利益。即使在情况似乎并非如此——或确实并非如此时,经济利益也是影响立法最强烈的因素之一。原因在于,任何为法律秩序提供保障的权威都以某种方式依赖于构成该秩序的社会群体的共识性行动,而社会群体的形成在很大程度上依赖于物质利益的配合。"④如《法国民法典》对于法国资本主义经济基础的形成和巩固就起了十分重大的作用,而中国 1954 年宪法和相关法律对于社会主义公有制经济基础的形成和巩固亦起了不可磨灭的作用。

2. 法律对于阻碍其存在和发展的经济基础起着牵制、改造或摧毁的作用

特别是在一种社会形态刚刚代替另一种社会形态后,新法对于旧的经济基础

---

① 《马克思恩格斯选集》第 4 卷,人民出版社 1972 年版,第 484 页。
② 同上书,第 485 页。
③ 同上书,第 477—478 页。
④ [德] 马克斯·韦伯著:《经济、诸社会领域及权力》,李强译,生活·读书·新知三联书店 1998 年版,第 36 页。

的这种作用更为明显。如新中国成立后,立即颁布了《土地改革法》(1950年),迅速消灭了延续了几千年的封建土地所有制。再如,在中国由新民主主义向社会主义过渡时期,国家颁布了大量法规,如《农业生产合作社示范章程》(1953年)、《公私合营工业企业暂行条例》(1954年)、《关于工商业、手工业、私营运输业的社会主义改造中若干问题的指示》(1956年),对旧有的生产资料私有制进行社会主义改造。

三、经济分析法学的观点

经济分析法学,又称为法经济学,是20世纪60年代兴起于美国的一个法学流派。它是法学和经济学相融合的产物,其理论核心是主张将经济学特别是微观经济学的理论、观点和方法引入抽象法学理论和具体法律问题研究之中,以效益最大化为标准分析和评价法律制度及其效果,并进而改革法律制度本身。法经济学自始至终所贯穿的一条主线就是把效益作为法律的基本价值目标和评价标准,立法、执法和司法都要有利于社会资源的配置和社会财富的增殖,尽量减少社会成本。

法经济学的理论前提是人都有一种追求最大效益的动机并由此而进行行动,即人都是理性的、功利的。在人的理性中,行动都是经过选择、比较之后才进行的,这种比较就是效益的比较。只要实现了事物之间量化的比较之后,人就会以一定的理性范式进行选择,即选择最优的、收益最佳的。法律是立法者和法官经过深思熟虑后的产物,它不仅仅是一种规则的体系,而且也是社会的一种理性活动。也就是说,法律是理性的,而凡是理性的东西都是可以用经济分析的方法来加以分析和解释的。

对法律的经济分析既有规范经济分析,又有实证经济分析。前者的特点是展现其价值判断,后者的特点是呈现其预测功能。相对而言,对于前者的分析方法争议较多。

对法律的规范经济分析来讲,效益是目的,是衡量一切法律乃至所有公共政策适当与否的根本标准。这种分析方法源起于福利经济学,它有两种效益标准:一是帕累托效益;二是卡尔多—希克斯效益。如果一种交换使得一个人比原来的状态变得更好而另一个人的状态至少没有比原来变坏,那么该交换便符合帕累托效益。如果某个交换尽管使得其中的一人变得比原来更好,但是另一个人则变得比原来更坏,而第一个人得到的好处大于第二个人受到的损害(当然第一个人无须补偿第二个人),这个交换便符合卡尔多—希克斯效益。一般而言,经过协议而在市场上进行的交换常常符合帕累托效益,而政府的集体性决策则常常符合卡尔多—希克斯效益。对于同一法律而言,不同的效益标准往往会得出不同的价值判断。由于法律所产生的福利影响常常难以判断和估量,即使采用同一效益标准,也不必然会得出相同的价值判断。

法律的实证分析是以经济学常用的方法(如微观经济学中的函数)对法律进行定量分析,通过经济分析预测行为变化的能力来判断有关分析、模型或规则的可行性和有用性。这种分析方法源起于制度经济学,具有明显的技术性和具体性,它将具体的法律与经济问题数量化,使法律的经济分析更加精确,比规范分析具有更强的实用价值和操作性。这一分析方法最适合于法律效果研究或效果评估,其运用已在侵权、契约、犯罪诸法律领域做出了一定贡献。例如,犯罪的经济分析将从事犯罪活动的决定看作是一种职业选择,看作是罪犯活动能为行为人提供比其他任何可选择的合法职业更大量的净收益。而将犯罪看作理性行为的经济理论必将得出这样的结论:任何减少犯罪预期收益的因素都会降低犯罪率;由刑法施与的惩罚即增加成本将减少参与犯罪的潜在预期收益。

虽然法经济学作为一学派历史较短,但其发展是迅速的,已走出美国,引起了各国学者的重视,日益成为一种具有国际影响力的法学流派。1981 年英国巴特澳思出版社出版的《法学与经济学国际评论》,便是法经济学走向国际化的明显例证。近些年来,为了探求解决在中国的经济发展和法制建设中遇到的问题的途径,人们在深入研究中国实际情况的同时,也开始注意吸收法经济学的有关理论。因而,也就开始了法学和经济学相结合的研究进程,并举行了有关学术活动。如 1988 年在北京召开了第一次"法学和经济学"研讨会。

当然,法经济学在方法论上也有其自身的局限性:比如它将"效益"作为"唯一的评价标准"来分析法律,排斥其他原理和方法在法学研究中的应用;再有并非任何法律问题都可以复原为一定的货币单位来计算比值。值得一提的是波斯纳作为法经济学的集大成者和主要代表,也看出了其理论的局限性,并对其进行了修正。在《法律的经济分析》第四版中他指出:"在评价本书中的规范性主张时,读者必须牢记:经济学后面还有正义。法律的经济分析的解释力和改进力都可能具有广泛的限制。"①但是法经济学的思想框架和分析路线还是很值得我们借鉴的,而且在很多情况下,立法机关和司法机关也确实是在自觉或不自觉地依据效益来分配权利和义务的。

四、法律在市场经济中的作用

植根于经济生活中的法律不仅具有维系社会正义的使命,而且还有实现资源配置、调整各主体之间利益、促进社会财富增加的功能,也就是说法律也担负着一定的经济功能。在当今世界,法律的这一功能主要体现在其在市场经济中的作用。

市场经济是商品经济发展到一定阶段的产物,是以市场对资源配置起基础性作用的经济体制。对于政府而言,市场经济意味着一个有限政府,政府权力要受到

---

① [美]波斯纳著:《法律的经济分析》,蒋兆康译,中国大百科全书出版社 1997 年版,第 32 页。

限制与约束,不能随意干预市场的运行。对于市场主体来说,市场经济是自主经济,市场的运作主要依靠相关主体对权利的自由运用,分散的经济决策者可以根据市场价格自主决定资源的配置。

任何一种经济体制都具有特定的经济活动的游戏规则,而作为市场经济一种体制性的、根本性的游戏规则就是基于法治的规则。法治是建立市场经济体制的制度基础,也是与以往经济体制的根本区别。市场经济就是法治经济,这既包括法律的宏观调控作用,又包括法律对微观市场行为的规范。建立市场经济往往要与建立一个稳定的、明确的、实用的法律基础设施同步进行。国家的任务就是利用法律手段,通过法律的创制、执行以及法律意识的培养来为市场经济铺垫道路,建立完善的市场经济基础设施,建立竞争有序的市场运行机制,以及确立法权以刺激市场经济的运作。法律在市场经济中的作用,就其作用的过程来看,可区分为两个阶段。一是作为市场机制形成前提的法律制度,如产权及交易法律制度;二是在市场机制运行中,由于市场机制的天然局限而需要由法律手段直接干预而形成的法律制度,如专利和商标法律制度。无论前者或后者,就其功能来讲,均可分为确认功能、协调功能与分配功能三个方面。其中确认功能是指要明晰各种物质和非物质要素的所有者,尤其是确认生产要素所有者对要素的合法占有,这是资源配置的前提;协调功能是指在多元主体的经济环境中,协调要素所有者、要素使用者和第三人之间的利益分配关系;分配功能是指对各要素主体在经济活动中的利益进行合理配置,使各方利益得到最大的满足。

五、法律与经济全球化

经济全球化是我们这个时代最重要的特征之一,也是一个无法回避的热门话题。关于何谓经济全球化,虽然学者们从不同角度进行了诠释,可以说尚无统一的定义,但它表达了这样一个客观事实和这样一种发展趋势:生产要素在全球范围内越发自由流动和合理配置,经济资源愈益在全球范围内自由、全面、大规模地流动,跨国商品与服务交易及国际资本流动规模和形式的增加和技术的广泛传播使各种壁垒和阻碍逐渐消除,国家间的经济关联性和依存性不断增强,各国经济的发展与外部世界经济的变动愈加相互影响和制约。

经济全球化是生产力和国际分工向高级阶段发展的必然结果,但它并非一种新现象,最早可追溯至哥伦布地理大发现之后的不久。只是自20世纪80年代中期以来,特别是冷战结束后,经济全球化得到了进一步的有力推动和迅速发展。主要原因有:东西方由对抗走向对话,使国际形势趋于缓和;跨国公司迅猛发展,成为推动经济全球化的主要载体;市场经济体制已为世界绝大多数国家所接受,有力地促进了世界统一市场的形成和发展;科技革命加速发展,特别是信息技术日新月异,跨国界的计算机网络和信息高速公路的建立,将整个世界变成了地球村。

众所周知,一国法律是深深根植于一国的政治、经济、文化和历史传统之中的,但同时置身于联系越来越广泛越来越紧密的国际社会中,又不可能不受到外来法律文化的影响。随着经济全球化进程的不断加速和深化,各国之间的联系和交往日益频繁,跨国民商事关系以前所未有的数量发生,而为了保证国际社会正常的经济贸易活动的安全,进一步推动国际交往的扩大和深化,就需要制定更多的国际条约来规范国际关系,协调各国间的利益冲突,同时也更加需要各国法律之间互相交流,相互借鉴,以提供法律上的保障,扫清法律上的障碍。换言之,经济全球化将最终导致世界各国法律制度和法律规范的趋同和协调。这一趋势,一方面是通过国际条约和国际惯例使国际社会的规范进入国家法律的范畴,对各国的法律制度、经济体制、社会结构、社会价值乃至政治制度产生直接或间接的影响。如以世界贸易组织协议为例,仅在1994年4月乌拉圭回合结束后,各缔约国就签署了55个一揽子协议。世界贸易组织于1995年1月1日成立后,更是不断地谈判制定新的国际经贸规则。另一方面是通过各国法律的相互影响、借鉴和移植。如从整体上讲,中国的《公司法》与美国、中国香港等普通法法系国家和地区的法律极为相似,但关于公司监事会和监事的安排却显然是借鉴德国等大陆法系国家的制度。与经济全球化的提法相对应,法律发展的这一趋势也可以称为法律全球化。它是一种世界范围内法律规范及其执行日渐互动和依存的状态,是由于经济发展的需要而产生的国内法的国际化和国际法的国内化的一个长期借鉴、移植、渗透、融合的演化过程。虽然学界对于法律全球化褒贬不一,但它作为一种不以人们的意志为转移的历史趋势,已在许多领域不同程度地表现出来。不仅表现在私法领域,如由联合国机构主持签署的《国际货物销售时效期限公约》、《联合国海上货物运输公约》、《联合国国际货物销售公约》、《联合国国际汇票与本票公约》、《联合国国际货物运输港站经营人赔偿责任公约》以及《联合国货物多式联运公约》等。而且也表现在公法领域,如联合国大会通过的《世界人权宣言》、《公民权利和政治权利公约》、《经济、社会和文化权利公约》、《禁止酷刑国际公约》、《消除一切形式的种族歧视国际公约》、《儿童权利国际公约》等。法律的内容方面则涵盖了经济、政治、军事、金融、贸易、人权、环境、资源等各个方面。

【阅读材料】16.1 波斯纳及其法经济学

提示:提到法经济学,就不能不提到这一领域的集大成者——波斯纳。

理查德·A·波斯纳,1939年1月11日出生在美国纽约,1959年毕业于耶鲁大学,获文学学士学位,1962年哈佛大学毕业后,即在联邦最高法院担任秘书工作,1963年转任美国联邦贸易委员会的委员助理。在这个主管美国反托拉斯法的机构历练了3年后,波斯纳又到美国的联邦司法部担任助理,1967年出任美国交通政策特别工作小组首席法律顾问,1969年到1978年在美国斯坦福大学和芝加哥大学任教。1981年,里根总统提名波斯纳担任美国联邦上诉法院的法官。

对于波斯纳来说,从政府官员到学者,然后从学者再到法官,角色的不断转换使其有机会从不同的角度思考法律问题。在其最重要的代表作《法律的经济分析》推出中文版的时候,他曾经感慨地说,在美国,法律专业人员总是把法律看作是一个逻辑概念的自主体,而不是把它看作是一个社会政策的工具。换句话说,美国的学者总是用法律来分析法律,把法律看作是能够自给自足的社会现象,而没有将其放入整个社会进行工具价值分析。作为市场经济有机组成部分的法律,自然与经济密切相关。一部法律的颁布和实施必然会影响到资源的配置。过去中国法学界对法律的认识到此为止,至于法律如何影响到资源的配置,法律本身的好坏如何判定,法学工作者一般不会细细追究。1973年《法律的经济分析》第一版发表,到现在,《法律的经济分析》已经修订出版了7次。其引证率之高,在学术界和政界影响力之大,无出其右。1999年,《美国法律人》杂志评选20世纪美国最有影响的100位人物,波斯纳名列其中。今天,在中国的大学中,凡是攻读经济法专业研究生的学生,其阅读书目中一定有波斯纳的《法律的经济分析》。

作为一本教科书与专著的混合体,《法律的经济分析》有两个基础,一个是波斯纳在美国联邦贸易委员会和司法部中接触到的大量案例;一个是美国经济学中的芝加哥学派。前者使波斯纳找到了问题,而后者使波斯纳发现了解决问题的理论。波斯纳通过对芝加哥新制度经济学的创始人科斯等人学术观点的归纳总结,得出了一个大胆的结论:如果市场交易成本过高而抑制交易,那么权利就应赋予那些最珍视它们的人。在这样的指导思想下,他对美国的财产法、契约法、家庭法、侵权法、刑法、反垄断法、公司法、金融法、税法、宪法以及程序法进行了具体的评估,并且结合案例给出了许多有趣的建议。譬如,为什么商标法仅仅将商标权授予实际销售商呢?他认为,"你不能仅仅为你和其他人可能销售的产品梦想一个名字而在商标局注册,从而排斥他人使用这些名字的权利"。因为"允许这样储存商标,可能会导致人们在设计商标方面投入过度的资源。商标注册处也可能会被数百万的商标所阻塞,从而使销售者为避免侵犯注册商标的权利而进行的商标注册检索变得成本很高"。用波斯纳的观点来解释中国《商标法》第4条再合适不过了,因为该条规定,商品的生产、制造、加工、挑选或经销人根据需要,可以注册商标。

然而正如德国哲学家伽德默尔所说,"任何知识都是片面的"。波斯纳及其法经济学试图运用经济学的理论解释规则,但法律从来都不是纯粹的经济学所能解释的。如果说,波斯纳打开了一扇窗户让我们看到了法律之外的风景,那么,真正要认清法律的本来面目,还必须走出法律的屋子,站在人类文化的高地上,全方位地审视法律这一独特的现象①。

第二节 法律与政治

一、政治释义

在人类文明史上,政治占有相当重要的地位。但是对于何为政治,却是古今中外、众说纷纭,莫衷一是。

在古希腊学者亚里士多德那里,政治是从"城邦"衍生而来的,其含义就是关于城邦的知识,是研究城邦问题的理论和技术。在德国学者马克斯·韦伯那里,广义的政治就是"一切自主的领导行为",狭义的政治则是国家的领导权或该领导权的影响力。在美国学者哈罗德·拉斯韦尔那里,政治就是"谁在什么时候用什么办法得到什么"的过程。在美国学者伍德罗·威尔逊那里,政治不过是社会沿着自己最实用、最方便的途径,有秩序地向前发展的一门科学。在法国 Robert 词典里面,政治有三种定义:(1)治理人类社会的艺术与实践;(2)统治的方式,统治一国和处理国内事务及国际关系的方式;(3)一切有关权力及其对立面的公共事务。根据美国出版的《政治思想百科全书》的定义:政治是意见及利益均不相同的集团做出共同的决定、共同的选择的一种程序。这些决定和选择超越了各集团的界限,并象征着一种共同的政策。

在孔子那里,政治被视为理想的社会价值追求和规范的道德,"政者,正也"②。在韩非子那里,政治就是使用权术,"所用者力也"。在孙中山那里,政就是众人的事,治就是管理,管理众人的事便是政治。在毛泽东那里,"政治,不论是革命的还是反革命的,都是阶级对阶级的斗争,不是少数个人的行为","政治是统帅,是灵魂,是一切经济工作的生命线"③。在邓小平那里,"经济建设是当前最大的政治"④。按照《现代汉语词典》的说法,政治就是政府、政党、社会团体和个人在内政及国际关系方面的活动,它是经济的集中表现,产生并服务于一定的经济基础,同时极大地影响经济的发展。

以上论述,都是从不同角度对政治进行认识的结果。有的从管理学角度,有的从公共性角度,有的从伦理学角度,有的从权力学角度等等;有的着眼于静态,有的

---

① 摘编自乔新生:"波斯纳让法律变得更实用",见于 http://www.gmw.cn/02blqs/2003 - 10/07/26 - 23E26A9369B7002448256E1A00120101.htm。
② 《论语·颜渊》。
③ 《毛泽东选集》第2卷,人民出版社1991年版,第671页。
④ 《邓小平文选》第3卷,人民出版社1994年版,第149页。

着眼于动态;有的比较深刻,有的比较肤浅,但都具有"片面"的真理性。在马克思主义经典作家的著作里,对政治也有不同角度的解释,虽然没有一个统一的规范性说法,但我们总结梳理一下,就可以得到一个比较全面且深刻的对于政治的理解:政治是阶级社会的产物,是阶级社会经济基础的上层建筑,是经济的集中表现,是以政权为核心的阶级关系和人民内部的全局性关系;它既是一个具体的历史范畴,又是一个广泛的社会范畴。

法律和政治都是人类社会的历史现象,两者同属于上层建筑,关系密切,相互影响,互相作用。一方面,政治制约法律,是法律存在的依据。在两者的关系中,政治占有主导地位,政治关系的变化、政治体制的改造和政治活动的变更都制约着法律的发展变化。在一定意义上可以说法律就是一种政治措施,其制定、执行、适用和监督都是政治活动的结果;另一方面,法律服务于政治,是政治实现的工具。虽然受制于政治,但法律也具有相对于政治的独立性,可以起到协调政治关系,规范政治行为,促进政治发展和解决政治问题的作用。总之,国家的政治活动离不开法律,舍弃法律的政治是软弱的政治、无序的政治,而法律亦不可避免地包括政治的内容,没有政治的法律是空洞的法律、无效的法律。其实法律与政治的这种密切关系,从我们的法学学科中也可以得到切实体验。比如人们长期以来把政治学与法理学合称为国家与法的基础理论(或一般理论),把政治思想史与法律思想史合编为政治法律思想史,把政治学院与法学院合建为政法学院(或法政学院),高校合并以前的五大法律院校也都是以"政法"冠名的——中国政法大学、西南政法大学、中南政法学院、华东政法学院和西北政法学院。

二、法律与国家

在不同的语境中,国家具有不同的含义。在讨论近现代国际关系时,国家一般指由政权、人口、领土和主权四要素组成的政治实体,这也是国际法意义上的国家。在国内法意义上,国家则是指代表公共利益具有法律人格的特殊权利主体。在进行学术研究时,与市民社会相对应的国家则是指政治社会,亦即国家权力直接发生作用的所有政治社会关系的综合。单纯从地理空间意义上来讲,国家则是指一个国家的整个区域。

在研究法律与国家的关系时,我们主要把国家理解为一种政治制度和政治组织,是由军队、警察、法庭、监狱和官僚集团所组成的行使政治权力的机构体系,是来自社会又凌驾于社会之上的特殊公共权力系统。按照马克思主义唯物史观的历史类型标准划分,历史上先后出现过奴隶制国家、封建制国家、资本主义国家和社会主义国家。

法律和国家是两种不同的社会现象,它们各有自己特殊的质的规定性,两者存在着明显的区别。然而,两者也具有许多共同性:从起源上看,两者都是在社会出现私有制和分裂为阶级的过程中,为了控制个人之间、阶级之间的利益冲突而产生的;在社会结构中的地位和功能上看,它们都是上层建筑最重要的组成部分,都由社会的经济基础决定并对经济基础发生着最直接、最明显的反作用;从阶级本质上看,马克思认为,它们都是统治阶级借以实现阶级统治的工具。因此,无论是在历史上,还是在现实中,法律和国家之间都存在着内在的必然的联系。简单来说,国家是法律存在和发展的政治基础和有力保障,法律则是实现国家职能、完善国家机构以及巩固和发展国家政权的基本手段与重要工具。它们是互为条件、相互依存的统一整体。国家离不开法律,法律也离不开国家。法律作为国家意志的体现,要由国家来认可或制定;法律的实施必须以国家强制力作为后盾;法律的良好运行需要国家机关体系的紧密配合和及时保障推行;法律的性质和形式也受制于国家的性质和形式。国家作为实行统治的组织,要由法律来协调其内部关系并为其活动指明方向,提供调整社会关系的各种规则;法律是组建国家机构的有效工具,可以增加行使权力的权威性,对于完善国家制度具有重要作用。不难想象,如果只有国家而没有法律,那么国家机构的活动就必然带有极大的随意性和盲目性。反过来,如果只有法律而没有国家,那么任何法律都会因为失去了国家强制力的保证而成为一纸空文。

三、法律与政治权力

政治权力,亦即公共权力,简称为政权或权力,是凭借一定的物质手段合法地控制他人行为的力量。一般认为,权力具有三个重要特征:(1)权力具有强制性。体现为有组织、有系统的暴力。(2)权力具有自主性。即按本国意志自主地处理对内和对外事务的特性。(3)权力具有专业性。依照现代政治理论,权力一般被划分为三个部分:立法权、执法权和司法权。

法律和权力相辅相成,不可分离。一方面,法律离不开权力。法律的生成离不开权力,法律的创立、认可、修改乃至于废止,都离不开权力的设计和安排。法律的运行也离不开权力。法律的遵守、执行、适用以及监督,都以权力为保障。没有了权力作为后盾,法律的实施和监督,都不可能产生预期的效果;另一方面,权力离不开法律。权力的授予和分配,必须有法律依据,才能获得政治客体亦即接受权力作用的群体和个人的认同,使得权力主体的意志转化为权力客体的意志并最终转化为权力客体的实际行动。权力的行使和运用,必须符合法律规定。失去法律的约束,权力必将蜕变为私欲的工具。不受限制的权力,必然是腐败的权力。

四、法律与政党政策

政党是一定的阶级、阶层或集团为了取得或影响政治权力以实现共同利益而结成的政治组织。按照与政治权力的远近程度,可以分为执政党、参政党和在野党。政策是一定的社会集团在一定历史时期,为了达到某种政治、经济和社会的目的,根据社会发展状况而制定的路线、方针、规范和措施等准则的总称。根据制定主体的不同,可以分为国家政策、政党政策和其他政治团体及社会组织政策。

现代政治一般具有政党政治的特点,即实行以政党制度为基础的权力配置和运作机制。其中,执政党的政策对法律的制定和实施能够产生重要的影响,影响程度的高低直接取决于该社会的政治体制和政治形势。执政党的政策具有层次性,按照目标的长远短近以及调整范围的大小,可以划分为总政策、基本政策和具体政策。这里主要研究的是法律与执政党政策之间的关系。

为了从理论上正确处理法律与执政党政策的关系,首先需要认清两者的一致和区别。由于执政党是掌控国家权力的政党,因此法律与执政党政策在根本的方面是高度一致的,两者具有相同的阶级本质、经济基础、指导思想、基本精神、社会目标和历史使命。但是两者毕竟是两种不同的社会现象,也有明显的区别:

1. 意志属性不同

法律在形式上体现的是全体社会成员的意志,执政党政策在形式上是全体党员意志的体现。

2. 规范形式不同

法律必须具有高度的明确性,提供具体的行为模式,执政党政策则可以主要或完全由原则性规定组成,只规定行为的方向。

3. 实施方式不同

如果社会成员违反了法律,可以用国家强制力对违法者予以制裁,如果党员违反了执政党政策,只能按党的纪律予以处分。

4. 调整范围不同

法律只调整那些比较重要的社会关系,相比之下,执政党政策所调整的社会关系远比法律的调整范围广阔,它对广大党员的要求远比法律对普通公民的要求高。但是在对人的效力方面则相反,法律对国家主权管辖范围内的一切居民(包括外国人)均有约束力,执政党政策在未转化成国家意志之前,则只对党员有约束力。

5. 稳定程度不同

法律具有较高的稳定性,执政党的总政策和基本政策与法律一样,也具有较高的稳定性,但是某些具体政策则必须适应社会形势的变化而随时调整。

在国家社会生活中,法律和执政党政策关系密切,两者相辅相成,相互作用。具体表现有以下三方面的内容:

1. 思想内容上的指导与被指导

执政党的主要执政方式就是制定和实施一定的政策来指导国家的活动,而国家活动最基本的方式就是制定和实施各种法律。因此,国家法律必然要接受执政党政策,特别是其总政策和基本政策的指导。首先在法律的制定过程中,法律所体现的思想内容必须以执政党的政策为依据。其次在法律的实施过程中,也必须以执政党政策为指导来理解和解释法律所包含的思想内容,尤其在法律规定不十分明确和具体的情况下,坚持执政党政策的指导就显得更加重要。只有如此,才能保证法律在不被曲解的情况下得以贯彻实施。

2. 规范效力上的约束与被约束

在坚持以执政党政策为指导来制定法律、实施法律的前提下,也必须正确地认识到,在社会控制系统中法律是至上的。政党作为国家统治下的社会团体,也必须服从法律。这就意味着,执政党的领导机关制定和贯彻各项政策的活动也要受法律的约束,各级党组织和领导者都必须依法办事,执政党政策不能与宪法和法律的规定相冲突,政策对法律的指导作用也必须按法定程序来实现。

3. 实施过程中的相互促进

由于当今政治大多是民主政治,政党只有赢得选民的选票才能成为执政党,因此在很多情况下和很大程度上,执政党政策是对以往经济建设历史经验和教训的科学总结,是对现实社会发展规律的趋势的正确反映,也是社会共同利益的集中体现。这样一来,法律的制定和实施过程中坚持以执政党政策为指导,就能够保证法律得到人民群众的积极支持,保证法律具有合理性和可行性,从而使法律比较顺利地实施,以实现对社会关系的调整。同时,由于法律是国家意志的体现,在实施过程中如果受到了人为干扰和破坏,就可以利用国家强制力对违法行为加以取缔和制裁。执政党政策在没有转化为法律的规定之前,它的内容并不具有国家意志性,不能以国家强制力作为实施的最后保障。但是,当经过必要的法定程序,使执政党政策的内容和精神在法律中体现出来之后,它就具有法律效力,可以由国家来保障其贯彻实施,这就有利于国家机关、政党社团、企事业单位和公民个人的一体遵行,从而有利于政策的落实。

简而言之,国家法律的制定与实施离不开执政党政策的指导,执政党政策的贯彻与落实也离不开国家法律的推动。

五、法律与政治文明

政治文明是指执政党及其领导的国家机关与其人民群众在国家的政治活动中所形成的相互参与、相互监督的理性状态,是政治意识文明、政治制度文明和政治行为文明三个部分组成的有机整体。它是人类社会政治生活的进步状态,是人类政治智慧和社会理性的结晶,是人类文明程度的最高体现。中国在 2004 年的宪法修正案中也已将"推动物质文明、政治文明和精神文明协调发展"作为进取目标。从人类社会文明体系的重心来看,如果说物质文明看重的是器物,精神文明看重的是文化,那么政治文明看重的是制度。

法治(rule of law)就是法律的统治,法律与政治文明的关系主要体现为法治与政治文明的关系①：

（一）法治是政治文明的核心内容

法治追求政治民主、社会正义、保障人权，把有法可依、有法必依、执法必严、违法必究的原则尊崇为治国方略。这与政治文明的价值理念是一致的：都以正义为宗旨，以民主为核心，以公平为原则，以理性为根本。法治的要义是"良法之治"，法治的基本内容是立法的民主性、科学性，执法的统一性、规范性，守法的普遍性、自觉性，司法的公正性、权威性。从正义的角度讲，立法分配正义，执法实现正义，守法遵循正义，司法救济正义。从政治的视角看，立法确定政治结构，执法落实政治机制，守法体现政治状态，司法保障政治秩序。法治直接体现着政治文明的现代理念和运行机制，是政治文明不可或缺的重要组成部分，是政治文明建设的基本形式。在此意义上，可以说法治就是政治文明的核心内容。

（二）法治是政治文明的显著标志

民主是社会主义政治文明的本质属性，制度则是政治文明的基本特征，法治便是政治文明制度化的显著标志。法治以健全法律制度为前提，制度是法治的基本要素，法律本身就是制度，是现代政治文明制度化的集中体现。制度文明，特别是法治对政治文明系统起着组织、协调和整合的作用，不仅落实政治理念，而且规范政治行为，还能建立政治秩序，是确认政治改革成果的基本形式，是政治文明结构中的关键部位，在政治文明发展进程中发挥着至关重要的作用。应该指出，制度建设对于政治文明的实现固然是重要的，但更重要的是，政治文明的结果必须体现在政治秩序上。民主制度是静态的政治文明，而民主秩序则是动态的政治文明。而法治不仅仅是先进的政治理念的结晶，也不仅仅是民主的政治制度的体现，还是政治秩序合理运行的现实状态。法治作为政治文明的制度形态和秩序形态，不仅是政治文明丰富内涵的集中体现，而且是承载政治文明成果的显著标志。法治的实现程度几乎就是政治文明的实现程度，换言之，政治文明的实现程度取决于法治的实现程度。人类政治文明的历史实践表明，政治行为的规范程度，特别是法治程度是衡量政治文明的基本尺度。

（三）法治是政治文明的重要保障

法治以其特有的社会功能，不仅是政治文明所取得的成果的保障体系，而且是政治文明建设过程中的规范体系。法治的规范功能和保障功能对于政治文明的建设具有特别重要的作用。建设政治文明必须依靠法治，也只能依靠法治。法治的民主性以政治民主为价值内核，反映了政治文明的本质属性。法治的普遍性以政治平等为价值基础，体现了政治文明的基本要求。法治的统一性以政治理性为价

---

① 此一小节的部分内容参见姜伟："法治与社会主义政治文明建设"，载《中共中央党校学报》2003年第3期，第106—111页。

值导向,代表了政治文明的发展方向。法治的操作性以社会秩序为价值前提,保证了政治文明的实际效果。法治的公开性以社会正义为价值准则,确认了政治文明的主要标志。法治的强制性以社会责任为价值要求,提供了政治文明的保障机制。总之,政治文明的成果需要法律确认,政治文明的进程需要法治维护,政治文明的实现需要法治保障。法治所确定的稳定的社会秩序是建设政治文明的基本前提。

（四）法治是政治文明的建设途径

世界各国的政治民主化都以法治为基本走向,这不是治国方略的巧合,而是历史发展的规律。法治是建设政治文明的基础性工作,法治也许不是万能的,可建设政治文明若没有法治则是万万不能的。在经济全球化、科学技术化、社会信息化的现代化进程中,法治不仅是市场经济的客观要求,而且是政治文明的时代特征。其实,加强法治的过程,就是建设政治文明的过程,法治是建设政治文明的必由之路。

【阅读材料】16.2　法律是一种规则政治

提示：法与政治的关系是法学研究,特别是法理学中的老问题,历来都有不同的看法。其中一个问题集中在法律的属性问题上,即法律是否具有政治性,是否可以脱离政治。在西方传统的自由法学,特别是分析实证主义法学认为,法律是法律,政治是政治,强调司法和政治的分离。而西方的现实主义法学、批判法学则认为,法律与政治不可分离,法律就是政治,强调司法和政治的互动。而下面这则材料则提出了一种别样的观点。

法律是一种规则政治,它来源于不同政治力量、派别、群体之间的实力的对比,是把社会中占主导地位的经济、政治和文化关系以规则的形式表现出来。但规则政治与政治的原型,赤裸裸的政治关系不同,它是一种游戏规则,所有参加游戏的人,不管你属于哪一个政治集团或派别,持有什么样的政治主张,都要按规则办事,而不能违规操作。毫无疑问,法律要随着社会政治关系的改变而改变,但法律又不能因为社会政治的任何微小的变动而立即改变,法律具有自己的相对稳定性。反之,社会上的任何强大的政治力量,无论是国际还是国内,认为自己的力量已经足以打破现有的力量平衡,而不顾已有的国内法或国际法,奉行所谓"单边主义",必然使自己的行动失去合法性的基础。同时,法律制度在自己的发展过程中也积累了一套适应社会变化而又能保持自己稳定性的机制和技术,如法律解释、类推、论证、拟制等。法律是规则政治并不意味着法律是一种僵化的措施,它也有一套使现实政治能够渗入到法律调整过程中的方法,比如法律的一些原则性的规定,可以作出伸缩性很大的解释,可以为执法者留下较大的自由裁量的空间。而且在法律与政治,法律与其他社会调整方式之间并不存在一条清晰的界限,问题在于要学会用法律手段,在法律的框架内把它们联系起来。如果推开法律,在法律之外另搞一套,那就谈不上规则政治了。一个单纯的政治家和一个受过法律教育的政治家的区别可能就在这里。前者往往能够从政治上考虑问题,"讲政治",摆脱受到所从事的专业、分工的影响,从大局着眼;后者不仅能从政治上考虑问题,而且能够把这种问题化成法律问题,在大家都能接受的法律框架中分析。因此,在强调法律与政治的不可分割的联系的时候,现在特别应强调法律是规则政治①。

第三节 法律与道德

一、道德释义

在西方语言中,道德一词源于拉丁文的 mores,系指公众的习俗,而 mores 则是 mos 的复数,而 mos 系指个人的品格。后来古罗马思想家西塞罗根据希腊道德生活的经验,从 mores 一词创造了一个形容词 moralis,指国家生活的风尚习俗和人们的品质个性。再后来英文的 morality 就沿袭了这一含义,即有关美德和美德行为的标准、原则,其形容词 moral 也是关于对错的标准和品行端正的意思。

在中国古籍中,"道"和"德"经常是分开用的,各有各的含义。"道"首先指事物运动变化的规律。如《老子》中说"有物混成,先天地生……可以为天下母。吾不知其名,字之为道"。但孟子却说"仁也者,人也。合而言之,道也"。道在这里就成为人之为人的根本,做人的根本准则。关于"德"字的含义,古人有德、得相通之说。庄子说:"通于天地者,德也",朱熹则说:"德者,得也。得其道于心,而不失之谓也。"故在中国古代文化中道德即"得道",得宇宙之道、得人伦之道。

发展到今天,也就是我们这里所谓的道德是指在一定物质生活条件下,依靠内心信念、社会舆论和传统习惯来维持的,借以评判人们的思想和行为的,关于善与恶、好与坏、优与劣、光荣与耻辱、正义与邪恶、公正与偏见、诚实与虚伪、野蛮与文明等观念、原则以及规范的综合体系。按照调整领域的不同,可以将其分为社会公德、职业道德以及婚姻家庭道德。其中社会公德是全体公民在社会交往和公共生活中必须共同遵循的道德准则,是社会普遍公认的基本行为规范。职业道德是社会道德在职业生活中的具体化,不仅是从业人员在职业活动中的行为标准和要求,而且是本行业对社会所承担的道德责任和义务。婚姻家庭道德是婚姻道德和家庭道德的合称,是调节婚姻和家庭中人们之间相互关系的道德规范的总和。

道德作为人类社会特有的现象,是人类在改造自然和社会的实践中逐步形成的。从根本上说,道德是由一定的物质生活条件所决定的一种社会意识形态,每一

---

① 摘编自朱景文教授为《法律的政治分析》一书所作的序,此书由胡水君著,北京大学出版社 2005 年版。

种社会经济形态都具有相应的道德,是当时社会关系的反映。同时,与其他社会意识形态一样,道德在阶级社会中具有鲜明的阶级性,并且往往与人们的信念、情感、民族心理结合在一起,因此具有很大的历史延续性和稳定性。此外,道德还具有多元性,是一个多层次的范畴。美国法学家富勒将道德分为两类:一类是抱负道德(morality of aspiration)。它是人们应当追求的道德,指人们要充分实现自己的力量,尽力达到最好的境界,它与美学最为相似;一类是义务道德(morality of duty)。它是人们必须遵守的道德,指一个时期内不可或缺的一些基本原则,它与法律最为相似①。美国学者博登海默也将道德分为两类:第一类是指社会有序化的基本道德要求,它们对于有效地履行一个有组织的社会所必须承担的义务来讲,是必不可少的或极为可欲的。如避免暴力和伤害、忠诚地履行协议、家庭成员间的关爱以及对团体的某种程度的效忠等等。第二类是指那些有助于提高人类生活质量和增进人与人之间的紧密联系的道德原则,如慷慨、仁慈、博爱、无私等道德价值②。英国法学家哈特也认为应把道德划分为两部分,即维系社会存在所必需的基本部分和非基本部分。基本道德是那些对任何社会的存在都是不可缺少的限制和禁令,即为公共道德,抑或是"公序良俗"或"善良风俗";而其他的则为非基本道德,即为私人道德,如禁止通奸、同性恋以及婚前同居等,它不为一切社会所必需,也很难说为某一社会所必需。三位学者的划分虽然名称不一,但内容比较类似,基本上是将道德划分为高低两个层次,低层次的道德也就是我们平常所说的道德义务,高层次的道德也就是我们平常所说的道德理想。

二、法律与道德的联系

法律与道德的联系可以说是法理学中的一个历史悠久且经久不决的话题,德国法学家耶林曾将它比喻为法理学中的"好望角",即不能回避又十分棘手的问题。法律与道德都是社会上层建筑的组成部分,都是社会规范的存在方式,两者之间存在着密切的联系。但是对于联系的具体内容,古今中外的学者们并没有达成一致意见,争论颇多。其中的争论主要集中于以下三个问题:

(一)如何理解法律与道德在本质上的联系

即法律是否可以与道德相分离,两者之间是否存在必然的联系?毫无疑问,任何社会的法律都会必然或多或少地反映该社会占主导地位的道德观念。问题是,如果某部法律违背了道德,它是否因此而丧失了法律的本质而失去了法律的身份?换言之,"恶法"是不是法?对此一问题,主要有两种截然相反的观点。一种观点是

---

① 参见沈宗灵著:《现代西方法理学》,北京大学出版社1992年版,第54—57页。
② 参见[美]博登海默著:《法理学——法律哲学与法律方法》,邓正来译,中国政法大学出版社1999年版,第370—373页。

肯定说,即认为法律与道德不可分离,两者之间存在必然的联系,"恶法"非法。这一观点以中国古代儒家和西方自然法学派为代表。儒家主张法律必须建立在道德的基础之上,如孔子就说过,"礼乐不兴,则刑罚不中,刑罚不中,则民无所措手足"。荀子也认为君主在施行法律的时候,如果"不以道持之",则"有之不如无之"。而这里的"礼"、"乐"、"道"都是道德的具体体现。西方古典自然法学派认为法律是正义的化身和理性的体现,必须符合道德的要求。新自然法派也认为法律必须符合正义标准,至少符合形式正义,如必须公布于众,具有可预测性,不溯及既往等,法律的本质就是内含了一定的道德因素。另一种观点是否定说,即认为法律与道德可以分离,两者之间不存在必然的联系,"恶法"亦法。这一观点以中国古代法家和西方分析法学派为代表。法家主张法律不必建立在道德的基础之上,如韩非子就说过,"明主之治国也,使民以法禁,而不以廉止"。慎子更是明确地说:"法虽不善,犹优于无法。"西方分析法学派也认为法律与道德之间并不存在必然的联系,由于人类社会的复杂和多变,没有永恒一致的正义标准,科学也无力回答正义的标准问题。因此即使法律和道德之间在事实上会有比较多的联系,但两者之间并没有必然的联系,法律的存在是一回事,法律的好坏是另一回事。我们认为,法律与道德之间的背离是现实中经常出现的事情,只要不超出某种限度,比如大多数人可以接受或容忍,这样的法律仍然具有法律的身份,值得人们去遵守,但同时人们可以通过各种社会反馈机制去促使当局做出改变。但是如果它超出了某种限度,比如违背了人类最基本的道德底线(典型的如德国纳粹政权制定的种族灭绝的法律),那么它就失去了法律的身份,人们就可以通过各种方式去抵制和改变它。这些方式包括通过良心拒绝,即以消极的态度,从内心拒绝遵守;非暴力反抗,即组织游行示威等和平方式向当局表示不满和抗议;暴力反抗,即在极端情况下,可以通过秘密的或公开的、有组织或无组织的暴力行动来促使当局做出改变甚至推翻当局。

(二)如何理解法律与道德在内容上的联系

即法律所包含的道德的性质和层次如何?对于这个问题,学者们的观点带有明显的时代性。古代的学者大多提倡尽可能多地将道德义务上升为法律义务,这就要求法律尽可能全面地体现法律的内容。在他们的心目中,法律的重要使命就是保证社会思想的纯洁性,为此就必须将尽可能多的道德规范法律化,以获得强制执行的效力。古代社会关系相对简单,没有制定完备法律制度的需要,也没有制定完备法律制度的能力。因此这种简单而粗糙地将道德法律化的做法不仅适应而且反映了古代法律与道德高度融合的特征。现代学者则倾向于将道德和法律相对区分开来,"法律是最低限度的道德"几乎得到了一致的认可。这就意味着不能用法律来制裁道德上的所有恶行,不能把那些较高的道德要求法律化。只有那些可以作为维系社会基本秩序的最基本条件的道德,如勿杀人、勿盗窃、勿欺诈等,法律才会予以关注,才会予以强制执行。不过,在这个"最低限度"的问题上,学者们分歧颇多。实践中的做法也不一致,如一般而言,见义勇为是一种较高的道德要求,但在中国秦朝以及如今的法国,其法律都将此作为法律义务来规定。我们认为,何为最低限度,应该根据每个国家的国情和每个社会的社情来斟酌确定,而且为了某些特殊的社会目的和公共福利,这个限度也可以因时因地地变化甚至被突破。

(三)如何理解法律与道德在功能上的联系

即在社会生活中法治和德治的地位是怎样的?毫无疑问,法律和道德都是社会调控机制的重要组成部分,任何文明社会的建立以及社会秩序的维持都需要对两者有所倚重。两者在功能上相辅相成,没有法律的支持,道德便会显得无力,没有道德的支持,法律便会显得空洞。但是对于两者何者为主何者为次的问题上,学者们的观点不怎么一致。一般而言,古代学者大都强调道德在社会调控中的首要作用或主要地位,对于法律则不太重视。如中国古代的儒家就强调"德主刑辅"、"明德慎罚"、"以德去刑"的德治思想。现代学者大都强调法律调控的突出作用,各个国家纷纷将法治作为远期建设目标和理想治国模式。我们认为,对一个国家的治理来说,法治与德治,从来都是相辅相成、互相促进的。现代社会的调控模式要以德治为基础,以法治为主导。两者缺一不可,也不可偏废。

三、法律与道德的区别

法律和道德之间虽然有密切联系,但两者毕竟属于不同的规范体系和调控机制,具有各自的规定性,因此两者之间也有诸多区别。

(一)产生条件不同

法律的产生远远晚于道德。原始社会没有现代意义上的法律,只有道德规范或宗教禁忌,或者说氏族习惯。法律的产生以利益多元化和利益冲突普遍化为条件,道德的产生则以社会中的人际交往为条件。法律是在原始社会末期,随着氏族制度的解体以及私有制、阶级的出现而产生的。而道德的产生则与人类社会的形成同步,是最古老的社会规范,道德是维系一个社会的最基本的规范体系,没有道德规范,整个社会就会分崩离析。按照马克思主义的观点,法律的最终命运是消亡,而道德将会和人类一起进入共产主义社会。

(二)表现形式不同

法律在形式上是人们主观设计的产物,是以国家意志表现出来的施加于社会成员的制度安排。它是国家制定或认可的一种行为规范,具有明确的内容,通常要以各种法律渊源的形式表现出来,如国家制定法、习惯法、判例法等。道德是在人们的社会生活中自发形成的,无须国家机关的制定,其规范的内容存在于人们的意识之中,并通过人们的言行表现出来。它一般不诉诸文字,内容比较原则、抽象、模糊。

（三）调整范围不同

从深度上看，道德不仅调整人们的外部行为，还调整人们的动机和内心活动，它要求人们根据高尚的意图而行为，要求人们为了善而去追求善。法律尽管也考虑人们的主观过错，但如果没有违法行为存在，法律并不惩罚主观过错本身，即不存在"思想犯"；从广度上看，由法律调整的，一般道德也可以调整。当然，也有些由法律调整的领域几乎不包括任何道德判断，如专门的诉讼程序规则、交通秩序规则、票据的流通规则、政府的组织规则等。在这些领域，法律的指导观念是便利与效率，而非道德。但从总体上说，道德调整的范围远远超过法律，可以说几乎一切社会关系都会或多或少地受到道德的调整。如个人的生活作风、朋友间的友情等等道德可以调整而法律却不可以。

（四）作用机制不同

法律是靠国家强制力保障实施的，而道德主要靠社会舆论、传统习惯和内心信念来维持。法律以他律为主要特点，具有国家强制性，由专门机构和人员按照明确的程序和形式负责实施，违反法律就要承担相应的法律责任，接受相应的法律制裁。法律制裁是一种客观实在的，外在有形的惩罚，表现为人身的或物质的形式。其治理方式是"他治的"，个人的主观意愿不会从根本上影响法律的效力，心理上对法律的赞成或反对并不必然带来多少不同的法律后果。道德则以自律为主要特点，它较多地表现为对人们行为的劝阻和示范，主要借助评价、教化、谴责等方式来培养人们的道德义务感和善恶判断能力。违反了道德会受到惩罚，但这种惩罚是观念性的、道义性的、精神性的惩罚。其治理方式是"自治的"，是诱导性的，不在于外在的强制，而在于内心的感化，归根到底只有被人的良心接受才能产生道德效力，而这种精神约束力的强弱又往往因人而异。

（五）内容要求不同

法律是以权利义务为主要内容，一般要求权利义务对等，没有无权利的义务，也没有无义务的权利。而道德一般只规定了义务，并不要求对等的权利。比如说，面对一个落水者，道德要求你有救人的义务，却未赋予你向其索要报酬的权利。向被救起的落水者索要报酬可能会得到法律的支持但却往往被视为不道德。换言之，法律是以权利为本位的，而道德是以义务为本位的。

四、法律与道德的互动①

法律和道德犹如车之两轮、鸟之两翼不可分离。道德总是想方设法地向法律渗透，希冀法律的帮助；法律则是有意无意地接纳道德要求，寻求道德的支持。法

---

① 此一小节的部分内容参见吴汉东："法律的道德化与道德的法律化——关于法制建设和道德建设协调发展的哲学思考"，载《法商研究》1998年第2期，第3—8页。

律和道德正是在这种相互作用的过程中达致对社会的调控目的的。

（一）道德对法律的作用

1. 立法活动的道德指引

法律的社会效益一般取决于社会的普遍认同，因此缺乏道德基础的法律势必与社会价值相冲突而丧失其存在的意义。在立法过程中，从参加人员、制定过程到内容要求都必须以正确的思想道德观念为指引。具体说来，道德在立法活动中的作用表现在两个方面：(1) 道德是立法内容的重要渊源。在立法过程中，必须充分考虑道德因素和道德标准，以适当形式将道德的根本原则、主导内容法律化。现实的法律与道德在调控范围上多有交叉，就是因为立法认同或吸收了许多道德规范。可以认为，法中有德，法律作为国家制定的行为规则，不能不反映社会普遍遵守的价值取向，并将一些道德原则具体化，从而使得法律具有相应的道德意蕴。(2) 道德是制定法律的指导思想。任何法律规范都包括立法者关于善恶、是非的价值判断，反映立法者允许什么、限制什么、禁止什么的价值取向。即使某些技术性和程序性规范，虽然在渊源上与道德没有直接联系，但它们之所以能进入法律体系，就在于它们能折射出社会的道德理念。如专利方面的法律，就体现了法律对发明创造的尊重和鼓励。立法决不能违背正义观念、公共利益和其他道德基本原则，否则这种法律不仅难以实施，而且会使立法者失信于民，使法律权威受到破坏。

2. 执法主体的道德保障

法律的正确贯彻和公平实现，不但要求法律规范实现"合法性"与"合道德性"的统一，而且在很大程度上取决于执法主体的道德能力，即执法者道德水平的高低与执法质量的好坏有着直接的关系。一般认为，执法主体具体适用法律规范的行为，代表了正义、公平、秩序的道德观。执法者在其执法活动中道德水平低下，其后果较之执法者法律水平低下要严重得多，它直接影响执法机关的形象和法律的权威，往往会出现"好经让和尚念歪了"的现象。因此，执法主体只有具备良好的法律职业道德和可靠的道德能力保证，才能够在法律实施过程中忠于职守、唯法是从，刚直不阿、廉洁奉公；才能不惧以权压法、以言代法，避免徇私舞弊、贪赃枉法。必须看到，这种道德能力的获得和提高，并不是法律职业本身所赋予的，而是依靠执法主体对职业道德要求发自内心的体验和认识，形成强烈的正义感、责任心和气节来维系的。

3. 守法心态的道德制约

法律所具有的一体遵行的效力，表现为权利被行使、义务被履行、禁令被遵守、责任被承担。法律要实现这种调整社会关系、维护社会秩序的价值目标，必须依赖于社会成员对法律的自觉信仰与普遍遵从。一般而言，社会成员道德水准越高，守法意识就越强，法律的效益就越见明显。反之，则会出现"人无廉耻，王法难治"的现象。守法是一种道德义务,大多数社会成员并不仅仅是因为法律的强制力而守法,在许多情况下是由于他们的道德习惯而守法。健康的守法心态,是社会道德要求在人们心理上的反映和积淀,其实质内容主要是对法律遵守的义务感和对违反法律的羞耻心。质言之,法律可以利用其威慑力量迫使人们就范或对违法行为进行惩罚,但无法保证每一个人在任何时候都是守法者,只有道德上的知耻才是守法最深厚、最持久的力量。法律治标不治本,治端不治始,需要通过道德弥补其不足。可见,守法的自律心态是法律他律性目标实现的基础。

(二) 法律对道德的作用

1. 法律的规范——强化作用

通过立法手段可以选择和推动一定道德规范的普及,即以法律规范形式确认和吸收某些道德标准,使之成为法律标准,从而推进法律目标的实现。例如民商法确认的交易活动中诚实信用的道德原则就是道德规范法律化的具体表现。作为法律化的道德,既包括实体性内容,即对社会倡导的主体道德行为、现阶段容许的道德行为和社会责罚的非道德行为作了分层次规定;也包括程序性内容,即对非道德行为设定了惩罚性措施及实施机关。这样,通过法律对其倡导或禁止某些行为的宣示,有助于产生社会共识,形成新的道德标准。

2. 法律的监督——保障作用

道德的生成和发展离不开良好的法律环境。法律既能扬善,又能惩恶,即通过监督保障机制保护道德行为,禁止直至惩罚不道德行为。首先,法律能以国家的名义对人们的行为进行评价,它不仅反映赞成什么、反对什么的价值取向,而且为人们提供了辨别是非和判断好坏的标准。更重要的是,法律激励人们担负社会责任,是人们同严重违反社会道德的行为进行斗争的有力武器。其次,法律通过国家强制力对违法犯罪行为进行制裁,使违法犯罪分子在认罪服法时进行思想改造,洗心革面,重新做人;使道德不稳定分子在法律强制时受到教育和震慑,悬崖勒马,弃旧图新。这对于净化社会风气,维护道德环境无疑是有力的保障。

3. 法律的识别——批判作用

法律对道德的作用,不仅表现为对新道德的强化与保障,而且还表现为对旧道德的抵制与批判。加强法制建设,既是对道德文明固有缺憾的弥补,又是扬弃传统道德文化的重要手段。法律能以国家意志的形式,对传统道德的精华和糟粕做出明确的辨别,尤其是将那些腐朽的、落后的、反动的成分予以剔除。如中国现行《婚姻法》(1980 年通过,2001 年修正)就对以前的封建社会道德进行了区分并予以了不同对待:继承了敬老爱幼的传统美德,摒弃了男尊女卑的封建糟粕。法律所具有的内在批判能力和推动社会进步的机制,总是一头连着过去的道德传统,一头连着未来的道德理想。

4. 法律的教化——推动作用

从法律的精神看,它可以运用权利本位、契约自由、社会公平、效率优先的现代法律精神去培育和教化人们,从而形成健康有序的社会和经济生活规范,最终使人们将法律精神的意志、规则、知识、价值等融化于自己的道德观念和日常行为之中,在他律的范围内把自己塑造为自律、自觉、自在、自为的人。从法律的功用看,它可以通过自身的规范、协调、指引、教育、惩戒等社会功能,促进道德行为的养成和道德意识的觉醒,最终达到道德理想的实现。这个过程也就是从他律走向自律的过程。法律作为人类进化的一种手段,其作用不能仅仅限定在世俗的"定分止争"之上——此乃"善"也,除了这种最直接的意义之外,法律应当而且可以实现"淳风美俗"、"道德教化"的更高追求——此乃"善之善"也。

【阅读材料】16.3 "沃尔芬登报告"以及哈特与德富林的论战

提示:关于法律与道德的命题向来是无法回避的,耶林曾将其称为法理学中的"好望角",是任何一个想在法理学的海洋中徜徉的人都绕不过去的一个弯儿。虽然问题由来已久,但是当代西方法学界在法律与道德关系上仍然存在重大分歧,并导致了法律实证主义与自然法学的长期争论。这些争论中影响较大的主要是三场论战:哈特(H. L. A. Hart)和富勒(Lon Fuller)关于法律与道德有无必然联系的论战;哈特与德富林(P. Devlin)关于国家有无权力强制实施道德的论战;哈特与德沃金(R. Dworkin)关于规则模式中是否包括蕴含道德价值的原则的论战。下面这则阅读材料就简要介绍一下"沃尔芬登报告"以及由此引起的哈特与德富林的论战。

1954年,英国国会组成了沃尔芬登委员会,调查及研究现行的有关性犯罪的法律,以对国会提出有关这方面立法的建议。1957年,委员会提出了"沃尔芬登报告"(wolfenden report),建议法律不应该禁止成年人之间在私下自愿进行的同性恋行为,也就是说,应该将这种行为非刑事化。该报告认为刑法的功能是:保持公共秩序和社会良俗(decency),保护公民免受侵犯或损害,并且为公民提供免受他人剥削和败坏的足够的保障,尤其是为那些特别脆弱的公民,因为他们年轻、身心脆弱、没有经验,或者在生理上、身份处境上以及经济上处于一种特别的状态需要依赖他人。按照我们的观点,法律的功能不是去介入公民的私人生活,或试图去强制推行任何特定的行为模式,法律的功能不超过为推行上述概括的任务所需要的限度。……社会和法律应该给予个人在与私人道德有关的领域以选择行动的自由……这样说并不等于宽恕或鼓励私人的不道德。

1959年,英国上议院的司法议员德富林对这份报告作了猛烈批判,同年,哈特教授对德富林的观点作了反批评。德富林认为,在很多罪行中,刑法的功能就是为实施道德原则而不是为了别的什么。社会不仅是一个物质的共同体,也是一个观念的共同体。社会的共同道德是维系社会存在的看不见的纽带,如果这个纽带过于松弛,社会成员就会游离出社会。当共同道德不被遵守时,社会就会分裂、崩溃。因为不道德的行为扩散开去,后果就不堪设想,个人酗酒是隐私,但假设有四分之一或二分之一的人口每天晚上酗酒,社会将会变成什么样?"对于政府立法镇压叛乱和煽动叛乱的权力没有理论上的限制,那么我认为,立法镇压不道德行为的权力同样也不能有理论上的限制"。因此道德不仅仅是一个私人问题,存在社会的公共道德,界定公共道德的标准就是任何一个明理的人(reasonable man)的正常判断,如果某种行为让一个明理的人、进而让公众感到难以容忍、愤怒,甚至厌恶,就足以构成对其进行惩罚的根据。同性恋行为就是这样一种公共道德无法容忍的行为,"平静地和不带感情地注视它,我们认为它是这样一种令人憎恶的邪恶,以至单单它的出现就是一种对我们的侵犯"。

作为法律道德主义典型代表的,除了德富林的理论,还有社会学大师涂尔干(E. Durkheim)的理论。涂尔干认为社会的集体意识或共同意识是维系社会的有机纽带,这个纽带的松弛就会危及社会的存在,"社会成员平均具有的信仰和感情的总和,构成了他们自身明确的生活体系,我们可以称之为集体意识或共同意识","如果一种行为触犯了强烈而又明确的集体意识,那么这种行为就是犯罪"。但是涂尔干的这种理论是主要用来描述初民社会的特征的,德富林的社会概念几乎与涂尔干如出一辙,哈特指出这种社会概念是十分混乱的,纯粹是一种比喻性的说法,没有任何经验的证据可以表明集体意识或共同道德对任何社会的存在是必不可少的。而认为道德的转变就等于社会的解体,这种说法更为荒谬,照这种逻辑,我们就没有办法说一个特定社会的道德发生了转变,而必须说"一个社会消失了而另一个社会代替了它"①。

第四节 法律与宗教

一、宗教释义

宗教泛指信奉超自然神灵的社会意识形态,是自然力量和社会力量在人们头脑中的虚幻的、歪曲的反映。根据《牛津法律大词典》的解释:"宗教的宗旨在于对超自然力的信仰,并由此获得精神上的慰藉。根据宗教理论,自然界和人类社会都要受到超自然力的掌握和控制。宗教包括信仰、教义,以及抚慰、礼拜、宗教仪式等活动。"中国古籍《礼记·祭义》亦有类似说法:"合鬼与神,教之至也",意即对鬼神的信仰与崇拜,是教化人民的圣理。

① 摘编自柯岚:"法与道德的永恒难题——关于法与道德的主要法理学争论",见于http://202.205.64.7/yjsy/htm/fxlt/paper23.htm。

宗教是人类社会发展到一定阶段的历史现象，是人类蒙昧时代的思想产物。在原始社会，人们不知道自己的身体构造，不懂得做梦的科学道理，认为梦境里的景象不是人身体的活动，而是独立于人身体外的灵魂活动。后来，人们把这种灵魂观念扩大到他们所接触的自然界的万物，又产生了万物都有灵魂观念（泛灵论）。人们面对纷繁复杂和变幻莫测的各种自然现象，觉得在自己周围的各种事物中都存在着超自然的力量，这种力量主宰或影响着自己的生活，进而把这种力量神秘化、人格化，作为神灵加以崇拜，并企图通过祈祷、祭礼、舞蹈、音乐等形式对其施加影响，使之给人类带来"恩赐"。由于原始社会是一个无阶级的社会，人们幻想中反映的仅仅是对于自然力量的歪曲、恐惧和崇拜。因此，正如恩格斯所说："一切宗教都不过是支配着人们日常生活的外部力量在人们头脑中的幻想的反映，在这种反映中，人间的力量采取了超人间的力量的形式。"①

进入阶级社会以后，由于阶级的出现，形成了阶级和阶级压迫，宗教也赋予了阶级的内容，自然宗教也逐渐演变为统治阶级利益服务的宗教，它神化王权和剥削制度，成为统治阶级的精神武器。在阶级社会中，广大劳动人民除受自然力量的压迫外，又增加了社会力量的压迫。人们对社会力量的压迫同对自然力量的压迫一样，感到难以理解和捉摸，就把希望寄托在宗教信仰上，祈求"来世"的幸福或者死后灵魂升入"天国"或"极乐世界"。可以说"宗教里的苦难既是现实苦难的表现，又是对这种现实苦难的抗议。宗教是被压迫生灵的叹息，是无情世界的感情，宗教是人民的鸦片"②。

随着阶级的形成，国家和王权的产生，宗教也不断发生演变。从原始的多神教演变为一神教；从"自发宗教"发展为"人为宗教"；从部落宗教发展为民族宗教或国家宗教。其中有些宗教随着世界性帝国的建立及其对外扩张而发展为世界宗教，如当今世界上的三大宗教：佛教、基督教、伊斯兰教。

随着人类社会生产力的不断发展，随着自然科学和社会科学的不断发展，人们逐渐认识了天体构造和运动的规律、地球起源和形成的规律、人类社会发展的规律等，宗教原来的许多存在基础都已不复存在。但人活着不光需要经济生活与政治生活，也需要文化生活。而文化生活中的一个重要内容就是要有精神寄托，寄托的载体当然也就是宗教了。人都有心病，处于逆境时，老是想什么时候才会时来运转；处于顺境时，又时刻担心好日子还会持续多久；生活平平淡淡时，又会抱怨，日子为什么太平凡，没有曲折和风浪。心病使我们想从宗教那里得到答案，因而在一定意义上可以说只要人类不灭绝，宗教就不会消失。

正是由于这一系列原因，我们今天才会看到：美国总统上任时总要手按《圣

---

① 《马克思恩格斯选集》第3卷，人民出版社1972年版，第354页。
② 《马克思恩格斯选集》第1卷，人民出版社1972年版，第2页。

经》发誓;在西方国家的法庭上,证人作证时要宣誓;穆斯林妇女外出时要面戴黑纱;在新德里的大街上,印度总统的车子也要给牛让路;宇航员升上太空之前总要祈求上帝保佑,在胸前划十字;国会议员里面有宗教领袖;教皇出访时受到所在国家的隆重礼遇;邪教泛滥,寺庙、道观、教堂、清真寺的拔地而起;当今世界上还有60％的人是各种宗教的忠实信徒……

二、法律与宗教的联系

无论是从纵向来观,还是从横向来看,法律与宗教都是曾经有过且现在仍然有着千丝万缕或藕断丝连的联系的。由于宗教在不同的历史时期和不同的国家所处的地位不同,其与法律的联系程度也有所不同。总体来说,古代社会的法律和宗教的联系程度比现代社会紧密,政教合一的国家的法律和宗教的联系程度比政教分离的国家紧密。

在古代社会,民族宗教和国家政权往往融为一体,君权和神权合二为一,很多国家实行政教合一的政体形式。法律和宗教互有交叉,相互渗透,甚至形成了一些宗教法律体系,如伊斯兰法、印度教法和欧洲中世纪的教会法。

伊斯兰法的基本渊源是《古兰经》(又译《可兰经》),它实际上是指伊斯兰教的教法,专称为"沙里亚",原指"通向水源地之路",泛指"行为"、"道路",进入法律成文期后又称《沙里亚法典》,意为"安拉"降示的神圣命令的总称,即一个虔诚的穆斯林在宗教上、道德上、法律上应当遵行的一整套义务制度,因此又称"神圣法律"或"启示法律"。

印度教法的代表《摩奴法论》是印度教伦理规范的经典著作,是婆罗门僧侣以神的名义创作的。其中讲纯粹法律的地方约占全书的1/4,其他的几乎都与宗教伦理有关。它曾经长期是古代印度社会的法制权威,受到国家强制力的严格保障。

在中世纪,基督教成为欧洲封建社会的支柱,它把封建社会上层建筑的各个领域都严密地置于基督教神学和教会的控制之下。教会法的内容不仅规定教会本身的组织制度并对教会与世俗政权的关系以及土地、婚姻、家庭、继承、犯罪等方面都有具体规定。不仅如此,教会还设有宗教法庭(或称宗教裁判所),以"异端邪说"等罪名扼杀当时的进步思想和革命言论。

此外在古代社会,法律的权威往往需要借助神灵来树立,法律的实施亦往往需要借助神灵来进行。如在中国古代,商王在决定对一个人施行惩罚之前,都会向神明卜问一下用刑的吉凶;皋陶在当法官的时候,对犯罪嫌疑人员,就令一种传说中的能分清是非的怪物去触碰他,如果碰到就是有罪,如果不碰到就判定无罪;古巴比伦的《汉穆拉比法典》也在序言中集中宣扬了"君权神授"思想,并称颂汉穆拉比王为"众神之王"。

在现代社会,大多数国家都实行政教分离的政策,教会机构和政权组织相互分离,教会只是自愿结合的组织,没有法律上的特权地位。法律与宗教的关系也大为疏远,但是宗教对社会生活的影响仍然依稀可见。如不少国家的法律将是否信仰宗教作为担任国家公职的先决条件,承认宗教婚姻仪式的法律效力,赋予教徒更多的权利等等。特别是伊斯兰教对法律的影响仍然很大。在穆斯林国家中,有的仍然采取政教合一的制度,例如沙特阿拉伯,其国王就是教长,没有立法机构,《古兰经》就是法律依据。叙利亚宪法第一句话就是"我们——叙利亚人民的代表,聚集在制宪会议里,顺从真主的意志,根据人民的自由愿望,宣布我们制定这部宪法",在第一章里还规定总统要信仰伊斯兰教。

三、法律与宗教的区别

作为两种不同的规范体系,法律与宗教之间存在着明显的区别。

1. 产生的社会条件不同

宗教的产生远远早于法律。早在原始氏族社会时期,基于对自然界的恐惧和崇拜便产生了宗教,并成为维系当时社会的主要力量。而法律则是在原始社会末期,随着阶级的分化和公共权力的产生而出现的。

2. 创制主体不同

法律作为国家意志的体现,一般是由国家创制和认可的。而宗教作为神灵意志的体现,或者是在长期的宗教生活中自发形成的,或者是由宗教组织假借神灵的名义而制定。

3. 调控范围不同

从广度上而言,法律的调控范围要相对广泛。法律可以调控政治、经济、文化、军事、婚姻家庭等各个领域的社会关系,而且效力一般及于全体社会成员。而宗教则主要调控与宗教组织和宗教活动有关的社会关系,而且效力一般仅及于教徒。从深度上而言,宗教的调控范围要相对深刻。法律一般注重人的外部行为,"论迹不论心",而宗教不仅注重人的外部行为,而且更加注重人的内心思想,既破"山中贼",又破"心中贼"。

4. 规范形式不同

法律规范中既有权利性规定也有义务性规定,注重权利和义务的统一。而宗教规范中大都是义务性规定,片面强调教徒对于神灵的服从以及对于现世的忍耐。

5. 实施方式不同

法律的实施固然也要靠人们的自愿,但始终是以国家强制力为保障的。而宗教的实施主要通过布道者的说教和教徒的内心感悟,虽然也会辅之以宗教机构的强制或惩罚,但这与国家强制力有本质区别。

四、法律与宗教的互动

法律和宗教作为两种社会调控方式,彼此之间是相互影响、相互作用的。

（一）宗教对法律的作用

1. 宗教对立法的作用

许多宗教都表达了人类的一般价值追求，这些内容被法律吸收，甚至成为立法的基本精神。《圣经》、《古兰经》等宗教经典就分别对西方两大法系和伊斯兰法产生了根本性的影响。如上帝面前人人平等的观念被广泛传播，后来影响到法律制度，就产生了法律面前人人平等的法治原则。另外，一些宗教信徒的日常生活规范常常会成为国家法律的重要内容。如"摩西十诫"中的不可杀人，不可奸淫，不可偷盗，不可作假证陷害别人，不可贪恋别人的妻子、仆婢、房屋、牛和其他一切所有等，都是刑事法律的相关内容。

2. 宗教对司法的作用

在政教合一的国家，宗教法庭直接掌握部分司法权。如中世纪的欧洲，教会独立行使司法权，不但及于教徒，而且及于俗人，世俗政权则负责执行教会的命令。从诉讼审判方式上来看，宗教宣誓和神明裁判不仅有助于简化审判程序，而且可以借助宗教信仰的力量迫使证人提供真实证言和犯罪分子认罪服法。随着科学的发展，虽然神明裁判在现代社会已基本被抛弃，但宗教宣誓却被许多国家予以了保留。如英国1978年宣誓法规定，宣誓应以如下方式进行：宣誓者应在举起手中持《新约》——如果是犹太人，则手持《旧约》——并应诵读或在监誓人员诵读之后重复"我向万能的上帝发誓……"，后面再加上法律所规定的誓词。此外，宗教宣扬的某些思想也往往会对司法活动产生直接的影响。如《圣经》中所说的"不可与恶人连手妄作见证"、"施行审判，不可行不义"等就有利于司法公正。

3. 宗教对守法的作用

宗教提倡的忍让、博爱、与人为善、善恶报应的精神客观上有利于人们弃恶从善，使人们循规蹈矩，不为损害他人和社会的行为，从而提高了人们的守法自觉性。如伊斯兰教认为每一个世人肩上各有一个天使，左记善，右记恶，始终与人做伴，观察人们的行为，同时给予记录和保存，待人们死后，把每个人在世上的言行奉献给安拉，作为未来审判的依据。再如佛教主张恶业有恶报，善业有善报，认为"定业不可转"是宇宙间的公理和原则，不容改变，人命运的好坏决定于个人的行为，包括前世和今世的行为。又如道教认为，人能修善积德，即可阴中超脱，远离苦海，成为鬼仙。这些善恶报应学说可以影响人们的行为选择，因为人们对行为模式的选择总是尽可能地趋于得到报偿的行为，避免受到惩罚的行为。

当然，宗教对法律也有消极的作用。由于宗教信仰所产生的激情与狂热会对公民守法习性的培养造成不良影响，特别是在宗教与法律在内容上不一致的时候。比方有些宗教宣扬和平主义，号召教徒拒绝服兵役，就影响了兵役法的实施。如在二战以及越战期间，美国就有许多由于宗教信仰（主要是门诺派和一些基督教小教派）而拒服兵役的"良心反战者"青年。另外，宗教因其固有的保守性以及价值神圣化倾向,常常会抵制新的价值观念,成为法律前进的阻力。特别是在当今一些伊斯兰法系国家,虽然在社会生活的许多方面已步入现代,但刑法、婚姻家庭法等仍保留着浓厚的中世纪色彩,如刑罚中有斩手、跺脚的酷刑,婚姻中一个男子可以娶四个女子,家庭中妇女地位低下。

(一)法律对宗教的作用

1. 法律对宗教的保障作用

在政教合一的国家,法律承认某些宗教的法律效力,特别是作为国教的工具和卫护者,运用法律手段维护国教的实施和信仰。在现代社会,有的国家则通过宪法形式,肯定了宗教的重要地位。比如老挝宪法就明文规定,佛教为国教,国王是佛教的"最高保护人"。在政教分离的国家,法律对于各种宗教一般持中立态度,保障宗教信仰自由。"宗教信仰自由"是西方资产阶级革命过程中为反对封建专制而提出的口号。美国将这一自由作为公民的一项基本人权规定在1787年宪法修正案第一条当中。此后,许多国家的宪法对此都作出了规定。20世纪中期以后,随着人权运动的高涨,有关国际人权公约也明确规定公民享有思想、良心和宗教的自由。从世界范围来看,对宗教信仰自由的概念表述也不尽一致。根据有关学者截止到1977年的资料统计,世界上142个国家的宪法中,有61个国家涉及了宗教自由,有64个国家既涉及宗教自由又涉及信仰自由,有2个国家只涉及信仰自由,只有15个国家两者均未涉及①。

2. 法律对宗教的抑制作用

在政教合一的国家,法律在维护国教的同时也是异教的破坏者,阻碍异教的传播,迫害异教的传播者。如在中世纪的欧洲,基督教被定为国教,不允许其他宗教的存在,甚至把不符合基督教的思想统统斥为异端邪说加以禁止。再如在信奉伊斯兰教的阿拉伯国家,人们没有信仰其他宗教的自由,只能且必须信仰伊斯兰教。在政教分离的国家,法律尽管保护宗教信仰自由,但这种自由是有限制的,即任何宗教的传播和实施都必须在法律范围内进行,不得损害他人、社会和国家的利益,否则法律就会予以禁止。特别是对于各类危害极大的邪教,法律的打击更是不遗余力。如中国1982年宪法就规定,"国家保护正常的宗教活动,任何人不得利用宗教进行破坏社会秩序、损害公民身体健康、妨碍国家教育制度的活动。"再如1878年美国联邦最高法院判定摩门教中的一夫多妻制规定违法,当时有一些教徒因有多名妻子而被捕入狱。

【阅读材料】16.4 法律与宗教的共性

提示:法律和宗教之间不仅存在着一些区别,也分享着一些共性,当代美国著

---

① [荷]亨利·范·马尔赛文、格尔·范·德唐著:《成文宪法的比较研究》,陈云生译,华夏出版社1987年版,第148页。

法律与宗教都产生于人性的共同情感，它们代表人类生活中的两个方面：法律意味着秩序，宗教意味着信仰。没有法律，人类便无法维系社会；失去信仰，人类则无以面对未来的世界。它们两者相通，相互依存。法律与宗教分享一些共同要素，这就是仪式、传统、权威和普遍性。

首先是仪式，它象征着法律客观性的形式程序。法律向日常生活世界的渗透是通过法治形式主义实现的。西方国家的开庭是个很典型的例子，富有浓厚的宗教仪式的色彩：法官高居法庭正中，身着黑色法袍，头戴披肩假发，宛如教堂壁画里传教布道的上帝。法庭的庄严布置，严格的出场顺序，精辟的诉讼辞令，手按《圣经》念出发自肺腑的誓言，所有这一切都让法律散发着神圣的光芒，法律的公平和正义像被刻在石板上那样一目了然。像宗教仪式一样的法律的各种仪式能唤起人们对法律的忠诚本质，这在本质上是对神圣事物、对人生终极目标的回应，而后者正是宗教的根本特征。

其次是传统，即由过去沿袭下来的语言和习俗，它们标志着法律的延续性。所有的法律都宣称它们的效力部分建立在过去的延续性上，它们把这种延续性保留在法律用语——立法用语、诉讼用语和法律实践里面。而宗教亦是对传统敬重有加，相沿成习。

再次是权威，即对一些成文的或口头的法律渊源的依赖，这些渊源本身就是决定性的，它们标志着法律的拘束力。当事人陷入纷争的时候，它们会诉诸法律。而法律评判是非曲直的标准则是已经被权威者载入成文法的各项条款，或是前任法官在类似的情况下所作的判决，以及其他的权威渊源。而宗教一般也都有自己的权威——神祇或偶像，如佛教有佛祖如来，基督教有天主耶稣，伊斯兰教有真主安拉。

最后是普遍性，即法律包含了象征法律与绝对真理之间联系的普遍有效的概念或者见解。基本的法律价值和原则合乎人性和社会秩序的要求。契约应当履行，损害应当赔偿，代理人应当善意行事等。宗教价值在这一点上和法律价值有着惊人的吻合①。

【作业题】

1. 曾经有一段时间，中国不少大城市中都有"撞了白撞"的交通条款。它符合法经济学的原理：如果交通法规规定机动车正常行使而行人违章，机动车的司机不承担责任，那么对机动车的司机来说就是一种正面的激励，而对行人来说就会产

---

① 参见[美]伯尔曼著：《法律与宗教》，梁治平译，中国政法大学出版社2003年版。

生一种约束机制,行人自然就会注意交通规则了。但是后来国家出台的《道路交通安全法》却以上位法的身份否定了这类条款。请尝试着思考一下其中的原因。

2. 在谈到法律和政治的关系时,当代学者朱景文先生提出了"法律是一种规则政治"的命题,对此你如何理解?

3. 关于法律和道德的关系,美国总统林肯曾说过:"法律是显露的道德,道德是隐藏的法律。"谈谈你对这句话的看法,最好辅之以具体的例子。

4. 当代美国学者伯尔曼提出了一个流传甚广的命题——"法律必须被信仰,否则它将形同虚设"。在你看来,法律如何才能被信仰?

5. 不定项选择题(2004年司法考试试题):

下列有关法与社会关系的表述何者为正确?( )

A. 中国固有的法律文化深受伦理的影响;而宗教对于西方社会法律信仰的形成具有重要的影响,为确立"法律至上"观念奠定了基础

B. "法的社会化"是西方现代市场经济发展中出现的现象,表明法律是市场经济的宏观调控手段

C. 凡属道德所调整的社会关系,必为法律调整;凡属法律所调整的社会关系,则不一定为道德所调整

D. 生命科学的发展、器官移植技术的成熟对法律具有积极影响

【进一步的思考】法学:由封闭到开放——法律社会学的诞生和兴起

提示:在法学史上,学者们在没有运用社会学的观点和方法考察和理解法律现象之前,法学家们总体上是把法理解为一个封闭的、静态的规则或命令体系。与此相区别,法律社会学把法理解为开放的、运作的过程和体系。

法律社会学(sociology of law)是20世纪初在西方兴起的一门社会学分支学科,又称法社会学。由于学科内支派繁多,对它尚无确切的定义。比较普遍的看法是:法律社会学是将法律置于其社会背景之中,研究法律现象与其他社会现象的相互关系的一门社会学和法学之间的边缘学科或交叉学科。法律社会学的研究有助于人们从社会整体观念出发,认识法律的社会基础和社会作用,从而更好地利用法律的控制作用解决社会问题。

一、发展历史

法律社会学主要是从法学中产生和发展起来的。19世纪后,因受四种思潮的影响,西方法学界内形成了法律"社会学派"。这些思潮是:(1)历史主义。强调追溯法律思想和立法制度的历史根源,认为法律发展的模式是各种社会势力行动的意外产物。代表人物有英国法学家和法律历史学家梅因、美国法律史学家和法哲学家霍姆斯等。(2)工具主义。号召将社会知识与法律结合起来,研究什么是法律及实际上法律在起什么作用。代表人物有英国法学家边沁、德国

法学家耶林和美国法学家庞德。(3) 反形式主义。贬低法律规范的重要性和有效性，鼓励人们充分认识行动的非理性动机、人对社会支持的依赖和自身具有活力的社会制度的出现。代表人物有奥地利法学家埃尔利希。(4) 多元主义。认为法律不仅存在于正式的政府机构之中，还存在于习俗、社会组织、群体生活的现实规定之中。代表人物有埃尔利希。这些思潮的法学家都感到有必要越出传统的法学界限，在更广阔的社会背景中研究法学问题。法国的迪尔凯姆、德国的韦伯、美国的罗斯和萨姆纳等社会学家有关法律、犯罪和惩罚问题的大量论述，促进了法学中的社会学派的形成，推动了法律社会学理论的发展。此外，英国的斯宾塞、奥地利的龚普洛维奇、法国的塔尔德和美国的沃德等社会学家分别从生物学、人类学和心理学等角度研究法律和解释法律现象，被称为早期社会法学的代表人物和法律社会学的奠基人。1892年，意大利法学家、社会学家安齐洛蒂首先提出"法律社会学"的说法。

20世纪以来，随着新兴的社会学不断向古老的法学渗透，一批热衷于将这两个学科结合起来的社会学家和法学家形成了以实证主义哲学为基础的阵容庞大、支派繁多的社会学法学派。主要支派有：自由法学派、利益法学派、现实主义法学派、社会连带主义法学派、社会心理法学派和斯堪的纳维亚法学派。社会学法学派的重要代表人物埃尔利希1913年发表的《法律社会学的基本原理》一书，为法律社会学奠定了理论基础，使它趋向成熟。他强调法律来源于社会，揭示了法、法律规范及法院判决的社会基础，提出作为法律结构所有不同因素总和的"活的法律"，主张社会学与法学结合。自由法学派的倡导者坎托罗维奇对法律社会学的发展也有突出贡献。被称为法律社会学权威的庞德，力求综合各有关学科的知识以解释法律现象，认为法律是一种社会工程，能有条不紊地促进社会与经济秩序的安定，并提出法律概念的社会利益说；他认为法律社会学着重于法的作用而不是它的抽象内容，强调法的社会目的而不是它的制裁，认为法律规则是实现社会公正的指针，而不是永恒不变的模型；他将法律当作一种社会制度，认为可以通过人的努力予以改善。

第二次世界大战后，法律社会学内部逐渐出现了统一的趋向，在美国尤其明显。美国的法律社会学着重探讨在法律思想与法律现实之间、"书本上的法律"与"行动中的法律"之间的差距，强调法律是不完善的，是可以改进的一种解决冲突的机制。这一研究方向在法律社会学中得到了普遍的肯定。

20世纪70年代，在社会学冲突理论的影响下，西方激进的法律社会学家集中研究法律在使冲突制度化方面的作用，法律如何为统治者的经济利益服务，以及法律的理想和实践对意识形态的影响。他们打破了与激进的犯罪社会学和异常行为学说的界限，更加注重对司法系统和审判制度的研究。70年代后期，激进的法律社会学受到西方马克思主义法学理论的影响，对19世纪和20世纪的法律发展进行了以经验为依据的历史研究。此后，西方的主流法律社会学日益变得注重微观经验研究,注重行为分析,借鉴微观经济学的研究技术。

美国是当代法律社会学研究最活跃的国家,在考察法制在个别社会部门内的发展和法律对社会制度的影响,对法律机构的职能、法律的社会监督和调节作用等方面的研究都取得了进展。苏联的法律社会学注重研究法律意识的形成和发展,认为法律意识、人们有目的性的法律活动能对社会发展进程起调节作用,因此强调通过法律的宣传和教育,提高全社会的法律知识水平。波兰、联邦德国、英国、荷兰、意大利、日本等国,都有专门人员研究法律社会学,并在一些大学开设了法律社会学课程。当代世界各国的法学和社会学、法学家与社会学家之间都缺少真正的合作,研究者各执己见,各行其是。以马克思主义为基础的法律社会学同以美国社会学为基础的法律社会学,在观点上存在着严重的分歧。

二、研究内容

学术界一般认为主要有:(1)从社会的整体出发研究法在社会生活中的实际效能;(2)研究法律与社会之间、法律现象与其他社会现象之间、法律与人之间的相互联系和相互作用;(3)对一切与法律现象有关的社会实际问题进行综合性、系统性研究;(4)研究社会的立法制度、立法条件和立法基础,以及法律实施的社会、经济效果。学术界多数人认为,法律的实际作用比法律的抽象内容更重要,主张通过考察法律与社会事实之间的关系,寻求更有效的立法和司法手段,设计出一套对法律现象具有指导作用的科学法则,为修改、补充旧法,制订、实施新法,进行司法改革,提供建设性意见和参考方案。在稳定社会秩序、解决社会治安等问题上,不应局限于法律手段,而应重视综合治理①。

【本章阅读篇目】

1. 李楯编:《法律社会学》,中国政法大学出版社 1999 年版。

2. [美]理查德·A·波斯纳著:《法律的经济分析》,蒋兆康译,中国大百科全书出版社 1997 年版。

3. 胡水君著:《法律的政治分析》,北京大学出版社 2005 年版。

4. [英]哈特著:《法律的概念》,张文显等译,中国大百科全书出版社 1996 年版。

5. [美]富勒著:《法律的道德性》,郑戈译,商务印书馆 2005 年版。

6. [美]H·J·伯尔曼著:《法律与宗教》,梁治平译,中国政法大学出版社 2003 年版。

---

① 摘编自网络资料《法律社会学》,见于 http://bk.baidu.com/lemma-php/dispose/view.php/187020.htm。

附录 主要法律网站索引

1. 法律法规查询类网站

http://www.law-lib.com 法律图书馆

http://202.99.23.199/home/begin.cbs 中国法律法规信息系统

http://www.chinacourt.org/flwk/ 中国法院网

2. 综合类法律网站

http://www.china-judge.com 中国法官

http://www.hicourt.gov.cn 天涯法律网

http://www.lawchina.com.cn 法律中国

http://lawsky.org 法学空间

http://www.fl365.com 法律帝国

http://www.sinolaws.com/china 中法网

http://www.law.gov.cn 中国法治网

http://www.law.com.cn 中国法律资讯网

http://www.zzhf.com 灼灼华法网

http://www.dffy.com 东方法眼

http://www.east-law.com 东方法律网

http://www.law365.com.cn 法律365

http://www.87187.com 法趣网

http://www.law-bridge.net 法律桥

http://www.fazhuan.com/bbs 法专在线

http://www.lawspirit.com 赛伯法律网

http://www.lawtran.com 尚华法律

http://www.law-china.com 大道法律网

http://www.justice.gov.cn 上海司法行政网

http://www.lawyers.org.cn 东方律师网

http://www.law999.net 中国法律服务在线-专家论案

http://www.fx148.com 法援在线

http://www.ldzc.com 劳动仲裁诉讼网

http://www.lhabc.com 中国离婚网

http://www.wangluofa.com 网络法

3. 法律学术网站

http://www.gongfa.com 公法评论
http://www.china-review.com 中评网
http://www.law-dimension.com 法律之维
http://law-thinker.com 法律思想网
http://www.lawintime.com 法学时评网
http://www.cnphysis.org 朝圣山之思
http://www.lawintsinghua.com 清华法学
http://www.chinalawinfo.com 北大法律信息网
http://www.iolaw.org.cn 中国法学网
http://www.privatelaw.com.cn 中国私法网
http://www.civillaw.com.cn 中国民商法律网
http://www.ccelaws.com 法大民商经济法律网
http://www.procedurallaw.com.cn 中国诉讼法律网
http://www.criminallaw.com.cn 中国刑事法律网
http://www.yanglx.com 杨立新民商法评论
http://www.angle.com.tw 元照法律网

4. 法制媒体类网站

http://www.legaldaily.com.cn 法制日报
http://www.legaldaily.com.cn/zbzk/wc/fzwcb1/index.htm 法制文萃报
http://www.chineselawyer.com.cn 中国律师
http://www.chinacourt.org 中国法院网
http://www.jcrb.com/zyw 检察日报正义网
http://review.jcrb.com.cn/ournews/asp/zazhi/fyyk/ 方圆月刊
http://www.cpd.com.cn/ 中国警察网
http://www.legalinfo.gov.cn/ 中国普法网
http://www.cctv.com/life/lawtoday/lawtoday.html CCTV-新闻频道-今日说法
http://www.tv.lawyers.com.cn/main.htm 上海有线电视台社会方圆

图书在版编目(CIP)数据

法理学导论/张光杰主编.—2版.—上海:复旦大学出版社,2015.4(2019.3重印)
(复旦博学·法学系列)
ISBN 978-7-309-11180-4

Ⅰ.法… Ⅱ.张… Ⅲ.法理学 Ⅳ.D90

中国版本图书馆CIP数据核字(2014)第310751号

法理学导论(第二版)
张光杰 主编
责任编辑/张 炼

复旦大学出版社有限公司出版发行
上海市国权路579号 邮编:200433
网址:fupnet@fudanpress.com   http://www.fudanpress.com
门市零售:86-21-65642857   团体订购:86-21-65118853
外埠邮购:86-21-65109143   出版部电话:86-21-65642845
浙江省临安市曙光印务有限公司

开本 787×960 1/16 印张 21.75 字数 400千
2019年3月第2版第3次印刷

ISBN 978-7-309-11180-4/D·721
定价:39.00元

如有印装质量问题,请向复旦大学出版社有限公司出版部调换。
版权所有　侵权必究